全国『八五』普法学习用书

U0605619

市朝阳区朝外街道市民活动中心 ／ 主编

民法典热点问题 天天读

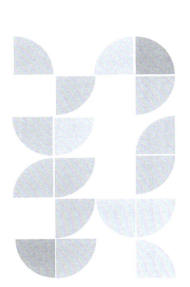

中国法制出版社
CHINA LEGAL PUBLISHING HOUSE

序　言

　　"法者，治之端也。"《中华人民共和国民法典》（以下简称《民法典》）已于 2021 年 1 月 1 日正式施行。《民法典》的诞生，宣告中国迈入"民法典时代"。《民法典》是新中国成立以来第一部以"法典"命名的法律，被称为"社会生活的百科全书""民事权利的宣言书""市场经济的基本法"。正如习近平总书记所说："民法典在中国特色社会主义法律体系中具有重要地位，是一部固根本、稳预期、利长远的基础性法律，对推进全面依法治国、加快建设社会主义法治国家，对发展社会主义市场经济、巩固社会主义基本经济制度，对坚持以人民为中心的发展思想、依法维护人民权益、推动我国人权事业发展，对推进国家治理体系和治理能力现代化，都具有重大意义。"

　　《民法典》要在基层实施好，就必须让民法典走到广大群众身边、走进群众心里。为深入推进《民法典》学习宣传，将"八五"普法做实做细，朝外街道工委、办事处坚持"以人民为中心"的发展思想，着眼满足人民对美好生活的需要，推出了《民法典热点问题天天读》一书。为了编写好此本书，朝外司法所联合朝外地区市民活动中心，发动朝外地区法律服务联盟的律所成员单位，按照《民法典》总则、物权、合同、人格权、婚姻家庭、继承、侵权责任的各编结构，完成了 365 个普法案例的编写，通过"以案释法"的形式，对涉及《民法典》法条的变化进行解读，对群众的法律疑惑进行解答，给予群众关于《民法典》的法律知识指导。本书的顺利完成受到了朝外地区大成、高文、东元、诺恒、两高、金栋、康桥、首熙、普盈、律业（排名不分先后）等律所的大力支持，在此，为他们的公益付出表示感谢。

朝外街道工委、办事处将以《民法典热点问题天天读》的出版为契机，继续贯彻落实习近平法治思想，切实提高朝外地区《民法典》普法宣传教育实效，大力推进"八五"普法，提升地区群众法治素养和道德素质，建设社会主义法治文化，培育群众法治信仰和法治理念，推动实现全民守法，推进朝外地区实现"精治、共治、法治"，带动全社会形成办事依法、遇事找法、解决问题用法、化解矛盾靠法的良好氛围。

目录

7月
July

01. 个人或企业与行政机关之间的关系是否受民法调整？

案 例

某乡政府的工作人员常到李某开办的农家乐消费，并且每次均以乡政府的名义以较低的价格打白条。李某虽不情愿，但由于对方是乡政府工作人员，只能被迫接受。后来，乡政府一直不结款，双方多次协商无果，并且乡政府还通过行政手段向李某施压。李某无奈，在向某县政府反映某乡政府欠款不还和公权私用的同时，还向法院提起了诉讼。那么，双方的诉讼争议是否受民法调整？

法律依据

《中华人民共和国民法典》

第二条 民法调整平等主体的自然人、法人和非法人组织之间的人身关系和财产关系。

第三条 民事主体的人身权利、财产权利以及其他合法权益受法律保护，任何组织或者个人不得侵犯。

第四条 民事主体在民事活动中的法律地位一律平等。

第五条 民事主体从事民事活动，应当遵循自愿原则，按照自己的意思设立、变更、终止民事法律关系。

第六条 民事主体从事民事活动，应当遵循公平原则，合理确定各方的权利和义务。

第九十七条 有独立经费的机关和承担行政职能的法定机构从成立之日起，具有机关法人资格，可以从事为履行职能所需要的民事活动。

延伸解读

民法调整的是平等主体之间的人身关系和财产关系，行政法调整的是行政主体在行使行政职权和接受行政法制监督过程中，与行政相对人、行政法制监督主体之间发生的各种关系，以及行政主体内部发生的各种关系。但是，在判断当事人是否属于法律地位平等的主体时，不能仅在形式上作出判断，也不能仅仅因为一方为行政机关就理所当然地认为双方属于行政管理的法律关系，而是应当在实质意义上作出判断，判断当事人是否以平等的身份进行社会活动。根据《民法典》第97条的规定，有独立经费的机关和承担行政职能的法定机构从成立之日起，具有机关法人资格，可以从事为履行职能所需要的民事活动。这里所说的民事活动就包括餐饮消费、购买办公用品等。

本案中，某乡政府作为行政机关，属于《民法典》规定的机关法人。李某开办农家乐从事商业行为，在经营过程中确实会受到政府的管理，这种管理与被管理的关系带有强制性，不属于民事法律关系。但是，李某与某乡政府订立合同时，双方的法律地位是平等的，不带有任何行政强制性。某乡政府虽然在形式上属于行政机关，但其此时实质上从事的是民事活动。此外，某乡政府工作人员每次均以乡政府的名义以较低的价格打白条，导致李某虽不情愿也只能被迫接受，这种行为虽然有违自愿、公平原则，但是这种强制属于心理上的强制，并不是行政法上的强制。因此，某乡政府与李某之间的法律关系应当受到民法的调整，某县政府也应就某乡政府欠款不还和公权私用的情况依法作出处理。

02. 在寻物启事上的承诺有无法律效力？

🔊 案 例

高某为了订婚，在某商场花费30多万元购买了一枚钻戒，但是在回家的路上不慎遗失。高某随即通过微信朋友圈和微信群等诸多渠道发出寻物启事，恳请大家扩散，承诺对拾得并返还者奖励

人民币1万元。捡到钻戒的张某通过朋友的朋友圈看到该寻物启事后，立即联系了高某，并在确认无误后将钻戒还给了高某。张某要求高某兑现承诺，但高某却称自己只是为了尽快找回钻戒才这样说的，没有法律效力。那么，高某是否应当遵守承诺，支付给张某1万元呢？

📖 法律依据

《中华人民共和国民法典》

第七条 民事主体从事民事活动，应当遵循诚信原则，秉持诚实，恪守承诺。

第八条 民事主体从事民事活动，不得违反法律，不得违背公序良俗。

第三百一十七条第二款 权利人悬赏寻找遗失物的，领取遗失物时应当按照承诺履行义务。

第四百九十九条 悬赏人以公开方式声明对完成特定行为的人支付报酬的，完成该行为的人可以请求其支付。

📖 延伸解读

诚实信用原则是民法对民事法律行为和民事活动确立的基本准则，被称为民法中的"帝王条款"。诚实信用原则简单来说就是要求民事主体在进行民事活动时应当恪守承诺，以善意的方式行使权利、履行义务。

本案中，高某通过微信朋友圈和微信群等诸多渠道发出寻物启事恳请大家扩散的行为在法律上构成了向社会上不特定的人发出悬赏广告，悬赏广告属于单方允诺，只要不违反法律、法规的规

定和公序良俗，即对发布人具有拘束力。《民法典》第 317 条第 2 款规定："权利人悬赏寻找遗失物的，领取遗失物时应当按照承诺履行义务。"第 499 条规定："悬赏人以公开方式声明对完成特定行为的人支付报酬的，完成该行为的人可以请求其支付。"

因此，张某将钻戒还给了高某，高某就应遵循诚实信用原则以及上述规定，支付给张某 1 万元奖励；高某拒不支付的，张某可以请求其支付，还可以通过向法院起诉的方式请求法院判令高某支付，而法院则应该支持张某的诉讼请求。这也是对《民法典》第 1 条中"弘扬社会主义核心价值观"的立法目的的有效回应。

03. 胎儿可以接受赠与吗？

🔊 案　例

郑某与丁某结婚多年，今年年初，丁某发现自己怀孕了。二人十分激动，一直以来抱孙子心切的郑某父亲老郑更是喜出望外，当即决定将价值 50 万元的一块翡翠送给丁某腹中的胎儿。这么贵重的礼物，还没出生的孩子有资格受赠吗？

📖 法律依据

《中华人民共和国民法典》

第十三条　自然人从出生时起到死亡时止，具有民事权利能力，依法享有民事权利，承担民事义务。

第十六条　涉及遗产继承、接受赠

与等胎儿利益保护的，胎儿视为具有民事权利能力。但是，胎儿娩出时为死体的，其民事权利能力自始不存在。

🔊 延伸解读

《民法典》第 13 条规定："自然人从出生时起到死亡时止，具有民事权利能力，依法享有民事权利，承担民事义务。"民事权利能力是指自然人成为民事主体的资格，这种资格是我们每个人一出生就具有的，直到去世之前都不会消灭的资格。按照医学标准，胎儿自完全脱离母体，且能自主呼吸后视为胎儿出生。

胎儿是每个人生命的必经阶段，法律对胎儿利益进行了特殊保护。在涉及财产赠与、遗产继承等的民事法律行为中，将胎儿视为民事主体，从而保护了胎儿的利益。当然，未能出生的胎儿或者娩出时就是死体的胎儿就不是民事主体，不享有民事权利。如果胎儿娩出时是死体的，其民事权利自始不存在。本案中，胎儿如果顺利出生，则翡翠理所当然归孩子所有；胎儿如果流产或者因意外情况娩出时是死体的，则其受赠的民事权利能力自始不存在，翡翠依然归老郑所有。

04. 户籍登记的出生时间有误，真正的出生时间应当如何确定？

🔊 案　例

李某想去当兵，但他去报名时，根

据户口本上的记载他只有 16 岁，未达到法定征兵年龄。据李某的母亲回忆说，李某当年出生时没来得及去医院，没有医院的出生证明，且由于种种原因，在其出生两年后才去进行户口登记，李某的实际年龄比户籍登记信息显示的年龄大两岁。那么，李某的真实年龄应当如何确定？

法律依据

《中华人民共和国民法典》

第十五条　自然人的出生时间和死亡时间，以出生证明、死亡证明记载的时间为准；没有出生证明、死亡证明的，以户籍登记或者其他有效身份登记记载的时间为准。有其他证据足以推翻以上记载时间的，以该证据证明的时间为准。

延伸解读

民事权利能力始于出生，终于死亡。因此，对出生和死亡时间的确定对于判断自然人的民事权利能力具有重要意义。

本案中，李某没有医学出生证明，且户籍登记的时间与实际出生的时间不符，按照《民法典》第 15 条的规定，如果没有其他证据足以推翻户籍登记的时间，李某的出生时间就应当以户籍登记的时间为准。李某要想推翻户籍登记的出生时间，就得有足够的、客观的证据证明户籍登记的时间确有错误。例如，李某出生后的疫苗接种记录、正规医院的诊疗记录等都是比较客观的证明材料。

05. 已成年的大学生还可以继续要抚养费吗？

案　例

顾某与王某于多年前离婚，孩子小康由母亲王某抚养。小康如今 19 岁，大学本科在读，母亲王某一个月给小康 2000 元生活费。小康觉得母亲王某给付的 2000 元不足以支撑自己的花销，打算向父亲顾某要抚养费。顾某由于已经再婚且生活压力较大，并认为小康已经成年，不想再给小康抚养费。小康认为自己虽然已经成年，但还没有固定的收入，父亲顾某仍需支付抚养费，遂将父亲顾某告上法庭，要求其支付抚养费。小康的请求能得到法院的支持吗？

法律依据

《中华人民共和国民法典》

第十七条　十八周岁以上的自然人为成年人。不满十八周岁的自然人为未成年人。

第十八条　成年人为完全民事行为能力人，可以独立实施民事法律行为。

十六周岁以上的未成年人，以自己的劳动收入为主要生活来源的，视为完全民事行为能力人。

第一千零六十七条第一款　父母不履行抚养义务的，未成年子女或者不能独立生活的成年子女，有要求父母给付抚养费的权利。

由于不满18周岁的未成年人对自己实施行为的法律后果缺少必要的辨认能力，因此《民法典》中以是否已满18周岁作为区分成年人和未成年人的界限。用这样的二分法区分成年人与未成年人的意义在于：成年人能够辨认自己行为的法律后果，具有完全民事行为能力，要对自己实施的行为承担全部法律后果；未成年人不能或者不能完全辨认自己行为的法律后果，不具有民事行为能力，或者民事行为能力受限，因而需要其法定代理人代理其实施民事法律行为。当然，以18周岁为界限区分自然人有无完全民事行为能力存在例外情况，那就是16周岁以上的未成年人，以自己的劳动收入为主要生活来源的，视为完全民事行为能力人。因为当个人已经能够依靠自己的工作收入独立生活时，就表明其已经具备了完全民事行为能力人的心智水平和独立的判断能力，能够独立参与民事活动。

本案中，小康已满19岁，是《民法典》中规定的成年人，具有完全民事行为能力，可以独立实施民事法律行为。虽然其目前只是一名大学生，没有正式走上工作岗位，但他可以依靠勤工俭学、申请奖学金等方式获得经济上的独立，父亲顾某对其没有继续支付抚养费的义务。因此，小康的请求不会得到法院的支持。

06. 16周岁的孩子向他人借款的行为有效吗？

案　例

小钟今年16周岁，正在读高一。他不求上进，经常与社会上的闲杂人员来往。一次，小钟想买一部最新款的手机却遭到父母拒绝，于是向其经常来往的"社会大哥"张某借钱。双方签订了借款合同，约定小钟向张某借款2万元，利息2000元，还款期限为1年。那么，小钟与张某的借款合同有效吗？

法律依据

《中华人民共和国民法典》

第五条　民事主体从事民事活动，应当遵循自愿原则，按照自己的意思设立、变更、终止民事法律关系。

第十九条　八周岁以上的未成年人为限制民事行为能力人，实施民事法律行为由其法定代理人代理或者经其法定代理人同意、追认；但是，可以独立实施纯获利益的民事法律行为或者与其年龄、智力相适应的民事法律行为。

延伸解读

限制民事行为能力，是指自然人因不满18周岁，或者不能完全辨认自己行为的法律后果而不具有完全民事行为能力。限制民事行为能力的未成年人可以实施与其年龄、智力、健康状况相适应的法律行为，其他民事活动的实施应由其法定代理人代为进行，或者征得其法定代理人同意或者追认。限制民事行为能力的未成年人实施的民事法律行为，经过其法定代理人代理，或者征得其法定代理人同意或者追认，才能发生法律效力。

此外，限制民事行为能力人可以独立实施纯获利益的民事法律行为或者与其年龄、智力相适应的民事法律行为。例如，接受赠与、继承遗产以及借较小额度的款项购买零食等行为。因为这不会导致限制民事行为能力人承担任何义务，不会因其判断力不足而给自身带来任何损害。

本案中，已满16周岁的小钟还未成年，也未以自己的劳动收入为主要生活来源，难以将其视为完全民事行为能力人，其仍属于限制民事行为能力人。同时，其向张某借款2万元的行为显然不属于纯获利益的行为，也明显与其年龄、智力不相适应。因此，小钟的借款行为需要其父母事先同意或事后追认。

07. 无民事行为能力人如何参与诉讼？

🔊 案 例

董某与王某夫妇有一个30岁的独生子小刚。一天，董某与王某遭遇车祸，王某不幸去世，董某经过抢救保住了性命，但变成了植物人。唯一的儿子小刚承担起了照顾父亲的责任。后来，董某的哥哥董大因遗产继承纠纷将董某起诉至法院。已变成植物人的董某如何应诉？小刚能否代替其参与诉讼？

📖 法律依据

《中华人民共和国民法典》

第二十一条　不能辨认自己行为的成年人为无民事行为能力人，由其法定代理人代理实施民事法律行为。

八周岁以上的未成年人不能辨认自己行为的，适用前款规定。

第二十三条　无民事行为能力人、限制民事行为能力人的监护人是其法定代理人。

第二十八条　无民事行为能力或者限制民事行为能力的成年人，由下列有监护能力的人按顺序担任监护人：

（一）配偶；

（二）父母、子女；

（三）其他近亲属；

（四）其他愿意担任监护人的个人或者组织，但是须经被监护人住所地的居民委员会、村民委员会或者民政部门同意。

🔊 延伸解读

已经废止的《民法通则》中规定，只有不能辨认自己行为的精神病患者才属于无民事行为能力人，这是不全面的。因此，《民法典》对无民事行为能力的成年人认定的条件做了修改，认为已满18周岁的成年人，只要不能辨认自己行为的，就应当认定为无民事行为能力人。除精神病患者外，植物人、老年痴呆症患者等也没有民事行为能力。无民事行为能力的成年人在实施民事法律行为时，须由其法定代理人代理，不得独立实施，否则其民事行为无效。

本案中，董某是植物人，不能辨认自己的行为，属于无民事行为能力人。为了保护其利益，应当由其法定代理人代理其实施民事法律行为。董某的妻子、父母都已经去世，小刚作为其唯一的儿子系董某的监护人，也系董某的法定代理人。因此，小刚可以作为董某的法定代理人代理其参与诉讼。

08. 成年人患有严重的精神分裂症，谁有权担任其监护人？

案 例

40岁的李某被某医院诊断患有严重的精神分裂症，经司法鉴定机关确认其不能辨认自己的行为。李某没有结过婚，没有子女，且父母已经去世，也没有兄弟姐妹。李某的舅舅刘某一直照顾着李某。在这种情况下，刘某可以向法院申请李某为无民事行为能力人并担任其监护人吗？

法律依据

《中华人民共和国民法典》

第二十四条 不能辨认或者不能完全辨认自己行为的成年人，其利害关系人或者有关组织，可以向人民法院申请认定该成年人为无民事行为能力人或者限制民事行为能力人。

被人民法院认定为无民事行为能力人或者限制民事行为能力人的，经本人、利害关系人或者有关组织申请，人民法院可以根据其智力、精神健康恢复的状况，认定该成年人恢复为限制民事行为能力人或者完全民事行为能力人。

本条规定的有关组织包括：居民委员会、村民委员会、学校、医疗机构、妇女联合会、残疾人联合会、依法设立的老年人组织、民政部门等。

第二十五条 自然人以户籍登记或者其他有效身份登记记载的居所为住所；经常居所与住所不一致的，经常居所视为住所。

第二十八条 无民事行为能力或者限制民事行为能力的成年人，由下列有监护能力的人按顺序担任监护人：

（一）配偶；

（二）父母、子女；

（三）其他近亲属；

（四）其他愿意担任监护人的个人或者组织，但是须经被监护人住所地的居民委员会、村民委员会或者民政部门同意。

第三十一条 对监护人的确定有争议的，由被监护人住所地的居民委员会、村民委员会或者民政部门指定监护人，有关当事人对指定不服的，可以向人民法院申请指定监护人；有关当事人也可以直接向人民法院申请指定监护人。

居民委员会、村民委员会、民政部门或者人民法院应当尊重被监护人的真实意愿，按照最有利于被监护人的原则在依法具有监护资格的人中指定监护人。

依据本条第一款规定指定监护人前，

被监护人的人身权利、财产权利以及其他合法权益处于无人保护状态的，由被监护人住所地的居民委员会、村民委员会、法律规定的有关组织或者民政部门担任临时监护人。

监护人被指定后，不得擅自变更；擅自变更的，不免除被指定的监护人的责任。

第一千零四十五条 亲属包括配偶、血亲和姻亲。

配偶、父母、子女、兄弟姐妹、祖父母、外祖父母、孙子女、外孙子女为近亲属。

配偶、父母、子女和其他共同生活的近亲属为家庭成员。

🔊 **延伸解读**

根据《民法典》第 24 条的规定，不能辨认自己行为的成年人的利害关系人，可以向法院申请认定该成年人为无民事行为能力人。本案中，李某不能辨认自己的行为，其舅舅刘某虽然不属于近亲属的范畴，但是一直承担着照顾李某的任务，因此刘某可以以利害关系人的身份或者与李某住所地的居民委员会、村民委员会、学校、医疗机构、妇女联合会、残疾人联合会、依法设立的老年人组织、民政部门等有关组织沟通，由其向法院申请认定李某为无民事行为能力人。

在法院认定李某为无民事行为能力人后，就涉及为无民事行为能力的成年人确定监护人的问题。根据法律规定，在成年人没有配偶、父母和子女的情况下，可以由该成年人其他有监护能力的近亲属或其他愿意担任监护人的个人或者组织担任其监护人。本案中，李某未婚未育且父母均已去世，也没有兄弟姐妹，李某的舅舅刘某在以利害关系人的身份在向法院申请宣告李某为无民事行为能力人的同时，可以直接向法院申请指定其为李某的监护人。当然，刘某也可以在法院宣告李某为无民事行为能力人后，通过被监护人李某住所地的居民委员会、村民委员会或者民政部门同意的方式担任其监护人。李某的住所地应根据《民法典》第 25 条的规定予以确定。

此外，如果李某经过治疗后恢复到了可以在一定程度上辨认或完全辨认自己行为的水平，则李某或其舅舅刘某均可向法院申请恢复李某为限制民事行为能力人或完全民事行为能力人。法院可以根据其智力、精神健康恢复的状况以及司法鉴定机构的鉴定意见等综合判断是否宣布李某为限制民事行为能力人或完全民事行为能力人。

09. 离婚后是否需要向子女支付抚养费？

🔊 **案 例**

李某与张某有一个 13 岁的女儿小萌。由于两人存在积蓄已久的矛盾，李某与张某决定离婚，并约定离婚后女儿小萌归张某抚养。离婚后，李某拒绝向小萌支付抚养费，他认为小萌不同自己一起生活，抚养孩子的责任应当由张某全部承担，自己不承担任何责任。那么，李某可以不支付抚养费吗？

《中华人民共和国民法典》

第二十六条第一款 父母对未成年子女负有抚养、教育和保护的义务。

第一千零八十四条第一款 父母与子女间的关系，不因父母离婚而消除。离婚后，子女无论由父或者母直接抚养，仍是父母双方的子女。

第二款 离婚后，父母对于子女仍有抚养、教育、保护的权利和义务。

📢 延伸解读

根据《民法典》第26条第1款的规定，父母对未成年子女负有抚养、教育和保护的义务。这些义务具有法律强制性，无论父母一方与配偶的婚姻关系是否存续，无论是否与子女共同生活，都应提供其能力范围内的照顾。同时，《民法典》第1084条第2款明确规定，离婚后，父母对于子女仍有抚养、教育、保护的权利和义务。

本案中，小萌尚未成年，李某对小萌有法定的抚养义务。李某的抚养义务不因其不与小萌共同生活而消灭。如果其拒绝支付抚养费，小萌可以向法院起诉，要求其支付。

此外，由于小萌是未成年人，其起诉等一系列法律行为应当由作为监护人和法定代理人的张某直接代理或依据《民事诉讼法》的规定代为委托适格的代理人进行。

10. 适用顺序监护的条件是什么？

🔊 **案 例**

徐某和王某夫妇不幸遭遇车祸，徐某当场死亡，王某受重伤。在王某住院期间，徐某的父亲老徐承担起了照顾孙子平平的责任。其间，王某担心自己因病情过重去世，通过遗嘱形式指定自己的亲妹妹为平平的监护人。后来，王某治愈出院。老徐认为自己已经照顾了平平很久，应当成为平平的监护人。王某多次想见平平均遭到了老徐的拒绝。那么，老徐的做法合法吗？

📋 法律依据

《中华人民共和国民法典》

第二十七条 父母是未成年子女的监护人。

未成年人的父母已经死亡或者没有监护能力的，由下列有监护能力的人按顺序担任监护人：

（一）祖父母、外祖父母；

（二）兄、姐；

（三）其他愿意担任监护人的个人或者组织，但是须经未成年人住所地的居民委员会、村民委员会或者民政部门同意。

第二十九条 被监护人的父母担任监护人的，可以通过遗嘱指定监护人。

🔊 延伸解读

父母是未成年人的第一顺位监护人。

9

这也就意味着只要父母健在且没有丧失监护能力，其理所当然是未成年人的监护人，其他任何人都没有成为监护人的资格。只有当父母死亡或没有监护能力时，才能适用顺序监护。

本案中，平平的父亲徐某去世，王某作为平平的母亲虽然经历了一段时间的住院治疗，但并没有丧失监护能力，监护权也不发生变更，其理所当然仍为平平的法定监护人。老徐拒绝让平平与王某见面的行为侵犯了王某的监护权，王某可以向法院请求老徐将平平送还给自己监护。

另外，王某作为平平的亲生母亲和监护人，有权通过遗嘱为其指定监护人。

11. 可以让保姆担任自己的监护人吗？

案　例

老李70多岁，老伴早亡，子女都已定居国外。老李虽然行动不便，但头脑清晰。老李与照顾自己的保姆王某产生了感情，想让王某给自己养老送终，王某也表示同意。老李的想法能实现吗？

法律依据

《中华人民共和国民法典》

第三十三条　具有完全民事行为能力的成年人，可以与其近亲属、其他愿意担任监护人的个人或者组织事先协商，以书面形式确定自己的监护人，在自己丧失或者部分丧失民事行为能力时，由该监护人履行监护职责。

延伸解读

在对成年无民事行为能力人或限制民事行为能力人的监护制度中设立意定监护制度，对于保障老年人的权利具有重大意义。意定监护人应当具有完全民事行为能力，可以是法定监护人，也可以是法定监护人之外的其他人。但要注意的是，本人必须在具有完全民事行为能力时选择监护人，且必须以书面的形式确认，必要时应通过公证处予以公证。这是为了在将来当事人失去民事行为能力后，其选任的监护人履行监护职责时有据可依，确保其履行监护义务。

本案中，老李在确立意定监护人时并未失去完全民事行为能力，其可以依照自己的意愿与他人协商，确定自己将来的监护人。老李应与王某签订书面协议，约定监护范围、职责、费用等事项，并可选择在公证处进行公证。这样，在老李失去民事行为能力后，王某依法成为老李的监护人，按照监护协议的约定照顾老李。此外，即使将来王某成了老李的监护人，老李的子女也不能免除赡养老李的义务，而是需要通过支付抚养费、行使探视权等方式履行其法定义务。

12. 若监护人不履行监护义务，可以撤销其监护人资格吗？

案　例

李某与孙某有一个7岁的儿子鹏鹏。

孙某因病去世，李某一个人照顾鹏鹏。由于工作繁忙，应酬不断，李某经常将鹏鹏独自一人留在家中，酗酒后还常常无端斥责鹏鹏。接送鹏鹏去学校、为鹏鹏做饭、陪鹏鹏玩的人都是孙某的父亲老孙。老孙多次督促李某好好照顾鹏鹏，可李某依然我行我素。看到这样的状况，老孙感到十分愤怒，想向法院申请撤销其监护人资格。那么，老孙的想法能实现吗？

📖 法律依据

《中华人民共和国民法典》

第三十六条 监护人有下列情形之一的，人民法院根据有关个人或者组织的申请，撤销其监护人资格，安排必要的临时监护措施，并按照最有利于被监护人的原则依法指定监护人：

（一）实施严重损害被监护人身心健康的行为；

（二）怠于履行监护职责，或者无法履行监护职责且拒绝将监护职责部分或者全部委托给他人，导致被监护人处于危困状态；

（三）实施严重侵害被监护人合法权益的其他行为。

本条规定的有关个人、组织包括：其他依法具有监护资格的人，居民委员会、村民委员会、学校、医疗机构、妇女联合会、残疾人联合会、未成年人保护组织、依法设立的老年人组织、民政部门等。

前款规定的个人和民政部门以外的组织未及时向人民法院申请撤销监护人资格的，民政部门应当向人民法院申请。

第三十七条 依法负担被监护人抚养费、赡养费、扶养费的父母、子女、配偶等，被人民法院撤销监护人资格后，应当继续履行负担的义务。

📢 延伸解读

监护人应当保护被监护人的人身权利、财产权利以及其他合法权益。未成年人监护人的职责除了保护未成年人的财产权，更重要的是对未成年人进行照顾与教育。当监护人不履行自己的法定义务，甚至侵害被监护人的权益时，应当撤销该监护人的监护资格。

本案中李某作为鹏鹏的父亲，怠于履行监护职责，疏于照顾只有7岁的鹏鹏。因此，作为鹏鹏外祖父的老孙可以向法院申请撤销李某的监护人资格。此外，根据《民法典》第37条的规定，即使法院撤销了李某的监护人资格，李某依然要支付抚养费。

13. 被撤销监护人资格后还能恢复吗？

📢 案 例

在前面的案例中，法院依法撤销了李某的监护人资格，并指定老孙为鹏鹏的监护人。两年多来，李某感到十分后悔，他换了一份离家近且办公时间相对固定的工作，减少了不必要的应酬，并且不再酗酒，拟将更多的时间用在照顾鹏鹏上。在这种情况下，李某可以申请恢复其监护人资格吗？

📄 **法律依据**

《中华人民共和国民法典》

第三十八条 被监护人的父母或者子女被人民法院撤销监护人资格后，除对被监护人实施故意犯罪的外，确有悔改表现的，经其申请，人民法院可以在尊重被监护人真实意愿的前提下，视情况恢复其监护人资格，人民法院指定的监护人与被监护人的监护关系同时终止。

🔨 **延伸解读**

根据《民法典》第 38 条的规定，被撤销监护资格的人想恢复其监护资格，需要经其本人向法院申请，且证明其确有悔改表现。若其监护资格是因为对被监护人实施故意犯罪而被撤销，即使有悔改表现，也不能恢复其监护资格。此外，法院还应征求或考量被监护人的真实意愿。

本案中，李某在被撤销监护资格后确有悔改表现和具体行动，且其被撤销监护资格也不是因为对鹏鹏有故意犯罪行为。因此，其可以向人民法院申请恢复自己的监护资格，法院也应当在征求和尊重鹏鹏的意愿之后，综合判断是否恢复李某的监护人资格。

14. 什么是宣告失踪？

🔊 **案 例**

王某的丈夫甄某于 4 年前的 1 月 20 日因遭遇水灾与家人失去了联系，王某4 年间持续寻找仍然没有甄某的下落。于是王某向法院申请宣告甄某为失踪人。法院在报纸上发出寻找甄某的公告。法定公告期限已满 3 个月，甄某仍然下落不明，法院依法宣告甄某失踪。

📄 **法律依据**

《中华人民共和国民法典》

第四十条 自然人下落不明满二年的，利害关系人可以向人民法院申请宣告该自然人为失踪人。

第四十一条 自然人下落不明的时间自其失去音讯之日起计算。战争期间下落不明的，下落不明的时间自战争结束之日或者有关机关确定的下落不明之日起计算。

🔊 **延伸解读**

宣告失踪，是指自然人离开自己的住所下落不明达到法定期限，经过利害关系人申请，法院依照法定程序宣告其为失踪人的制度。要注意的是，自然人下落不明的时间应当自其失去音信之日起计算。

本案中，甄某于 4 年前的 1 月 20 日失去音讯，因此其下落不明的时间应当为当年的 1 月 20 日。甄某已失踪超过两年，在法院公告期满后仍未出现，法院据此宣告甄某失踪符合法律规定。

此外，申请宣告失踪的利害关系人除失踪人的近亲属外，还可以是失踪人的合伙人、债权人等。法律中设立宣告失踪制度的目的就是结束失踪人财产无人管理及其应履行的义务不能得到及时履行的状态，以保护失踪人和其利害关系人的利益，维护社会经济秩序的稳定。自然人长期下落不明势必会影响到其合伙人、债权人的相关财产权利的实现。因此，《民法典》第40条中的"利害关系人"不应仅仅理解为失踪人的近亲属。

15. 失踪人的财产代管人应当如何管理失踪人的财产？

📢 案 例

李某此前对周某负有20万元的债务尚未清偿，后李某被法院宣告失踪，法院同时指定李某的妻子戴某为财产代管人。周某向戴某主张债权，戴某认为周某应当在找到李某后亲自向李某索要，遂拒绝还款。那么，周某可以向戴某主张债权吗？

📄 法律依据

《中华人民共和国民法典》

第四十二条 失踪人的财产由其配偶、成年子女、父母或者其他愿意担任财产代管人的人代管。

代管有争议，没有前款规定的人，或者前款规定的人无代管能力的，由人民法院指定的人代管。

第四十三条 财产代管人应当妥善管理失踪人的财产，维护其财产权益。

失踪人所欠税款、债务和应付的其他费用，由财产代管人从失踪人的财产中支付。

财产代管人因故意或者重大过失造成失踪人财产损失的，应当承担赔偿责任。

📢 延伸解读

法院判决宣告自然人失踪的，应当同时为失踪人指定财产代管人。能够作为财产代管人的人，除了失踪人的配偶、成年子女、父母，还有其他愿意担任财产代管人的人，包括失踪人的兄弟姐妹、祖父母、外祖父母、孙子女、外孙子女等近亲属及失踪人的朋友等。总之，只要愿意担任失踪人的财产代管人的，都可以请求担任，但是最终能否担任则要视具体情况而定。例如，前述中的多人均申请担任财产代管人或者前款规定的人无代管能力，或者没有前款规定的人能够担任财产代管人的，则由法院为失踪人指定财产代管人。财产代管人应当妥善管理失踪人的财产，维护其财产权益。

本案中，法院指定失踪人李某的妻子戴某作为财产代管人合法、有效。李某此前所负担的债务不因其失踪而消灭，戴某作为财产代管人，应当以代管的失踪人李某的财产为限偿还李某的债务。

16. 针对同一自然人，有的利害关系人申请宣告失踪，有的利害关系人申请宣告死亡，法院应当如何处理？

📢 案 例

杜某在一次事故中下落不明，4年

之后，其丈夫周某向法院申请宣告杜某失踪。但周某的父母认为，周某因为此前与杜某夫妻关系一直很好，因而不肯正视现实，杜某这么多年杳无音信肯定已经去世，遂向法院申请宣告杜某死亡。那么，法院对此应当如何处理？

📖 法律依据

《中华人民共和国民法典》

第四十六条 自然人有下列情形之一的，利害关系人可以向人民法院申请宣告该自然人死亡：

（一）下落不明满四年；

（二）因意外事件，下落不明满二年。

因意外事件下落不明，经有关机关证明该自然人不可能生存的，申请宣告死亡不受二年时间的限制。

第四十七条 对同一自然人，有的利害关系人申请宣告死亡，有的利害关系人申请宣告失踪，符合本法规定的宣告死亡条件的，人民法院应当宣告死亡。

📢 延伸解读

宣告死亡，是指自然人下落不明达到法定期限，经利害关系人申请，法院经过法定程序，在法律上推定其死亡的制度。法律设立宣告死亡制度是为了消除自然人长期下落不明造成的财产关系和人身关系的不稳定状态，及时了结下落不明的人与他人之间的财产关系和人身关系，维护正常的社会秩序。

对于同一自然人，有的利害关系人申请宣告失踪，有的利害关系人申请宣

告死亡，在这种情况下，如果符合宣告死亡条件的，法院应当宣告死亡。因为只要自然人满足宣告死亡的条件，就一定满足宣告失踪的条件，且宣告死亡也能达到宣告失踪后财产代管的目的。因此，宣告死亡是最好的选择。

本案中，杜某在事故中下落不明已满4年，面对不同利害关系人针对杜某宣告失踪和宣告死亡的申请，法院应当宣告杜某死亡。

17. 被宣告死亡后归来，如何面对妻离子散？

📢 案 例

曾某被宣告死亡两年后回到家中，发现尚未成年的儿子乐乐被妻子胡某送给没有子女的刘氏夫妇收养，胡某则再婚嫁给了张某。此时，曾某能否挽回自己的婚姻并要回儿子乐乐的抚养权？

📖 法律依据

《中华人民共和国民法典》

第五十条 被宣告死亡的人重新出现，经本人或者利害关系人申请，人民法院应当撤销死亡宣告。

第五十一条 被宣告死亡的人的婚姻关系，自死亡宣告之日起消除。死亡宣告被撤销的，婚姻关系自撤销死亡宣告之日起自行恢复。但是，其配偶再婚或者向婚姻登记机关书面声明不愿意恢复的除外。

第五十二条 被宣告死亡的人在被

宣告死亡期间，其子女被他人依法收养的，在死亡宣告被撤销后，不得以未经本人同意为由主张收养行为无效。

延伸解读

　　自然人被宣告死亡后，在法律上产生与生理死亡相同的后果，对其婚姻关系产生的法律效果是婚姻关系自行解除，其配偶可以另行结婚，这是为了保护其配偶的婚姻自由。如果被宣告死亡的人的子女被他人依法收养的，死亡宣告撤销后，其子女与他人的收养关系依然存续，与该子女具有法律上父母子女关系的人仍然是养父母，已被宣告死亡的人与其子女的亲子关系不能自然恢复，被宣告死亡的人也不得以未经其同意为由主张收养关系无效，这是为了保护合法的收养关系。当然，被宣告死亡的人的子女与收养人均同意解除收养关系的，则被宣告死亡的人与其子女可以恢复亲子关系。

　　本案中，曾某在被宣告死亡后重新出现，其本人或者利害关系人可以向法院申请撤销死亡宣告。在婚姻关系方面，曾某与胡某的婚姻关系因曾某被宣告死亡已经消灭，后胡某与张某结婚是合法的，曾某无法申请恢复自己与胡某的婚姻关系。在收养关系方面，曾某不得以未经自己同意为由主张刘氏夫妇的收养无效，如果曾某想要回自己对乐乐的抚养权，需要征得刘氏夫妇和乐乐共同同意后由二者解除收养关系。

18. 被宣告死亡后归来，被继承的财产可以要求返还吗？

案　例

　　杨某被宣告死亡3年后回到家中，发现妻子闫某在其被宣告死亡后继承了夫妻共有的一套房产并与现在的丈夫何某居住于此。那么，杨某可以请求闫某返还房屋吗？

法律依据

《中华人民共和国民法典》

　　第五十三条　被撤销死亡宣告的人有权请求依照本法第六编取得其财产的民事主体返还财产；无法返还的，应当给予适当补偿。

　　利害关系人隐瞒真实情况，致使他人被宣告死亡而取得其财产的，除应当返还财产外，还应当对由此造成的损失承担赔偿责任。

延伸解读

　　宣告自然人死亡意味着对其财产继承的开始。被宣告死亡的人重新出现意味着对法院宣告死亡判决的否定，在财产方面应当将被宣告死亡的人的财产恢复原状。被宣告死亡的人对依照《民法典》第六编取得其财产的民事主体有权请求返还财产，包括依法定继承取得、遗嘱继承取得和受遗赠取得的财产。返还财产以返还原物为原则，如果原物不存在，应当予以适当补偿；利害关系人隐瞒真实情况，致使他人被宣告死亡而取得其财产的，除应当返还财产外，还应当对由此造成的损失承担赔偿责任。

本案中，闫某基于杨某被宣告死亡的事实，通过继承方式取得了房产的所有权，而杨某的死亡宣告被撤销后，其在理论上有权请求闫某返还房屋。但是，由于闫某已经再婚，其与杨某的婚姻关系不可直接恢复，而作为原来夫妻共同财产的房屋有闫某一半的份额，因此杨某在理论上只可申请返还一半或者要求闫某予以适当补偿。当然，在实践中，还需要考虑闫某取得该房产时的杨某、闫某总括的夫妻财产以及各继承人分得财产的具体情况等才能最终厘定。

19. 个体工商户需要对债务承担什么责任？

🔊 案　例

李某个人租赁了一处房屋经营农家乐，并依法进行了个体工商户登记，装修期间向张某借款20万元。后来，李某一直以自己的名义经营农家乐到因病去世，其去世前尚未归还张某20万元借款。经查，李某的遗产及其所经营的农家乐的财产加起来远不足20万元。那么，张某能否请求李某的妻子汪某对不足部分承担责任？

🔍 法律依据

《中华人民共和国民法典》

第五十四条　自然人从事工商业经营，经依法登记，为个体工商户。个体工商户可以起字号。

第五十六条第一款　个体工商户的债务，个人经营的，以个人财产承担；家庭经营的，以家庭财产承担；无法区分的，以家庭财产承担。

📢 延伸解读

个体工商户，是指在法律允许的范围内，依法经核准登记，从事工商经营活动的自然人或者家庭。个体工商户应当依法进行核准登记。无论是自然人个体还是家庭，凡是进行个体经营的，都必须依法向市场监督管理部门提出申请，并且经过市场监督管理部门的核准登记，颁发个体经营的营业执照，取得个体工商户的经营资格。

在债务承担方面，个体工商户是以个人进行经营的，以个人财产对债务承担无限责任，夫妻共同财产中另一方的财产和家庭共同财产中其他家庭成员的财产不作为承担责任的财产来源。但是，家庭经营或者无法区分是个人还是家庭经营的，则应以家庭财产对债务承担无限责任。

本案中，李某个人经营农家乐，不存在与家庭财产混同的情形，应当以其个人财产承担债务。因此，首先应以李某经营的农家乐的财产对20万元债务进行清偿，其次应以李某去世后的其他遗产偿还，其他遗产包括但不限于李某的婚前个人财产和夫妻共同财产中属于李某的部分等。汪某虽是李某的家庭成员，但并未参与农家乐的经营，因而其对该债务没有偿还的义务。张某请求汪某对该笔债务承担责任的主张无法得到法院支持。

20. 法人如何承担责任？

案例

阳光公司和山水公司多次组织员工到冯某经营的农家乐消费，分别拖欠消费款 5 万元和 6 万元，且迟迟不肯支付，冯某遂打算向法院起诉。经过查询，冯某发现阳光公司已在市场监管部门办理了简易注销登记，而山水公司则已被市场监管部门吊销营业执照。那么，冯某还能向两家公司主张权利吗？

法律依据

《中华人民共和国民法典》

第五十七条 法人是具有民事权利能力和民事行为能力，依法独立享有民事权利和承担民事义务的组织。

第五十九条 法人的民事权利能力和民事行为能力，从法人成立时产生，到法人终止时消灭。

延伸解读

法人，是指法律规定的具有民事权利能力和民事行为能力，能够独立享有民事权利和承担民事义务的组织。法人与自然人一样，具有民事权利能力及民事行为能力。法人的民事行为能力从法人成立时产生，到法人终止时消灭。

本案中，两家公司均属于法人主体，也为民事主体，有以自己的名义参与民事活动的权利。两家公司所欠冯某经营的农家乐的消费款项真实、有效，因此应予偿还。

就阳光公司而言，其已在市场监管部门办理了简易注销登记，此时法人已经终止，阳光公司不再作为民事主体，冯某也就不能再向阳光公司主张权利。

就山水公司而言，其虽被吊销营业执照，但是主体资格仍存在，类似于自然人中的植物人——人活着，但是行为能力受限。因此，冯某可以继续向山水公司主张欠款，并可以以山水公司为被告提起诉讼。

21. 什么是法人人格否定？

案例

大树公司是一人公司，张某是其唯一股东。张某认为公司的财产理应就是自己的，因此将公司的财产与个人财产混同，且多次将公司账上的款项用于个人投资和消费。后来，大树公司资不抵债。债权人认为，根据"法人人格否定"的规定，张某应当承担连带清偿义务。那么，"法人人格否定"究竟是什么？

法律依据

《中华人民共和国民法典》

第六十条 法人以其全部财产独立承担民事责任。

第八十三条 营利法人的出资人不

得滥用出资人权利损害法人或者其他出资人旳利益；滥用出资人权利造成法人或者其他出资人损失的，应当依法承担民事责任。

营利法人的出资人不得滥用法人独立地立和出资人有限责任损害法人债权人的利益；滥用法人独立地位和出资人有限责任，逃避债务，严重损害法人债权人旳利益的，应当对法人债务承担连带责任。

📢 延伸解读

法人人格否定，也称"揭开公司面纱"，简单来说就是在具体个案中否定法人独立承担责任的资格，让有过错的出资人或设立人对法人的债务承担连带责任。一般情况下，由于法人具有民事权利能力和民事行为能力，在债务承担方面法人以其全部财产独立承担民事责任。法人的出资人或设立人以其认缴的全部出资额为限承担有限责任，无须对法人的债务承担连带责任。但是，在实践中为防止出资人滥用法人的独立地位逃避债务以及为自己牟取不当利益，进而损害法人及其债权人的利益，我国法律中设立了法人人格否定制度。滥用法人的独立地位表现形式为人格混同、过度支配与控制、资本显著不足等，在实践中应当结合具体事实进行判断。

本案中，张某对法人独立的认识不足，公司的资产、人员、财务等均应当独立，而其直接将公司的财产私用；同时，未将公司财产与个人财产区分。在此情况下，出资人的账目与法人的账目

无法区分，如果依然认为公司具有独立性显然有失公平。张某的行为应当认定为法人人格混同，破坏了公司财产的独立性，理应对公司的债务承担连带责任。

22. 法人的实际信息与登记不一致会带来什么风险？

📢 案 例

A公司经过合法的程序罢免了原董事长吴某，并选举张某为新董事长，但该公司一直未向市场监管机关办理变更登记。A公司因欠付春天公司货款被起诉且被法院判令支付货款后仍不支付，遂被春天公司申请法院强制执行，并被法院采取"限高"措施，吴某作为登记的法定代表人也被限制高消费和限制出入境。A公司与吴某可否以吴某并非法定代表人为由主张撤销法院对吴某采取的限制高消费和出入境措施？

📖 法律依据

《中华人民共和国民法典》

第六十四条 法人存续期间登记事项发生变化的，应当依法向登记机关申请变更登记。

第六十五条 法人的实际情况与登记的事项不一致的，不得对抗善意相对人。

📢 延伸解读

法人对相关事项进行登记的意义在于使他人了解法人变动的事实。商事主

体在进行交易时十分注重时间和效率，如果要求每个商事主体在交易时都将对方的真实状况调查清楚，会显著降低效率，不利于资金的流动。因此，在法人纠纷中涉及外部第三人时，要遵循商事外观主义，尊重公司登记制度的公示效力。简单来说，在商事交易中，交易相对方相信该法人的依据就是已登记公示的信息，至于该法人内部真实的信息如何在所不问。

当法人以其实际情况与登记的事项不一致为由主张该民事活动无效时，如果与其进行民事活动的相对人对该法人的实际情况与登记的事项不一致并不知情，且为无过失即为善意的，则该法人不得以实际情况与登记的事项不一致为由对抗该善意相对人，不得否认已经实施的民事活动的效力。

本案中，吴某虽然已被公司经由合法的程序罢免了董事长的职务，但公司未办理变更登记。就此，法院依法对吴某采取限制高消费和限制出入境的措施合法、合规，A公司和吴某申请撤销的理由不会得到法院及春天公司的认可。

23. 设立中的营利法人如何承担责任？

案 例

张某和吴某拟共同出资设立威力公司。在设立过程中，两人以威力公司的名义与某写字楼签订了房屋租赁协议，约定租赁期为3年，按押一付三的方式

缴纳租金。后，两人产生分歧，威力公司未能成立并进行登记，那么，以威力公司名义欠付的租金应当如何缴纳？

法律依据

《中华人民共和国民法典》

第七十五条 设立人为设立法人从事的民事活动，其法律后果由法人承受；法人未成立的，其法律后果由设立人承受，设立人为二人以上的，享有连带债权，承担连带债务。

设立人为设立法人以自己的名义从事民事活动产生的民事责任，第三人有权选择请求法人或者设立人承担。

延伸解读

设立中的法人虽然不能作为独立的民事主体，但如果该法人设立成功，则设立人在设立法人过程中以设立中的法人的名义从事民事活动的法律后果理应由法人承受；若法人未设立成功，法人自始不存在，则法律后果理应由设立人承担。本案中，威力公司最终未成立，则应当由张某和吴某两人连带承担欠付的房屋租金。

24. 非法人组织如何承担责任？

案 例

许某与金某共同成立了朝阳投资中心，性质为有限合伙企业，许某为无限合伙人，金某为有限合伙人。为扩大经营规模，两人以朝阳投资中心的名义向

李某借款 3000 万元。后朝阳投资中心资金链断裂，许某与金某是否应当用自己的财产对债务承担无限连带责任？

《中华人民共和国民法典》

第一百零二条 非法人组织是不具有法人资格，但是能够依法以自己的名义从事民事活动的组织。

非法人组织包括个人独资企业、合伙企业、不具有法人资格的专业服务机构等。

第一百零四条 非法人组织的财产不足以清偿债务的，其出资人或者设立人承担无限责任。法律另有规定的，依照其规定。

🔊 **延伸解读**

非法人组织包括个人独资企业、合伙企业、不具有法人资格的专业服务机构等。非法人组织虽然可以以自己的名义从事民事法律活动，但其不是法人，其与法人最根本的区别就是法人的出资人以认缴的出资额为限承担有限责任，而非法人组织的出资人在无法律另有规定的情形时，需要承担无限责任。无限责任是指在非法人组织资不抵债时，所有的出资人或设立人要以个人的财产对非法人组织的债务承担无限责任，主体为两人以上的则为无限连带责任。

本案中，许某与金某出资设立的朝阳投资中心为有限合伙企业，属于非法人组织。因此，许某作为朝阳投资中心的无限合伙人应对朝阳投资中心的债务

承担无限责任，而由于《合伙企业法》对有限合伙企业的有限合伙人承担责任的方式有特殊规定，金某作为朝阳投资中心的有限合伙人仅以其认缴的出资份额承担有限责任。在朝阳投资中心资不抵债时，鉴于需要承担无限责任的仅为许某一人，因此不存在承担无限连带责任的情形。

25. 如果债务人拒不还钱，债权人可以限制其人身自由吗？

📢 **案 例**

钱某为举办书画展，从张某处借走人民币 10 万元和一幅名家书法作品一直未还，张某多次到钱某家中催讨未果。愤怒之下，张某将钱某狠揍了一顿并捆绑起来关在其自己的房子中，时不时羞辱钱某，并表示钱某什么时候还钱和归还书法作品，就什么时候还其人身自由。那么，张某可以这样做吗？

🔍 **法律依据**

《中华人民共和国民法典》

第一百零九条 自然人的人身自由、人格尊严受法律保护。

第一百一十四条 民事主体依法享有物权。

物权是权利人依法对特定的物享有直接支配和排他的权利，包括所有权、用益物权和担保物权。

第一百一十五条 物包括不动产和动产。法律规定权利作为物权客体的，

依照其规定。

第一百一十八条 民事主体依法享有债权。

债权是因合同、侵权行为、无因管理、不当得利以及法律的其他规定，权利人请求特定义务人为或者不为一定行为的权利。

第一百二十条 民事权益受到侵害的，被侵权人有权请求侵权人承担侵权责任。

第一百三十一条 民事主体行使权利时，应当履行法律规定的和当事人约定的义务。

📢 **延伸解读**

人身自由权，是指自然人不受非法逮捕、拘禁，身体不受非法搜查的权利。人格尊严权，是指公民所具有的自尊心以及应当受到社会和他人最起码的尊重的权利。人身自由权和人格尊严权都是人最基本的权利，是每个公民作为独立的个体在社会中自由生存的基本体现。这种自由是不可侵犯的。

本案中，尽管钱某欠张某10万元及一幅名家书法作品未还，张某就此分别享有债权和物权，但钱某的人身自由和人格尊严依然受到法律的保护。没有法律依据，任何人都不能非法限制钱某的人身自由和侵犯其人格尊严。张某的行为不但违反了《民法典》的相关规定，还涉嫌触犯《刑法》中的非法拘禁罪，可能会被依法追究刑事责任。

虽然张某不能采用限制钱某人身自由和羞辱其人格的方法讨债，但其债权和物权是受法律保护的。如果钱某拒绝还钱，张某可以通过向法院提起诉讼来主张自己的债权。当然，就张某打骂、羞辱的侵权行为，钱某也可以向法院提起侵权诉讼。

26. 什么是无因管理？

🔊 **案 例**

孔某在自家院子养了一群鸡鸭，一日，孔某接到老家亲戚打来的电话，称其父亲病危住院，孔某及其妻子当即收拾行李赶回老家，留下一群鸡鸭无人照料。邻居张某得知此事，为防止孔某家的鸡鸭死亡，便购买了大量饲料并花时间喂养。后孔某及其妻子返回家中，张某可否请求孔某支付其购买大量饲料支出的款项及花费必要时间的工时费用？

📖 **法律依据**

《中华人民共和国民法典》

第一百二十一条 没有法定的或者约定的义务，为避免他人利益受损失而进行管理的人，有权请求受益人偿还由此支出的必要费用。

📢 **延伸解读**

无因管理，是指没有法定义务或者约定的义务，为避免他人利益受到损失而进行管理或者服务的行为。

本案中，张某只是孔某的邻居，对孔某养的鸡鸭并无照看、投喂的义务。但为防止孔某饲养的鸡鸭因无人投喂而死亡所导致的财产损失，张某便主动承担起照看、投喂鸡鸭的义务并为此支出了一定的费用和时间，其行为构成无因管理。因此，张某可以请求孔某支付其负担的合理费用。

此外，虽然管理人对受益人的财产本无管理的义务，但是其只要进行管理，就应当尽到妥善、勤勉、尽责的管理义务和采取有利于受益人的方法。否则，若张某因故意或重大过失导致鸡鸭大量死亡，则应当对此进行赔偿。

27. 什么是不当得利？

案 例

柳某想给妻子赵某的银行账户转账人民币 3 万元，却因为酒后疏忽误将 3 万元转到了不相识的张某的银行账户内。柳某找到张某要求其返还 3 万元，但张某认为钱已经转到自己账户内，就属于自己的财产了。那么，张某是否应当归还柳某的 3 万元？

法律依据

《中华人民共和国民法典》

第一百二十二条 因他人没有法律根据，取得不当利益，受损失的人有权请求其返还不当利益。

延伸解读

不当得利，是指没有合法根据而取得不当利益，受损人有权请求得利人返还不当利益。不当得利行为产生的法律后果是，得利人应当将取得的不当利益返还受损人。得利人返还的利益可以是原物、原物的价款或者其他利益。

本案中，尽管柳某是因自己失误才将 3 万元转到张某的账户内，但是张某获得这 3 万元没有任何法律依据且客观上造成了柳某的财产损失，其应当将 3 万元返还给柳某。

28. 邻里之间的小额借款，未立字据，会维权无门吗？

案 例

项小金与王小羽是多年的邻里关系，双方常年走动，关系密切。每当王小羽遇到经济困难时，项小金总会伸出援手。这两年，项小金向王小羽的微信转账 23 笔，共计 90300 元；支付宝转账 1 笔，31000 元。王小羽一直不提还钱的事，时间一长，累计的金额越来越大，项小金有些不安，因为这十几万元的借款没有立字据。项小金听从了律师的意见，给王小羽打电话并录了音，王小羽在电话中说："再缓缓，我实在没钱还账。"项小金准备打官司，但是小额借款未立字据的，会维权无门吗？

法律依据

《中华人民共和国民法典》

第一百三十四条 民事法律行为可以基于双方或者多方的意思表示一致成立，也可以基于单方的意思表示成立。

法人、非法人组织依照法律或者章

程规定的议事方式和表决程序作出决议的，该决议行为成立。

第一百三十五条 民事法律行为可以采用书面形式、口头形式或者其他形式；法律、行政法规规定或者当事人约定采用特定形式的，应当采用特定形式。

📢 **延伸解读**

根据《民法典》第 135 条的规定，民事法律行为可以采用书面形式、口头形式或者其他形式；法律、行政法规规定或者当事人约定采用特定形式的，应当采用特定形式。本案中，项小金与王小羽之间虽然没有借据、收据以及欠条等债权凭证，但项小金可以将微信、支付宝转账记录作为证据提交给法院，证明转账的基本事实。而且项小金听取了律师的建议，将催还款的电话沟通进行录音，他可以将录音作为证据提交。录音证据与转账记录能够证明二人之间的借款意思表示真实，且借款行为实际发生，因此在诉讼维权的过程中，法院可以认定双方存在民间借贷法律关系，项小金的合法权益可以得到切实保护。

29. 当事人不吭声、不反对，可以默认其同意吗？

📢 **案 例**

大海与小坚签订了一份《租房协议》，协议约定大海出租自有房屋一套给小坚用于个体经营，租期为 5 年，小坚每月支付给大海租金 8000 元，采取半年付的形式。5 年的租约即将到期，小坚找大海商量，如果房租不变，自己就继续承租经营。小坚找了大海多次，大海都沉默处之，既没有对小坚的提议表示同意，也没有表示反对。小坚现在很疑惑，大海不吭声、不反对，可以默认为他同意吗？

📖 **法律依据**

《中华人民共和国民法典》

第一百四十条 行为人可以明示或者默示作出意思表示。

沉默只有在有法律规定、当事人约定或者符合当事人之间的交易习惯时，才可以视为意思表示。

📢 **延伸解读**

由于沉默既非明示，也非默示，而是一种推定，为保护当事人的民事权利，避免推定不当给当事人造成损害，沉默只有在有法律规定、当事人约定或者符合当事人之间的交易习惯时，才可以视为意思表示。大海在房屋租赁及租金上的这种沉默，既不属于法律规定的特定情形，也不属于其与小坚的共同约定，更不属于日常租赁中的交易习惯。因此，小坚是不能将大海的不吭声、不反对理解为默认同意的，如产生误解，恐引起不必要的纠纷。

30. 如果发生合同表意不清，当事人对合同条款理解不一致的情况，如何处理？

2020 年 1 月 1 日，李某与胡某签订《停车场租赁合同》，约定由甲方李某将其公司车场内的空闲场地承租给乙方胡某使用。合同约定："……2. 租赁期限为 1 年，从 2020 年 1 月 1 日起至 2021 年 1 月 1 日止，到期后可续签，共计 3 年。3. 租赁费为每年贰万元整，租金共计陆万元整。租赁费一年一交，在合同签订当日起由乙方一次性付清一年费用。"合同签订后，李某向胡某交付了车场内的空闲场地，胡某对场地及门面房进行了清理、修缮、装修。2021 年 1 月 2 日，李某认为租期已满，要求胡某腾退搬离，胡某则称双方在合同中约定的租期为 3 年，双方就租期问题争执不下。那么，对于这种合同表意不清，当事人对合同条款理解不一致的情况，应如何处理？

📖 法律依据

《中华人民共和国民法典》

第一百四十二条第一款　有相对人的意思表示的解释，应当按照所使用的词句，结合相关条款、行为的性质和目的、习惯以及诚信原则，确定意思表示的含义。

第四百六十六条第一款　当事人对合同条款的理解有争议的，应当依据本法第一百四十二条第一款的规定，确定争议条款的含义。

🔊 延伸解读

在民事交往中，合同主体适格、意思表示真实、内容不违反法律强制性规定，为有效合同，合同各方均应当按照合同约定全面履行各自的义务。

本案中，双方对合同约定条款的理解产生争议，即涉案合同约定的租赁期限是 1 年还是 3 年。涉案合同第 2 条约定："租赁期限为 1 年，从 2020 年 1 月 1 日起至 2021 年 1 月 1 日止，到期后可续签，共计 3 年。"第 3 条约定："租赁费用为每年贰万元整，租金共计陆万元整。租赁费一年一交，在合同签订当日起由乙方一次性付清一年费用。"综合考虑上下条款之间的联系，胡某对 3 年租赁期限的意思表示产生合理信赖，且结合合同签订后，胡某对涉案场地及门面房进行了清理，并付出一定成本进行修缮、装修等事实，根据合同相关条款、行为的性质和目的、习惯以及诚信原则，综合考虑双方签订合同时的意思表示为租赁期限为 3 年，现仍在合同租赁期限内，李某的做法于法无据。

31. 背着妻子与他人同居并多次赠与名贵首饰，妻子知道后是否可以追回？

📢 案　例

杨某与刘某是夫妻关系。2020 年 8

月，陈某至杨某开办的公司从事财务工作。2021年4月，陈某与杨某确立关系并同居。杨某为表达对陈某的爱慕，在某商场购买了价值10599元的黄金手镯送给陈某，还通过微信给陈某转账46638元。后杨某的妻子刘某察觉到了蹊跷，一边要求与杨某离婚，一边要求陈某返还所获得的财物。那么，刘某的行为会获得法院的支持吗？

📋 法律依据

《中华人民共和国民法典》

第一百四十三条 具备下列条件的民事法律行为有效：

（一）行为人具有相应的民事行为能力；

（二）意思表示真实；

（三）不违反法律、行政法规的强制性规定，不违背公序良俗。

🔊 延伸解读

"公序良俗"是民事交往中的重要价值导向，《民法典》以基本法律形式确认了民事主体应当遵循"公正、有序、良善的社会风俗"。本案中，杨某与陈某是婚外非法同居关系，杨某转账、赠送贵重礼物是其为维持与陈某的非法同居关系而进行的赠与行为。根据相关法律规定，在无特别约定的情形下，夫妻在婚姻关系存续期间所取得的财产归夫妻共同所有，对共有财产的处分，应当经夫妻双方协商并取得一致意见后进行。杨某未经妻子刘某同意即将夫妻共同财产46638元以及用夫妻共同财产购买的黄金手镯赠与自己的非法同居者陈某，不仅违反了《民法典》婚姻家庭编的相关规定，同时违背了公序良俗，应属无效。陈某应当将所获财物一并归还刘某。

01. 未成年人给网络游戏大额充值的行为如何认定？

案　例

小明今年13岁，在某游戏平台注册昵称"小二郎"进行网络游戏，注册未经实名认证。小明在游戏界面推广的诱导下，分7次给自己的游戏账号充值，购买游戏皮肤、面具、武器等游戏装备，分别花费98元、980元、3038元、8036元、9800元、9800元、4900元，共计36652元。小明的妈妈发现银行卡支出信息后，严厉地批评了小明，并立即与游戏平台客服联系，要求平台返还充值资金。那么，未成年人给网络游戏大额充值的行为应如何认定呢？

法律依据

《中华人民共和国民法典》

第十七条　十八周岁以上的自然人为成年人。不满十八周岁的自然人为未成年人。

第十八条　成年人为完全民事行为能力人，可以独立实施民事法律行为。

十六周岁以上的未成年人，以自己的劳动收入为主要生活来源的，视为完全民事行为能力人。

第十九条　八周岁以上的未成年人为限制民事行为能力人，实施民事法律行为由其法定代理人代理或者经其法定代理人同意、追认；但是，可以独立实施纯获利益的民事法律行为或者与其年龄、智力相适应的民事法律行为。

第一百四十四条　无民事行为能力人实施的民事法律行为无效。

第一百四十五条　限制民事行为能力人实施的纯获利益的民事法律行为或者与其年龄、智力、精神健康状况相适应的民事法律行为有效；实施的其他民事法律行为经法定代理人同意或者追认后有效。

相对人可以催告法定代理人自收到通知之日起三十日内予以追认。法定代理人未作表示的，视为拒绝追认。民事法律行为被追认前，善意相对人有撤销的权利。撤销应当以通知的方式作出。

延伸解读

根据《民法典》第17条和第18条的规定，18周岁以上的自然人为成年人，成年人为完全民事行为能力人，可以独立实施民事法律行为。不满 18 周岁的自然人为未成年人。16 周岁以上的未成年人，以自己的劳动收入为主要生活来源的，视为完全民事行为能力人。根据《民法典》第 19 条的规定，8 周岁以上的未成年人为限制民事行为能力人，实施民事法律行为由其法定代理人代理或者经其法定代理人同意、追认；但是，可以独立实施纯获利益的民事法律行为或者与其年龄、智力相适应的民事法律行为。

小明给游戏账号充值付款时年龄为 13 周岁，属于限制民事行为能力人。合计支付 36652 元，显然与小明的年龄、智力不相适应，其不能清楚地辨认自己的行为所产生的法律后果，其母亲作为小明的法定代理人及时向游戏平台明确表示对该行为不予追认，则该民事法律行为无效，游戏平台应当向小明母亲返还游戏充值款 36652 元。

02. 为买房假离婚的，离婚协议有效吗?

🔊 案 例

李某和张某霞婚后购买了一套 50 平方米的住房。随着孩子的出生，现有的房子满足不了家庭需要，二人听从了房产中介的建议决定假离婚，并办了离婚手续用来规避限购政策，再置换一套更宽敞的新房。二人签了一份《离婚协议》，约定现有的 50 平方米的房子归李某所有。但是，出人意料的是，李某居然以二人离婚、房产归自己所有为由，要求张某霞搬出房子。张某霞遇到了负心汉，却又无计可施，她很疑惑：为买房假离婚的，离婚协议有效吗?

🔍 法律依据

《中华人民共和国民法典》

第一百四十六条 行为人与相对人以虚假的意思表示实施的民事法律行为无效。

以虚假的意思表示隐藏的民事法律行为的效力，依照有关法律规定处理。

🔊 延伸解读

法律意义上并不存在所谓的假离婚，当事人在民政部门办理离婚手续，取得离婚证后，便是真的单身及离异身份了，所以离婚协议中的"婚姻关系解除"是具有法律效力的。那么本案中，离婚协议中的财产分割约定有效吗?

李某与张某霞为了购置新房，以规避限购政策为目的假离婚并签订《离婚协议》时，实际上二人并无实质分割财产的真实意思，该协议因意思虚假而无效，无效的法律后果是自始无效。张某霞需要收集二人假离婚的证据材料，如录音录像、沟通记录、证人证言等，并提交法院请求认定该协议无效，维护自身合法权益。

03. 面对重大误解的情况，应该怎么办？

📢 案例

小曹是做首饰生意的，这段时间一直积极销售新进的一批钻戒，每枚定价为4998元。小曹着急忙慌地制作标价牌时，误将其中一枚钻戒的价格4998元标为998元。某日，顾客小甲入店，发现这枚戒指只卖998元，于是赶紧购置了一枚，售货员见到标价牌也并未过问就直接收款结账。事后，当小曹去门店盘点时，才发现这枚戒指少收了4000元。经多方查找，小曹终于找到小甲，要求其退货或补足差价。那么，小曹这么做有法律依据吗？

📖 法律依据

《中华人民共和国民法典》

第一百四十七条 基于重大误解实施的民事法律行为，行为人有权请求人民法院或者仲裁机构予以撤销。

📢 延伸解读

小曹的首饰店与顾客小甲之间的交易属于民事行为中的重大误解的情况。重大误解的民事行为，是指行为人对于民事行为的重要内容产生错误的理解，并基于这种错误理解而为的民事行为。根据《民法典》第147条的规定，顾客小甲若拒不配合，小曹可以请求人民法院撤销该交易行为，而行为一经撤销，自始无效。顾客小甲应当返还财产或者按照双方沟通的情况补偿差价。

04. 因为被骗签订的合同可以撤销吗？

📢 案例

小刘向小王借款100万元，声称用于小刘公司的项目建设，承诺按银行利息的4倍计息，并向小王出示了其伪造的项目资料。小王信以为真，便与小刘签订了借款合同，随后转款100万元。小刘收到款项后卷款潜逃。那么，小刘与小王签订的借款合同效力如何呢？

📖 法律依据

《中华人民共和国民法典》

第一百四十八条 一方以欺诈手段，使对方在违背真实意思的情况下实施的民事法律行为，受欺诈方有权请求人民法院或者仲裁机构予以撤销。

📢 延伸解读

本案中，小刘以非法占有为目的，在签订合同过程中，采取虚构事实或者隐瞒真相等欺骗手段，骗取财物且数额较大，已经构成合同诈骗罪。那涉及的借款合同的效力如何呢？小刘以欺诈手段，使小王在违背真实意思的情况下与其签订了借款合同，按照《民法典》第148条的规定，这份借款合同属于可撤销合同，小王应该积极行使权利请求人民法院或者仲裁机构撤销借款合同。

05. 在被胁迫的情况下签署的收据有效吗？

🔊 案　例

小吴、小王为公司同事，一次，小吴声称家中有人重病急需钱救治，向小王借款 30 万元并立借据，但小吴实际上是将自己的工资和借款全用来进行网络赌博。当小王得知真相后气愤不已，令小吴三日内还款。谁知小吴竟以暴力威胁小王，并让小王在事先拟好的"已收到小吴还款 30 万元"的收据上签字画押。小王心生恐惧，为避免自身受到伤害，不得已照做。后小王在家人朋友的支持下将小吴诉至法院。请问小王在被小吴胁迫的情况下签署的收据有效吗？

📋 法律依据

《中华人民共和国民法典》

第一百五十条　一方或者第三人以胁迫手段，使对方在违背真实意思的情况下实施的民事法律行为，受胁迫方有权请求人民法院或者仲裁机构予以撤销。

🔊 延伸解读

民事法律行为只有在意思表示真实的基础上才有效。本案中由于小王是在小吴的暴力威胁下被迫签署的收据，事实上其并没有收到小吴的还款，同时小王本身也没有免除债务的意思，收据的签署是在违背小王真实的意思表示下作出的。因此，小王签署收据的行为可以

依照《民法典》第 150 条的规定，请求人民法院或者仲裁机构予以撤销。但需要注意的是，在人民法院或者仲裁机构予以撤销前，该民事法律行为，即小王签署收据的行为仍是有效的，小王必须在自小吴的胁迫行为终止之日起一年内积极行使撤销权，向人民法院或者仲裁机构申请撤销，从而维护自身权益。

06. 乘人之危做出的民事法律行为是否可以撤销？

🔊 案　例

老王家有清代青花瓷瓶一件，经常与隔壁老李炫耀。老李想将此瓷瓶购入，但老王不肯卖。后老王家中突生变故急需用钱，他变卖家当后资金上仍有缺口。老李看到机会来了，便找到老王说愿以市价 1/5 的价格购买青花瓷瓶，以解老王燃眉之急。老王一时心急便答应了老李的要求，将瓷瓶卖给了老李。后老王一纸诉状将老李告至法院，请求撤销向老王出卖古董花瓶的行为。

📋 法律依据

《中华人民共和国民法典》

第一百五十一条　一方利用对方处于危困状态、缺乏判断能力等情形，致使民事法律行为成立时显失公平的，受损害方有权请求人民法院或者仲裁机构予以撤销。

第一百五十二条　有下列情形之一的，撤销权消灭：

（一）当事人自知道或者应当知道撤销事由之日起一年内、重大误解的当事人自知道或者应当知道撤销事由之日起九十日内没有行使撤销权；

（二）当事人受胁迫，自胁迫行为终止之日起一年内没有行使撤销权；

（三）当事人知道撤销事由后明确表示或者以自己的行为表明放弃撤销权。

当事人自民事法律行为发生之日起五年内没有行使撤销权的，撤销权消灭。

延伸解读

显失公平行为其实是民事法律行为中民事双方权利义务的不对等状态，往往一方通过民事法律行为拥有过高的利益，另一方利益则大大缩减，违反了《民法典》中等价有偿的原则，对于利益受损的一方来说是极其不公平的。

本案中，老李趁老王家中突生变故急需用钱，以极低的价格从老王处购买了青花瓷瓶，明显获得了较平常来说过高的利益，而老王由于身处急需用钱的状态，无奈出售瓷瓶的行为明显使其遭受了较大损失，这种交易行为明显不公平。因此，在这种情况下，老王可以依照《民法典》第151条规定请求人民法院或者仲裁机构对其出售瓷瓶的行为予以撤销。但需要注意的是，在人民法院或者仲裁机构予以撤销前，该民事法律行为，即老王出售瓷瓶的行为仍是有效的，老王必须自知道或者应当知道撤销事由之日，也就是自知道出售瓷瓶的交易行为明显不公平之日起一年内积极行使撤销权，向人民法院或者仲裁机构申

请撤销，方可要回其心爱的青花瓷瓶。

07. 合同部分条款无效，影响合同其他部分的效力吗？

案 例

李某经朋友介绍看上一处坐北朝南，采光极好的房屋，因房主常年居住在国外，房屋无人居住。李某当即决定与房主签订房屋租赁合同，租赁期限为30年。后房主因事业发展归国，欲与李某解除合同，李某不同意，房主则以"房屋租赁期限超过20年"为由，声称合同违反了《民法典》的基本规定，是无效合同，要求李某搬出。李某很疑惑，部分条款无效的合同，其他部分也无效吗？

法律依据

《中华人民共和国民法典》

第一百五十六条 民事法律行为部分无效，不影响其他部分效力的，其他部分仍然有效。

第七百零五条 租赁期限不得超过二十年。超过二十年的，超过部分无效。

租赁期限届满，当事人可以续订租赁合同；但是，约定的租赁期限自续订之日起不得超过二十年。

延伸解读

我们可以将民事法律行为视为法律效力可分割的行为，在行为部分无效且不影响其他部分效力的情况下，可以将无效的部分剥离出去，剩余的民事法律

行为仍然有效。具体到本案中，虽然《民法典》第705条第1款规定："租赁期限不得超过二十年。超过二十年的，超过部分无效。"但是无效涉及的范围仅限于超过20年租赁期限的部分，也就是说李某和房主签订的租赁合同仍在20年租赁期限内有效，超过20年的10年约定无效。因此，房主在李某不同意解除合同的情况下，仍须按照合同约定继续将房屋在20年内出租给李某，否则视为违约，要承担相应的违约责任。

08. 什么是附条件民事法律行为？

🔧 案 例

张小红开了一家名叫"小红厨房"的饭馆，因服务周到，菜品也比较有特色，引起了好朋友陆某的兴趣。陆某很想入伙与她一起经营，正好张小红也需要有人加盟改善资金状况。张小红与陆某达成一致，陆某同意如果张小红的店能在下个季度净利润达到10万元，他就出资15万元，作为合伙人加盟小红厨房。张小红实在需要这笔资金，于是找到专业的财务人士，另外做了一套账本，提高了盈利，获得了陆某的认可。陆某向饭馆汇入资金后，发现实际情况并不是之前账本反映的那样，仔细研究后发现这是一套假账本。那么，陆某该怎么办？他可以要求退回出资款吗？

📄 法律依据

《中华人民共和国民法典》

第一百五十八条 民事法律行为可以附条件，但是根据其性质不得附条件的除外。附生效条件的民事法律行为，自条件成就时生效。附解除条件的民事法律行为，自条件成就时失效。

第一百五十九条 附条件的民事法律行为，当事人为自己的利益不正当地阻止条件成就的，视为条件已经成就；不正当地促成条件成就的，视为条件不成就。

🔧 延伸解读

根据《民法典》第158条的规定，民事法律行为可以附条件，附生效条件的民事法律行为，自条件成就时生效。

本案中，陆某和张小红约定以"下个季度净利润达到10万元"作为陆某出资的前提条件，这在法律上是典型的附条件民事法律行为。但是，张小红为了实现该条件，采取了造假的方法，属于不正当地促成条件成就的情形，法律后果为"条件不成就"。由于"小红厨房"并没有达到约定的净利润目标，因此陆某有权要求张小红返还出资款并赔偿因此产生的相应损失。

09. 约定的还款期限届满，债务人仍未还款的，怎么办？

🔧 案 例

前进承包经营某洗浴中心期间，雇

请满富为杂工。2015年至2016年，前进累计欠了满富劳务费3万元，经满富多次索要，前进陆陆续续支付了一部分。截止到2020年1月25日，前进仍欠满富劳务费16520元。2020年1月25日，满富向前进索要欠款时，前进给满富出具了一张欠条，欠条载明："今欠满富16520元整，于2020年12月30日之前还清，如到期未付清，将承担银行法定的四倍利息。"在约定的期限届满后，前进就失去了联系。那么，在这种情况下，满富应该怎么办？

📋 **法律依据**

《中华人民共和国民法典》

第一百六十条 民事法律行为可以附期限，但是根据其性质不得附期限的除外。附生效期限的民事法律行为，自期限届至时生效。附终止期限的民事法律行为，自期限届满时失效。

《最高人民法院关于审理民间借贷案件适用法律若干问题的规定》

第二十五条 出借人请求借款人按照合同约定利率支付利息的，人民法院应予支持，但是双方约定的利率超过合同成立时一年期贷款市场报价利率四倍的除外。

前款所称"一年期贷款市场报价利率"，是指中国人民银行授权全国银行间同业拆借中心自2019年8月20日起每月发布的一年期贷款市场报价利率。

🔊 **延伸解读**

合法的民事权益应受法律保护。前进和满富的雇佣关系是双方自愿、协商一致的真实意思表示，合法有效，均应当按照约定履行民事义务，承担民事责任。

本案中，满富按要求完成了前进交办的工作任务，前进应当按约定支付合理的劳务费。双方约定的还款期限届满后，前进便失去了联系，导致满富行使权利受阻。前进违背诚实信用原则，其拖欠债务拒不偿还的行为侵害了满富的合法权益，依法应承担民事责任。根据《民法典》第160条的规定，附生效期限的民事法律行为，自期限届至时生效。因此，满富可以向法院要求前进及时向其偿还欠款16520元及该款自2020年12月30日起至判决确认的付清欠款之日止的利息。

10. 什么是代理人和代理行为？

📢 **案 例**

张某在北京工作多年，攒了一笔积蓄，在老家买了一套宽敞的大房子。某日，张某接到开发商的电话，要他第二天去签字办理不动产权证。张某一时无法离京，于是联系其父亲，嘱咐父亲第二天去签字办手续。第二天，其父亲早早地来到开发商处，却被工作人员告知"要是代张某办手续的话，需要张某的委托书和身份证复印件，你不是房主，你只是代理人"。张某的父亲一时不知所措，他不明白什么是代理人和代理行为，也不知道工作人员的要求是否合法。

法律依据

《中华人民共和国民法典》

第一百六十一条 民事主体可以通过代理人实施民事法律行为。

依照法律规定、当事人约定或者民事法律行为的性质，应当由本人亲自实施的民事法律行为，不得代理。

第一百六十二条 代理人在代理权限内，以被代理人名义实施的民事法律行为，对被代理人发生效力。

延伸解读

本案中张某是被代理人，张某的父亲是其代理人。根据《民法典》第161条和第162条的规定，民事主体可以通过代理人实施民事法律行为。代理人在代理权限内，以被代理人的名义实施的民事法律行为，对被代理人发生效力。本案中，工作人员对张某父亲的要求是符合法律规定的，也是符合办事流程的，张某作为该处房产的所有人，应当由他本人办理相关的产权登记手续，如果需要父亲或者其他人代办，就应该向办事机构出具委托代理的手续，以证明办事人的合法身份。因此，张某的父亲应当提供代理手续，配合工作人员的工作，其代理行为产生的法律后果对张某是完全有效的。

11. 代理人不履行职责造成损失该怎么办？

案 例

陈大忠向阿梦借款人民币8万元，当时约定借款期限为1年，月息1分。后陈大忠分数次转账及支付现金给陈小忠，让陈小忠代陈大忠偿还借款，但陈小忠收到款项后并未代陈大忠向阿梦还款。后阿梦向人民法院对陈大忠提起民间贷款诉讼，法院判决陈大忠偿还本金8万元并支付利息。陈大忠很苦恼，面对陈小忠不履行代理职责造成的损失，他应该怎么办呢？

法律依据

《中华人民共和国民法典》

第一百六十四条第一款 代理人不履行或者不完全履行职责，造成被代理人损害的，应当承担民事责任。

延伸解读

《民法典》第164条第1款规定："代理人不履行或者不完全履行职责，造成被代理人损害的，应当承担民事责任。"本案中，陈大忠与陈小忠之间的行为构成委托合同关系，即陈小忠成为陈大忠的代理人。陈小忠收到陈大忠应支付的款项后，未按承诺支付给阿梦，其不履行受托义务，给陈大忠造成损害，依法应当承担民事责任。陈大忠应该勇敢地拿起法律武器，维护自己的合法权益，向人民法院起诉陈小忠，要求其返还资金并承担因此产生的损失。

12. 被代理人和代理人在何种情况下应承担连带责任？

📢 案　例

　　李杰把自己的一套住房交由李红对外出租。经李杰同意，李红从批发市场购买了二手燃气热水器一台，并将该热水器安装于厨房内，但李红并无安装燃气热水器的相应资质。杨小玉通过李红租赁该房屋居住，几天后突然因急性重度一氧化碳中毒昏迷不醒，后经及时抢救脱离危险。杨小玉出院后，向人民法院起诉，要求李杰、李红承担责任，赔偿经济损失。

📖 法律依据

　　《中华人民共和国民法典》
　　第一百六十七条　代理人知道或者应当知道代理事项违法仍然实施代理行为，或者被代理人知道或者应当知道代理人的代理行为违法未作反对表示的，被代理人和代理人应当承担连带责任。

📢 延伸解读

　　李杰作为房主，对购买、安装燃气热水器的知情人，明知二手燃气热水器可能存在的安全隐患，又明知李红无安装热水器的经验和资质，却放任了危险的发生。而李红在购买了二手燃气热水器后，自行安装，并将该房屋出租，也

放任了危险的发生。二人以上共同故意或者共同过失致人损害，或者虽无共同故意、共同过失，但其侵害行为直接导致发生同一损害后果的，构成共同侵权，应当承担连带责任。

13. 代理人能否未经同意，以被代理人的名义与自己或自己同时代理的其他人实施民事法律行为？

📢 案　例

　　小吴是宝顺公司的销售员，为了成为公司的销售冠军，小吴以公司的名义与自己签订了一份买卖合同，约定的合同价格远低于公司的定价。此事被公司知道后，公司明确表示不予认可，但小吴依然不死心。小吴想到自己的哥哥大吴在宝力公司采购部工作，于是找到大吴说明了自己想要冲业绩的情况。大吴为了帮助弟弟，给小吴出具了授权文书，授权小吴以宝力公司的名义从宝顺公司采购产品，于是小吴就以宝顺公司的名义与其代理的宝力公司签订了一份买卖合同。合同履行后，小吴顺利成为公司的销售冠军。小吴在拿到销售冠军后不久，便因违反公司规章制度被公司辞退。那么，小吴的行为是否合法？

📖 法律依据

　　《中华人民共和国民法典》
　　第一百六十八条　代理人不得以被代理人的名义与自己实施民事法律行为，但是被代理人同意或者追认的除外。

代理人不得以被代理人的名义与自己同时代理的其他人实施民事法律行为，但是被代理的双方同意或者追认的除外。

延伸解读

为了保护被代理人和相对人的利益，法律原则上禁止"自己代理"和"双方代理"行为，除非该行为得到被代理人的同意或追认。

本案中，小吴以宝顺公司的名义与自己签订买卖合同的行为，属于"自己代理"行为；而其以宝顺公司的名义与自己同时代理的宝力公司签订买卖合同的行为，则属于"双方代理"行为。上述两种行为均存在损害被代理人利益的可能，因此法律原则上禁止上述两种行为。但如果宝顺公司和宝力公司觉得小吴没有损害其利益的，则可以对小吴的行为进行认可，在这种情况下，其代理行为依然有效。但是，当宝顺公司将小吴辞退之后，小吴的代理权即随之终止。

14. 房子被亲属出售的，还能要回来吗？

案例

吴大名下有一套房屋闲置，便口头委托弟弟吴二将房屋出租出去。吴二在向房屋中介公司打听房租市场价格的时候了解到，现在吴大的房屋价格飙升，如果现在出售，一定能够卖个好价钱。吴二心想，哥哥吴大还有其他住房，卖一套也不影响哥哥的生活，反而能给哥

哥挣一笔钱。于是，吴二在没有征求哥哥吴大同意的情况下，就委托房屋中介公司将房屋伺机出售，并自行伪造了一份有吴大签字的授权委托书。因为房屋地理位置很好，房屋中介公司第二天便将房屋出售给了孙先生。吴大知道此事后，表示坚决不同意出售。那么，吴大能要回房子吗？

法律依据

《中华人民共和国民法典》

第一百七十一条　行为人没有代理权、超越代理权或者代理权终止后，仍然实施代理行为，未经被代理人追认的，对被代理人不发生效力。

相对人可以催告被代理人自收到通知之日起三十日内予以追认。被代理人未作表示的，视为拒绝追认。行为人实施的行为被追认前，善意相对人有撤销的权利。撤销应当以通知的方式作出。

行为人实施的行为未被追认的，善意相对人有权请求行为人履行债务或者就其受到的损害请求行为人赔偿。但是，赔偿的范围不得超过被代理人追认时相对人所能获得的利益。

相对人知道或者应当知道行为人无权代理的，相对人和行为人按照各自的过错承担责任。

延伸解读

无权代理，是指行为人（无权代理人）没有代理权而仍以被代理人名义实施民事法律行为。代理权的存在是代理法律关系成立的前提，行为人只有基于

代理权才能以被代理人的名义从事代理行为。

本案中，吴二在没有得到吴大授权的情况下，便将案涉房屋出售给孙先生，其行为属于典型的无权代理行为。在吴大拒绝追认的情况下，吴二的行为对吴大不发生法律效力。因案涉房屋无法过户而给善意相对人孙先生造成的损失，应当由无权代理人吴二进行赔偿。

15. 勇斗歹徒致歹徒受伤的，是否应当承担责任？

案　例

某晚，小飞在回家路上突遇歹徒抢劫，在和歹徒争抢过程中，不小心将歹徒推倒，导致歹徒受轻伤。后来警察赶到，控制了歹徒。歹徒称自己已将财物归还给小飞，要求小飞赔偿自己受伤的医药费。那么，小飞是否应该承担赔偿责任？

法律依据

《中华人民共和国民法典》

第一百八十一条　因正当防卫造成损害的，不承担民事责任。

正当防卫超过必要的限度，造成不应有的损害的，正当防卫人应当承担适当的民事责任。

延伸解读

根据《民法典》第181条第1款的规定，因正当防卫造成损害的，不承担民事责任。本案中，虽然是小飞推倒歹徒致使歹徒受伤的，但是当时歹徒正在对小飞实施抢劫，其侵犯小飞权益在先，小飞为维护自身权益与歹徒争抢属于正当防卫，且在必要的限度范围内。因此，小飞对于自己因正当防卫对歹徒造成的损害，不承担民事责任。

16. 司马光砸破的水缸，谁来赔偿？

案　例

司马光与小伙伴在邻居家的院子里玩耍时，突然听到"扑通"一声响，继而听到有人呼救，原来是有个小孩掉进了装满水的水缸中。司马光急中生智，搬来石头砸破水缸，成功救出落水小孩。事后，邻居要求赔偿水缸，其应该找谁？

法律依据

《中华人民共和国民法典》

第一百八十二条　因紧急避险造成损害的，由引起险情发生的人承担民事责任。

危险由自然原因引起的，紧急避险人不承担民事责任，可以给予适当补偿。

紧急避险采取措施不当或者超过必要的限度，造成不应有的损害的，紧急避险人应当承担适当的民事责任。

延伸解读

紧急避险，是指为了使本人或者他人的人身、财产权利免受正在发生的危险，不得已采取的紧急避险行为，造成损害的，不承担责任或者减轻责任的情形。构成紧急避险须具备以下要件：（1）为了保护公共利益、本人或者他人的合法权益免受危险的损害。（2）真实危险正在发生。（3）迫不得已而采取的行为。（4）不能超过必要的限度而造成不应有的危害。

本案中，司马光的行为构成紧急避险，落水小孩是引起险情发生的人，因此应该承担赔偿责任。鉴于落水小孩属于无民事行为能力人或限制民事行为能力人，故其父母应一同承担赔偿责任。

17. 公开对英烈出言不逊，是否应当承担民事责任？

🔊 案 例

某日，小明就多名灭火英雄在扑灭山林大火时壮烈牺牲一事在微信群中发表侮辱性言论，经群成员提醒后，小明回复："你不知道言论自由吗？"之后，小明又发表了一系列不当言论。那么，小明的不当言论属于言论自由吗？其对所发表的言论是否应当承担民事责任？

📖 法律依据

《中华人民共和国民法典》

第一百八十五条　侵害英雄烈士等的姓名、肖像、名誉、荣誉，损害社会公共利益的，应当承担民事责任。

🔊 延伸解读

英雄烈士的事迹是民族精神的体现，是引领社会风尚的标杆。英雄烈士的名誉和荣誉等不仅属于英雄烈士本人及其近亲属，更是社会正义的重要组成内容，承载着社会核心价值观，具有社会公益性质。小明在微信群发表的不当言论是对灭火英雄不畏艰险、不怕牺牲、无私奉献的精神的否定，造成了负面影响，已经超出了言论自由的范畴，构成了对英雄烈士名誉的侵害，因此要承担相应的民事责任。

网络不是法外之地，任何人不得肆意歪曲、亵渎英雄事迹和精神。某些个体为了一己私利而编造故事诋毁英雄烈士的形象，无疑是有损社会公共利益的行为。无论生前身后，为国捐躯的英雄烈士的人格权利均应受到更好的保护，故采取公开污蔑、诋毁的手段侵害英雄烈士等的姓名、肖像、名誉、荣誉，损害社会公共利益的，应当承担民事责任。

18. 购买的产品因质量问题造成当事人人身受损的，应请求销售方承担哪种民事责任？

🔊 案 例

王某晴在某精品超市购买了一台微波炉。某天清晨，王某晴在加热牛奶时突然闻到微波炉散发出一股烧焦的味道，走近一看，才发现微波炉已因温度过高而燃烧起火。王某晴急忙用身边的水及毛巾救火，在救火过程中不慎被烧伤。后经相关机构鉴定，此次事故系微波炉本身存在质量缺陷从而导致过热起火。王某晴认为，某精品超市在售卖时应对产品质量进行检测，产品质量出现问题的，该精品超市应承担违约责任。与此同时，自己因产品质量问题而受伤，该精品超市侵害了自己的人身权。王某晴一时有些疑惑，到底应该请求该精品超市承担哪种民事责任呢？

📄 **法律依据**

《中华人民共和国民法典》

第一百八十六条 因当事人一方的违约行为，损害对方人身权益、财产权益的，受损害方有权选择请求其承担违约责任或者侵权责任。

📢 **延伸解读**

此类情况属于民事责任的竞合。在买卖合同履行过程中，由于产品质量存在瑕疵造成购买者人身权或财产权遭受损失的，一方面，产品质量出现问题属于违反合同中的相关约定，符合违约责任的构成条件；另一方面，造成购买者人身权、财产权受损，符合侵权责任的构成条件。虽然合同的销售方同时违反了两种法律义务，但基于公平原则，在遇到违约责任与侵权责任竞合时，受损害方只能行使一种请求权，择其一起诉至法院。

19. 民事主体的行为构成刑事犯罪的，被侵权人是否还可以请求其承担民事赔偿责任？

📢 **案　例**

王某与邻居李某因琐事发生肢体冲突，在愤怒之下，王某拿出家中的水果刀趁李某不备，对其腹部及手臂连刺三刀，造成李某重伤。随后，民警将王某带至公安局进行调查，检察院以故意伤害罪对王某进行公诉，法院最终判处王某有期徒刑四年半。李某因受伤住院两周，其间产生大量花销，让家庭环境本就不富裕的李某倍感压力，他担心王某被判服刑，便无须对他所受到的人身伤害及财产损失进行民事赔偿。那么，李某能否向法院请求王某承担民事赔偿责任？

📄 **法律依据**

《中华人民共和国民法典》

第一百八十七条 民事主体因同一行为应当承担民事责任、行政责任和刑事责任的，承担行政责任或者刑事责任不影响承担民事责任；民事主体的财产不足以支付的，优先用于承担民事责任。

📢 **延伸解读**

在上述情况中，李某可选择两种途径请求赔偿民事责任：一是在刑事案件审判的同时请求对附带民事诉讼作出判决；二是在刑事判决生效后另行针对民事赔偿部分提起民事诉讼。以上两种途径均可达到赔偿受害人经济损失的效果。犯罪行为造成人身伤害的，行为人应当赔偿医疗费、康复护理费、误工费等相关费用，已承担行政责任或者刑事责任不影响其承担民事责任。

20. 诉讼时效到底是什么意思？

案例

2017年6月8日，辛某找孔某方借了10万元，并向孔某方出具了一张借据，借据中写明该笔借款将于2018年6月8日归还孔某方，下方签有辛某的姓名、身份证号以及借款日期。后辛某未如期还款。但孔某方不太好意思直接找辛某要钱，而且因为忙于自家生意，所以一直到了2021年8月他才下定决心向辛某催款，但是孔某方听说法律上有个3年的诉讼时效，诉讼时效过了法院就不管了，是这样吗？

法律依据

《中华人民共和国民法典》

第一百八十八条　向人民法院请求保护民事权利的诉讼时效期间为三年。法律另有规定的，依照其规定。

诉讼时效期间自权利人知道或者应当知道权利受到损害以及义务人之日起计算。法律另有规定的，依照其规定。但是，自权利受到损害之日起超过二十年的，人民法院不予保护，有特殊情况的，人民法院可以根据权利人的申请决定延长。

延伸解读

诉讼时效是民事主体为保护民事权利向人民法院起诉的期间，向法院请求保护民事权利的诉讼时效期间是3年，

自权利人知道或者应当知道权利受到损害以及义务人之日起计算。法律另有规定的，依照其规定。

本案中，孔某方对辛某享受的债权请求权自2018年6月9日起算，至2021年6月9日孔某方均享有向法院起诉的权利，而直至2021年8月孔某方才决定行使他的合法诉权，此时诉讼时效已经届满。

但是，诉讼时效在权利人向义务人提出履行请求、义务人同意履行义务、权利人提起诉讼或者申请仲裁、与提起诉讼或者申请仲裁具有同等效力的其他情形等情况下可以中断，诉讼时效重新计算。还需要注意的是，不适用诉讼时效的4种情况：（1）请求停止侵害、排除妨碍、消除危险；（2）不动产物权和登记的动产物权的权利人请求返还财产；（3）请求支付抚养费、赡养费或者扶养费；（4）依法不适用诉讼时效的其他请求权。

21. 未成年人的权益被法定代理人侵害，成年后是否可以向法定代理人请求赔偿？

案例

吕小刚15岁时，父母在车祸中丧生，遂与其舅舅一起生活。吕小刚的舅舅自始成为吕小刚的监护人，吕小刚从父母处继承的财产也实际被舅舅管理和控制，包括其父母留下的一套住房和70万元存款。其舅舅在吕小刚不知情的情

况下，陆陆续续将吕小刚父母留下的存款挥霍一空，还逼着吕小刚配合把住房出售，换取现金用于舅舅一家人的生活开销。吕小刚很无助，但是无计可施。那么，吕小刚在想自己成年后是否可以向舅舅起诉要求赔偿经济损失？

📖 法律依据

《中华人民共和国民法典》

第一百九十条　无民事行为能力人或者限制民事行为能力人对其法定代理人的请求权的诉讼时效期间，自该法定代理终止之日起计算。

📢 延伸解读

在法定代理人代理无民事行为能力人或者限制民事行为能力人期间，如出现侵害被代理人民事权利的情况，被代理人的诉讼时效自法定代理关系终止之日起算，即法定代理终止之日起3年内，被代理人可向人民法院提起诉讼，请求原代理人承担法律责任。

本案中，吕小刚可以自成年后，直接以自己的名义向法院提起诉讼，要求舅舅返还属于自己的财产，并赔偿相应的经济损失。

22. 法律对于仲裁时效是如何规定的？

📢 案　例

颜小琳于2012年入职某科技公司担任程序员。因公司未给其缴纳社会保险，

并且于2021年6月30日无理由裁员后拒不支付经济补偿金，颜小琳拟提起劳动仲裁。那么，本案仲裁时效是怎样计算的呢？

📖 法律依据

《中华人民共和国民法典》

第一百九十八条　法律对仲裁时效有规定的，依照其规定；没有规定的，适用诉讼时效的规定。

《中华人民共和国劳动争议调解仲裁法》

第二十七条　劳动争议申请仲裁的时效期间为一年。仲裁时效期间从当事人知道或者应当知道其权利被侵害之日起计算。

前款规定的仲裁时效，因当事人一方向对方当事人主张权利，或者向有关部门请求权利救济，或者对方当事人同意履行义务而中断。从中断时起，仲裁时效期间重新计算。

因不可抗力或者有其他正当理由，当事人不能在本条第一款规定的仲裁时效期间申请仲裁的，仲裁时效中止。从中止时效的原因消除之日起，仲裁时效期间继续计算。

劳动关系存续期间因拖欠劳动报酬发生争议的，劳动者申请仲裁不受本条第一款规定的仲裁时效期间的限制；但是，劳动关系终止的，应当自劳动关系终止之日起一年内提出。

📢 延伸解读

在我国，仲裁分为民商事仲裁、劳

动仲裁和农村土地承包经营纠纷仲裁三种类型。本案的仲裁类型为劳动仲裁。根据《劳动争议调解仲裁法》第27条第1款的规定，劳动仲裁的仲裁时效期间为一年，仲裁时效期间从当事人知道或者应当知道其权利被侵害之日起计算。故本案中，颜小琳应在其知道或应当知道权利被侵害之日起一年内提起劳动仲裁。

关于仲裁时效的特别规定主要有：《劳动争议调解仲裁法》对于劳动仲裁时效的明确规定；《民法典》第594条对国际货物买卖合同和技术进出口合同仲裁时效的明确规定；《农村土地承包经营纠纷调解仲裁法》第18条对仲裁时效的明确规定。其余法律没有规定的，均适用诉讼时效的规定。

23. 如何确保房子真正属于自己？

🔊 **案 例**

2020年8月，张某与李某签订了《房屋买卖合同》，以380万元的价格购买了李某位于某小区的房屋。出于对李某的信任，张某一直未就该房屋办理网签手续，也未办理不动产产权登记。2021年6月，张某要求李某办理过户手续，却一直未联系上李某，于是上门去找李某，谁知开门的是第三人林某。林某声称其在2021年年初购买了该房子并且办理了过户手续，张某向房屋登记管理部门问询，得知该房屋确实登记在林某名下，过户时间是2021年4月。张某

无奈，将林某与李某诉至法院，要求确认林某与李某的房屋买卖合同无效。

人民法院经审理认为，林某购买李某的房屋时，并不知悉张某买房事宜，而且房屋已经过户并登记在林某名下，故判决驳回张某的诉讼请求。

📋 **法律依据**

《中华人民共和国民法典》

第二百一十四条 不动产物权的设立、变更、转让和消灭，依照法律规定应当登记的，自记载于不动产登记簿时发生效力。

🔧 **延伸解读**

房屋作为不动产有其特殊性，即判断其权属只能依赖于不动产登记，也可以理解为日常生活中经常说的房屋产权证。除此之外，仅凭实际居住、房屋买卖合同、赠与协议、遗嘱等尚不能从根本上确保房屋属于自己。

24. 能否查询他人的房产信息？

🔊 **案 例**

周某向某不动产登记中心提出申请，要求查询和复制所住小区共用宗地总面积及不动产登记的权利人（姓名）、不动产单元号，并出具查询结果证明。某不动产登记中心对此均未作出书面答复。周某认为某不动产登记中心的上述行政行为系不履行法定职责，侵犯了自己的合法知情权，故诉至法院，诉请判令某

不动产登记中心向自己提供查询与复制，并出具查询结果证明。

法院认为，因不动产登记信息涉及特定的权利人或利害关系人，为平衡个人隐私与公众知情权，国家从法律、法律依据、规章等层面对不动产登记信息查询作出了专门规定。周某申请查询、复制的均是小区其他业主的不动产登记信息，虽然某不动产登记中心未书面告知不予提供相关信息不符合法律规定，但是周某并非相关不动产登记信息的权利人或利害关系人，无权查询或获取上述信息。因此，周某要求被告就相关不动产登记信息提供查询和复制并出具查询结果证明的诉讼请求不能成立。

📖 法律依据

《中华人民共和国民法典》

第二百一十八条 权利人、利害关系人可以申请查询、复制不动产登记资料，登记机构应当提供。

📣 延伸解读

根据《民法典》第218条的规定，只有权利人和利害关系人可以申请查询和复制不动产登记资料。这里涉及的是不动产登记公开性的范围问题，即向与该物权登记有利害关系的人进行公开，而不必对全体民事主体公开。在查询和复制不动产登记资料中，申请人应当证明自己是相关不动产登记信息的权利人或者利害关系人。例如，主张登记错误的人或者欲与物权登记人进行交易的人，都是利害关系人。

25. 住宅建设用地土地使用权期限届满后怎么办？

🔔 案 例

王某通过房屋中介公司购买了一套二手房，该房始建于1995年。房屋过户后，王某有些后悔，认为该房屋的土地使用权期限仅剩50年，而非70年，便想以此为理由解除房屋买卖合同。王某找到房屋中介公司，房屋中介公司又找到卖方田某，让二人自行调解。二人调解不成，便找人民调解委员会进行调解。人民调解员告诉王某，其签订合同时应知悉该房屋非新房，而土地的使用权期限是从土地使用权出让之日起计算的，不能以自己购买房屋的时间开始计算，法律上也不会支持。而且，根据法律规定，住宅建设用地使用权的期限到期后自动续期，不用为此担心。王某解开心结后，答应不再就此事提起任何诉讼和调解要求。

📖 法律依据

《中华人民共和国民法典》

第三百五十九条 住宅建设用地使用权期限届满的，自动续期。续期费用的缴纳或者减免，依照法律、行政法规的规定办理。

非住宅建设用地使用权期限届满后的续期，依照法律规定办理。该土地上的房屋以及其他不动产的归属，有约定的，按照约定；没有约定或者约定不明法院认为，建筑区划内，规划用于停放汽车的车位、车库的归属，由当事人通过出售、附赠或者出租等方式约定。占用业主共有的道路或者其他场地用于停放汽车的车位，属于业主共有。

本案系争车库经过建筑工程规划许可，属于规划建造的车位，振峰公司也被登记为所有人。所以，业委会关于系争车位应纳入分摊面积或者视为附属建筑物、构筑物已一并转让的主张难以成立。

《中华人民共和国民法典》

第二百七十五条 建筑区划内，规划用于停放汽车的车位、车库的归属，由当事人通过出售、附赠或者出租等方式约定。

占用业主共有的道路或者其他场地用于停放汽车的车位，属于业主共有。

📣 **延伸解读**

在区分所有权的建筑物中，车库、车位的问题很复杂，也非常重要，现代城市建筑住宅必须有足够的车库和车位。过去认为，地下车库不能设立所有权，而应当采取共有，设立专有使用权的办法，以保障车库、车位的防空和反恐的需要，从《物权法》开始，规定车库、车位的基本权属状态是业主所有。车库和车位有所区别，车库是指六面封闭的停车场，而车位则是指在地表设立的停车区域。

车位和车库的权属应当依据合同确定。通过出售和附赠取得的车库、车位，所有权归属于业主；车库、车位出租的，所有权归属于开发商，业主享有使用权。确定出售和附赠车位、车库的所有权属于业主的，车库、车位的所有权和土地使用权也应当进行物权登记，在转移专有权时，车库、车位的所有权和土地使用权并不必然跟随建筑物的权属一并转移，须单独进行转让或者不转让。

占用共有道路或者其他场地建立的车位，属于全体业主共有。至于如何使用，确定的办法是：（1）应当留出适当部分作为访客车位；（2）其余部分不能随意使用，应当建立业主的专有使用权，或者进行租赁，均须交付费用，而不是随意由业主使用，保持业主对车位利益的均衡，防止出现买车位的业主吃亏，没买车位的业主占便宜的问题；（3）属于共有的车位取得的收益，除管理费外，归属于全体业主，由业主大会或业主委员会决定，将其归并于公共维修基金或者按照面积分给全体业主。

03. 小区里的业主能否把房子租给公司用于经营？

📣 **案 例**

原告张某等17人和被告杨某1、杨某2、杨某3均系某市文峰现代公寓小区的业主。杨某1等3人将自己居住的公寓交给响当当公司使用。该公司员工在工作期间，从事业务接待、开例会、做操、唱歌，在小区内进进出出，致使原告张某等 17 名小区业主的正常生活受到一定的影响。原告张某等 17 人向法院起诉，请求依法判令响当当公司、杨某 1 停止在小区内的经营。

法院认为，不动产的相邻权利人应当按照有利生产、方便生活、团结互助、公平合理的原则，正确处理相邻关系。被告杨某 1、杨某 2、杨某 3 将自己居住的公寓交给被告响当当公司使用，原告张某等 17 人不同意。被告响当当公司在使用期间，原告张某等 17 人的正常生活受到一定的影响。故对造成本案纠纷，被告应承担全部责任。

📋 法律依据

《中华人民共和国民法典》

第二百七十九条 业主不得违反法律、法规以及管理规约，将住宅改变为经营性用房。业主将住宅改变为经营性用房的，除遵守法律、法规以及管理规约外，应当经有利害关系的业主一致同意。

📢 延伸解读

业主负有维护住宅建筑物现状的义务，其中包括不得将住宅改变为经营性用房。将住宅改变为歌厅、餐厅、浴池等经营性用房，会干扰其他业主的正常生活，导致邻里关系不和，引发矛盾，造成公共设施使用的紧张状况，产生安全隐患，使城市规划目标难以实现。故业主不得违反法律、法律以及管理规约，将住宅改变为经营性用房。如果业主要将住宅改变为经营性用房，除了应当遵守法律、法律依据以及管理规约以外，还应当经过有利害关系的业主的一致同意，有利害关系的业主只要有一人不同意，就不得改变住宅的用途。

04. 业主大会或业主委员会侵犯业主权益怎么办?

📢 案 例

某业委会就某小区物业公司在小区物业管理方面存在的不足拟启动选聘物业公司程序，遂将该事宜向全体业主发出了公告。随后，全体业主决定启动选聘物业服务企业程序，委托某业委会完成物业服务企业的选聘工作，并依法与中标企业签订物业服务合同。某业委会组织召开了第二次业主委员会大会，大会决议确认列于第一顺位的某物业管理股份有限公司为中标单位，并同意某业委会与其商谈并签订具体物业服务合同及附件。该小区业主徐某诉至法院，请求法院依法判令撤销某业委会作出的《第二次业主大会决议》。

法院认为，某业委会负责组织和召开的第二次业主大会程序合法，依据该决议形成的具体的某业委会决议和与新物业公司签订的物业服务合同的程序及内容均符合法律规定，未侵犯业主的合法权益，徐某主张的侵权事实缺乏事实依据，于法无据，对其诉讼请求法院不予支持。

属行政法律关系调整的范畴，与本案民事法律关系要解决的问题有联系但不同。但是经法院鉴定，某县新华书店新建大楼并不符合现行国家标准《城市居住区规划设计规范》及《国家标准民用建筑设计通则》，确实影响了某盐业公司、段某、周某的房屋采光，致使某盐业公司、段某、周某的房屋的采光完全达不到国家日照标准，从而侵犯了某盐业公司、段某、周某的采光权，应承担民事侵权责任。

法律依据

《中华人民共和国民法典》

第二百九十三条　建造建筑物，不得违反国家有关工程建设标准，不得妨碍相邻建筑物的通风、采光和日照。

延伸解读

建筑物通风、采光和日照是相邻关系中的重要内容。相邻各方修建房屋或其他建筑物，相互间应保持适当距离，不得妨碍邻居的通风、采光和日照。如果建筑物影响相邻方的通风、采光、日照和其他正常生活，受害人有权请求相邻方排除妨碍、恢复原状和赔偿损失。例如，在城市建筑物密集地区，安装空调外机应当与对方建筑物的门窗保持适当距离，不能将空调的排风口直接对着相邻方建筑物的门窗，防止对相邻方生活造成妨碍。

08. 两人一起买车，登记在其中一人名下的，车子归谁?

案例

相某与黄某共同投资经营某公司。某日，两人向B公司订购了一辆汽车，总价中部分由黄某向银行按揭贷款，订金由两人于当日付讫。当月该车辆登记在黄某名下，并在登记过程中由B公司为相某垫付了各项费用。次年5月，相某与黄某支付了B公司部分价款并偿还部分银行贷款。当年8月，黄某向相某汇款5万元，双方于当年10月终止合作关系，相某转让股权退出该公司。当年12月，因两人未能全部支付购车款及其他费用，B公司诉至法院，经法院判决，黄某使用两人共有房屋出售款支付给了B公司。后相某就车辆权属问题将黄某诉至法院。法院认为，涉案车辆应属双方按份共有，判决涉案汽车归黄某所有，并由黄某向相某支付相应部分的车辆折价款。

法律依据

《中华人民共和国民法典》

第二百九十七条　不动产或者动产可以由两个以上组织、个人共有。共有包括按份共有和共同共有。

第三百零八条　共有人对共有的不动产或者动产没有约定为按份共有或者共同共有，或者约定不明确的，除共有人具有家庭关系等外，视为按份共有。

本案的争议焦点为双方共同购买的车辆的共有性质。根据《民法典》第308条的相关规定，对于共有性质约定不明的动产或者不动产，除能证明共有人具有家庭关系外，一律视为按份共有。本案中，涉案汽车虽系相某与黄某共同购买，但因黄某否认为双方共同共有，又不存在家庭关系等确立共同共有关系的基础，相某提供的证据也不能证明该车属于共同共有，因此法院认定双方对涉案汽车的共有系按份共有，且双方为购买该车共同支付的费用中，各享有一半。法院据此确定了两人对车辆各自所占的份额以及应当给付的对价。

09. 离婚后共同约定将房子赠与孩子，一方后悔的，可以撤销吗？

案 例

李某与王某因感情不和调解离婚，离婚时对于共同共有的房屋并未予以分割，而是通过协议约定该房屋所有权在王某付清贷款后归双方之子王某某所有。数年后，李某向法院起诉称此房屋贷款尚未还清，产权亦未变更至王某某名下，即还未实际赠与王某某，仍属于李某、王某的共有财产。李某不计划再将该房屋属于自己的部分赠与王某某，主张撤销之前的赠与行为，重新分割。王某主张双方离婚时已经协议将房屋赠与王某某，法院不应支持李某的诉讼请求。

法院认为，李某与王某在婚姻关系存续期间均知悉该房屋系夫妻共同财产，对于诉争房屋的处理也早已在离婚时达成约定，即双方约定将共有房屋赠与其子是建立在双方夫妻关系解除的基础之上的。故对李某的诉讼请求，法院予以驳回。

法律依据

《中华人民共和国民法典》

第三百零一条 处分共有的不动产或者动产以及对共有的不动产或者动产作重大修缮、变更性质或者用途的，应当经占份额三分之二以上的按份共有人或者全体共同共有人同意，但是共有人之间另有约定的除外。

延伸解读

对共有的不动产或者动产作处分的决定（处分行为），或者作进行重大修缮、变更性质或者用途的改良行为，应当经占份额三分之二以上的按份共有人或者共同共有人全体一致同意。没有达到这一规定份额的部分共有人处分全部共有财产的，为无效行为。

10. 同单元共用排水管堵塞导致一楼房屋受损，谁承担赔偿责任？

案 例

白某系某小区某栋101室的业主。某日，物业公司接到业主反映一楼墙面渗水，后发现是201室厨房排水管返水，从洗菜池溢出后漏至一楼，造成白某房屋受损。白某与 201 室至 601 室业主李某、晋某、郭某、童某、王某就损失赔偿未能协商一致，遂申请进行鉴定。后白某将李某、晋某、郭某、童某、王某诉至法院要求赔偿。

一审法院认为，共用的排水管堵塞可能是由厨房垃圾等异物直接堵塞或油污结垢后管道内径变细影响下水正常排放所致，上述结果系包括白某在内的一层至六层业主在使用厨房下水时造成，且无法查清具体业主责任的大小，对白某的损失应由使用同一排水系统的业主即本案原、被告平均负担。因白某较长时间不在该房屋居住，未及时发现漏水情况，致使损失扩大，应比其他共用管道的使用人承担较大的责任。因此，应据此分担维修费用以及鉴定费用。

法律依据

《中华人民共和国民法典》

第三百零二条　共有人对共有物的管理费用以及其他负担，有约定的，按照其约定；没有约定或者约定不明确的，按份共有人按照其份额负担，共同共有人共同负担。

延伸解读

共有财产的管理费用，是指对共有物的保存费用、对共有物作简易修缮或重大修缮所支出的费用或者利用共有财产的行为所支付的费用，还包括其他负担，如因共有物致害他人所应支付的损害赔偿金、医疗费等其他负担。

11. 共有的房子如何分割？

案 例

邵某与吴某的弟弟吴某 1 系夫妻，育有一子，吴某 1 已因病死亡。吴某向法院提起上诉，主张现由邵某占有、使用的房屋系邵某与吴某共有。不动产登记查册表、房地产权证亦显示该房屋权属人登记确为吴某与邵某共同共有。在诉讼过程中，某地产评估公司对涉讼房屋进行评估，邵某不予配合，故某地产评估公司粗略估计该房屋市场价值为 220.8 万元。吴某要求对该房屋进行分割。

一审法院认为，吴某要求分割涉讼房屋的理由成立，房屋归邵某所有，邵某应向吴某支付其所占 50% 份额的相应对价。二审法院认为，一审法院认定事实清楚，但本案中，邵某明确表示如判决涉案房屋归其所有，其并没有支付对价的能力。吴某亦未有向邵某支付涉案房屋二分之一的对价以取得涉案房屋全部所有权的意思表示。双方对以拍卖或变卖方式兑现涉案房屋价款再行分割均未提出异议。因此，综合考虑各种因素，将拍卖房屋所得价款由吴某和邵某各享有 50% 更为妥当。

法律依据

《中华人民共和国民法典》

第三百零四条　共有人可以协商确定分割方式。达不成协议，共有的不动产或者动产可以分割且不会因分割减损价值的，应当对实物予以分割；难以分割或者因分割会减损价值的，应当对折价或者拍卖、变卖取得的价款予以分割。

共有人分割所得的不动产或者动产有瑕疵的，其他共有人应当分担损失。

延伸解读

分割共有财产时可采取以下方式：（1）实物分割。对共有财产，在不影响其财产使用价值和特定用途时，可在各共有人之间进行实物分割，使各共有人取得其应得的部分。实物分割是分割共有财产的基本方法。（2）变价分割。变价分割是指共有财产不能分割或分割有损其价值，各共有人都不愿意取得共有物时，将其变卖，所得价金由各共有人分别领取的分割方法。（3）作价补偿。作价补偿是指共有人中的一人或数人取得共有物，对其他共有人的应得部分作价补偿。这种分割方式多适用于共有物为不可分割且有共有人愿意放弃对该物的所有权的情况。

12. 买房办理预告登记有用吗？

案 例

张阿姨购买了某小区的一套住宅现房，但未能及时办理预告登记。开发商见房价大涨，受利益驱动，便将该房屋"一房二卖"，出售给李大叔，且办理了预告登记和不动产登记。此时，张阿姨遭受权利损害，该怎么维权？

法律依据

《中华人民共和国民法典》

第二百二十一条 当事人签订买卖房屋的协议或者签订其他不动产物权的协议，为保障将来实现物权，按照约定可以向登记机构申请预告登记。预告登记后，未经预告登记的权利人同意，处分该不动产的，不发生物权效力。

预告登记后，债权消灭或者自能够进行不动产登记之日起九十日内未申请登记的，预告登记失效。

延伸解读

本案中，张阿姨购买的房屋未办理预告登记，开发商将该房屋又卖给李大叔并办理了预告登记与不动产登记，李大叔合法取得该房屋产权，李阿姨可请求法院要求开发商给予损失赔偿。

房屋买卖协议不能产生物权效力，其物权存在许多不确定性；为防止"一房二卖"等道德风险，买受人在房屋买卖过程中需及时办理预告登记，及时获得物权证明。

13. 何时可继承物权？

案 例

张大叔与王阿姨是夫妻，夫妻共有房屋登记在张大叔名下。张大叔去世后，其子张男与被告刘大签订了房屋转让协议。刘大即搬入居住。张大叔的女儿张女以被告刘大是借用该房屋，张男无权处分该房屋为由，要求刘大腾房、返还房屋，并提起诉讼。

法律依据

《中华人民共和国民法典》

第二百三十条　因继承取得物权的，自继承开始时发生效力。

第一千一百二十一条第一款　继承从被继承人死亡时开始。

延伸解读

本案中，案涉房屋是张大叔、王阿姨的夫妻共同财产。根据《民法典》第1121条第1款的规定，继承从被继承人死亡时开始。故张大叔去世后，继承开始，案涉房屋的所有权变动为王阿姨及其子女共同所有。因此，其子张男未经其他共有人同意，与刘大签订房屋转让协议，约定将诉争房屋转让给刘大所有，属于无权处分该房屋的所有权，该处分行为无效。

14. 房屋没有在房管部门登记可以取得所有权吗？

案　例

张大叔、李阿姨与某房地产开发公司签订购房合同，约定张大叔、李阿姨出资购买某房地产开发公司的房产，某房地产开发公司应及时办理过户手续，买卖双方应缴纳的税费由某房地产开发公司承担。后张大叔、李阿姨及时付清购房款，某房地产开发公司依法向税务机关纳税，随后某房地产开发公司将出卖房屋及产权证书、国有土地使用权证书原件一并交付张大叔、李阿姨占有和使用。因某房地产开发公司纳税发票原件遗失，上述买卖房屋至今未办理产权转让变更登记手续。张大叔、李阿姨诉请人民法院判令某房地产开发公司履行协助办理产权转移变更登记的办证义务，并承担相应的办证费用。

法律依据

《中华人民共和国民法典》

第二百零八条　不动产物权的设立、变更、转让和消灭，应当依照法律规定登记。动产物权的设立和转让，应当依照法律规定交付。

延伸解读

本案中，双方约定将某房地产开发公司名下的房屋权属转移至张大叔、李阿姨名下。依照《民法典》第208条的规定，不动产物权的设立、变更、转让和消灭，应当依照法律规定登记。易言之，只有办理完房屋权属变更登记后，才能完成房屋权属的转让。案涉房屋虽然已经交付使用，但由于未办理相应登记，故某房地产开发公司仍有义务承担税费，并向房屋登记机构提交相关资料，以协助张大叔、李阿姨办理房屋权属转移变更登记，从而真正完成案涉房屋的权属移转。

15. 买卖汽车一定要办理转让登记吗？

📢 **案 例**

唐某最近做生意急需一笔资金，他找到了自己的好友乔某，提出把自有的一辆小轿车便宜卖给乔某。乔某最近正好想买车，他看唐某这辆车保养得特别好，行驶的里程数也不多，便同意了。两人签了一份简易的转让合同，乔某向唐某支付了购车款。这时，唐某突然提出，由于最近需要谈几笔生意，小轿车要一个月才能交付给乔某。因两人是多年的好友，乔某便毫不犹豫地答应了。过了两个星期后，乔某意外获知唐某又把这辆车卖给了老王，并且与老王一起去办理了转移登记。着急的乔某找到老王要求其还车却遭到了老王的拒绝。无奈之下，乔某只能向法院提起诉讼，要求法院确认自己对该车辆的所有权。

🔍 **法律依据**

《中华人民共和国民法典》

第二百二十四条 动产物权的设立和转让，自交付时发生效力，但是法律另有规定的除外。

第二百二十五条 船舶、航空器和机动车等的物权的设立、变更、转让和消灭，未经登记，不得对抗善意第三人。

📢 **延伸解读**

本案中，老王在不知道唐某已经把车卖给了乔某的情况下，支付了合理的购车款，并且办理了物权登记，那么其作为善意第三人已经取得了该车辆的所有权。而没有及时办理转移登记的乔某就只能要求唐某退回购车款并赔偿相关损失。因此，在购买汽车时，如果不及时办理登记，一旦与第三人发生纠纷，则不便于维护自己的合法权益。

16. 政府因防控疫情等紧急事项可以征用公民的财产吗？

📢 **案 例**

小李经营的酒店位于机场附近，因疫情防控需要，被政府征用为临时隔离点。小李不太了解征用的相关事宜，想弄清国家何时可征用公民财产，征用的范围，以及酒店被征用后能否获得补偿？

🔍 **法律依据**

《中华人民共和国民法典》

第一百一十七条 为了公共利益的需要，依照法律规定的权限和程序征收、征用不动产或者动产的，应当给予公平、合理的补偿。

第二百四十五条 因抢险救灾、疫情防控等紧急需要，依照法律规定的权限和程序可以征用组织、个人的不动产或者动产。被征用的不动产或者动产使用后，应当返还被征用人。组织、个人的不动产或者动产被征用或者征用后毁损、灭失的，应当给予补偿。

征用，是指国家在紧急情况下，为了公共利益需要，如疫情防控、抢险救灾等，根据法律规定的权限和程序，在一定时间内强制使用个人或组织的不动产或动产。需要注意，征用与征收是两个不同的概念。首先，征用的财产可以是不动产，也可以是动产，征收的财产主要是不动产。其次，征用的目的是获得不动产或动产的使用权，而非所有权，而征收是对财产所有权进行的强制转移。最后，征用一般在紧急情况下才能实施，但征收不限于紧急状态，而是为了公共利益的需要，可以进行征收。

本案中，因疫情防控需要，为了更好地维护广大群众的生命健康，政府可以依照法定的权限和程序征用小李的酒店作为临时隔离点。在紧急情况结束后，政府应当将酒店的使用权返还给小李，同时给予小李公平、合理的补偿。

17. 房屋的不动产权属证书与不动产登记簿不一致时，以哪个为准？

📢 案 例

某建筑工程建设期间，宏达公司因资金紧张，经研究决定该项工程款由刘某个人筹集，同时将宏达公司享有该项工程的一切权利转移到刘某名下。2021年4月4日，刘某持相关资料向房产管理局申请房屋所有权登记，房产管理局于当日向刘某核发了房屋产权证书，该权属证书载明房屋所有权人为刘某，共有人为刘某录，而房屋所有权登记申请书将共有人栏原填写的刘某录的姓名、性别、年龄、籍贯、工作单位及职业内容予以更改，签名盖章处留有"刘某印"及"代"字样。房产管理局留存的房屋所有权证存根记载，房屋所有权人为刘某。后刘某、宏达公司和刘某录因投资某建筑等原因发生纠纷，引发权属争议。那么，该问题怎么解决？

📖 **法律依据**

《中华人民共和国民法典》

第二百一十七条 不动产权属证书是权利人享有该不动产物权的证明。不动产权属证书记载的事项，应当与不动产登记簿一致；记载不一致的，除有证据证明不动产登记簿确有错误外，以不动产登记簿为准。

📢 **延伸解读**

本案中，案涉房屋的权属证书载明房屋所有权人为刘某，共有人为刘某录，而房屋所有权登记申请书将共有人栏原填写的刘某录的姓名、性别、年龄、籍贯、工作单位及职业内容予以更改，签名盖章处留有"刘某印"及"代"字样。产权证书与房屋所有权登记不一致，原则上以不动产登记簿登记信息为准。但是，综合本案的现有证据，可以证明不动产登记簿的登记信息有误，因此法院应根据双方提供的证据，查明案涉房产的真实权利人，而不是仅仅根据登记簿的记载认定权利人。

需要注意的是，根据《民法典》第217条的规定，不动产权属证书记载的事项，应当与不动产登记簿一致；记载不一致的，除有证据证明不动产登记簿确有错误外，以不动产登记簿为准。因此，虽然不动产登记簿是不动产权属的母本，不动产权属证明书只是证明不动产登记簿登记内容的证明书，但是如果有证据证明不动产权登记簿登记确有错误，则应根据双方举证情况来认定事实。

18. 巷道一定属于个人吗？

🔊 案 例

刘某向何某购买楼房，并办理了过户登记手续。陈某向甘某购买相邻楼房，未办理过户登记手续。两楼之间有条巷道，陈某购买房屋至今，巷道一直保持原状，未作变动。后刘某重新铺设巷道时，陈某认为刘某铺设的巷道有部分是自己家的，因而阻挠反对刘某铺设巷道。刘某则认为陈某霸占其巷道，要求陈某停止使用其巷道。刘某诉至法院，请求继续铺设巷道。

📖 法律依据

《中华人民共和国民法典》
第二百四十九条 城市的土地，属于国家所有。法律规定属于国家所有的农村和城市郊区的土地，属于国家所有。

🔊 延伸解读

本案中，刘某只有在对涉案土地享有所有权或用益物权的情况下，才能主张陈某排除妨碍。然而，案涉巷道为城市土地，根据本条规定，属国家所有，刘某无法主张涉案土地的所有权，更无法基于所有权主张对方排除妨碍。此外，巷道的面积并未包含在刘某取得的房地产权证和国有土地使用证范围内，故刘某无法举证证明其享有涉案土地的使用权。综上所述，法院对刘某排除妨碍的请求不予支持。

此外，根据《民法典》第249条的规定，城市土地为国家所有权客体之一，农村和城市郊区的土地，原则上属于集体所有权的客体，但是，如果法律规定属于国家所有的，则属于国家所有。

19. 单位可私自处分被辞退员工的个人物品吗？

🔊 案 例

某公司要求与廖某解除劳动合同，并要求廖某搬离其位于某大厦顶楼的单身宿舍，同时将宿舍内的私人物品一并清空处理，但廖某予以拒绝。某公司在未依法办理解除其与廖某劳动关系的有关手续的情况下，未经廖某许可擅自挪动廖某的私人物品，后经公安机关介入调处而将上述物品搬回某大厦内的电梯井房内。后廖某以生效判决书中物品清单所列物品损坏以及其他物品丢失为由，向法院起诉。

法律依据

《中华人民共和国民法典》

第二百六十七条 私人的合法财产受法律保护，禁止任何组织或者个人侵占、哄抢、破坏。

延伸解读

保护私有财产的重要内容是私人的合法财产所有权不受侵犯，任何单位和个人不得侵占、哄抢、破坏私人合法的财产。其中，"破坏"是指故意毁坏他人所有的合法财产，致使其不能发挥正常功效的行为。

本案中，某公司未经所有权人廖某同意，擅自处分廖某的合法私人物品，并且因没有妥善保管导致部分物品丢失，导致廖某无法正常使用上述物品。因此，某公司的行为违反了《民法典》第267条关于私人的合法财产受法律保护的规定，应当承担损害赔偿责任。

20. 担保人如何保障自己对债务人的债权？

案 例

小明为了经营门店，以该门店的名义向幸福信用社贷款30万元作为运营资金，幸福信用社考虑到该门店因经营不善等可能出现无法还款的风险，要求小明提供担保。小王因与小明交情较好，便同意为此次贷款事项提供连带担保责任，并向幸福信用社出具了一份个人连带责任保证书。但小王也有自己的顾虑，毕竟30万元不是一笔小数目。那么，小王如何让自己的担保有所保障呢？

法律依据

《中华人民共和国民法典》

第三百八十七条 债权人在借贷、买卖等民事活动中，为保障实现其债权，需要担保的，可以依照本法和其他法律的规定设立担保物权。

第三人为债务人向债权人提供担保的，可以要求债务人提供反担保。反担保适用本法和其他法律的规定。

延伸解读

根据《民法典》的规定，在第三人提供担保物权的债权债务关系中，出现债务人无力偿还到期债务或者出现当事人之间约定的实现担保物权的情形时，担保人应当向债权人承担担保责任。第三人履行担保义务后，有权基于担保合同以及为债务人承担债务这一法律事实向债务人追偿。为了保障自己追偿权的实现，第三人有权要求债务人向自己提供担保，此担保即《民法典》第387条第2款中所述的反担保。反担保与设立担保物权本质相同，同样适用《民法典》和其他法律的规定。本案中，小王为了保障自己的追偿权，可以要求债务人小明依照法律规定提供反担保。

需要注意的是，反担保需采用书面形式，需要办理登记或转移占有的，应办理登记或转移占有手续；第三人先向债权人提供担保之后，才有权要求债务人提供反担保；债务人或债务人之外的其他人可向第三人提供担保；反担保的担保方式只有保证、抵押、质押，只有第三人为债务人提供以上三种之一的担保方式后，才能要求债务人提供反担保。

21. 主债权债务合同无效的，担保合同是否有效？

案　例

向明有意收购一处房产项目，听闻李芳有能力操作此事，便找到李芳协商，并达成协议：向明向李芳支付 5 万元，作为其协调签订房产项目收购合同的订金，若李芳未能使向明与他人在约定的截止期限前签订正式的收购合同，李芳应于截止日期当日全额退还订金。小白作为担保人在协议上签字并按了手印。向明随即向李芳支付了 5 万元订金。截止日期过后，李芳未能协调双方的收购事宜，向明随即要求李芳返还订金，但李芳至今未返还。向明向法院起诉了李芳和小白，要求二人返还订金及逾期利息。后法院查明，原、被告双方企图通过非正常程序收购房产项目，不符合相关规定，违背公序良俗，双方之间的民事法律行为应属无效，民事法律行为无效后，李芳因该行为取得的财产应当返还。那么，在主债权债务合同无效的情况下，小白的担保行为是否有效？

法律依据

《中华人民共和国民法典》

第三百八十八条　设立担保物权，应当依照本法和其他法律的规定订立担保合同。担保合同包括抵押合同、质押合同和其他具有担保功能的合同。担保合同是主债权债务合同的从合同。主债权债务合同无效的，担保合同无效，但是法律另有规定的除外。

担保合同被确认无效后，债务人、担保人、债权人有过错的，应当根据其过错各自承担相应的民事责任。

延伸解读

根据《民法典》第 388 条第 1 款的规定，主债权债务合同无效的，担保合同无效。本案中，因向明与李芳的债权债务民事法律行为无效，所以小白的担保行为也无效，向明无权以担保行为请求小白向其退还订金。

担保关系具有附随性，在担保物权中，主债权债务关系是否有效关乎其约定的权利义务关系。需要注意的是，一般情况下，担保合同随主债权债务合同的无效而无效，但是法律另有规定的除外。同时，判断担保合同是否有效，不能仅以主债权债务合同是否有效为标准。导致担保合同无效的情形有很多，《民法典》所述的债权债务无效仅是其中之一，即使主合同有效，也会存在担保合同无效，如担保合同存在法律规定的合同无效的情形。

22. 担保物灭失的，担保物权人的权益如何保障？

📢 案 例

冯某向银行贷款 30 万元用于开餐馆，双方签订了《个人借款合同》，约定了借款期限、月利率等内容。银行为了规避风险，与冯某签订了《抵押合同》，冯某将一处划拨土地及地上房屋抵押给银行，并办理了抵押登记。后冯某因经营不善仅偿还了一部分本金及利息后便无力偿还，银行多次催促未果，向法院提起诉讼。经查明，在诉讼前 3 个月，冯某抵押的房屋已被拆除。那么，担保物权人的权益如何保障？

📖 法律依据

《中华人民共和国民法典》

第三百九十条 担保期间，担保财产毁损、灭失或者被征收等，担保物权人可以就获得的保险金、赔偿金或者补偿金等优先受偿。被担保债权的履行期限未届满的，也可以提存该保险金、赔偿金或者补偿金等。

📢 延伸解读

担保物权的物上代位性，是指担保物权的效力及于担保财产因毁损、灭失所得的赔偿金等代位物上，担保物权人设立担保物权并不以占有和使用担保财产为目的，而是以支配担保财产的交换价值为目的，所以即使担保物本身损害、灭失，只要担保财产交换价值的替代物存在，则担保物权的效力即自动转移至该替代物上。

本案中，双方签订的合同均是真实意思表示，内容不违反法律、行政法规的禁止性规定，合法有效，应当受到法律保护，冯某未能按约定偿还借款本息，应当承担违约责任。虽抵押担保的房屋已经灭失，但银行仍然有权要求对冯某的土地使用权折价或拍卖、变卖后所得价款享有优先受偿权。

23. 没有第三人的同意，债务转移对第三人是否有效？

📢 案 例

黎某因经营酒店向银行借款 30 万元，王某为此次贷款事项提供连带责任担保。后苏某因对黎某爱慕已久，与黎某及银行约定，愿意承担黎某 40% 的债务。上述约定并未告知担保人王某，未经王某的同意。那么，该债务转移对王某是否有效？

📖 法律依据

《中华人民共和国民法典》

第三百九十一条 第三人提供担保，未经其书面同意，债权人允许债务人转移全部或者部分债务的，担保人不再承担相应的担保责任。

📢 延伸解读

在一般的债权债务关系中，债务人

转移全部或部分债务给他人，应当经过债权人的同意。而在第三人提供担保的债权债务关系中，因设立担保物权关乎第三人对原债务人的信任，若"半路杀出个愿意承担债务的程咬金"，将破坏原本债权债务法律关系的稳定性。第三人对新的债务人并不了解，因此，债务人转移全部或者部分债务的，不仅需要债权人同意，还需经第三人的书面同意，否则视为担保人未同意。此外，未经担保人书面同意，债权人同意债务人转移全部债务的，可以免除担保人全部担保责任；债权人许可债务人转移部分债务的，可以免除担保人部分的担保责任，担保人还要对债务人未转移的债务承担担保责任。

24. 债权债务关系中既有人保也有物保的，该如何处理？

📢 案 例

江某因经营便利店需要向某银行借款50万元，该银行为控制借款回收的风险，要求江某提供相应的担保。江某找到陆某作为担保人，为此次借款承担连带责任担保，白某也同意以自己的一套房屋为江某进行担保，并与某银行签订了担保合同。后江某因生意不好无钱还款，此时，某银行如何实现债权？

🔍 法律依据

《中华人民共和国民法典》

第三百九十二条 被担保的债权既

有物的担保又有人的担保的，债务人不履行到期债务或者发生当事人约定的实现担保物权的情形，债权人应当按照约定实现债权；没有约定或者约定不明确，债务人自己提供物的担保的，债权人应当先就该物的担保实现债权；第三人提供物的担保的，债权人可以就物的担保实现债权，也可以请求保证人承担保证责任。提供担保的第三人承担担保责任后，有权向债务人追偿。

📢 延伸解读

物的担保系以物来担保债务的履行，包括抵押、质押、留置；人的担保是以人的信誉来担保债务的履行，二者均为保障债务履行的有效手段。《民法典》第392条分3种情况说明了既有物的担保，又有人的担保时，人保与物保的处理：（1）当事人对人保与物保有约定的从其约定；（2）无约定或约定不明，债务人自己提供物保的，应当先就物的担保实现债权；（3）无约定或约定不明，第三人提供物保的，法律尊重债权人的意愿，债权人有权进行自由选择。

本案中，因江某与某银行之间的借款合同未对人保与物保作出约定，江某作为债务人也未提供物的担保，因此法律尊重债权人的意愿，某银行可以自由选择由陆某或白某履行担保义务，担保人履行后，可向江某追偿。

25. 担保物权在何种情况下消灭?

案 例

2021年年初，朱某向申某借款30万元，并向申某出具了借条，载明其向申某借款30万元，以自己的一处房产作为抵押，夏某在担保人处签名捺印。当天，双方办理了房屋抵押登记。后朱某依约偿还了本金与利息，但申某以夏某拖欠其借款为由，既不向朱某返还房屋的不动产权证书，也不协助朱某办理房屋的抵押登记注销手续。后得知，该房屋已于2016年获得房屋所有权证，系朱某独有，房屋他项权利人为申某。此时，案涉房屋上的担保物权是否消灭？申某以夏某拖欠其借款为由不返还朱某不动产权证书，也不协助其办理房屋的抵押登记注销手续的行为能否得到法律支持？

法律依据

《中华人民共和国民法典》

第三百九十三条 有下列情形之一的，担保物权消灭：

（一）主债权消灭；

（二）担保物权实现；

（三）债权人放弃担保物权；

（四）法律规定担保物权消灭的其他情形。

延伸解读

根据《民法典》第393条的规定，

担保物权在下列情形中消灭：（1）主债权消灭。应当注意的是，此处的"主债权消灭"是指主债权全部消灭，若主债权部分消灭（如朱某借款30万元，但只偿还了20万元），此时担保物权仍然存在，担保财产仍应以其全部价值担保剩余的债权。此外，"主债权消灭"是指在客观上还清了债务，偿还人是谁，偿还人是否为债务人均无须考虑。也就是说，只要还清债务人拖欠的债务即"主债权消灭"，债务人自己清偿或第三人代为偿还全部债务，担保物权均消灭。

（2）担保物权实现。这是指债务人于双方约定的期限内不履行债务时，债权人与担保人约定以担保财产折价或拍卖、变卖担保财产，以拍卖、变卖担保财产所得价款优先受偿。担保物权实现就意味着担保物权人权利的实现，担保物权消灭。需注意的是，担保物权一旦实现，就意味着担保人的义务已经履行完毕，无论其所担保的债权是否全部清偿，担保物权都消灭。

（3）债权人放弃担保物权。这里的"放弃"是指债权人的明示放弃，明示放弃主要包括两种情形：一是债权人以书面的形式明确表示放弃担保物权；二是债权人以行为放弃。例如，因债权人自己的行为导致担保财产灭失，即视为债权人放弃担保物权。

（4）法律规定担保物权消灭的其他情形。主要是指《民法典》或者其他法律规定的担保物权消灭的特殊情形，如留置权人对留置财产丧失占有或者留置权人接受债务人另行提供担保的，留置权消灭；质权因质物灭失而消灭。

本案中，朱某以自有房屋作为其向申某借款的担保，朱某已于约定期限内偿还本金及利息，此时主债权已经消灭，则担保物权消灭。因此，申某应当返还朱某的不动产权证书并协助朱某办理房屋的抵押登记注销手续。同时，房屋登记在朱某名下，非夏某借款的抵押担保物，朱某亦非夏某借款的担保人，因此，申某无权以其主张的理由拒绝返还及履行协助办理手续的义务。

26. 哪些财产不得抵押？

明华向白雨借款，小王与白雨约定以自有房屋担保该笔借款。小王仅将房屋的不动产权证书交给了白雨，双方未按照约定办理抵押登记。当借款到期后，明华无力清偿，而小王的房屋被法院另行查封。此时，白雨能否请求小王继续履行担保合同，并办理房屋抵押登记？

《中华人民共和国民法典》

第三百九十九条 下列财产不得抵押：

（一）土地所有权；

（二）宅基地、自留地、自留山等集体所有土地的使用权，但是法律规定可以抵押的除外；

（三）学校、幼儿园、医疗机构等为公益目的成立的非营利法人的教育设

施、医疗卫生设施和其他公益设施；

（四）所有权、使用权不明或者有争议的财产；

（五）依法被查封、扣押、监管的财产；

（六）法律、行政法规规定不得抵押的其他财产。

依据我国法律规定，土地所有权包括国有土地的所有权、集体土地的所有权。目前，我国法律没有规定国有和集体所有的土地所有权可以抵押。如果允许土地所有权抵押，实现抵押权后，必然带来土地所有权归属的改变，从而违反宪法和法律关于我国土地只能归国家或者集体所有的规定，因此，土地所有权不得抵押。

自留地、自留山是农民作为生活保障的基本生产资料，带有社会保障性质，从保护广大农民根本利益出发，禁止以自留地、自留山的使用权抵押。而宅基地是农民生活的必需和赖以存在的基础，特别是农民一户只有一处宅基地，一旦失去住房及其宅基地，将会丧失基本生存条件，影响社会稳定。为了维护现行法律和现阶段国家有关农村土地政策，《民法典》禁止以宅基地使用权进行抵押。

学校、幼儿园、医疗机构等为公益目的成立的非营利法人的教育设施、医疗卫生设施和其他公益设施，因其均为以社会公益目的而设立，一旦实现抵押权，可能严重影响机构发展及社会稳定。

因此，《民法典》禁止上述非营利法人抵押其设施。但需要注意的是，对于属于营利法人的民办学校、民办医疗机构等，其教育设施、医疗卫生设施等可以依法抵押。

所有权、使用权不明或者有争议的财产不得抵押。如果一项财产的所有权或者使用权不明确，甚至是有争议的，将其抵押不仅可能侵犯所有权人或者使用权人的合法权利，而且可能引起矛盾和争议，危害交易安全。故《民法典》规定此类财产不得抵押。

依法被查封、扣押、监管的财产，其合法性处于不确定状态，国家法律不能予以确认和保护。因此《民法典》禁止以依法被查封、扣押、监管的财产抵押。

法律、行政法规规定不得抵押的其他财产，系兜底性规定。除前5项所列不得抵押的财产外，在设定抵押权时，还要看其他法律、行政法规有无禁止抵押的规定。

本案中，借款到期之后，小王的房屋被法院另行查封，此时该房屋属于《民法典》第399条第5项规定的财产，不得再办理抵押登记。不动产抵押权自登记时设立，未办理物权登记的，不影响合同效力，因此白雨无权要求小王继续履行担保合同，办理房屋抵押登记，也不得就房屋拍卖优先受偿，但房屋抵押合同合法有效。基于合法有效的房屋抵押合同，白雨有权要求小王以房屋价值为限承担担保义务，亦有权要求小王承担损害赔偿责任。

27. 流押条款是否有效？

案 例

田某向方某借款100万元用于经营便利店，同时又与方某签订了房屋抵押合同，约定如果田某到期不能偿还借款，方某可以取得房屋所有权。在签订合同后，双方办理了抵押登记。当借款到期后，田某无法偿还债务，此时方某能否取得房屋所有权？

法律依据

《中华人民共和国民法典》

第四百零一条 抵押权人在债务履行期限届满前，与抵押人约定债务人不履行到期债务时抵押财产归债权人所有的，只能依法就抵押财产优先受偿。

延伸解读

流押条款，是指当事人在合同中约定，一旦债务人无法到期履行债务，抵押财产直接归于债权人的条款。从《民法典》第401条的表述来看，流押条款无效，目的是保护抵押人的利益，保障实质公平。

本案中，双方的约定为流押条款，基于法律规定，方某无法取得房屋所有权。但流押条款无效并不影响抵押合同的效力，双方于借款前办理了抵押登记，因此方某依法对抵押房屋享有优先受偿权，双方的抵押合同应认定为有效。

28. 不动产抵押权自何时设立？

📢 案 例

黄某与白某因一房屋的所有权发生争议，白某向法院提起诉讼。法院经过审理判决该争议房屋的所有权人为白某。原房屋登记簿上的所有权人为黄某，但双方未进行变更登记。几个月后，白某因经营需求，向元某借款，并将该房屋抵押给元某，双方仅签订了书面的抵押合同，并未办理抵押登记。此时，该套房屋的抵押权是否设立？如果设立，自何时设立？

📄 法律依据

《中华人民共和国民法典》

第四百零二条　以本法第三百九十五条第一款第一项至第三项规定的财产或者第五项规定的正在建造的建筑物抵押的，应当办理抵押登记。抵押权自登记时设立。

📢 延伸解读

依据《民法典》第402条的规定，不动产抵押权自登记时设立。人民法院的法律文书导致物权设立、变更、转让或消灭的，自法律文书生效时生效。本案中，虽白某与黄某在法院判决生效后未办理变更登记，但自法院判决书生效后争议房屋的物权发生变动，房屋归白某所有。后白某与元某仅签订了书面合同，并未办理抵押登记，根据法律规

定，该房屋的抵押权并未设立，但并不影响双方签订的抵押合同的效力。

29. 抵押权与租赁权的冲突应如何解决？

📢 案 例

袁某向佟某借款15万元，将自己的便利店抵押给佟某，并办理了抵押登记。因经营不善，又没有其他的收入来源，袁某未按照约定偿还欠款。后袁某将便利店租赁给小王，双方签署了租赁合同，袁某向小王收取了两年的租金，但并未告知小王该房屋已被抵押。那么，双方的租赁合同是否有效？佟某发现后能否要求小王腾退房屋？

📄 法律依据

《中华人民共和国民法典》

第四百零五条　抵押权设立前，抵押财产已经出租并转移占有的，原租赁关系不受该抵押权的影响。

📢 延伸解读

抵押权作为担保物权，其本质在于"优先受偿权"，而非"抵押物的所有权"。袁某将便利店抵押给佟某并办理了抵押登记，佟某仅享有"优先受偿权"，便利店的所有权人仍为袁某。袁某作为便利店的所有权人与小王签订租赁合同，双方的租赁合同合法有效。根据《民法典》第405条的规定，在"先租后押"的情况下，原租赁关系不受抵

押权的影响，而在本案中系"先押后租"，租赁关系无法对抗抵押权。因此，佟某有权要求小王腾退房屋，对小王造成的损失可依据租赁合同，要求袁某承担违约责任。

30. 抵押财产的转让合同是否有效？

📢 案 例

陈某向某银行贷款 30 万元，该银行为保障债权，要求其提供担保。韩某以自有房屋为陈某的借款作了抵押，但并未办理抵押登记。后韩某因资金需求将该房屋变卖给大刚并办理了过户手续。陈某因经营不善未偿还到期债务，此时，韩某与大刚之间的房屋转让合同是否有效？某银行能否请求大刚代为还款？

📖 法律依据

《中华人民共和国民法典》

第四百零六条 抵押期间，抵押人可以转让抵押财产。当事人另有约定的，按照其约定。抵押财产转让的，抵押权不受影响。

抵押人转让抵押财产的，应当及时通知抵押权人。抵押权人能够证明抵押财产转让可能损害抵押权的，可以请求抵押人将转让所得的价款向抵押权人提前清偿债务或者提存。转让的价款超过债权数额的部分归抵押人所有，不足部分由债务人清偿。

📢 延伸解读

根据《民法典》第 406 条的规定，抵押期间抵押人可以转让抵押财产，而不需要经过其他人的同意。如果抵押权人与抵押人在设立抵押权时约定抵押人在抵押期间不得转让抵押财产，那么抵押人就不能转让抵押财产，但是该约定不得对抗善意受让人。抵押财产的转让并不影响抵押权人享有的抵押权，当出现实现抵押权的事由时，可以对该抵押财产进行变价和优先受偿抵押物之价值。此外，由于抵押物不转移占有，抵押权人并未实际知晓该抵押物的真实状况，因此，法律规定抵押人转让抵押财产时应当及时通知抵押权人，如果未及时通知，虽不影响抵押权的效力，但造成抵押权人损害的，抵押人应当承担赔偿责任。

本案中，韩某未与某银行办理抵押登记，因不动产抵押权自登记时设立，因此该银行并未取得不动产抵押权，但双方的不动产抵押合同合法有效。韩某作为房屋的所有权人将房屋过户给大刚，双方的转让合同合法有效。因某银行本身并不享有抵押权，因此此时的房屋所有权人大刚无须代为向银行偿还欠款。

31. 在抵押权交换顺位情形中如何分配价款？

📢 案 例

齐某以其精品店作为抵押，先后分

别向牛某、左某、孟某借款 20 万元、30 万元、50 万元，并依次办理了抵押登记。后牛某与孟某商量交换双方的抵押权顺位并办理了变更登记，但并未告知左某。后齐某因经营不善无法偿还三位债权人的到期债务，被诉至法院，法院强制拍卖抵押房屋，仅得价款 70 万元。此时，三位债权人应如何分配该价款？

📖 法律依据

《中华人民共和国民法典》

第四百零九条第一款 抵押权人可以放弃抵押权或者抵押权的顺位。抵押权人与抵押人可以协议变更抵押权顺位以及被担保的债权数额等内容。但是，抵押权的变更未经其他抵押权人书面同意的，不得对其他抵押权人产生不利影响。

📢 延伸解读

抵押权顺位的变更，是指调换同一抵押财产上的数个抵押权的清偿顺序。抵押权的顺位变更后，各抵押权人只能在其变更后的顺位上行使优先受偿权。如果在该财产上还有其他抵押权人，抵押权顺位以及被担保的债权数额等内容的变更后，可能会对其他抵押权人产生不利的影响。因此，为保护其他抵押权人的合法利益，《民法典》规定抵押权的变更若未经其他抵押权人书面同意，对其他抵押权人产生不利影响的，则变更无效。

本案中，牛某与孟某之间的约定仅对其双方发生效力，未经过左某的书面同意，不得对左某的抵押权产生不利影响。因此，100 万元的借款中，作为第一顺位的孟某，其优先受偿的款项仅为 20 万元，作为第二顺位的左某可优先受偿 30 万元。此时，拍卖价款剩余 20 万元。因牛某与孟某之间的抵押权变更的约定，牛某自愿让孟某优先受偿，因此剩余的 20 万元均由孟某受偿，只有孟某受偿完毕后才能轮到牛某。据此，在此次受偿中，孟某受偿 40 万元，左某受偿 30 万元，牛某不受偿。

01. 交付的质押权是否优先于未登记的抵押权受偿？

📢 案 例

2020 年 3 月 23 日，小伟在农村信用合作联社申请企业贷款，金某公司为其提供担保，小航用其所有的小轿车为小伟提供反担保抵押，但未办理抵押登记。2020 年 7 月 11 日，小军与小航签订质押协议，约定小航以其小轿车为质押物，质押给小军，质押期限从 2020 年 7 月 11 日起至 8 月 10 日止，约定借款 10 万元整。后该车一直由小军使用。2021 年 2 月 3 日晚，金某公司将该车拖走并准备进行拍卖。对于该车的拍卖款，金某公司的抵押权是否优先于小军的质押权受偿？

📖 法律依据

《中华人民共和国民法典》

第四百一十五条 同一财产既设立抵押权又设立质权的，拍卖、变卖该财产所得的价款按照登记、交付的时间先后确定清偿顺序。

📢 延伸解读

抵押权可以在不动产和动产上设立，质权可以在动产和权利上设立，动产既可以成为抵押权的标的，也可以成为质权的标的。关于动产抵押权，以动产抵押的，抵押权自抵押合同生效时设立，未经登记，不得对抗善意第三人。关于动产质权，质权自出质人交付质押财产时设立。由于动产抵押权不需要转移标的物的占有，且在抵押合同生效时设立，与动产质权的设立要件不同，因此同一动产上可能既设有抵押权又设有质权。同一财产上存在数个不同类型的担保物权，可以使市场交易主体通过担保的方式获得生产经营所需要的资金，充分发挥财产的交换价值，实现物尽其用，但是，同一财产上设立了两个以上不同类型的担保物权时，就需要确立担保物权优先次序所应遵循的原则，理顺担保物权竞合时的清偿顺序。对此，《民法典》第 415 条规定，同一财产既设立抵押权又设立质权的，拍卖、变卖该财产所得的价款按照登记、交付的时间先后确定清偿顺序，即以权利公示的时间先后决定清偿顺序。

具体到本案中，金某公司虽对车辆享有抵押权，但其抵押权未经登记，小军与小航以书面形式签订质押协议并将车辆交付。可知，小军质押权交付的时间早于金某公司抵押登记的时间，故小军优先于金某公司对小航的小轿车的拍卖款受偿。

02. 最高额抵押担保的债权范围主要依据什么？

🔊 **案 例**

某银行于 2020 年 4 月与 A 公司达成金融借款合同，向 A 公司出借资金共计 300 万元。后该银行于 2020 年 10 月与 B 公司签订最高额抵押合同，约定 B 公司以自有房产作为抵押，用以担保包括 A 公司在内的四家公司自 2020 年 10 月至 2021 年 5 月在该银行产生的最高额 4000 万元以内的借款。同月，某银行负责人与 B 公司负责人共同前往不动产登记中心对该房产完成最高额抵押登记。双方于 2020 年 11 月再次签订补充协议，约定将该银行与 A 公司在 2020 年 4 月签订的 300 万元借款一并纳入最高额抵押合同的担保范围，但并未就此办理最高额抵押的变更登记。上述合同和补充协议均附有 B 公司股东决议书和完整盖章。虽然某银行与 B 公司就该 300 万元借款签订了补充协议，将其纳入最高额抵押担保范围中，但由于未办理抵押变更登记，该约定是否应当认定为生效？

📖 **法律依据**

《中华人民共和国民法典》

第四百二十条 为担保债务的履行，债务人或者第三人对一定期间内将要连续发生的债权提供担保财产的，债务人不履行到期债务或者发生当事人约定的实现抵押权的情形，抵押权人有权在最高债权额限度内就该担保财产优先受偿。

最高额抵押权设立前已经存在的债权，经当事人同意，可以转入最高额抵押担保的债权范围。

🔊 **延伸解读**

根据《民法典》第 420 条第 1 款的规定，最高额抵押权是指为担保债务的履行，债务人或者第三人对一定期间内将要连续发生的债权提供抵押担保，债务人不履行到期债务或者发生当事人约定的实现抵押权的情形的，抵押权人有权在最高债权额限度内就该担保财产优先受偿。

根据《民法典》第 420 条规定，最高额抵押是对将要发生的债权提供担保，那么，最高额抵押权设立前已经存在的债权，能否被转入最高额抵押担保的债权范围内呢？最高额抵押权的本质特征不在于其所担保的债权为将来的债权，而在于所担保的债权为不特定债权，且具有最高限额。因此，只要最终实际发生的债权总额不超过双方约定的最高债权额，即使该债权发生在最高额抵押权设立前，也应当被允许增补到最高额抵押所担保的债权范围内。而且是否将已经存在的债权转入最高额抵押担保的债权范围，是当事人自己的权利，只要双方协商同意，法律应当允许。为此，《民法典》第 420 条第 2 款规定，最高额抵押权设立前已经存在的债权，经当事人同意，可以转入最高额抵押担保的债权范围。

具体到本案中，B 公司与某银行签订的补充协议具备合同生效的全部要件，是双方真实意思表示，也不违反法律法规相关规定，具有法律效力。即 B 公司同意将 A 公司在 2020 年 4 月签订的 300 万元借款一并纳入最高额抵押合同的担保范围。最高额抵押担保的债权范围主要依据双方真实有效的合同约定，而非以抵押登记作为生效要件。

03. 最高额抵押担保的债权在未确定的前提下能否转让？

案 例

2013 年 1 月 11 日，某饮食公司与某银行签订《最高额融资合同》和《最高额抵押合同》，约定某饮食公司以房产和土地作最高额抵押，在 2013 年 1 月 11 日至 2016 年 1 月 10 日，在最高本金余额不超过 80 万元的范围内向某银行融资。其中，《最高额抵押合同》中约定，主债权确定前，某银行转让部分主合同项下的债权的，最高额抵押权是否转让以及如何转让，以某银行届时向某饮食公司发出的书面通知为准。上述合同签订后，某饮食公司与某银行就抵押财产向相关部门办理了抵押登记。

某饮食公司于 2015 年 1 月 16 日向某银行借款 80 万元，借款期限自 2015 年 1 月 16 日起至 2016 年 1 月 1 日止。合同签订后，某银行按约向某饮食公司发放了贷款。

2015 年 12 月 7 日，某银行与某建筑公司签订《债权转让协议》，约定某银行将对某饮食公司享有的债权，其中 79 万元、利息 5.8 万元，共计 84.9 万元，并将主债权相关的从权利一并转让给某建筑公司；该协议生效后，某建筑公司取得债权人的地位，取代某银行行使债权人的各项权利。2015 年 12 月 7 日，某银行将债权转让的事实通知了某饮食公司，并告知借款合同项下的全部权利业已依法转让，请借款人、抵押人及其他相关当事人向某建筑公司履行上述合同项下的全部义务。

2017 年 9 月 14 日，法院受理某饮食公司的破产清算申请。某建筑公司于 2017 年 12 月 13 日申报债权，某饮食公司破产管理人经初查、复查，确认某建筑公司申报的借款债权本息为 95 万余元，为无财产担保债权。理由为最高额抵押担保的债权确定前，部分债权转让的，最高额抵押权不得转让。建筑公司申报的债权转让时尚未确定，最高额抵押权不得转让，因此为无财产担保债权。那么，某饮食公司破产管理人适用法律是否正确？某建筑公司对某银行《最高额抵押合同》中某饮食公司的抵押物是否享有优先受偿权？

法律依据

《中华人民共和国民法典》

第四百二十一条 最高额抵押担保的债权确定前，部分债权转让的，最高额抵押权不得转让，但是当事人另有约定的除外。

📢 **延伸解读**

根据《民法典》第421条的规定，最高额抵押担保的债权确定前，部分债权转让的，最高额抵押权不得转让，但当事人另有约定的除外。适用该条款规定的前提，须同时满足以下三个条件：（1）最高额抵押担保的债权未确定；（2）转让的债权是最高额抵押担保的部分债权；（3）当事人没有作出最高额抵押担保的债权确定前允许转让的约定。

具体到本案中，关于第一个成就条件。某饮食公司与某银行签订的《最高额融资合同》和《最高额抵押合同》约定的最高债权限额为80万元，最高额抵押担保的债权期间为2013年1月11日至2016年1月10日，依据上述合同，某饮食公司于2015年1月16日向某银行借款80万元，借款期限为2015年1月16日至2016年1月1日。虽然某饮食公司借款数额已经达到最高债权限额，但借款期限尚未超出最高额抵押担保的债权期间，仍有发生新债权的可能。某建筑公司无法证明存在该案最高额抵押担保的债权已经确定的法定或者约定情形，因此，该案最高额抵押担保的债权在转让时尚未确定。

关于第二个成就条件。从某银行与某建筑公司在《债权转让协议》中的约定来看，双方约定将主债权相关的从权利一并转让给某建筑公司；本协议依法生效后，某建筑公司取得债权人的地位，取代某银行行使债权人的各项权利。并且，借款合同约定和实际交付的数额，已经达到了最高债权本金限额。因此，应认定债权人某银行将最高额抵押担保的全部债权一并转让给了某建筑公司，而不是部分债权转让。

关于第三个成就条件。双方在《最高额抵押合同》中约定，主债权确定前某银行转让部分主合同项下的债权的，最高额抵押权是否转让以及如何转让，以某银行届时向某饮食公司发出的书面通知为准。这是双方对最高额抵押担保的债权确定前转让债权作出的约定。某银行在债权转让后向某饮食公司发出的《债权转让通知》中载明了抵押人为某饮食公司，担保方式为抵押，并将借款合同项下全部权利依法转让的事实通知了既是借款人，又是抵押人的某饮食公司，并通知借款人、抵押人向债权受让人某建筑公司履行合同项下的全部义务。由此可以认定，某银行根据最高额抵押合同约定，将最高额抵押权在最高额抵押担保的债权确定前已经发生转让，并且是全部转让，由某饮食公司向受让人履行全部合同义务的内容通知了债务人、抵押人某饮食公司。

综上所述，上述三个限制最高额抵押权转让的前提条件缺一不可，否则，最高额抵押担保的债权就不存在转让的限制。本案中，上述三个限制转让的条件中只有第一个条件成就，后两个条件并不成就，因此，某饮食公司破产管理人确认某建筑公司申报债权为无财产抵押担保的债权存在法律适用错误，某建筑公司享有该最高额抵押权，对抵押财产享有优先受偿权。

04. 设立质权须采用什么形式？

案 例

小刘名下有一辆小型普通客车。某日，小刘驾驶该车辆行驶至某城区附近，与小董因行车问题发生争执，导致肢体冲突。经民警调解，小刘与小董达成协议："经自行协商，由小刘赔偿小董贰万元整，此事就此了结。"次日，小刘的父亲老刘陪小董就医，老刘将车钥匙交付给小董后离开，小董将车开回自己家中停放。后小刘表示不同意向小董支付 2 万元赔偿款并要求小董返还车辆。那么，小董是否可以主张该车辆为质押物，行使质权拒绝返还？

法律依据

《中华人民共和国民法典》

第二百三十五条 无权占有不动产或者动产的，权利人可以请求返还原物。

第四百二十五条 为担保债务的履行，债务人或者第三人将其动产出质给债权人占有的，债务人不履行到期债务或者发生当事人约定的实现质权的情形，债权人有权就该动产优先受偿。

前款规定的债务人或者第三人为出质人，债权人为质权人，交付的动产为质押财产。

第四百二十七条 设立质权，当事人应当采用书面形式订立质押合同。

质押合同一般包括下列条款：

（一）被担保债权的种类和数额；

（二）债务人履行债务的期限；

（三）质押财产的名称、数量等情况；

（四）担保的范围；

（五）质押财产交付的时间、方式。

延伸解读

质权是依照法律规定而创设的权利。当事人设定质权的行为是一种双方的民事法律行为，应当通过订立质押合同来进行。虽然口头合同简单易行，但一旦发生争议，不易证明其存在及具体内容，不利于事实的查明和纠纷的解决。为了便于确定当事人的权利义务、民事责任等法律关系，促使当事人谨慎行使担保物权，减少纠纷的发生，规范设定质权的行为，《民法典》第 427 条第 1 款规定，当事人应当采用书面形式订立质押合同。

动产质押合同是明确质权人与出质人权利义务的协议，也是将来处理当事人之间纠纷的重要依据。因此，当事人在订立质押合同时，对当事人之间的权利义务应尽可能地约定清楚、明确。质押合同一般应包括的内容主要有：被担保债权的种类和数额、债务人履行债务的期限、质押财产的名称和数量、担保的范围、质押财产交付的时间和方式。虽然民事合同讲究意思自治，但不代表签订合同时可以随意删减必要条款。如质押以质物的转移为生效要件，如没有通过对质押财产名称、数量等情况的约定对质押物进行特定化，而出质人又针对质物进行抗辩的，可能会导致质押无效。质押合同无效的，质权视为自始未设立，占有人应当返还质物，已经办理登记的应予以撤销，债权人、债务人以及出质人根据各自的过错承担相应的民事责任。

本案中，首先，小刘与小董之间无书面质押合同，不符合质押合同的相关法律规定。其次，小刘要求小董返还车辆，表明不认可其将车辆交给小董的行为系质押。最后，老刘虽将车辆钥匙交付小董，但老刘并非车辆的所有人，无权处分该车辆。所以，小董并不享有对车辆的质权，不得以行使质权为由拒绝返还。

05. 质权设定的必备条件是什么？

🔊 案 例

小朱公司以其存放于自有仓库的白砂糖作为质物，向 B 银行借款。小朱公司与 B 银行、C 物流公司共同签订了《动产监管协议》，约定 B 银行委托 C 物流公司对质物进行监管，C 物流公司因过错造成监管物缺损等实际损失的，承担补充赔偿责任。协议签订后，按 B 银行指示，C 物流公司与小朱公司签订了《仓库租赁协议》，租金为 1 元，监管物实际仍在小朱公司仓库，未转移占有。其间，小朱公司陆续出现不配合监管、转移质物、不允许盘库、驱赶监管人员等情况，C 物流公司立即采取多次电话

及书面函件通知 B 银行、派监管人员 24 小时蹲守监控、向小朱公司等下达停止通知、向公安机关报警等方式，及时全面履行了合同义务。B 银行因向小朱公司主张还款未果，是否可以向小朱公司行使质权？

🔊 法律依据

《中华人民共和国民法典》
第四百二十九条　质权自出质人交付质押财产时设立。

🔊 延伸解读

根据《民法典》第 429 条的规定，质权自质押财产"交付"时设立。交付后必须满足质权人完成质押物的占有，以占有为公示方式与登记具有同等效力，若仅交付质押物清单、靠远程监管质物或监管人系出质人委托以及虽受质权人委托但是未尽监管职责的，不视为交付；在指示交付中，质权自通知第三人时设立；若出质人未交付质押物的，质权不成立，但是不影响质押合同的效力，质权人可依据质押合同要求出质人履行交付义务。

本案中，根据《民法典》第 429 条关于"质权自出质人交付质押财产时设立"的规定，质物交付是质权设立的必备条件，设定质权时，要求通过法定给付行为将质物转移给质权人有效控制，故判断质权是否依法设立的前提是审查质物是否已依法交付，实现质权人的有效控制。本案中的质物白砂糖存放于出质人小朱公司的仓库，B 银行通过三方

签订《动产监管协议》的形式，指定 C 物流公司租用小朱公司的仓库进行监管，仓库租金只象征性地约定为 1 元。B 银行虽通过该方式实现了指示交付，但结合出质人小朱公司转移质物、不允许盘库，甚至驱逐监管人员等情形，质物仍由小朱公司实际控制和支配，并未实现 B 银行直接或间接的有效控制。由于质物交付形式不符合法律规定的质权设立形式，C 银行的质权未能依法设立。

06. 流质条款违反法律强制性规定是否有效？

案 例

小朱是在某二手车市场做二手车交易并代办车辆过户手续的人员。2021 年 3 月 24 日，小朱将自己所有的一辆众泰车以 22980 元的价格出卖给小赵，双方约定，该车必须在 2021 年 5 月以前过户，由小朱负责办理过户手续。但是到期后，小朱与小赵没有办理上述众泰车的过户手续。后小赵将该众泰车又卖给小何。2021 年 6 月 21 日，小赵向小何出具抵押便条一张，载明："如 2021 年 6 月 25 日以前小朱不能将众泰车过户给小何，小朱愿将自己的比亚迪 F6 作为抵押。如果到 6 月 28 日以后众泰车仍未办理过户，那么小朱不得向小何要回比亚迪 F6，由小何本人处理该车辆。抵押人小朱（签字并捺手印），身份证号……"之后上述比亚迪 F6 一直由小何保管。2021 年 8 月 23 日，小朱为众泰车办理了

过户登记。之后小朱与小何因比亚迪 F6 的返还、众泰车办理过户登记的费用及损失等问题产生争议。那么，小何是否可以依据抵押便条约定，拒绝返还占有的车辆？

法律依据

《中华人民共和国民法典》

第二百四十条 所有权人对自己的不动产或者动产，依法享有占有、使用、收益和处分的权利。

第四百二十五条 为担保债务的履行，债务人或者第三人将其动产出质给债权人占有的，债务人不履行到期债务或者发生当事人约定的实现质权的情形，债权人有权就该动产优先受偿。

前款规定的债务人或者第三人为出质人，债权人为质权人，交付的动产为质押财产。

第四百二十七条 设立质权，当事人应当采用书面形式订立质押合同。

质押合同一般包括下列条款：

（一）被担保债权的种类和数额；

（二）债务人履行债务的期限；

（三）质押财产的名称、数量等情况；

（四）担保的范围；

（五）质押财产交付的时间、方式。

第四百二十八条 质权人在债务履行期限届满前，与出质人约定债务人不履行到期债务时质押财产归债权人所有的，只能依法就质押财产优先受偿。

流质条款，是指债权人在订立质押合同时与出质人约定，债务人到期不履行债务时质押财产归债权人所有。《民法典》第 428 条规定了流质条款的效力，禁止当事人约定流质条款。这样规定，主要考虑到债务人举债时往往处于急迫、困窘之境，债权人可以利用债务人的这种不利境地和自己的强势地位，迫使债务人与其签订流质条款，以价值高的质押财产担保较小的债权额，在债务人到期不能清偿债务时，取得质押财产的所有权，从而牟取不当利益。

具体到本案中，质押便条中的内容就属于流质条款，因违反法律的强制性规定而无效。质押便条中载明，如 2021 年 6 月 25 日以前小朱不能将众泰车过户给小何，小朱愿将自己的比亚迪 F6 作为抵押。如果到 6 月 28 日以后众泰车仍未办理过户，那么小朱不得向小何要回比亚迪 F6，由小何本人处理该车辆。此质押便条系 2021 年 6 月 21 日出具，此时债务履行期并未届满。根据便条中的约定，如小朱到 6 月 28 日以后未办理众泰车的过户手续，则丧失对其名下比亚迪 F6 的权利，即对车辆占有、使用、收益及处分的权利由小何享有，明显与《民法典》第 428 条的规定相冲突。该法条属于法律的强制性规定，因此便条中的上述内容已违反强制性规定。

流质条款无效并不代表质权合同必然无效，但本案中质押便条的内容因系流质条款依法属于无效条款，而双方当事人并未签订书面的质权合同，因此不存在成立并生效的质权合同。既然质权合同不成立，而质权又必须有书面的质权合同支撑，因此质权也未设立。既然质押关系不成立，则小何占有该车辆缺乏法律依据或合同依据，故应将其占有的小朱名下的车辆予以返还，且赔偿相关损失。

07. 股权质权借名登记之下的权利归属如何认定？

案 例

李某与刘某系夫妻，陈某先后向两人借款，其中 2019 年 4 月 24 日借款 80 万元，7 月 2 日借款 100 万元，并分别出具借条，但均未约定借款期限。借款后，陈某对上述借款未予还款。2020 年 6 月 2 日，陈某与李某的兄弟兴某签订股权质押合同，约定陈某因需向兴某借款 180 万元，至今尚欠本息未予返还，陈某自愿将其名下投资公司 3% 的股权质押给兴某。之后，二人到工商管理部门办理了质权设立登记手续，质权人为兴某，出质股权数额 60 万元。2020 年 12 月 7 日、2021 年 9 月 26 日，陈某、兴某分别出具《股权质押说明》《说明》各一份，载明股权质押合同设立质权为担保陈某向李某的借款，实际权利人应为李某等内容。那么，李某和刘某是否可以主张陈某出质给兴某的投资公司股权质权归自己所有，并对上述股权转让所得价款享有优先受偿权？

《中华人民共和国民法典》

第四百四十条 债务人或者第三人有权处分的下列权利可以出质：

（一）汇票、本票、支票；

（二）债券、存款单；

（三）仓单、提单；

（四）可以转让的基金份额、股权；

（五）可以转让的注册商标专用权、专利权、著作权等知识产权中的财产权；

（六）现有的以及将有的应收账款；

（七）法律、行政法规规定可以出质的其他财产权利。

第四百四十三条 以基金份额、股权出质的，质权自办理出质登记时设立。

基金份额、股权出质后，不得转让，但是出质人与质权人协商同意的除外。出质人转让基金份额、股权所得的价款，应当向质权人提前清偿债务或者提存。

延伸解读

根据《民法典》第443条的规定，以股权出质的，质权自工商行政管理部门办理出质登记时设立。但《民法典》将登记作为质权设立条件的主要原因是股权质权出质的是权利，不可能像实体物一样转移占有，只能通过登记的方式使该股权质押的事实为社会公众所知悉，进而防止出质人在质押期限内将该股权非法转让或者重复质押给其他人，主要目的在于保障质权人权利的实现。若借名登记行为本身合法且不损害登记权利人及第三人的利益，质押担保范围亦限于股权质押合同约定的范围，则应当认定借名登记行为合法有效，股权质权应归属于实际权利人所有。

具体到本案中，李某、刘某与陈某虽未达成正式的借名登记协议，但股权质押合同及《股权质押说明》可以证明借名登记的事实，且陈某与兴某之间并无债权债务，实施该行为亦是出于三方的一致同意，符合意思自治的基本原则。同时李某、刘某有借条、《股权质押说明》和《说明》证明借名登记以及其系真正权利人的事实，兴某不存在与他人包括与陈某之间的债权债务关系，即不存在损害第三人利益可能的情形，该借名登记行为有效。因此，李某、刘某对投资公司股权享有质押权，取得排他的优先受偿权利。

08. 门票收费权能否质押？

案例

某漂流公司于2018年4月19日起至2020年4月18日向某银行借款475万元，双方签订了《贷款合同》。2021年8月9日，某漂流公司与某银行签订了《最高额应收账款（收费权）质押合同》，约定：某漂流公司以其拥有的"漂流游乐有限公司门票收费权"为其公司向某银行借款提供质押担保，质押担保责任的最高限额为475万元，质押担保的范围包括借款的全部本金、利息、违约金、赔偿金、债务人应向某银行支付的其他款项、某银行为实现债权与担保权而发生的一切费用。2021 年 8 月 26日，某银行通过网络在中国人民银行征信中心进行了应收账款质押最高额贷款业务登记。

后某漂流公司未能按期偿还借款本息，截至 2021 年 8 月 30 日，某漂流公司仍有某银行借款本金 255 万元未还。那么，门票收费权是否属于应收账款？某银行是否对门票收费权享有优先受偿权？

📄 法律依据

《中华人民共和国民法典》

第四百二十五条 为担保债务的履行，债务人或者第三人将其动产出质给债权人占有的，债务人不履行到期债务或者发生当事人约定的实现质权的情形，债权人有权就该动产优先受偿。

前款规定的债务人或者第三人为出质人，债权人为质权人，交付的动产为质押财产。

第四百四十五条 以应收账款出质的，质权自办理出质登记时设立。

应收账款出质后，不得转让，但是出质人与质权人协商同意的除外。出质人转让应收账款所得的价款，应当向质权人提前清偿债务或者提存。

《应收账款质押登记办法》

第四条 中国人民银行征信中心（以下简称征信中心）是应收账款质押的登记机构。

征信中心建立基于互联网的登记公示系统（以下简称登记公示系统），办理应收账款质押登记，并为社会公众提供查询服务。

📢 延伸解读

根据《民法典》第 445 条第 1 款的规定，以应收账款出质的，在订立质押合同后，质权并不当然设立，双方当事人到有关部门办理出质登记后质权才设立。中国人民银行发布的《应收账款质押登记办法》对应收账款质押登记与查询行为进行规范，其中第 4 条规定中国人民银行征信中心是应收账款质押的登记机构。《民法典》第 445 条第 2 款规定的是应收账款出质后对出质人权利的限制，即出质人不得随意转让应收账款。这主要是为了保护质权人的利益，防止出质人随意处置应收账款，保证其所担保的债权的实现。出质人只有在取得质权人同意的情况下才能转让应收账款。

具体到本案中，首先，门票收费权正是某漂流公司基于其提供的设施及相关服务而对未来使用该设施或享受服务的债务人享有的收取款项的权利，其实质上是出租设施和提供服务而产生的债权，是一种将来发生的一般债权，符合应收账款的定义、特征及范围，故门票收费权属于应收账款。

其次，某漂流公司与某银行签订的《最高额应收账款（收费权）质押合同》系双方当事人的真实意思表示，合同内容并未违反效力性强制规范，且某银行已在中国人民银行征信中心办理应收账款质押登记。根据《民法典》第 445 条的规定，《最高额应收账款（收费权）质押合同》合法成立并生效，故门票收费权的应收账款质押成立。《贷款合同》项下的债务在《最高额应收账款（收费权）质押合同》的担保范围内，且为最高额质押合同，担保责任的最高额为475万元。某漂流公司至今没有全部归还《贷款合同》的到期债务。根据《民法典》第425条的规定以及《最高额应收账款（收费权）质押合同》的约定，某银行可以主张对门票收费权享有优先受偿权。

09. 质权人将质押财产交回出质人后，能否享有质权？

案 例

小于因急需用钱，便与朋友小孙协商向小孙借款人民币5万元，约定一个月后归还。同时，双方订立了书面质押合同，约定由小于将自己的一辆汽车交给小孙作为担保。之后，小于将汽车开到小孙处交给小孙，小孙则将5万元交给小于。此后，小于因做运输生意急需使用汽车，便与小孙协商先将汽车让予其使用，小孙碍于情面同意。小于与小孙的借款合同超过履行期限后，小于因生意亏本未能按期偿还借款，小孙几次催要未果。那么，现在小孙是否有权要求小于返还汽车以变卖清偿债务？

法律依据

《中华人民共和国民法典》

第四百二十五条 为担保债务的履行，债务人或者第三人将其动产出质给债权人占有的，债务人不履行到期债务或者发生当事人约定的实现质权的情形，债权人有权就该动产优先受偿。

前款规定的债务人或者第三人为出质人，债权人为质权人，交付的动产为质押财产。

第四百二十七条 设立质权，当事人应当采用书面形式订立质押合同。

质押合同一般包括下列条款：

（一）被担保债权的种类和数额；

（二）债务人履行债务的期限；

（三）质押财产的名称、数量等情况；

（四）担保的范围；

（五）质押财产交付的时间、方式。

第四百二十九条 质权自出质人交付质押财产时设立。

延伸解读

首先，《民法典》第427条第1款规定："设立质权，当事人应当采用书面形式订立质押合同。"第429条规定："质权自出质人交付质押财产时设立。"据此，当出质人和质权人以书面形式订立质押合同后，质押合同即成立并生效，除非法律另有规定或者当事人另有约定，而且质权的设立还需要将质押财产移交给质权人占有，不能约定由出质人代为管理质押财产。因为动产质权的设立目的就是以转移质押财产占有的方式保证债权人债权的有效实现，当质押财产仍然留在出质人手中时，质权的情况类似于抵押，但又不具有抵押登记的公示效力，因此在这种情况下质权对债权人的保护是很有限的，甚至可以说是不起任何作用的。所以，转移质押财产的占有对质权的实现至关重要，故《民法典》中特别规定质押财产必须转移占有，否则质权不能设立。其次，根据物权法定原则，动产质权属于留置型担保，故出质人不得以占有改定方式设定质权；质权设定后，质权人又将质押财产交给出质人的，其效果与占有改定相同，即质权人将质押财产交回出质人后不再享有质权。

具体到本案中，小于将汽车交给小孙占有后，小孙就享有了质权，小于对汽车的使用权就受到小孙质权的限制，而小孙将汽车交由小于使用后，小孙对质物失去实际占有，导致了其质权的丧失。

10. 留置的动产与债权是否属于同一法律关系？

案 例

小谢在多地承包了风力发电项目，小李组织工人为小谢位于某地的项目施工，约定每个工程完成后即支付工资，但小谢未按时支付工资款，故小李拖走了小谢五捆铝包钢导线，并电话通知了小谢。小谢要求其返还导线。那么，小李是否有权留置该批导线？

法律依据

《中华人民共和国民法典》

第二百四十条 所有权人对自己的不动产或者动产，依法享有占有、使用、收益和处分的权利。

第四百四十八条 债权人留置的动产，应当与债权属于同一法律关系，但是企业之间留置的除外。

延伸解读

根据《民法典》第448条的规定，债权人留置的动产，应当与债权属于同一法律关系。因此，一般而言，留置财产的范围仅限于与债权属于同一法律关系的动产。所谓同一法律关系，就是指留置财产应当与债权所形成的债权债务关系属于同一个民事法律关系。根据债法的基本原理，债通常包括合同之债、侵权之债以及不当得利之债、无因管理之债。同一法律关系最为常见的就是因合同产生的债权债务关系，还可以是因侵权形成的同一债权债务关系。

具体到本案中，小李拖走了小谢的五捆铝包钢导线，基于所有权人对自己的不动产或者动产依法享有占有、使用、收益和处分的权利，小谢有权要求小李返还导线。小李留置导线是因为小谢未及时支付工资，属于劳动关系产生的纠纷，小李拖欠小谢工资与小谢拖走小李的导线并不属于同一法律关系。所以，小李并不享有对导线的留置权，应及时予以返还。

11. 质押权人是否有权主张因妥善保管留置物产生的费用？

案 例

某日，小刚驾驶轻型厢式货车在高速路上发生交通事故，导致车辆受损。事故发生后，小刚及时联系保险公司并于当日将受损车辆拖至小袁处维修。

半个月后，小袁将货车修理完毕，并通知小刚给付修理费。但因双方对修理费的支付协商不成，迄今为止，车辆一直停放于小袁处，占用了小袁的工作场地。那么，小袁向小刚主张维修费的同时是否可以向小刚主张行使质押权期间的停车保管费？

法律依据

《中华人民共和国民法典》

第四百五十一条　留置权人负有妥善保管留置财产的义务；因保管不善致使留置财产毁损、灭失的，应当承担赔偿责任。

延伸解读

根据《民法典》第451条的规定，留置权人对留置财产负有保管义务。行使留置权的前提是债权人合法占有债务人的不动产。因此，留置权人占有、控制着债务人的动产。由于留置财产的所有权仍属于债务人，作为所有权人，债务人对留置财产享有利益。为此，法律为留置权人设定义务，避免留置财产陷于灭失风险之中，危及债务人的所有权。留置权人只要使留置财产维持原状或者保持其正常状态，确保不受到侵害、毁损或者灭失即可。同时，为了使留置权人能够履行其妥善保管留置财产的义务，法律规定留置权人因保管不善致使留置财产毁损、灭失的，应当承担赔偿责任。当然，如果留置权人尽到了妥善保管义务，因保管不善之外的其他原因造成留置财产损失的，则不应承担赔偿责任。

具体到本案中，小袁留置货车是为了实现自己的合法债权即修理费，根据《民法典》第451条的规定，小袁因行使留置权具有妥善保管义务，小刚的货车作为留置物长期停放在小袁处，并占用了小袁的场地，根据公平原则，依照修理合同关系，小袁有权向小刚主张支付停车保管费，该主张合理有据。

12. 留置权人能否留置合法占有的动产？

案 例

小王携带一台收音机到某维修部修理，并约好一周后交费取货。一周后，小王来取收音机，维修部让小王交修理费20元。小王认为收费太高，双方协商不成，小王只好说："要不这样，我还有一台电视机要修，一起送来修，但一定要少收费。"谁知小王搬来电视机后，维修部不但不修，反而扬言要扣下这台电视机，因为旧收音机没人买，但旧电视机还是有销路的。那么，某维修部扣留小王电视机的行为是否合法？

📖 **法律依据**

《中华人民共和国民法典》

第四百四十七条 债务人不履行到期债务，债权人可以留置已经合法占有的债务人的动产，并有权就该动产优先受偿。

前款规定的债权人为留置权人，占有的动产为留置财产。

第四百四十八条 债权人留置的动产，应当与债权属于同一法律关系，但是企业之间留置的除外。

📢 **延伸解读**

根据《民法典》第447条的规定，留置权是指在债务人不履行到期债务时，债权人有权依照法律规定留置已经合法占有的债务人的动产，并就该动产优先受偿的权利。这时，债权人便为留置权人，占有的动产便为留置财产。留置权设定的目的在于维护公平原则，督促债务人及时履行义务。

留置权成立的要件主要有三个：（1）债权人已经合法占有债务人的动产。（2）债权人占有的动产，应当与债权属于同一法律关系，但企业之间留置的除外。即除了企业之间的留置，留置财产必须与债权的发生处于同一法律关系中。（3）债务人不履行到期债务。债权人对已经合法占有的动产，并不能当然成立留置权，留置权的成立还须以债权已届清偿期而债务人未全部履行为要

件。只有在债务履行期限届满，债务人仍不履行债务时，债权人才可以将其合法占有的债务人的动产留置。

具体到本案中，某维修部强行扣留小王的电视机构成侵权行为，并非合法占有小王的电视机。同时，维修部并未对电视机进行维修，与维修费不属于同一法律关系。因此，某维修部扣留电视机的行为是违法的。

13. 同一动产留置权是否优先于抵押权或者质权？

📢 **案 例**

小平经营着一家服装店，为了方便家庭出游，小平选择以贷款的方式购买了一辆新车，并将该车辆抵押给某银行，且依法办理了抵押登记。两个月后，小平为了公司运营周转，向小谢借款17万元，双方签订了《汽车质押借款合同》，约定小平在收到小谢的借款时，将车辆交由小谢占有管理。当日，小谢支付给小平17万元，小平将车辆交付给小谢。后小平还不上某银行的贷款和小谢的借款。那么，在上述车辆拍卖后，某银行和小谢谁可以优先受偿？

📖 **法律依据**

《中华人民共和国民法典》

第四百五十六条 同一动产上已经设立抵押权或者质权，该动产又被留置的，留置权人优先受偿。

根据《民法典》第 456 条的规定，同一动产上同时设立留置权与抵押权或者质权的，留置权的效力优先于抵押权或者质权。这一规定主要是基于以下考虑：首先，基于对我国立法经验和司法实践经验的总结。我国一些法律已明确规定，同一标的物上同时存在抵押权与留置权的，留置权优先于抵押权。例如，《海商法》第 25 条第 1 款规定："船舶优先权先于船舶留置权受偿，船舶抵押权后于船舶留置权受偿。"人民法院的审判实践也承认了留置权优先于抵押权这一原则。其次，从法理上讲，留置权属于法定担保物权，其直接依据法律规定而产生，而抵押权与质权均为约定担保物权。法定担保物权优先于约定担保物权为公认的物权法原则。

本案中，小平先将汽车抵押给银行，后将汽车留置给小谢。但在同一动产上，无论留置权是产生于抵押权或者质权之前，还是产生于抵押权或者质权之后，留置权的效力都优先于抵押权或者质权。也就是说，留置权对抵押权或者质权的优先效力不受其产生时间的影响。所以，小谢对汽车拍卖款优先受偿。

14. 房屋租赁期满后租户拒绝搬离的，当事人能否主张租户按照上涨后的租金支付费用？

案 例

2016 年 1 月，小红与村民委员会签订了一份综合大楼租赁合同，承租了大道边的村综合大楼及门前场地，租期为 15 年。当年 3 月，小红与小龙签订了一份店铺租赁协议，将村综合大楼楼面第二层租赁给小龙经营，租期为 5 年，年租金为 25 万元，付款方式为每年 1 月 15 日前一次性支付全年租金。租赁期限届满之后，店铺年租金涨为 30 万元，双方未能就续租事宜协商一致，但小龙拒绝退出租赁的商铺，总是以各种理由推托，占用商铺长达 3 个月之久。现在，小红能否以年租金 30 万元的标准向小龙主张租赁期限届满后 3 个月的租金？

法律依据

《中华人民共和国民法典》

第四百五十九条 占有人因使用占有的不动产或者动产，致使该不动产或者动产受到损害的，恶意占有人应当承担赔偿责任。

延伸解读

占有动产或者不动产，在使用过程中会发生损耗或者损害，这种风险需要在当事人之间合理分配。在有权占有的情况下，如基于租赁或者借用等正当法律关系而占有他人的不动产或者动产时，当事人双方多会对因使用而导致不动产或者动产的损害责任作出约定。大多数情况下，对于因正常使用而导致的不动产或者动产的损耗、折旧等，往往由所有权人负担，因为有权占有人所支付的对价就是对不动产或者动产因正常使用而发生损耗的补偿。

在无权占有的情况下，无权占有人需要承担何种责任，需要根据无权占有的具体情况判断。根据占有人的主观状态，可以分为善意占有和恶意占有。所谓善意占有，是指占有人在主观上认为自己有权占有标的物。所谓恶意占有，是指明知或者因重大过失不知自己为无权占有而仍然进行的占有。善意占有人在使用占有物时即被法律推定为物的权利人，具有占有使用的权利。因此，对于使用被占有的物而导致的物的损害，不应负赔偿责任。对于恶意占有则不同，即占有人因使用占有的不动产或者动产，致使该不动产或者动产受到损害的，恶意占有人应当承担赔偿责任。

本案中，小红与小龙之间的店铺租赁协议约定的租期届满之后，小龙未能就续租事宜与小红协商一致，其继续占有、使用该店铺无法律依据，应依法承担侵权民事责任。租赁合同期满后，小龙未能及时退还小红该店铺，占用期间应当支付租赁费用。根据《民法典》第459条的规定，占有人因使用占有的不动产或者动产，致使该不动产或者动产受到损害的，恶意占有人应当承担赔偿责任。小龙在原租赁协议约定的租期届满之后不肯退出，小红要求其以上涨后的年租金标准支付占用店铺期间的费用，是合法合理的。

15. 恶意占有他人车辆造成损失的，当事人能否主张赔偿？

案　例

小张经小鹏介绍到某汽车制造厂上班，后来该汽车制造厂拖欠小张工资12万元。小鹏是该汽车制造厂的项目负责人，小张误以为是小鹏不给其发放工资，看到小鹏购置了新车，十分气愤，便将小鹏的新车开走。双方僵持了24个月，其间小张花光了小鹏ETC卡内的1200元，肆意违章行驶并发生交通事故损坏车辆，小鹏不得已才通过公安机关将车辆要回。小鹏为此遭受了巨大的经济损失和精神损失，其是否可以要求小张赔偿？

法律依据

《中华人民共和国民法典》

第四百六十一条　占有的不动产或者动产毁损、灭失，该不动产或者动产的权利人请求赔偿的，占有人应当将因毁损、灭失取得的保险金、赔偿金或者补偿金等返还给权利人；权利人的损害未得到足够弥补的，恶意占有人还应当赔偿损失。

延伸解读

当占有的不动产或者动产毁损、灭失时，如果占有人和占有返还请求权人之间有寄托、租赁等关系或者有其他正当的法律关系时（有权占有的情形），占有人就被占有的不动产或者动产所负的责任等，均依其基础法律关系去解决；但如果不具备寄托、租赁等正当法律关系或者表面上虽有此类关系但实为无效或者被撤销时，则占有人同占有返还请求权人间的责任义务如何确定，不免发生问题。虽然关于这一情形，可以适用有关侵权行为或者不当得利的规定，但仅有此不足以充分解决问题。所以，《民法典》第461条规定此种情形下，占有人应当将因毁损、灭失取得的保险金、赔偿金或者补偿金等返还给权利人；权利人的损害未得到足够弥补的，恶意占有人还应当赔偿损失。

具体到本案中，小张误认为拖欠的工资应由小鹏发放，便未经小鹏同意将其车辆开走，这一行为构成侵权。即使双方当事人之间真的存在经济纠纷，也应通过合法途径进行维权，而不能以此为由私自扣押对方财产，由此给对方造成损失的理应赔偿。小鹏车辆系新购置的，被小张占有期间无法正常使用，小张应承担其占有期间车辆折旧的减值损失、ETC 费用损失及交通事故罚款的损失。

16. 什么是合同？合同与协议一样吗？

📢 案 例

周末一早，小王便到超市采购了一周的生活用品，并支付了钱款。在拎着采购的生活用品回家的路上，小王到电信公司办理了一张手机卡，办卡过程中填写了一些单子。单子上很多都是打印好的内容，有些是供个人选择的消费套餐，需要自行勾选。所有的文件都需要小王本人签字，上面还盖有电信公司的章。所签的文件一式两份，电信公司和小王各留一份。

📖 法律依据

《中华人民共和国民法典》
第四百六十四条第一款 合同是民事主体之间设立、变更、终止民事法律关系的协议。

📢 延伸解读

《民法典》第 464 条第 1 款规定："合同是民事主体之间设立、变更、终止民事法律关系的协议。"从这个法定的概念可以看出，合同的本质就是民事主体之间的协议。在日常生活中，很多人经常说到的"协议"实质就是《民法典》合同编中所称的合同。这种"协议"只要内容合法、标的合法，是各方主体的真实意思表示，同时又不损害他人利益，都是受法律保护的。

实际上，合同存在于人们日常生活中的方方面面，案例中小王去超市购物的过程就是完成买卖合同的过程，只是没有签订书面的合同。小王支付了货款，超市交付了小王所购物品，双方在事实上完成了买卖合同。小王在回家路上办理电话卡，也完成了一次合同交易。小王需要电信服务，便购买了相应的服务套餐，并支付了款项，电信公司按约定提供服务。小王在办理电话卡时填写了相应的单子，他与电信公司实际上签署的就是书面的电信服务合同。

合同与百姓的生活息息相关，我们的每一次消费、每一次生活缴费等，实际上都是在完成一次合同行为。因此，多学习一些合同方面的法律知识，在适当时候使用法律武器维护自身权益十分必要。

17. 合同内容应该包括哪些条款?

🔊 案 例

小彪想购买一套房产，为了节省交易成本，就没有委托中介机构，而是直接与房主对接。小彪心想："我只需要付款，房主配合我过户就好了，还有什么可约定的呢?"小彪自己草拟了一份房屋买卖合同，合同中体现了房屋坐落、房屋总价、房主配合过户、双方的主体信息等。从表面上来看，合同并没有问题。但在履行过程中，房价波动，买卖双方发生了争议。因为合同中并没有明确约定办理网签的时间、配合办理过户的时间、支付方式等。小彪想贷款购房，但是双方在合同中对此并没有明确约定。在房价有波动的情况下，房主要求小彪必须全款支付才能办理网签及过户手续。因合同中并没有明确约定付款方式，小彪对于房主的要求无法反驳，同时因网签时间、过户时间没有明确约定，故房主故意拖延导致合同履行陷入僵局。最终，小彪为购买此房，以多付几十万元为代价，经房主同意，双方再次签订补

充协议才使合同得以继续履行。

📖 法律依据

《中华人民共和国民法典》

第四百七十条 合同的内容由当事人约定，一般包括下列条款:

（一）当事人的姓名或者名称和住所;

（二）标的;

（三）数量;

（四）质量;

（五）价款或者报酬;

（六）履行期限、地点和方式;

（七）违约责任;

（八）解决争议的方法。

当事人可以参照各类合同的示范文本订立合同。

🔊 延伸解读

本案中，小彪盲目自信，虽然只是签订房屋买卖合同，确实买卖双方一个付款另一个交房，但是期间涉及的很多细节问题并未体现在合同当中，权利义务并不明确具体，导致在履行中争议频出，交易不顺畅，小彪为此付出了很大的履约成本。

《民法典》第470条对于合同的基本内容进行了概括，这些条款并非强制性条款，可以根据实际的交易情况选择适用，当然也可以根据交易情况增加一些必要条款。原则上该条所列的合同内容也是一般合同的必备条款，在合同中保证这些条款的存在，也是为了将合同风险尽量降低到可控范围，然而根据实

际的交易情况进行必要的调整、完善也是确保合同顺利履行的关键。

没有万无一失的、规避全部风险的合同，但是在法律允许的限度内，尽量完善合同条款，是保证合同能顺利履行的关键。

18. 有关身份关系的协议的法律效力如何判定？

📢 案 例

小军与小兰青梅竹马，最终走进了婚姻的殿堂。结婚后，双方为了保证婚姻一直延续，共同起草了一份协议，主要约定了结婚后双方都不准提出离婚，也不能同意离婚，同时在协议中约定了财产分配及归属问题。双方婚后甜蜜地在一起生活了两年，后来因为工作原因，小军总去外地出差，随着身边接触的人多了，对小兰渐渐疏远，并提出了离婚。小兰拿出当时签署的婚后协议，称小军不能提出离婚，自己也不同意离婚。后来双方起诉到法院，法院认定该婚后协议因违反法律规定而无效，并依法判决双方离婚。

📖 法律依据

《中华人民共和国民法典》
第四百六十四条第二款 婚姻、收养、监护等有关身份关系的协议，适用有关该身份关系的法律规定；没有规定的，可以根据其性质参照适用本编规定。

📢 延伸解读

关于身份关系包括婚姻、收养等并不能通过协议方式进行约定的事项，本案中提到的小军夫妇在协议中约定不可以提出离婚，也不能同意离婚的约定违反法律规定。在《民法典》婚姻家庭编中规定了结婚和离婚自由，这属于法定的自由，不受当事人的约定限制，故不能在协议中约定不能或不得离婚的事项，也就是通常所说的"忠诚协议"，这种协议在婚内对于涉及身份关系之外的内容的约定，如财产方面的约定，是具有法律效力的，而关于身份关系的约定不受法律保护。

另外，在生活中经常有人提到"断绝父子（女）关系""断绝母女（子）关系"等协议，这种协议在法律上也没有效力，因为父子（女）、母女（子）是法定关系，不因约定而改变。现实生活中，有时候因为各种各样的原因，父母与子女之间会产生争执，最终一气之下签署约定断绝关系的协议。实际上，这种协议没有法律意义，不但违反法律规定，在一定程度上也与我国尊老敬老的传统美德相违背。

19. 合同可以采用哪些形式订立？

📢 案 例

小郑是做服装辅料生意的，常年与某供货商合作，除了在合作之初与该供货商签订过框架合作协议，此后每次供需均是通过传真方式发送订单，对方再将回执传回，这成为双方之间的交易惯例。某次，小郑按照订单支付货款后，某供货商并没有如期发货，并且否认双方存在合同关系。后小郑起诉至法院，法院查明确认双方存在合同关系，判决某供货商在不能提供货物的情况下应如数退还货款。

法律依据

《中华人民共和国民法典》

第四百六十九条 当事人订立合同，可以采用书面形式、口头形式或者其他形式。

书面形式是合同书、信件、电报、电传、传真等可以有形地表现所载内容的形式。

以电子数据交换、电子邮件等方式能够有形地表现所载内容，并可以随时调取查用的数据电文，视为书面形式。

延伸解读

本案中，小郑与某供货商之间虽然在合作之初签署过框架合作协议，但实际上，此后每次订单都通过传真方式形成，该方式也是受法律保护的，相当于每个订单都是一个独立的合同，有具体的标的及价款，符合合同的形式。某供货商认为双方不存在合同关系，主要是因为双方并未就每次订单单独签订具体的合同，只是通过传真发送订单和回执，供货商对合同的形成方式存在误解。

根据《民法典》第469条的规定，合同的书面形式并不局限于合同书，还包括数据电文、传真、电子邮件等多种

形式。当然，口头合同也是存在的，生活中简单的交易行为都是合同行为，每完成一次交易实际上都是完成了一次合同。对于合同的形式，除法律规定必须以书面形式确定的外，其他形式的合同只要主体、标的、内容合法，意思表示真实，都可以被法律认可。

但是，为维护交易安全，对于大宗商品交易等，建议形成书面合同，以有利于明确各方的权利义务，在出现争议时有据可循，更好地保护各方的权利。当然，为了便利交易，节约交易成本，对于即时可以履行完毕的合同，可以不签署书面的合同。例如，超市购物、市场买菜等小宗交易，即时履行完毕的，没有必要再行签署合同。

20. 什么是格式合同？

案 例

某建筑工程公司为保障工人的人身权利，统一为工地施工的建筑工人在某保险公司购买了团体人身意外险。根据保险合同的约定，如被保险人发生人身伤害或意外身亡，某保险公司将赔付被保险人40万元人民币。某建筑工程公司与某保险公司谈好合作事项后，签署了书面的保险合同。后来，在保险合同期限内，某建筑工程公司在施工过程中发生意外事故，导致工人张某意外死亡。某建筑工程公司向某保险公司申办保险理赔时，某保险公司拒绝理赔，理由是意外身亡的工人张某年龄超过了保险合

同中约定的被保险人的年龄范围，故不予赔付。某建筑工程公司不服，起诉到法院，主张保险合同是格式合同，且对于投保人年龄要求的条款，在投保时某保险公司并没有进行提示。最终法院因为某保险公司使用的是格式合同，且没有证据证明办理保险时对投保人年龄问题进行了必要的提示，故判令该保险公司应按照保险合同约定支付死亡赔偿金40万元。

📖 法律依据

《中华人民共和国民法典》

第四百九十六条 格式条款是当事人为了重复使用而预先拟定，并在订立合同时未与对方协商的条款。

采用格式条款订立合同的，提供格式条款的一方应当遵循公平原则确定当事人之间的权利和义务，并采取合理的方式提示对方注意免除或者减轻其责任等与对方有重大利害关系的条款，按照对方的要求，对该条款予以说明。提供格式条款的一方未履行提示或者说明义务，致使对方没有注意或者理解与其有重大利害关系的条款的，对方可以主张该条款不成为合同的内容。

📢 延伸解读

格式合同是当事人为了重复使用而预先拟定，并在订立合同时未与对方协商的合同。现实生活中，格式合同随处可见，如常见的供暖合同、供水合同、物业服务合同、电信网络服务合同、银行开户协议、保险合同、手机安装各种App 的条款等，均属于格式合同。格式合同在各个领域都存在，都是预先拟定、直接使用的，基本没有可协商条款，除主体身份有变动外，对合同的主文基本不允许改动。此类合同的好处在于便利、高效，弊端在于不与合同相对方协商，导致过于保护一方权利，容易出现权利义务失衡、不对等的情形。一般提供格式合同的一方多为垄断行业，最常见的如银行、保险、电信、物业等。在日常生活中，如果遇到签订格式合同的情形，建议相对慎重些，最好在了解己方的权利与义务后，确定是否能够承受相应的义务或者违约条款的约定后，再行决定是否签约，避免导致后续不必要的纠纷。

21. 格式合同中有"霸王条款"怎么办？

📢 案 例

张某为改善家庭住房，决定购买某房地产开发公司销售的一套三居住房，并办理了签约手续。张某支付了购房款120 万余元。后来，该房地产开发公司如期交房，但是迟迟不能办理房屋产权登记手续。按照合同约定，房屋交付后360 日内应办理完毕产权登记手续。然而，双方约定的期限届满后，已经过去了4 年多，该房地产开发公司还是没有为张某办理房屋产权登记手续，导致其户口无法迁移，小孩上学受影响，房产也无法顺利再次出售。张某与该房地产开发公司协商未果，无奈之下，诉至法院，要求该房地产开发公司配合办理房屋产权登记手续并支付逾期办理产权登记的违约金。诉讼中，该房地产开发公司辩称，合同中关于该房地产开发公司的违约责任有明确的约定，无论该房地产开发公司以什么方式违约，最多支付房屋总价万分之一的违约金。张某认为，该房地产开发公司的合同文本属于格式合同，违约条款减轻了提供格式条款一方的义务，属于"霸王条款"，应属无效条款。最终，经法院审理认定，双方的合同文本属于格式合同，其中关于某房地产开发公司违约责任的条款属于无效条款，判决支持张某要求办理房屋产权登记手续的诉讼请求，并参照合同中张某应该承担违约责任的标准，判令某房地产开发公司承担违约责任。

📖 法律依据

《中华人民共和国民法典》
第四百九十七条 有下列情形之一的，该格式条款无效：

（一）具有本法第一编第六章第三节和本法第五百零六条规定的无效情形；

（二）提供格式条款一方不合理地免除或者减轻其责任、加重对方责任、限制对方主要权利；

（三）提供格式条款一方排除对方主要权利。

第四百九十八条 对格式条款的理解发生争议的，应当按照通常理解予以解释。对格式条款有两种以上解释的，应当作出不利于提供格式条款一方的解释。格式条款和非格式条款不一致的，应当采用非格式条款。

📢 延伸解读

格式合同在现实交易占据很大比重，人们常说的"霸王条款"也多是出现在格式合同中，毕竟能够提供格式合同的一方在交易过程中往往占有一定的强势地位，导致交易相对方没有太多讨价还价的空间。但这并不意味着格式合同中的条款都是有效的，对于"霸王条款"，也就是约定加重了合同相对方的责任或者减轻己方的责任，限制对方主要权利的条款是无效的，尤其对于格式合同中的一些重要条款没做必要提示或合理说明，在签约时合同相对方不知情或不了解的内容，一般也会被认定无效。对于格式条款理解有歧义的，从法律上会作出不利于格式合同提供方的解释。所以说，并不是所有的格式合同都一定会使相对方权利受损，合同相对方也是有救济途径的，而不是"任人宰割"。

通常，从开发商处购房签订的购房合同文本都是提前在建委备案的格式合同，格式条款之外，虽然有双方协商的余地或者说可以协商将某些条款写入合同中，但实践中，开发商很少会与某个购买方签订单独的协商条款。本案中，某房地产开发商提供的合同中对于自身违约责任的约定是最多支付房屋总价万分之一的违约金而不分违约情形的轻重，而对于购买方违约责任约定是每日按房屋总价的万分之五支付违约金，权利义务明显不对等，故在审理中法院确认购买方违约责任条款无效，判令开发商按照购买方违约责任承担方式支付违约金。

22. 如何确定合同成立时间？

某养殖场常年向某菜市场供应鸡肉，但双方并没有签订书面的供货合同。每次都是某菜市场负责人向某养殖场负责人电话下单或者通过微信确认订购量，某养殖场按照时间要求将鸡肉运送至某菜市场，某菜市场每月底结算款项，并直接支付至某养殖场的账户。双方的合作关系持续了近三年，后在 2020 年年初关于款项结算问题发生争议，某菜市场否认双方存在合同关系，拒绝结算款项。后某养殖场将该菜市场起诉至法院，要求其支付购买鸡肉的价款。经法院审理查明，根据双方往来的款项支付记录以及双方负责人的微信聊天记录等信息，确认双方存在事实的合同关系，某菜市场应该支付所欠的款项。

📄 **法律依据**

《中华人民共和国民法典》

第四百九十条　当事人采用合同书形式订立合同的，自当事人均签名、盖章或者按指印时合同成立。在签名、盖章或者按指印之前，当事人一方已经履行主要义务，对方接受时，该合同成立。

法律、行政法规规定或者当事人约定合同应当采用书面形式订立，当事人未采用书面形式但是一方已经履行主要义务，对方接受时，该合同成立。

📢 **延伸解读**

合同在现实生活中十分常见，但并不是每一份合同都是书面合同，合同的形式并不限于书面合同，口头合同、即时履行的合同也广泛存在于生活中。合同并不是只有签订书面合同时才能成立，当一方履行了主要义务，另一方接受时，合同也是成立的。当然，法律规定必须采用书面形式的合同除外。对于不同形式的合同，合同成立的标准并不统一，具体还要看合同的形式及合同中对于合同成立约定的条件，如果约定的条件成就，一般视为合同已经成立，对于成立的合同，如不存在无效或可撤销情形的，合同各方就应依据合同约定履行合同的义务。

本案中，虽然双方并没有签订书面合同，但是综观本案的事实情况，双方形成了事实的合同关系，并且某养殖场的主要义务已经实际履行完毕，因此某菜市场应该依据约定支付购买鸡肉的价款。

23. 悬赏人反悔不兑现公开悬赏怎么办？

大飞在游乐园陪其子游玩，在游玩过程中，不慎将其背包遗失，被小南捡拾。其后大飞先后于当地报纸、电视台等发布寻物启事，并在启事中明确表示能够归还背包者，自己将以现金形式重谢。大飞的朋友阿坤得知此事后，也在报刊上发布了与大飞一样的寻物启事，并明确表示归还背包者将得到 2 万元人民币的酬谢。次日，小南看到寻物启事后联系阿坤，与阿坤约定好时间、地点归还背包并支付报酬。小南将背包归还后，阿坤只愿意支付其 500 元报酬。小南诉至法院，要求阿坤、大飞依照约定支付寻物启事中许诺的 2 万元人民币。大飞、阿坤在诉讼中答辩称，寻物启事中的许诺不是他们的真实意思表示。且遗失的背包中有大飞的联系方式、单位等信息，小南不主动寻找失主，等到失主许诺支付酬金之后才肯物归原主，请法院驳回其诉求。

后法院审理认为，悬赏广告是广告人以广告的方法，对完成一定行为的人给付报酬的行为。只要行为人完成广告指定行为，广告人即负有给付报酬的义务。大飞、阿坤的寻物启事属于悬赏广告，且阿坤还在寻物启事中明确表示对于归还背包者将酬谢 2 万元人民币，是向社会不特定人的邀约。小南是悬赏广告中的行为人，且完成了归还背包的行为，是对二广告人的有效承诺。所以，小南、大飞、阿坤三人之间形成了民事法律关系。双方之间有了债权债务关系，大飞、阿坤有支付许诺报酬的义务，其在诉讼中辩称许诺报酬不是其真实意思表示，拒绝支付酬金，违反诚实信用原则，二人应支付小南报酬。

法律依据

《中华人民共和国民法典》

第四百九十九条　悬赏人以公开方式声明对完成特定行为的人支付报酬的，完成该行为的人可以请求其支付。

延伸解读

悬赏是允诺完成特定行为的人在完成行为后支付其报酬从而解决问题的方式。这种方式上至战国时期商鞅城门立木，下至如今公安机关悬赏寻求线索，还有日常生活中自然人、法人发布的商业悬赏、竞赛悬赏、寻物悬赏等。在《民法典》生效前，《合同法》及最高人民法院发布的指导性案例均已确定悬赏广告的性质在理论上为契约。即悬赏广告非独立行为，而是对不特定人的要约。只有与完成悬赏中指定行为人的承诺相结合，契约才成立。《民法典》对此也没有作出改变。

在实际诉讼中，悬赏广告未明确报酬数额，只是有"必有重谢"等模糊表述的，法官一般会考虑以下因素：（1）广告的表述，"酬谢""重谢"与报酬显然有时不在一个程度；（2）悬赏人的受益，如遗失物的价值等；（3）为完成悬赏要约所需完成行为付出的合理成本和费用，报酬必须覆盖合理成本和费用。

24. 泄露商业秘密造成损失应当承担赔偿责任吗？

案 例

河某公司与小山签订了《餐饮合同》，约定小山向河某公司学习煎饼、豆浆等产品的制作，小山使用该公司的秘密配方。合同中就双方权利、义务进行了明确约定，即乙方（小山）非经甲方（河某公司）同意，不得泄露甲方的商业秘密，包括本项所列的所有技术、配方等商业秘密，否则应承担30万元的赔偿金。合同签订后，小山向河某公司支付了40万元培训费，并在该公司处进行学习。后河某公司将合同约定的秘密配方发送给了小山。小山以"煎饼果子"为用户名在某App上传播煎饼果子的制作视频，并有网友与之互动。小山在微信中把上述秘密配方以2000元的价格转发给其他学员，从中获取利益。河某公司起诉小山，要求小山支付违约金。

后法院审理认为，案件争议焦点在于小山是否有违约行为，应否支付违约金，数额应是多少。本案中河某公司与小山签订的《餐饮合同》系双方真实意思表示，双方应按合同约定履行各自的义务。法院认定小山将秘密配方外泄已构成违约，判决解除河某公司与小山签订的合同，小山不得再使用该公司的技术加工食品，不得再对外宣传和传授秘密配方，小山还需支付河某公司违约金6万元。

法律依据

《中华人民共和国民法典》

第五百零一条 当事人在订立合同过程中知悉的商业秘密或者其他应当保密的信息，无论合同是否成立，不得泄露或者不正当地使用；泄露、不正当地使用该商业秘密或者信息，造成对方损失的，应当承担赔偿责任。

延伸解读

当事人在订立合同的过程中，为了促成合同订立，有时候需要向对方披露商业秘密或应当对外保密的信息。这些信息或秘密是具有商业价值的，一旦被披露或不正当使用，会使其商业价值折损甚至丧失，从而损害所有者的利益。对订立合同过程中知悉的商业秘密和其他应予保密的信息予以保密是合同当事人的法定义务。

本案中，双方在合同中明确约定未经甲方河某公司允许，乙方小山不得泄露相关秘密配方。在司法实践中，当事人即使不做特别约定，仍然需要承担保密义务。故法院认定小山违反了合同约定，其将秘密配方外泄已构成违约，判决小山支付河某公司6万元违约金。

另外，在实践中，一些客户的名单及联系方式等也是某些公司的商业秘密，但在认定名单是否构成商业秘密时难度很大，标准不易掌握，客户名单不能只是简单的名单，还应有客户名称、地址、联系方式、交易习惯、意向等可以区别于一般名单的特殊信息。

当商业秘密被侵害时，被侵害人可以要求行为人承担停止侵害等民事责任，以维护自身利益。

25. 以他人的名义签订合同，但没有得到他人的授权，所签订的合同是否必然无效？

案　例

2021 年 3 月，小何因家中需要用钱，到农村合作联社取补助款，农村合作联社以小何户头欠款为由，拒绝支付，同时向小何出示了用户名为大山的贷款协议及借据，贷款金额为 5 万元。但小何从未到农村合作联社办理过贷款手续，贷款协议及借据上的签名捺印非小何所为，小何也未曾授权他人办理。小何经多方打听，得知贷款系大山用小何的名字办理的。在案证据显示，产生借贷关系的是大山与农村合作联社。2018 年，大山因发生车祸到小何家中请求借款 1 万元，小何同意以自己的名义为大山贷款 1 万元。当时，小何提供了自己的身份证复印件，但该贷款已经还清。

2019 年，大山以小何之名与农村合作联社签订《借款合同》，分两次借款 5 万元。本案中的争议焦点为大山以小何的名义与农村合作联社所签订的《借款合同》及以小何名义向农村合作联社两次借款的行为是否有效。

后法院审理此案，大山持小何的身份证、印章、婚姻状况证明等，以小何的名义与农村合作联社签订的两次《借款合同》，在办理贷款业务过程中，未出具授权委托书，小何及其妻子未在相关材料上签名捺印，此贷款手续有瑕疵，大山的行为属于无权代理。第一次贷款得到了小何的认可，第二次贷款，小何在农村合作联社借款催款记录上签字捺印。小何承认了对自己不利的事实和证据，法院予以确认。小何的上述行为属于对大山无权代理行为的追认，该代理行为有效。对于小何提出的大山以他的名义与农村合作联社签订的《借款合同》以及以他的名义向农村合作联社两次借款 5 万元的行为无效的诉讼请求，予以驳回。法院采信了农村合作联社、大山关于小何与大山之间属无权代理追认的答辩主张，判决驳回小何的诉讼请求。

法律依据

《中华人民共和国民法典》

第五百零三条　无权代理人以被代理人的名义订立合同，被代理人已经开始履行合同义务或者接受相对人履行的，视为对合同的追认。

延伸解读

本案中，大山没有被小何授予代理权而以小何的名义贷款，这种情形是比较典型的无权代理。大山以小何名义与农村合作联社签订借款协议并借款的行为并不一定无效，这种法律行为的效力处在效力待定的状态，所以大山与农村合作联社签订的《借款合同》和两次借款是否发生效力，取决于是否有被代理人小何的追认。

追认，是享有追认权的民事主体事后的同意或承认。追认权是使效力待定合同产生效力的权利。追认权的行使，既可以明示，也可以以特定方式作出。前者需要追认人以文字语言方式明确意思表示，后者通过接受履行义务等行为推知追认人意思表示的行为作出。

26. 如果合同无效，合同中所有的条款都无效吗？

案 例

老彭与阿彪签订《某店面租赁合同》，由阿彪将其所有的店铺出租给老彭使用，老彭将租赁店铺用作其开办的教育机构营业地。在洽谈中，老彭为了教育机构的稳定发展，要求与阿彪签订长期合作的合同，约定租赁期限为20年。

签订合同后不久，有人告知老彭，阿彪出租的店铺是未经政府有关部门批准的临时建筑。该店铺为"违建"，随时有可能被要求拆除，存在经营风险。老彭便向法院起诉阿彪，要求认定租赁合同无效，并要求阿彪赔偿自己因此所受到的损失。

应诉过程中，阿彪认为，双方签订的合同中约定"双方如发生争议，提请某仲裁委员会仲裁"，因此法院无管辖权，并向法院提出了管辖权异议。老彭则认为，因为违反强制性规定，二人签订的合同无效，因此该合同整体无效，法院可以管辖。

法院向双方明示，老彭与阿彪签订的租赁合同，因违反法律、行政法规的强制性规定而无效。但合同无效并不导致合同中解决争议方法的条款无效，仍然对当事人具有约束力，任何一方都可以按照合同中约定的争议解决条款申请仲裁。阿彪对管辖权提出的异议成立，双方应向仲裁委员会提请仲裁解决争议。

法律依据

《中华人民共和国民法典》

第五百零七条　合同不生效、无效、被撤销或者终止的，不影响合同中有关解决争议方法的条款的效力。

延伸解读

争议解决条款，是指合同当事人事先就合同争议解决的方式、程序和法律适用等事项进行的约定，解决纠纷的方式包括仲裁、诉讼，地点是仲裁、诉讼的管辖机关。

争议解决条款的独立性应从两个方面来理解：（1）争议解决条款虽然隶属于合同，但效力独立于合同，可独立存在并产生效力。（2）主合同效力独立于争议解决，除非当事人特别约定，否则争议解决条款的无效不会对主合同效力产生影响。

合同与争议条款一个涉及权利义务，另一个则涉及妥善解决争议，二者在性质上有差异。后者的独立有利于程序选择的效率和目的的实现，也充分尊重合同当事人意思自治。所以，当合同不生效、无效、被撤销或终止时，不是所有的条款都无效。

本案中，老彭与阿彪签订的租赁合同因违反法律、行政法规的强制性规定而无效。但合同无效并不导致合同中关于解决争议方法的条款无效，该条款仍然对当事人具有约束力，双方应按条款约定解决争议。

27. 发生纠纷后，发现双方争议的问题在合同中没有约定或约定不明，怎么解决?

📣 案 例

A的一处房产委托中介出售，B看上了此处房产。后，A、B、中介签订《房屋买卖定金协议》，在协议中约定"卖方同意买方以银行贷款方式向卖方支付部分房款。买方贷款可由中介代为办理申请手续，也可由中介自行办理申请手续，费用由买方自行承担。如由中介代办，买方须在签订房屋买卖合同当天向中介提供贷款所需全部材料。中介不能保证买方提出的贷款申请能否获得银行批准，或是否能够获得足额贷款。如果买方的贷款申请未获批准，或批准的额度未达到申请额度，则：（1）因买方无力以现金补足贷款不足部分的房款，卖方同意买方解除合同的要求，双方均不作违约处理，已产生的费用由各自承担，中介已产生的费用，由买方承担；（2）买方将在交易过户当天以现金补足贷款不足部分的房款，合同继续履行"。

协议签订当天，B支付定金1万元。

两天后，买卖双方签订房屋买卖合同，B支付首付款21万元，剩余房款通过中介代为办理银行贷款。但B的银行贷款未获批准，随即A与B就合同解除、B是否应承担违约责任而发生矛盾。双方协商不成，B向人民法院提起诉讼，要求解除与A的买卖合同，并要求A返还定金和首付款共计22万元。

法院审理后认为，合同条款本身发生矛盾和冲突，应视为约定不明，原告不得依该条款约定行使约定解除权。原告既无约定解除权，又无法定解除权，其不按约付款并要求解除合同的行为，构成违约。鉴于原、被告均要求解除合同，法院予以准许，但原告仍需承担相应的违约责任。原告支付被告的定金1万元属履约定金，故被告要求没收原告定金的意见，法院予以采纳，剩余房款被告应返还原告。

🔍 法律依据

《中华人民共和国民法典》

第五百一十条 合同生效后，当事人就质量、价款或者报酬、履行地点等内容没有约定或者约定不明确的，可以协议补充；不能达成补充协议的，按照合同相关条款或者交易习惯确定。

第五百一十一条 当事人就有关合同内容约定不明确，依据前条规定仍不能确定的，适用下列规定：

（一）质量要求不明确的，按照强制性国家标准履行；没有强制性国家标准的，按照推荐性国家标准履行；没有推荐性国家标准的，按照行业标准履行；

没有国家标准、行业标准的，按照通常标准或者符合合同目的的特定标准履行。

（二）价款或者报酬不明确的，按照订立合同时履行地的市场价格履行；依法应当执行政府定价或者政府指导价的，依照规定履行。

（三）履行地点不明确，给付货币的，在接受货币一方所在地履行；交付不动产的，在不动产所在地履行；其他标的，在履行义务一方所在地履行。

（四）履行期限不明确的，债务人可以随时履行，债权人也可以随时请求履行，但是应当给对方必要的准备时间。

（五）履行方式不明确的，按照有利于实现合同目的的方式履行。

（六）履行费用的负担不明确的，由履行义务一方负担；因债权人原因增加的履行费用，由债权人负担。

🔊 **延伸解读**

合同生效后，当事人就质量、价款或者报酬、履行地点等内容约定不明确，依据《民法典》第510条规定仍然不能确定的，适用《民法典》第511条的规定，可对质量、价款或报酬、履行地点、履行期限、履行方式、履行费用负担进行补充，弥补合同漏洞，明确合同双方权利义务的细节，使合同得以继续履行，实现合同目的。

本案中，A与B对贷款不能的情况，协议约定了两个选择性条款，而这两个选择性条款是互相矛盾的。双方在签订合同时并没有明确选择哪个条款。此时，根据《民法典》第511条第5项的规定，

履行方式不明的，按有利于实现合同目的方式履行。也就是B的贷款申请未能获得批准，就应当以现金补足购房款，使合同继续履行。如果B不能继续履行合同，就应承担违约责任。所以，法院判决合同条款约定不明，B不得行使约定解除权。而B又无法定解除权，其不支付购房款要求解除合同构成违约，需承担相应的违约责任。B的定金属履约定金，所以A没收定金的行为得到法院支持，但首付款非履约定金应当返还。A和B都要求解除购房合同，法院对此予以准许。

28. 公司更名后，原先签订的合同是否还要继续履行？

🔊 **案 例**

某连锁超市有限公司与A商业银行股份有限公司因抵押合同纠纷诉至法院。本案中，签订贷款协议的贷款人是某农村信用合作社，该农村信用合作社为本案的住宅权人和抵押权人。后某市银监局批准某农村信用合作社改名为A商业银行股份有限公司。

该农村信用合作社由B商业银行股份有限公司投资并全资控股管理，A商业银行股份有限公司以改制方式设立，共有5名发起人，B商业银行股份有限公司占总股本的32%，为最大股东。改革方案为将某农村信用合作社进行股份改制，成立A商业银行股份有限公司，并由A商业银行股份有限公司继承某农

村信用合作社的债权债务，原某农村信用合作社注销。该案的抵押人为某连锁超市有限公司，其后更名为某某公司。

本案中，抵押人名称发生变化，主体未变更。抵押权人某农村信用合作社主体变更为 A 商业银行股份有限公司，债权债务发生概括转移，A 商业银行股份有限公司成为新的债权债务主体。抵押权人既发生了主体变化，也发生了名称变化，但新主体继承了旧主体的权利义务。抵押人虽发生了名称变更，但其义务人主体身份并未变更。A 商业银行股份有限公司有权作为本案的权利人提起诉讼，某某公司也应承担法律义务和法律责任。

🔍 法律依据

《中华人民共和国民法典》

第五百三十二条 合同生效后，当事人不得因姓名、名称的变更或者法定代表人、负责人、承办人的变动而不履行合同义务。

📢 延伸解读

自然人享有姓名权，法人和非法人组织有名称权，享有自主变更姓名和名称的权利。当事人签订合同，成为合同主体时，就要履行合同义务，单纯变更姓名或名称不能产生合同主体变更的法律后果，仍要履行合同义务。

合同主体的变更与姓名、名称的变更是截然不同的两个概念。合同主体的变更是合同关系一致，债权人与债务人发生变化，合同的权利义务转移给新的

债权人或债务人。

另外，法定代表人是法人的代表，以法人名义从事民事活动，后果由法人承担。如果法定代表人变更但法人未变，则法人的义务和责任不因法定代表人变动而变动。同时，负责人的变动不影响合同主体为单位，合同主体未变更的，也应履行合同义务。承办人是在职务范围内从事行为，代表单位。承办人变更，合同主体未变更，单位仍应履行合同义务。合同主体未发生变更变化，法人或非法人组织不能不履行合同义务。

29. 合同签订后因客观原因无法按约定履行的，是否可以变更或解除合同？

📢 案 例

2019 年年底，连某公司与海某公司签订《房屋租赁合同》，约定海某公司将主楼、大堂及相关设施租赁给连某公司用于酒店经营。自 2020 年春节后，连某公司受疫情影响一直处于歇业状态，遭受了巨大的经济损失。同年年底，连某公司要求与海某公司解除房屋租赁合同或由海某公司免除其 2020 年的一部分租金，但双方在租金减免及酒店新装修折抵问题上分歧较大，未能达成共识。连某公司诉至法院，要求解除合同，法院向双方示明：发生疫情是双方都无法预见的客观因素，可以根据情势变更原则调整租金或解除租赁合同，如果海某公司坚持不适当减免连某公司的租金，

法院可以判决解除租赁合同。后双方在法院的主持下，达成调解协议，海某公司同意免除连某公司120天的租金。

《中华人民共和国民法典》

第五百三十三条 合同成立后，合同的基础条件发生了当事人在订立合同时无法预见的、不属于商业风险的重大变化，继续履行合同对于当事人一方明显不公平的，受不利影响的当事人可以与对方重新协商；在合理期限内协商不成的，当事人可以请求人民法院或者仲裁机构变更或者解除合同。

人民法院或者仲裁机构应当结合案件的实际情况，根据公平原则变更或者解除合同。

📢 **延伸解读**

情势变更，是指合同有效成立后，因不可归责于双方当事人的原因发生了不可预见的情势变更，致使合同的基础动摇或丧失，若继续履行合同会显失公平，因此，允许变更合同或解除合同的制度。规定情势变更制度的立法目的是在合同订立后因客观情势发生重大变化，导致当事人之间权利义务严重失衡的情形下，通过变更或解除合同以实现公平原则，消除因情势变更所产生的不公平后果。

情势变更需要以下构成要件：（1）应有情势变更的事实；（2）情势变更的事实应发生在合同成立之后、合同义务履行完毕之前；（3）当事人在订立合同时

无法预见；（4）发生情势变更具有不可归责性；（5）继续履行合同对于一方当事人明显不公平。

在日常生活中还有和情势变更相似的一种情形——不可抗力。情势变更与不可抗力都是在订立合同时不能预见的客观风险，不可抗力不能预见、不能避免、不能克服，情势变更不能预见、不能承受。发生情势变更后有两个法律后果：（1）产生再交涉义务；（2）交涉后不能就变更解除合同达成一致意见，有权请求裁决机构作出变更或解除合同的裁决。

30. 债权人的代位权如何实现？

📢 **案 例**

2020年3月1日，甲与乙签订了一份借款合同，商定甲借款30万元给乙，借款期限为1年。直到2021年4月，乙仍未归还此笔款项。经查，乙的账户上仅有10万元，不足以清偿借款，但乙曾借款20万元给丙，该借款已于2020年11月到期，丙却迟迟未还。甲曾多次要求乙向丙讨要借款，乙置之不理。甲向法院起诉，请求以自己的名义行使乙对丙的20万元的债权。那么，甲的诉讼请求能否得到法院支持？

📖 **法律依据**

《中华人民共和国民法典》

第五百三十五条 因债务人怠于行使其债权或者与该债权有关的从权利，

影响债权人的到期债权实现的，债权人可以向人民法院请求以自己的名义代位行使债务人对相对人的权利，但是该权利专属于债务人自身的除外。

代位权的行使范围以债权人的到期债权为限。债权人行使代位权的必要费用，由债务人负担。

相对人对债务人的抗辩，可以向债权人主张。

🔊 **延伸解读**

这是一起因债权人甲要求行使代位权引起的诉讼，如果甲要行使代位权，应当符合以下四个条件：（1）债权人对债务人的债权合法；（2）债务人怠于行使其到期债权，对债权人造成损害；（3）债务人的债权已到期，债权人的债权也已经到期；（4）债务人的债权不是专属于债务人自身的债权。

本案中，甲、乙双方的借款合同是合法有效的，双方约定的1年借款期限已到，即双方之间的债权已到期，乙本应按约定归还30万元借款，却迟迟不履行还款义务，且乙的账户中只有10万元，不足以清偿全部借款，影响了甲到期债权的实现，给甲造成了损害。

此时，乙借给丙的20万元借款也已经到期，乙却不向丙讨要，且该借款也并非专属于债务人乙自身的债权。根据《民法典》第535条的规定，乙的这种怠于行使债权的行为造成了甲的债权不能实现，侵害了甲的权益。因此，甲以自己的名义代位行使乙对丙的20万元债权的诉讼请求能够得到法院支持。

01. 债务人恶意转移财产，债权人如何保护自己的权利？

📢 案 例

孙某向王某借款 200 万元，借款到期后，孙某一直以各种理由推托，拒绝还款。无奈之下，王某将孙某诉至法院，法院判决孙某偿还 200 万元借款，但判决生效后孙某仍不予偿还。王某在向法院申请强制执行后发现，在案件审理期间，孙某与其妻弟李某签订了二手房买卖合同，孙某将其所有的一套 100 平方米的房产，以低于市场正常价格 60% 的价格，即 50 万元卖给了其妻弟李某，并办理了房产过户手续。王某认为，孙某以明显不合理的低价转让房产的行为影响了王某债权的实现，侵害了王某的利益，遂将孙某和李某起诉至法院，请求法院撤销二人的房屋买卖合同。那么，王某的诉讼请求能否得到法院的支持？

📄 法律依据

《中华人民共和国民法典》

第五百三十九条 债务人以明显不合理的低价转让财产、以明显不合理的高价受让他人财产或者为他人的债务提供担保，影响债权人的债权实现，债务人的相对人知道或者应当知道该情形的，债权人可以请求人民法院撤销债务人的行为。

📄 延伸解读

在王某将孙某起诉到法院后，李某作为孙某的妻弟，在购买房屋时应当知道孙某所卖房屋的市场价格，也应对涉案房屋现在的价值有所了解，但其在明知孙某以明显不合理的低价出售房屋的情形下仍然购买该房屋。而且李某作为孙某的妻弟，应当很清楚孙某为什么会以低于市场价 60% 的价格将房产卖给自己。因此，可以推定李某与孙某在签订二手房买卖合同时具有恶意，李某的行为不构成善意取得，故王某有权行使撤销权。

本案是在王某将孙某起诉至法院后，孙某通过与其妻弟李某签订房屋买卖合同的方式将其名下的房产卖给李某，孙某的目的性很明显，即以转让财产的方式降低自己清偿债务的责任和能力，致使自己的自有财产减损，以达到逃避债务的目的，此行为损害了王某的利益。

综上两点，根据《民法典》第539条的规定，债务人孙某以明显不合理的低价转让房产，影响了王某的债权实现。虽然孙某的房产已经变更到李某名下，但因李某的购房行为不构成善意取得，孙某转让其房产的行为对王某的利益造成了损害，致使王某的债权无法实现，所以王某的诉讼请求符合法律规定的撤销权的成立要件及行使要件，能够得到法院的支持。

02. 债务人转让债务是否需经其债权人同意？

📢 案 例

2018年，甲公司与乙公司签订了买卖合同，由甲公司供给乙公司共计60万元的电器设备。乙公司收到了货物，但直到2021年，乙公司仍未支付60万元货款。当甲公司要求乙公司支付60万元货款时，乙公司说其已经与丙公司签订了债务转让协议，根据该协议的约定，60万元货款由丙公司支付给甲公司。甲公司认为，乙公司在未征得甲公司同意的情形下，单方面与丙公司签订债务转让协议，侵犯了甲公司的利益，不予认可，并要求乙公司支付60万元货款。在协商未果的情形下，甲公司将乙公司起诉到法院，要求法院判决乙公司支付60万元货款。那么，甲公司的诉讼请求能得到法院的支持吗？

📖 法律依据

《中华人民共和国民法典》

第五百五十一条　债务人将债务的全部或者部分转移给第三人的，应当经债权人同意。

债务人或者第三人可以催告债权人在合理期限内予以同意，债权人未作表示的，视为不同意。

📢 延伸解读

本案中，甲公司在按照双方合同的约定将货物送给乙公司后，乙公司应当及时将货款支付给甲公司。但乙公司不但没有付款，反而在甲公司不知情的情形下与丙公司达成协议，由丙公司偿还60万元货款。根据《民法典》第551条的规定，作为债务人的乙公司如果想将其债务全部或部分转移给丙公司，应当经债权人甲公司同意，否则该债务转让协议对甲公司不发生债务转移的效力。因此，在该债务转让没有经过甲公司同意的情形下，甲公司有权要求乙公司承担偿还60万元货款的责任。

03. 当事人一方迟延履行合同致使不能实现合同目的，另一方能否解除合同？

📢 案 例

某超市为了在中秋节来临之前销售月饼，和某食品加工厂签订了买卖合同。合同约定，某食品加工厂在农历八月初五前交付 100 箱月饼，某超市预先支付货款 2000 元，剩余的 5000 元货款在某食品加工厂全部交货后支付。然而，到了农历八月初五，该食品加工厂没有按约交货，到了八月初十仍未交货。眼看中秋节即将来临，某超市无奈，只好通知该食品加工厂解除合同，另找供货商。该食品加工厂对上述解除合同的通知置之不理，在农历八月十六将预订的 100 箱月饼送到该超市，并要求该超市支付剩余的 5000 元货款。某超市拒绝接收货物，并要求该食品加工厂归还预先支付的 2000 元货款，但遭到拒绝。无奈之下，某超市起诉至法院，要求解除与某食品加工厂的合同，并要求某食品加工厂返还 2000 元预付款。

法律依据

《中华人民共和国民法典》

第五百六十三条 有下列情形之一的，当事人可以解除合同：

（一）因不可抗力致使不能实现合同目的；

（二）在履行期限届满前，当事人一方明确表示或者以自己的行为表明不履行主要债务；

（三）当事人一方迟延履行主要债务，经催告后在合理期限内仍未履行；

（四）当事人一方迟延履行债务或者有其他违约行为致使不能实现合同目的；

（五）法律规定的其他情形。

以持续履行的债务为内容的不定期合同，当事人可以随时解除合同，但是应当在合理期限之前通知对方。

延伸解读

根据《民法典》第 563 条第 1 款第 4 项的规定，当事人一方迟延履行债务或者有其他违约行为致使不能实现合同目的的，可以解除合同。本案中，某超市和某食品加工厂原本约定于农历八月初五前交货，目的是使某超市能在中秋节来临之前销售月饼，但某食品加工厂迟延交货，其行为已经构成违约，并且导致某超市的合同目的无法实现。因此，某超市享有合同的解除权，某食品加工厂应返还该超市 2000 元的预付款。

04. 当事人在合同中既约定违约金，又约定定金的，应适用哪个条款？

案 例

秦某与张某签订了一份二手车买卖合同，合同约定：秦某从张某处购买二手小汽车一辆，购车款为 15 万元，秦某先支付定金 2 万元，同时在合同中约定，如果任何一方违约，需支付违约金 3 万元。合同签订后，秦某按照合同的约定支付了定金 2 万元，但张某却把本应卖给秦某的二手小汽车卖给了第三人，导致上述合同不能履行。那么，秦某可否要求张某双倍返还 2 万元定金，同时要求张某支付 3 万元违约金？

《中华人民共和国民法典》

第五百八十八条 当事人既约定违约金，又约定定金的，一方违约时，对方可以选择适用违约金或者定金条款。

定金不足以弥补一方违约造成的损失的，对方可以请求赔偿超过定金数额的损失。

📢 **延伸解读**

当事人应当按照约定履行各自义务，张某未按照二手车买卖合同的约定将二手小汽车卖给秦某，导致双方合同目的无法实现，张某的行为属于违约行为。根据《民法典》第588条的规定，当事人既约定违约金，又约定定金的，一方违约时，对方可以选择适用违约金或者定金条款。因此，秦某只能选择适用双倍返还定金或要求张某支付3万元违约金，而不能选择二者同时适用。

05. 定金如何约定才能受到法律保护？

📢 **案 例**

赵某与童某签订了房屋买卖合同，约定赵某将其个人名下房屋卖给童某，房屋总价款100万元，童某先交付定金22万元，剩余房款应在一个月内支付完毕，并办理房屋过户手续。童某于合同签订后的第二天上午将定金交与赵某，但后来童某得知该房为危房，根本不能

入住，也不能办理房屋过户手续。于是，童某要求赵某双倍返还定金44万元，但赵某只同意返还22万元。在双方协商未果的情形下，童某将赵某起诉至法院，请求法院判决赵某双倍返还定金44万元。那么，童某的诉讼请求能否得到法院支持？

📖 **法律依据**

《中华人民共和国民法典》

第五百八十六条 当事人可以约定一方向对方给付定金作为债权的担保。定金合同自实际交付定金时成立。

定金的数额由当事人约定；但是，不得超过主合同标的额的百分之二十，超过部分不产生定金的效力。实际交付的定金数额多于或者少于约定数额的，视为变更约定的定金数额。

第五百八十七条 债务人履行债务的，定金应当抵作价款或者收回。给付定金的一方不履行债务或者履行债务不符合约定，致使不能实现合同目的的，无权请求返还定金；收受定金的一方不履行债务或者履行债务不符合约定，致使不能实现合同目的的，应当双倍返还定金。

📢 **延伸解读**

根据《民法典》第586条第2款的规定，当事人约定的定金数额不得超过主合同标的额的20%，超过部分不产生定金效力。本案中，房屋的总价款是100万元，定金22万元，超过了定金最多20%的规定，超过部分不产生定金的效力。赵某所卖的房屋为危房，根本不

能入住，也不能办理房屋过户手续，致使合同目的不能实现，赵某构成违约。根据《民法典》第587条的规定，赵某作为收受定金的一方，应当双倍返还定金。因童某支付的定金超过了房屋总价款的20%，则其中的20万元应当适用定金罚责，超过的2万元，可视为童某给付赵某的预付款，应予以退还。

06. 买卖合同中，运输中货物毁损、灭失的风险由谁承担？

案 例

甲公司与张某通过微信就家具订购买卖合同事宜达成一致，约定由张某向甲公司购买家具一套，价款2.3万元，款到发货，由张某自行联系运输车辆，双方对货物的交付地点未作出明确约定。在张某将2.3万元家具款支付给甲公司后，甲公司将全部货物交付给了张某联系的运输公司，并取得了运输家具单证。但在运输的途中，因运输公司驾驶员的重大过失发生交通事故，致货物受损，无法向张某按约交货。现张某向法院起诉，要求甲公司承担违约责任，退还2.3万元货款。那么，张某的诉讼请求是否能得到法院的支持？

法律依据

《中华人民共和国民法典》

第六百零三条 出卖人应当按照约定的地点交付标的物。

当事人没有约定交付地点或者约定不明确，依据本法第五百一十条的规定仍不能确定的，适用下列规定：

（一）标的物需要运输的，出卖人应当将标的物交付给第一承运人以运交给买受人；

（二）标的物不需要运输，出卖人和买受人订立合同时知道标的物在某一地点的，出卖人应当在该地点交付标的物；不知道标的物在某一地点的，应当在出卖人订立合同时的营业地交付标的物。

第六百零七条 出卖人按照约定将标的物运送至买受人指定地点并交付给承运人后，标的物毁损、灭失的风险由买受人承担。

当事人没有约定交付地点或者约定不明确，依据本法第六百零三条第二款第一项的规定标的物需要运输的，出卖人将标的物交付给第一承运人后，标的物毁损、灭失的风险由买受人承担。

延伸解读

《民法典》第607条第2款规定："当事人没有约定交付地点或者约定不明确，依据本法第六百零三条第二款第一项的规定标的物需要运输的，出卖人将标的物交付给第一承运人后，标的物毁损、灭失的风险由买受人承担。"

本案中，甲公司与张某未明确约定货物的交付地点，对交货地点也未协商达成补充意见，并且双方对于货物在运输途中的风险负担没有约定。甲公司已经按照约定的数量和质量将货物交付给运输公司，完成了现实交付，全面而适当地履行了合同义务。根据《民法典》第607条第2款的规定，在甲公司将家具交给运输公司时，家具毁损、灭失的风险应由买受人张某承担。因此，甲公司不应承担违约责任，也无须返还2.3万元货款。

甲公司将家具交给运输公司时，张某就取得了家具的所有权，现因运输公司的行为导致张某的家具遭受损害，张某可以家具遭受损害为由，请求运输公司承担损害赔偿责任。

07. 因第三人的原因造成违约，应当向谁主张承担违约责任？

📢 案 例

2020年10月17日，钱某与甲公司签订了《市场场地租赁合同书》，合同约定：甲公司同意将商铺租赁给钱某使用；租赁期限为1年，自2020年12月1日至2021年11月30日，每月租金为1万元，合同签订之日钱某须一次性向甲公司支付租期前6个月的租金6万元及保证金1万元。合同签订后，甲公司将涉案商铺交付给钱某，钱某向甲公司交纳了6个月的租金和保证金共计7万元。但在2021年5月，商场在钱某租赁的场地张贴《解除租赁合同通知书》，内容为：因商场整体装修，通知解除《市场场地租赁合同书》，并要求钱某于15日内将承租场地清空并交还给商场。钱某以涉案商铺已无法正常经营为由，要求解除与甲公司签订的租赁合同，甲公司

承担相应的违约责任，赔偿损失。甲公司表示，是因为商场的装修行为导致其与钱某的租赁合同无法继续履行，同意解除该合同，但主张损失是由于商场关店装修行为导致，应由商场承担赔偿责任。

📖 法律依据

《中华人民共和国民法典》

第五百九十三条 当事人一方因第三人的原因造成违约的，应当依法向对方承担违约责任。当事人一方和第三人之间的纠纷，依照法律规定或者按照约定处理。

📢 延伸解读

出租人应当按照约定将租赁物交付承租人，并在租赁期间保持租赁物符合约定的用途。本案中，钱某与甲公司就涉案商铺签订的《市场场地租赁合同书》系双方真实意思表示，且不违反法律规定，故合法有效，双方均应按照约定履行各自义务。但在合同履行过程中，因商场对涉案商铺所在的商业楼进行装修，导致钱某无法继续经营。根据《民法典》第593条的规定及合同相对性原则，钱某可以向甲公司主张承担违约责任，甲公司则应当按照《市场场地租赁合同书》的约定对钱某承担违约责任。在承担违约责任后，甲公司自身的损失可依据其与商场之间的合同向商场主张赔偿。

08. 买受人收到符合约定的货物后，在什么情况下可以拒绝支付价款？

案 例

李某是文物收藏爱好者，喜欢四处搜寻古董。经朋友介绍，李某在另外一位古董收藏爱好者王某处发现了一件自己心仪已久的清代官窑瓷器。李某当即提出购买并出价 210 万元，王某同意出售。因出价较高，李某无法当场支付全部价款。因此，李某和王某在朋友的当场见证下签署了书面买卖合同，约定李某当场支付 150 万元价款即可带走这件瓷器，剩余的 60 万元可在 15 天内完成支付。

之后，李某不到两周的时间便准备好了剩余的 60 万元，计划如期支付剩余的款项，但是李某突然接到了郑某的来电，声称其才是这件瓷器真正的主人，因房屋搬迁，将这件瓷器暂时寄存在好友王某处，要求李某返还。李某向王某求证，王某却说郑某和他之间有借贷纠纷，这件瓷器是用来抵债的，李某既然已经买走了瓷器，应当按约定支付剩余的 60 万元，王某可以让他们共同的朋友作为保证人，保证李某的权益不受损害。一时间，李某犹豫不决，不知该如何处置。

法律依据

《中华人民共和国民法典》

第六百一十四条 买受人有确切证据证明第三人对标的物享有权利的，可以中止支付相应的价款，但是出卖人提供适当担保的除外。

延伸解读

通常情况下，出卖人交付货物，买受人获得货物所有权，为了保证买受人获得完整的权利，一般而言，出卖人还要承担如下义务：（1）出卖人对出卖的标的物享有合法的权利，对标的物享有所有权或者处分权。出卖人作为代理人替货主出售货物，即出卖人具有处分权的情形。而出卖人将其合法占有或者非法占有的他人财产作为出卖的标的物，或者出卖自己只有部分权利的标的物，如与他人共有财产等，都是对此项义务的违反。（2）出卖人应当保证标的物上不存在他人可以主张的权利，如抵押权、租赁权等。（3）出卖人应当保证标的物没有侵犯他人的知识产权。但应当注意的是，在订立合同时，如果买受人已知或者应知标的物在权利上存在缺陷，除非合同另有约定，否则就应当认为买受人同意出卖人可以不再承担这项义务。

为此，《民法典》第 614 条规定，买受人有确切证据证明第三人对标的物享有权利的，可以中止支付相应的价款。其目的在于为买受人提供保护，使其免受可能无法获得标的物的损害。但是，如果出卖人就此争议向买受人提供了适当担保，那么买受人就不能中止支付价款了。

09. 对产品质量提出异议的最长期限是多久？

案 例

某工贸公司从某贸易公司订购了大量原纸用于加工制作纸板，双方签订了《购销合同》，对原纸的型号、标准都作了详细约定，付款方式为月结30天电汇，如逾期付款，每日按照货款总额的千分之三支付违约金。合同签订后，某贸易公司分两次向某工贸公司提供了原纸，并开具了增值税发票，但某工贸公司一直拖延货款。为此，某贸易公司将其诉至法院，要求其支付货款和逾期付款应支付的违约金。而某工贸公司声称某贸易公司提供的原纸存在严重的质量问题，本公司使用该批原纸加工产品后被客户索赔，后让生产厂家某纸业有限公司拉回了部分纸张。

人民法院经过审理查明：出卖方某贸易公司向买方某工贸公司供应A、B、C三种型号的原纸，交货地点为买方仓库；买方需按照约定标准进行验收，如有异议，在货到之日起一周内以书面形式向买方提出，如有其他质量方面的异议，必须在产品收到之日起三周内以书面证明材料、实物及产品编号向买方提出；付款方式为月结30天电汇，买方逾期付款的，每逾期一日应向买方支付货款总额千分之三的违约金。同年5月21日和26日，出卖方分两次向买方提供A原纸39.586千克和B原纸7.320千克。后买方将原纸用于纸板加工并出售，客户使用纸箱后，面纸脱落，严重影响纸箱使用，遂要求退货并向买方索赔。买方认为是出卖方供应的原纸结合力不符合质量要求所致，遂拒付出卖方货款。最终，法院认定出卖方向买方供应原纸，买方对原纸质量问题提出异议，理应在合同约定检验期内提供相应证据，现买方确认本案中所购原纸已全部用于加工，无法通过鉴定确认原纸存在质量问题。买方加工成的纸板出现质量问题不能直接推定出卖方供应的原纸存在质量问题，故买方称出卖方交付的货物不符合合同约定依据不足。出卖方要求买方支付相应货款于法有据，法院最终支持了出卖方的全部诉讼请求。

法律依据

《中华人民共和国民法典》

第六百二十一条 当事人约定检验期限的，买受人应当在检验期限内将标的物的数量或者质量不符合约定的情形通知出卖人。买受人怠于通知的，视为标的物的数量或者质量符合约定。

当事人没有约定检验期限的，买受人应当在发现或者应当发现标的物的数量或者质量不符合约定的合理期限内通知出卖人。买受人在合理期限内未通知或者自收到标的物之日起二年内未通知出卖人的，视为标的物的数量或者质量符合约定；但是，对标的物有质量保证期的，适用质量保证期，不适用该二年的规定。

出卖人知道或者应当知道提供的标的物不符合约定的，买受人不受前两款规定的通知时间的限制。

📢 延伸解读

出卖方向买方交付符合合同约定质量的商品是合同全面履行原则的基本要求，买方收到货物后有及时检验的义务，目的是尽快确定标的物的数量和质量状况，明确责任，及时解决纠纷。检验期就是买方在接收货物后确定出卖方交付的货物是否符合合同约定的数量、质量、包装、品名等内容的时间段。如果没有检验期，就无法确定出卖方是否依约履行了合同，使合同当事人之间的法律关系长期处于不稳定的状态，不利于维护健康正常的交易秩序。检验期的长短与瑕疵类型有关，质量瑕疵一般分为外观瑕疵和隐蔽瑕疵，外观瑕疵可用肉眼判断，检验期较短，应当当面检验或在约定的时间内检验，如收货后3日或7日内。隐蔽瑕疵无法通过肉眼判断，甚至需要在使用后才能发现存在的问题，可以约定为一个月或三个月等。《民法典》第621条第2款规定："当事人没有约定检验期限的，买受人应当在发现或者应当发现标的物的数量或者质量不符合约定的合理期限内通知出卖人。买受人在合理期限内未通知或者自收到标的物之日起二年内未通知出卖人的，视为标的物的数量或者质量符合约定……"实际就是将隐蔽瑕疵的检验期规定为最长两年，如果出卖方承诺质

保期的，不适用这一规定。一旦货物交付后超过满足某种条件的期限，则视为质量符合约定，提出异议的权利人将承担败诉的风险。至于质量检验合同的标的物在检验期满后使用时出现质量问题，就不再是检验期要解决的问题，而是保修期要解决的问题。

10. 供电单位可以给没缴纳电费的住户断电吗？

📢 案　例

光明小区目前约有80户居民。2021年3月，供电局在光明小区大门口张贴了告示，请80户居民清缴2020年度至今的电费共计20余万元，否则，供电局将自4月1日起停止供电。光明小区的居民对此很是疑惑，因为大家都已经按时缴纳了电费。经过多方核实，原来是物业公司代收电费后，没有将电费及时支付给供电局，因此发生了电费欠缴事件。此时，物业公司已经人去楼空，居民要求供电局恢复供电，供电局则要求居民先支付欠缴的电费。双方僵持不下，最后在当地居委会的协调下，80户居民先行清缴了50%的电费，剩余的欠费平摊到之后的6个月，与当月应缴电费一并缴纳。

🔍 法律依据

《中华人民共和国民法典》

第六百四十八条　供用电合同是供电人向用电人供电，用电人支付电费的

合同。

向社会公众供电的供电人，不得拒绝用电人合理的订立合同要求。

第六百五十四条 用电人应当按照国家有关规定和当事人的约定及时支付电费。用电人逾期不支付电费的，应当按照约定支付违约金。经催告用电人在合理期限内仍不支付电费和违约金的，供电人可以按照国家规定的程序中止供电。

供电人依据前款规定中止供电的，应当事先通知用电人。

延伸解读

供电企业与业主之间存在供电合同关系。根据《民法典》的规定，在供电合同中，用电人有要求供电的权利，而供电公司相应地享有收取电费的权利，如果用电人不履行交纳电费的义务，则供电公司可以拒绝履行供电的义务，即供电公司此时有停电的权利。但是，《民法典》第654条第2款同时规定，供电人中止供电的，应当事先通知用电人。

本案中，物业公司虽然代收了电费，但是并没有将电费缴纳给供电局，因此供电局有权利拒绝继续供电。当然，居民与供电局之间的合同关系，不影响居民与物业公司之间的纠纷，居民有权要求物业公司返还代收的电费。

11. 将房产赠与他人后，还能撤销赠与吗？

案 例

陈阿姨与王伯伯属于再婚家庭，陈阿姨与前夫育有一子小东，王伯伯与前妻育有一女小兰，二人再婚时小东15岁、小兰12岁，这个四口之家虽是重组家庭，但是一家人相处得融洽和睦。小东22岁大学毕业后留学美国，在美国安家置业。小兰大学毕业后，就地分配工作，留在了父亲和继母身边。2012年，因小兰结婚没有婚房，而陈阿姨有一套闲置的婚前房产，经过与身在美国的儿子商议，陈阿姨决定将这套房产赠与小兰，并办理了房屋过户手续。2021年，王伯伯因病去世，之后小兰便对陈阿姨态度冷淡，不仅拒不履行赡养义务，还实施了一些伤害陈阿姨的不当行为，并公开提出要对陈阿姨现在居住的住宅进行分割继承。陈阿姨气愤之余提出要对当年的赠与合同行使撤销权，并且一纸诉状将小兰起诉至法院。

法律依据

《中华人民共和国民法典》
第六百五十八条 赠与人在赠与财产的权利转移之前可以撤销赠与。

经过公证的赠与合同或者依法不得撤销的具有救灾、扶贫、助残等公益、道德义务性质的赠与合同，不适用前款规定。

第六百六十三条 受赠人有下列情形之一的，赠与人可以撤销赠与：

（一）严重侵害赠与人或者赠与人近亲属的合法权益；

（二）对赠与人有扶养义务而不履行；

（三）不履行赠与合同约定的义务。

赠与人的撤销权，自知道或者应当知道撤销事由之日起一年内行使。

第六百六十四条 因受赠人的违法行为致使赠与人死亡或者丧失民事行为能力的，赠与人的继承人或者法定代理人可以撤销赠与。

赠与人的继承人或者法定代理人的撤销权，自知道或者应当知道撤销事由之日起六个月内行使。

第六百六十五条 撤销权人撤销赠与的，可以向受赠人请求返还赠与的财产。

延伸解读

赠与合同是赠与人将自己所有之物无偿转让给受赠人的单务合同，由于赠与的无偿性，因此法律允许赠与合同具有任意撤销和法定撤销两种情形，这是赠与合同与其他有偿合同的显著区别。赠与合同的任意撤销，是指在赠与合同成立之后、赠与财产转移之前，赠与人可以根据自己的意思改变赠与行为。赠与合同的法定撤销是指依据《民法典》第663条、第664条规定的几种特殊情形。

本案中，小兰作为继女对陈阿姨具有扶养义务，但她不仅拒绝履行这一义务，还做出了伤害陈阿姨的行为，属于

《民法典》第663条第1款第1项规定的严重侵害赠与人的合法权益和第2项规定的对赠与人有扶养义务而不履行两种情形，因此，陈阿姨可在出现上述情形起一年内及时行使自己的撤销权，撤销对小兰赠与房屋的行为。

12. 可以在借款合同中约定提前扣除利息吗？

案 例

王先生和李先生是多年的好友，王先生经营着一家小型的家装公司，时值装修旺季，王先生的公司接到了很多家装订单，虽然业主都支付了订金，但是由于王先生需要先垫付一部分工人的工资，因此资金周转出现了困难。为此，王先生向李先生借款100万元用于缓解资金压力，李先生认为王先生借款是用于经营获利，为了公平起见，应当向其支付一定的利息，王先生对此并无异议，双方约定了月利率为2%，借款周期为6个月。但是，李先生为了稳妥起见，要求在合同中写明，李先生在将款项转账给王先生时，将全部的利息即12万元先行扣除，王先生于6个月后归还全部本金100万元。王先生着急用钱，便接受了李先生的要求，但对好友的做法耿耿于怀。2021年4月21日，王先生收到李先生转账的88万元。10月21日，6个月的借款期满，李先生要求王先生归还100万元，王先生要求按本金88万元还本付息，双方因此发生纠纷。

《中华人民共和国民法典》

第六百七十条 借款的利息不得预先在本金中扣除。利息预先在本金中扣除的，应当按照实际借款数额返还借款并计算利息。

🔊 延伸解读

在现实生活中，一些贷款人为确保收回利息，在提供借款时常常将利息预先从本金中扣除，也就是民间常说的"砍头息"，借款人实际借款数额是本金扣除利息后的数额。这种做法影响了借款人资金的正常使用，加重了借款人的资金成本，是对借款人合法权益的损害。因此，《民法典》第670条明确规定，借款的利息不得预先在本金中扣除。利息预先在本金中扣除的，应当按照实际借款数额返还借款并计算利息。因此，本案中，王先生只需按本金88万元还本付息。

13. 借款合同中未约定利息的，借款到期后，当事人可以主张利息吗？

🔊 案 例

2020年9月5日，顾某借给陈某11万元，陈某向顾某出具了借条一张，载明"今借到顾某拾壹万圆整（110000元），于2021年9月5日前归还"，并未约定利息。还款期限届满，顾某催要借款，陈某在欠条下方备注："同意尽快还款。陈某2021年9月5日。"但此后陈某迟迟不予还款，顾某于2021年9月21日诉讼至法院，要求陈某归还借款11万元并支付利息（按照中国人民银行逾期贷款利率，自借款之日起计至实际付款之日止）。那么，顾某的主张能得到法院的支持吗？

📋 法律依据

《中华人民共和国民法典》

第六百六十八条 借款合同应当采用书面形式，但是自然人之间借款另有约定的除外。

借款合同的内容一般包括借款种类、币种、用途、数额、利率、期限和还款方式等条款。

第六百八十条 禁止高利放贷，借款的利率不得违反国家有关规定。

借款合同对支付利息没有约定的，视为没有利息。

借款合同对支付利息约定不明确，当事人不能达成补充协议的，按照当地或者当事人的交易方式、交易习惯、市场利率等因素确定利息；自然人之间借款的，视为没有利息。

🔊 延伸解读

亲朋之间相互借贷，是生活中常见的一种融资方式，它便捷高效，相较于向专业机构贷款而言，更容易被公民所接受。但是，仅仅依靠双方自觉性维系的借贷关系，容易滋生风险，具有不稳定性，借款人无理由不归还到期借款的情形时有发生。《民法典》合同编第十二章对借款合同进行了专门规定，其中第 668 条规定，借款双方可就借款种类、币种、用途、数额、利率、期限和还款方式等内容进行详细约定。同时，为了防止借贷人承担过多的借贷成本，《民法典》第 680 条第 2 款规定，借款合同对支付利息没有约定的，视为没有利息。

14. 民间借贷受到法律保护的最高借款利息是多少？

📢 案 例

刘某因资金周转所需，于 2019 年 7 月 22 日向陈某借款人民币 230 万元，并出具了借条一张，未约定借款期限和利息。当天，陈某以银行转账的方式向刘某支付了 230 万元。刘某于 2020 年 7 月 13 日偿还陈某借款本金 30 万元。2020 年 11 月 10 日，经双方协商，达成《补充协议》，约定 2019 年 7 月 22 日刘某向陈某借的 230 万元，按月息 3% 计算，按月支付，尚欠借款本金 200 万元，陈某同意刘某继续借贷。但刘某并未按照约定支付过利息。陈某多次催讨余款及利息未果，无奈之下于 2021 年 3 月 10 日诉至法院，要求刘某偿还借款人民币 200 万元及利息（利息从 2020 年 7 月 13 日起，按年利率 36% 计算至上述借款还清为止）。但刘某认为，自己尚欠借款 200 万元是事实，但利息约定过高，应按年利率 6% 计算。

法院经审理认为，陈某主张刘某偿还借款本金 200 万元，理由充分，符合法律规定，应予支持，但陈某要求刘某按 36% 的年利率支付利息的诉讼请求过高，与《最高人民法院关于审理民间借贷案件适用法律若干问题的规定》第 25 条的规定不符，仅依法支持利息按一年期贷款市场报价利率 4 倍计算，对于超过的部分不予支持。

📖 法律依据

《中华人民共和国民法典》

第六百八十条 禁止高利放贷，借款的利率不得违反国家有关规定。

借款合同对支付利息没有约定的，视为没有利息。

借款合同对支付利息约定不明确，当事人不能达成补充协议的，按照当地或者当事人的交易方式、交易习惯、市场利率等因素确定利息；自然人之间借款的，视为没有利息。

《最高人民法院关于审理民间借贷案件适用法律若干问题的规定》

第二十五条 出借人请求借款人按照合同约定利率支付利息的，人民法院应予支持，但是双方约定的利率超过合同成立时一年期贷款市场报价利率四倍的除外。

前款所称"一年期贷款市场报价利率"，是指中国人民银行授权全国银行间同业拆借中心自 2019 年 8 月 20 日起每月发布的一年期贷款市场报价利率。

📢 延伸解读

随着市场经济的发展，作为融资渠

道合理补充的民间借贷，由于其手续简便、放款迅速而日趋活跃，借贷规模不断扩大。但是，民间借贷也曾经历过一个盲目、无序、混乱的发展阶段，高额利息引发的恶性事件层出不穷。为此，2015年9月1日起施行的《最高人民法院关于审理民间借贷案件适用法律若干问题的规定》就高额利息进行了限定，第26条规定："借贷双方约定的利率未超过年利率24%，出借人请求借款人按照约定的利率支付利息的，人民法院应予支持。借贷双方约定的利率超过年利率36%，超过部分的利息约定无效。借款人请求出借人返还已支付的超过年利率36%部分的利息的，人民法院应予支持。"2021年1月1日起施行的《民法典》第680条第1款明确规定："禁止高利放贷，借款的利率不得违反国家有关规定。"为此，《最高人民法院关于审理民间借贷案件适用法律若干问题的规定》也进行了相应的修订，将利息约定的上限调整为一年期贷款市场报价利率的4倍，超过此标准部分的利息无法得到法律的保护。

本案中，陈某要求刘某按36%的年利率支付利息，明显超出了一年期贷款市场报价利率的4倍，不符合法律规定，因此超过的部分不能得到法院支持。

15. 保证合同中保证人的保证范围和期间是如何规定的？

📢 **案 例**

2021年4月17日，刘某与邓某签订借款合同约定：邓某向刘某借款50万元，期限从2021年4月17日至6月16日。如邓某逾期还款，刘某除对借款期限内的两个月按一年期贷款市场报价利率的4倍计收利息外，逾期仍按前款标准计收利息，并从逾期之日起，每日以该笔借款总额的万分之五计收滞纳金至实际结清本息之日止。此外，邓某还应支付借款总额20%的违约金。如因邓某拖欠欠款引发诉讼，由邓某按借款金额的4%承担刘某一方的律师费。同日，刘某、邓某与彭某签订个人保证合同，约定：彭某为邓某的上述借款提供连带保证责任，保证人不承担保证责任或违反合同约定的其他义务的，应按借款金额的15%向债权人支付违约金。同日，邓某出具收到刘某委托他人转账支付50万元的收据。借款到期后，因邓某、彭某未履行还本付息义务，刘某遂支付律师费4万元聘请律师，诉至法院，要求邓某按合同约定偿还50万元借款及利息，并支付相应的滞纳金、违约金及4万元律师费，要求保证人彭某承担连带保证责任，按借款金额的15%支付违约金。

法院经审理认为，刘某与邓某、彭某签订的借款合同、个人保证合同均系各方的真实意思表示，不违反法律、行政法规的强制性规定，合法有效，故刘某要求归还借款50万元的理由成立。借款合同约定，如邓某逾期还款，刘某除对借款期内的两个月按一年期贷款市场报价利率的4倍计收利息外，逾期仍按前款标准计收利息，同时邓某应向刘某支付借款总额20%的违约金。因违约金的实质是弥补刘某提供借款所产生的资金利息损失，该损失已有银行同期贷款利率4倍的利息予以弥补，故对刘某要求支付违约金的请求不予支持。借款合同约定按借款金额的4%即2万元支付律师费，故刘某为追索借款聘请律师，要求邓某在2万元范围内支付律师费的理由成立，对超出部分不予支持。彭某作为连带保证人，对邓某的上述债务依约承担连带保证责任，对刘某诉请彭某按借款金额的15%支付违约金的诉讼请求不予支持。

📖 法律依据

《中华人民共和国民法典》

第六百九十一条 保证的范围包括主债权及其利息、违约金、损害赔偿金和实现债权的费用。当事人另有约定的，按照其约定。

第六百九十二条 保证期间是确定保证人承担保证责任的期间，不发生中止、中断和延长。

债权人与保证人可以约定保证期间，但是约定的保证期间早于主债务履行期限或者与主债务履行期限同时届满的，视为没有约定；没有约定或者约定不明确的，保证期间为主债务履行期限届满之日起六个月。

债权人与债务人对主债务履行期限没有约定或者约定不明确的，保证期间自债权人请求债务人履行债务的宽限期届满之日起计算。

📢 延伸解读

保证人承担保证责任的范围优先适用保证合同的约定，未约定或约定不明的则对被保证人的全部债务承担责任。保证合同对保证责任范围的约定，虽实行意思自治，但因保证合同是主合同的从合同，保证责任是主债务的从债务，基于从属性原则，保证责任的范围及强度不能超过主债务的范围及强度。此外，如果允许保证责任超过主债务的范围，将违反保证责任的从属性规则，可能产生滥用权利的后果。同时，保证责任超过主债务的部分，使债权人获得从主债务人处不能获得的利益，保证人对该部分承担后无法对主债务人追偿，将对保证人产生不公平的结果。

16. 连带责任保证与一般保证的区别是什么？

📢 案 例

张某想买房，但首付款还差50万元。张某便找同事李某借钱，为了让李某放心，张某的母亲王某在借条上写了"王某对张某的借款本金和利息承担连带责任保证"，张某的朋友周某在借条上写了"如果张某到期不还钱，周某替张某偿还本金"。借款到期后，张某一直未偿还借款，李某多次催要无果，遂将张某诉至法院，并要求王某和周某承担连带保证责任。最终，法院判决张某偿还借款本金50万元及利息，王某承担连带保证责任，驳回李某要求周某承担连带保证责任的诉讼请求。那么，同样是在借条上签字确认承担保证责任，为何王某和周某承担的责任不同呢？

《中华人民共和国民法典》

第六百八十六条 保证的方式包括一般保证和连带责任保证。

当事人在保证合同中对保证方式没有约定或者约定不明确的，按照一般保证承担保证责任。

第六百八十七条 当事人在保证合同中约定，债务人不能履行债务时，由保证人承担保证责任的，为一般保证。

一般保证的保证人在主合同纠纷未经审判或者仲裁，并就债务人财产依法强制执行仍不能履行债务前，有权拒绝向债权人承担保证责任，但是有下列情形之一的除外：

（一）债务人下落不明，且无财产可供执行；

（二）人民法院已经受理债务人破产案件；

（三）债权人有证据证明债务人的财产不足以履行全部债务或者丧失履行债务能力；

（四）保证人书面表示放弃本款规定的权利。

第六百八十八条 当事人在保证合同中约定保证人和债务人对债务承担连带责任的，为连带责任保证。

连带责任保证的债务人不履行到期债务或者发生当事人约定的情形时，债权人可以请求债务人履行债务，也可以请求保证人在其保证范围内承担保证责任。

延伸解读

根据相关法律的规定，保证分为一般保证和连带责任保证。保证人的保证属于一般保证还是连带责任保证，要看双方的约定。连带责任保证只能通过明确的书面约定。如果没有约定或者约定不明确的，就是一般保证。同为保证，债权人在主张权利时却有区别。连带责任保证中，保证人不享有先诉抗辩权，即债权人可以要求债务人和保证人共同承担连带责任，也就是说债权人既可以要求债务人承担责任，也可以要求保证人承担责任。而一般保证人则享有先诉抗辩权，如果债权人在确定债务人的财产依法强制执行仍不能履行债务前，就要求一般保证人承担责任的，一般保证人可以拒绝。

本案中，张某的母亲王某承担的是连带责任保证，因此只要张某未按照约定时间还款，李某既可以找张某要钱，也可以找王某要钱。而周某只是一般保证人，只有在张某财产依法强制执行仍不能偿还的情况下，李某才能主张周某履行保证责任。

所以，当事人在给他人的借款提供保证时，要注意保证的形式和可能承担的法律责任。

17. 债权转让未通知保证人的，保证人是否还需要承担保证责任？

案例

刘某因公司经营需要，向某小额贷公司借款 100 万元，郑某对该笔借款提供担保。随后该小额贷公司在告知刘某之后将该笔债权转让给了丁某，而对于债权的转让，该小额贷公司和丁某均未告知郑某。借款到期后，刘某未偿还借款，丁某诉至法院，要求刘某偿还借款，同时要求郑某承担保证责任。

法院最终判决刘某向丁某偿还借款，郑某无须承担保证责任。

法律依据

《中华人民共和国民法典》

第五百四十五条第一款　债权人可以将债权的全部或者部分转让给第三人，但是有下列情形之一的除外：

（一）根据债权性质不得转让；

（二）按照当事人约定不得转让；

（三）依照法律规定不得转让。

第五百四十六条　债权人转让债权，未通知债务人的，该转让对债务人不发生效力。

债权转让的通知不得撤销，但是经受让人同意的除外。

第六百九十六条　债权人转让全部或者部分债权，未通知保证人的，该转让对保证人不发生效力。

保证人与债权人约定禁止债权转让，债权人未经保证人书面同意转让债权的，保证人对受让人不再承担保证责任。

延伸解读

依照《民法典》第 545 条第 1 款和第 696 条的规定，债权人可以将债权的全部或者部分转让给第三人。如果转让时债权人通知保证人，就是将保证合同的保证债权一并转让，即保证人对受让债权后的第三人承担保证责任。但是，如果债权转让没有通知保证人，债权转让对保证人不发生效力，即保证人对受让债权后的第三人不承担保证责任。

此外，还需要注意的是，如果保证人与债权人约定了禁止转让债权，那么即使债权转让通知了保证人，保证人也不对受让债权后的第三人承担保证责任。

具体到本案中，某小额贷公司将债权转让给丁某时，未通知郑某，此时债权转让对郑某不发生效力，即郑某对丁某的债权不承担保证责任。因此，债权人和受让债权的第三人，在转让债权时，一定要尽到通知义务，不仅是通知债务人，也应通知保证人。

18. 债务转移或第三人加入债务，对保证人有何影响？

案例

张某因公司经营需要向王某借款 100 万元，刘某作为该笔借款的担保人。借款合同到期后，张某无力偿还，张某的朋友余某表示愿意替张某偿还 30 万元借款。于是张某、余某、王某签订了一份协议，约定其中 30 万元由余某偿还，张某不再承担 30 万元的还款义务。

过了协议约定的时间，余某未偿还 30 万元，王某将张某、余某和刘某起诉至法院，要求张某、余某偿还 100 万元，刘某对 100 万元承担连带清偿责任。最终，法院判决张某偿还 70 万元、余某偿还 30 万元，刘某对 70 万元承担连带清偿责任。

法律依据

《中华人民共和国民法典》

第六百九十七条 债权人未经保证人书面同意，允许债务人转移全部或者部分债务，保证人对未经其同意转移的债务不再承担保证责任，但是债权人和保证人另有约定的除外。

第三人加入债务的，保证人的保证责任不受影响。

延伸解读

依照《民法典》第 545 条、第 546 条和第 697 条的规定，在债权人的允许下，债务人可以将全部或部分债务转让，此时，若要保证人继续承担保证责任，需要经过保证人的书面同意。新债务人的偿还能力直接影响了保证人承担保证责任后追偿权能否实现，保证人书面同意的，表示其认可了债务转让行为，愿意对债务的受让人承担保证责任。因此，如果债务转移没有经过保证人的书面同意，保证人对转移部分的债务不再承担保证责任。

如果第三人加入债务，不影响保证人可能承担的保证责任，反而有可能增加债务人的履约财产，最终可能减轻保证人的保证责任。因此，第三人加入债务的，保证人的保证责任不受影响。

本案中，张某、余某、王某就借款进行约定，明确其中 30 万元由余某偿还，那么张某只需要承担剩余 70 万元的债务。但是，该 30 万元债务从张某转移给余某时，并未取得保证人刘某的书面同意，那么刘某对转移后的 30 万元债务不承担保证责任，仅对原合同中的 70 万元债务承担保证责任。

19. 租赁合同的期限是多久？

案 例

某酒店承租张某的房屋，用于经营，双方签订了房屋租赁合同，约定租赁期限为 30 年。租赁合同第 22 年时，该酒店因经营不善，无力支付租金。张某将该酒店诉至法院，要求其支付租金和违约金。该酒店提出双方签订的租赁合同未向房屋所在地管理机关登记备案，合同无效，张某无权要求其支付租金，请求确认合同无效。

法院经过审理，判决双方签订的租赁合同前 20 年的租赁期限有效，后 10 年的租赁期限无效。但合同无效后，某酒店实际使用了两年张某的房屋，因此应支付相应的房屋使用费。

《中华人民共和国民法典》

第七百零五条 租赁期限不得超过二十年。超过二十年的，超过部分无效。

租赁期限届满，当事人可以续订租赁合同；但是，约定的租赁期限自续订之日起不得超过二十年。

第七百零六条 当事人未依照法律、行政法规规定办理租赁合同登记备案手续的，不影响合同的效力。

第七百零七条 租赁期限六个月以上的，应当采用书面形式。当事人未采用书面形式，无法确定租赁期限的，视为不定期租赁。

■ 延伸解读

租赁合同可以是口头的，也可以是书面的。但是租赁期限在 6 个月以上的，应当采用书面形式。如果没有采用书面形式，无法确定租赁期限的，视为不定期租赁合同。租赁合同的期限最长不能超过 20 年。

本案中，租赁合同约定房屋租赁期为 30 年，那么超过 20 年的部分无效。《城市房地产管理法》等相关法律要求房屋租赁合同应当进行备案，但是该规定不属于效力性强制性规定，不导致租赁合同无效。也就是说，租赁合同应当按照规定进行备案，但是没有备案不影响租赁合同的效力，租赁双方仍应按照合同约定来履行各自的权利、义务。

短期的租赁合同可以是口头，也可以是书面的，但建议租赁房屋时，签订书面租赁合同，明确权利义务，以避免权利受到侵害后没有证据，难以主张权利。

20. 租赁期间出租人出卖租赁物，承租人如何保证自己的权利？

■ 案 例

张某和李某签订了 3 年的房屋租赁合同，合同尚未到期，张某想将房屋卖掉，并告知了李某。李某以房屋所有权发生变动为由，想免责解除合同。张某认为，出售房屋并不影响李某居住，不同意解除合同。之后，张某通过中介公司将房屋出售给王某，双方签订了房屋买卖合同，王某也向张某支付了定金、首付款。在办理过户之前，李某向法院起诉，以张某侵犯其优先购买权为由，要求确认张某和王某的房屋买卖合同无效。法院经过审理，驳回了李某的诉讼请求。

■ 法律依据

《中华人民共和国民法典》

第七百二十五条 租赁物在承租人按照租赁合同占有期限内发生所有权变动的，不影响租赁合同的效力。

第七百二十六条 出租人出卖租赁房屋的，应当在出卖之前的合理期限内通知承租人，承租人享有以同等条件优先购买的权利；但是，房屋按份共有人行使优先购买权或者出租人将房屋出卖给近亲属的除外。

出租人履行通知义务后，承租人在十五日内未明确表示购买的，视为承租人放弃优先购买权。

第七百二十七条 出租人委托拍卖人拍卖租赁房屋的，应当在拍卖五日前通知承租人。承租人未参加拍卖的，视为放弃优先购买权。

第七百二十八条 出租人未通知承租人或者有其他妨害承租人行使优先购买权情形的，承租人可以请求出租人承担赔偿责任。但是，出租人与第三人订立的房屋买卖合同的效力不受影响。

📢 延伸解读

根据《民法典》第725条的规定，买卖不破租赁。也就是说，即使出租人将房屋出售给他人，也不影响之前签署的租赁合同，租赁双方仍应按照租赁合同的约定来履行。而根据《民法典》第726条第1款和第728条的规定，在租赁期间，出租人想要出售房屋的，应当在合理期限内通知承租人，承租人享有与其他购买人在同等条件下优先购买的权利。如果出租人未履行通知义务，承租人可以请求出租人承担赔偿责任。但是不影响出租人与第三人签订的房屋买卖合同的效力，即房屋买卖合同有效，承租人可以向出租人主张赔偿责任。损害赔偿范围包括因侵权行为导致的财产价值的减少、可得利益的丧失，如购买同样房屋的差价损失等。

本案中，张某将房屋出售给王某，不影响其和李某之间的租赁合同的效力，也不影响租赁合同的履行，李某仍然可以按照和张某签订的租赁合同的约定在此居住。李某想以所有权变更为由免责解除合同，没有法律依据。

张某和王某签订的房屋买卖合同符合相关法律依据，应属有效。李某如果认为张某侵犯了其优先购买权，可以向张某主张损害赔偿。

在此提醒租赁期内有出售房屋计划的出租人，应当及时通知承租人，以避免因未通知影响承租人的优先购买权而承担赔偿责任。

21. 租赁物毁损灭失时，承租人如何保护自己的权利？

📢 案 例

张某和刘某签订了房屋租赁合同，约定由张某承租刘某路边两处商铺。后来，因他人交通肇事，其中一处商铺毁损严重，无法使用，张某遂要求减少租金。刘某认为房屋已出租给张某，即使无法使用，张某也应当支付租金。张某拒绝支付毁损商铺的租金，刘某诉至法院要求张某依照合同约定支付租金。最终，法院判决张某不支付毁损商铺的租金。

🔍 法律依据

《中华人民共和国民法典》

第七百二十九条 因不可归责于承租人的事由，致使租赁物部分或者全部毁损、灭失的，承租人可以请求减少租金或者不支付租金；因租赁物部分或者全部毁损、灭失，致使不能实现合同目的的，承租人可以解除合同。

依照《民法典》第729条的规定，因不可归责于承租人的原因，导致租赁物部分或全部毁灭、灭失的，承租人可以减少租金或者不支付租金。租金是承租人对出租人提供租赁物进行使用、收益而支付的对价。租赁物毁损，会导致承租人使用、收益受到影响，根据权利义务对等的原则，承租人有权减少租金或不支付租金。如果毁损、灭失导致合同目的无法实现的，承租人可以解除合同。

如果出租人在合同期限内，将毁损的部分维修好，不影响承租人使用、收益的，承租人仍应按照合同约定的租金支付。

本案中，因他人原因导致张某承租的商铺无法使用，张某有权要求减少或不支付租金。刘某的损失可以向造成商铺损害的第三人主张赔偿。

22. 租赁合同到期后，租赁人还享有什么权利？

🔊 案 例

俞某和汪某签订了为期一年的房屋租赁合同，合同到期后，俞某继续在此居住，并按照之前的标准向汪某支付租金，汪某也未提出异议。

📖 法律依据

《中华人民共和国民法典》

第七百三十条 当事人对租赁期限没有约定或者约定不明确，依据本法第五百一十条的规定仍不能确定的，视为不定期租赁；当事人可以随时解除合同，但是应当在合理期限之前通知对方。

第七百三十四条 租赁期限届满，承租人继续使用租赁物，出租人没有提出异议的，原租赁合同继续有效，但是租赁期限为不定期。

租赁期限届满，房屋承租人享有以同等条件优先承租的权利。

📢 延伸解读

租赁合同到期后，承租方俞某继续在原房屋居住，并缴纳房租，出租方汪某未提出异议，也接收了房租，那么俞某和汪某原来签订的合同继续有效，即租金标准、违约责任等以之前签署的合同为准。但是该租赁期限为不定期。不定期租赁的，俞某、汪某随时都可以解除合同，只要在合理的期限内通知对方。

如果租赁期限届满，在同等条件下，原承租人享有优先承租的权利。

23. 课程培训机构应向保理公司支付应收账款债权的回购价款吗？

🔊 案 例

甲方（原告）是一家具有保理资质的商业保理公司，乙方（被告）是一家

IT课程培训服务机构，有为分期付款学员产生的应收账款债权进行保理融资、缓解资金压力的需求。2020年2月，双方就应收账款债权的保理融资事宜签订《保理融资服务合同》，就原告提供的保理融资服务范围、额度、方式，被告据以产生应收账款债权的基础交易合同、应收账款债权转让等事宜进行约定。同日，双方签订《保理融资服务合同之补充协议》（以下简称《补充协议》），约定学员如未按期向原告支付应收账款，原告有权向被告追索。同时就应收账款债权的回购条件、比例、价款支付等事宜进行了详细约定，即学员连续逾期支付分期付款协议项下债权超过30个自然日，被告应于目标债权形成之日将回购价款全额支付原告，如逾期支付则应承担相应违约金。上述协议签订后，被告就分期付款学员的培训费用应收账款向原告申请保理融资，原告审核通过后，将应收账款债权转让事宜对学员履行了通知义务。随后，原告根据审批金额将保理融资款支付给被告，履行了保理服务。在还款过程中，共有23位学员偿还部分款项后拒绝继续支付其余款项，且逾期已超过30个自然日，达到《补充协议》约定的债权回购条件，但被告至今未履行回购义务。故原告诉至法院。

法院经过审理查明，依据《保理融资服务合同》及《补充协议》约定，被告将其要收取的学员分期培训费的应收账款转让给具有保理资质的原告，由原告提供资金融通、应收培训费管理，并由被告在一定条件下履行回购义务。原

告与被告签订的《保理融资服务合同》及《补充协议》属于法律规定的保理合同，上述合同系双方的真实意思表示，亦不违反法律法规的强制性规定，应属合法有效。

上述协议签订后，被告在线上与各学员签订了《培训费支付协议》，并向学员发送《应收账款债权转让通知书》，履行了将基础债权转让于原告的义务；原告在收到被告的《应收账款融资申请书》后亦实际向被告支付了融资款，提供了应收培训费管理，履行了保理人义务。经审判，被告应向原告支付应收账款债权的回购价款。

📖 法律依据

《中华人民共和国民法典》

第七百六十一条　保理合同是应收账款债权人将现有的或者将有的应收账款转让给保理人，保理人提供资金融通、应收账款管理或者催收、应收账款债务人付款担保等服务的合同。

第七百六十六条　当事人约定有追索权保理的，保理人可以向应收账款债权人主张返还保理融资款本息或者回购应收账款债权，也可以向应收账款债务人主张应收账款债权。保理人向应收账款债务人主张应收账款债权，在扣除保理融资款本息和相关费用后有剩余的，剩余部分应当返还给应收账款债权人。

📢 延伸解读

根据《民法典》第766条的规定，当事人约定有追索权保理的，保理人可

以向应收账款债权人主张返还保理融资款本息或者回购应收账款债权，也可以向应收账款债务人主张应收账款债权。

保理（商业保理）是一个金融概念，在日常生活中，普通百姓用得比较少；它主要用在企业的生产经营当中，是一种金融融资手段。简单来说，保理是指卖方、供应商或出口商与保理商（通常是银行或银行附属机构）之间存在的一种契约关系。根据该契约，卖方、供应商或出口商将其现在或将来的基于其与买方（债务人）订立的货物销售或服务合同所产生的应收账款转让给保理商。由保理商为其提供贸易融资、销售分户账管理、应收账款的催收、信用风险控制与坏账担保等服务中的至少两项。

《民法典》第761条规定："保理合同是应收账款债权人将现有的或者将有的应收账款转让给保理人，保理人提供资金融通、应收账款管理或者催收、应收账款债务人付款担保等服务的合同。"简单来说，保理合同是供应商为实现应收账款分户管理、账款催收、防范坏账中的一项或多项功能，将已经或即将形成的应收账款转让给保理商的合同。

保理合同是《民法典》中增加的唯一全新类型的合同。目前，我国是世界上保理业务量最大的国家，在《民法典》颁布之前，保理合同未作为有名合同在法律层面明文规定，《民法典》的出台改变了这一状况，在第十六章第761条至第769条中，对保理合同作出了具体规定，虽然仅有9个条文，但意义重大。对保理行业而言，可以不用再类比其他合同来调整规范保理法律关系，也便于司法统计和案件趋势研判分析。同时，有利于促进保理业务更合法、更规范，充分发挥保理行业在金融活动中的重要作用。

值得注意的是，保理合同应当是书面的要式合同，一般包括业务类型、服务范围、服务期限、基础交易合同情况、应收账款信息、保理融资款或者服务报酬及其支付方式等条款。

24. 应收账款债权人与债务人无正当理由终止基础交易合同，且未通知保理人的，是否应当承担连带清偿责任？

案 例

2020年12月19日，A银行与B公司签订了《有追索权保理额度主合同》，合同约定，A银行向B公司提供8000万元保理融资款，受让B公司对C公司所享有的100010202.5元应收账款债权。合同签订当日，A银行与B公司向C公司送达了《应收账款债权转让通知书》，C公司于当日出具回执，确认收到了该通知。同日，B公司出具《保理额度支用申请书》，该份申请书中的《应收账款明细表》载明的买受账款金额为8000万元，记受账款金额为20010202.5元，同时备注了发票号码。A银行于当日向B公司账户支付了77536000.22元保理融资款。但付款期限已至，A银行却并未获得全部清偿。A银行遂向法院提起诉讼，要求 B 公司与 C 公司承担连带清偿责任。那么 B 公司与 C 公司是否应当承担连带清偿责任？

📖 法律依据

《中华人民共和国民法典》

第七百六十一条 保理合同是应收账款债权人将现有的或者将有的应收账款转让给保理人，保理人提供资金融通、应收账款管理或者催收、应收账款债务人付款担保等服务的合同。

第七百六十三条 应收账款债权人与债务人虚构应收账款作为转让标的，与保理人订立保理合同的，应收账款债务人不得以应收账款不存在为由对抗保理人，但是保理人明知虚构的除外。

第七百六十五条 应收账款债务人接到应收账款转让通知后，应收账款债权人与债务人无正当理由协商变更或者终止基础交易合同，对保理人产生不利影响的，对保理人不发生效力。

🔖 延伸解读

《民法典》颁布之前，在我国法律中未见有保理合同的概念，法院对保理合同相关纠纷的裁判也缺乏统一标准。而 2021 年 1 月 1 日生效的《民法典》第三编第十六章专章规定"保理合同"，对保理业务的性质、内容、形式、效力等进行明确。根据《民法典》相关规定，保理合同业务是以转让应收账款为基础，进行资金融通的服务，保理法律关系项下转让的应收账款包括现实的应收账款和将有的应收账款两类。

将有的应收账款包括已经存在基础法律关系的将有应收账款和没有基础法律关系的将有应收账款两类。应收账款是保理业务的核心，避免不了一些当事人以虚假的应收账款办理保险业务，对此，《民法典》第 763 条规定："应收账款债权人与债务人虚构应收账款作为转让标的，与保理人订立保理合同的，应收账款债务人不得以应收账款不存在为由对抗保理人，但是保理人明知虚构的除外。"

本案中，案涉《有追索权保理额度主合同》中明确约定 B 公司保证对 C 公司的应收账款真实存在且合法有效，并已履行了商务合同项下的主要义务和其他已到期义务，且除非事先获得 A 银行的书面同意，否则 B 公司不得对商务合同作出不利于应收账款的任何变更或终止。这一条既约束 B 公司，也约束 C 公司。而在庭审过程中，B 公司自认并未实际履行商务合同的主要义务，且 B 公司与 C 公司在未经 A 银行书面同意的情形下，擅自协议解除方式，解除商务合同，并请求法院出具调解书予以确认。故 B 公司与 C 公司的行为对 A 银行构成侵权，应当共同承担清偿责任。

将有的应收账款具有很大的不确定性，也有一定的商业风险，建议保理人开展保理业务时履行必要的审查义务。此外，为防止当事人虚构应收账款，必要情况下保理人可要求当事人提供相应的证据，对当事人应收账款的真实性进行确认。

25. 定作婚纱后婚礼取消，可以要求婚纱公司终止正在进行的婚纱制作吗？

案例

小明与小芳是高中同学，两人恋爱已长达 10 年，今年两人打算结束爱情长跑，在国庆节举办婚礼。小明为了给小芳一个完美的婚礼，就在某婚纱加工公司花 10 万元为小芳量身定作了一套婚纱，双方签订了婚纱定作合同，约定于 9 月 21 日前交货。

小明和小芳因婚礼的筹备事宜发生争执，一气之下决定取消婚礼。小明于 9 月 9 日联系某婚纱加工公司，要求取消婚纱定作，解除婚纱定作合同。但是，该婚纱加工公司以婚纱已经开始制作为由，拒绝了小明的要求。那么，小明的要求合法吗？

法律依据

《中华人民共和国民法典》

第七百七十条　承揽合同是承揽人按照定作人的要求完成工作，交付工作成果，定作人支付报酬的合同。

承揽包括加工、定作、修理、复制、测试、检验等工作。

第七百八十七条　定作人在承揽人完成工作前可以随时解除合同，造成承揽人损失的，应当赔偿损失。

延伸解读

本案中，小明找某婚纱加工公司定制婚纱，双方在法律上是加工、定作承揽合同关系，小明是定作人，某婚纱加工公司是承揽人。

根据《民法典》第 787 条的规定，定作人在承揽人完成工作前可以随时解除合同，造成承揽人损失的，应当赔偿损失。因此，小明在婚纱制作完成前可以随时解除与该婚纱加工公司的合同，也就是在婚纱制作好之前，小明可以随时要求取消婚纱的制作。同时，因为小明解除合同给该婚纱加工公司造成损失的，该婚纱加工公司可以要求小明赔偿。但是，如果婚纱已经制作完成，小明就不可以随意解除合同了。

26. 承揽人未经定作人同意将其承揽的主要工作交由第三人完成的，定作人有权解除合同吗？

案例

甲公司准备给公司员工定制工作服，于是找到乙服装加工公司，双方就甲公司员工工作服事宜签订了《工作服订购协议书》，由乙服装加工公司负责定作此批工作服。签订合同后，乙服装加工公司却将上述工作交给了丙服装加工公司。甲公司得知此事后，非常不满，想解除与乙服装加工公司的合同。那么，甲公司可以解除与乙服装加工公司的合同吗？若因甲公司解除合同给乙公司造成了损失，甲公司是否应予赔偿呢？

《中华人民共和国民法典》

第七百七十条 承揽合同是承揽人按照定作人的要求完成工作，交付工作成果，定作人支付报酬的合同。

承揽包括加工、定作、修理、复制、测试、检验等工作。

第七百七十二条 承揽人应当以自己的设备、技术和劳力，完成主要工作，但是当事人另有约定的除外。

承揽人将其承揽的主要工作交由第三人完成的，应当就该第三人完成的工作成果向定作人负责；未经定作人同意的，定作人也可以解除合同。

第七百八十七条 定作人在承揽人完成工作前可以随时解除合同，造成承揽人损失的，应当赔偿损失。

📢 **延伸解读**

本案中，甲公司与乙服装加工公司签订的《工作服订购协议书》属于加工、定作承揽合同。由于乙服装加工公司将主要工作擅自交与第三人丙服装加工公司，故甲公司既可以基于《民法典》第772条第2款解除合同，也可依据《民法典》第787条解除合同。

但是，若甲公司行使第787条规定的解除权造成乙服装加工公司损失的，甲公司应当赔偿；若甲公司行使第772条规定的解除权造成乙服装加工公司损失的，甲公司不予赔偿。

通过上述案件可以看出，适用不同的解除权解除合同后，具有不同的法律后果，因此，在实践中，定作人一方应根据具体的情形与需求，选择适用不同的法规解除合同。

27. 签订家庭房屋装修合同时应注意哪些事项?

📢 **案 例**

明明在一年前买的期房终于交房了，拿到钥匙的明明非常开心，因为他终于有自己的房子了。明明和女朋友静静开始商量怎么装修房子。二人商量之后决定将装修事宜委托给某装修公司，但明明对装修委托合同签订的相关事宜感到比较困惑，到底自己应该和装修公司签订什么样的合同呢？签订时又应该注意什么？怎么才能保护自己的权益，防范装修中的风险呢？

📋 **法律依据**

《中华人民共和国民法典》

第七百一十条 承租人按照约定的方法或者根据租赁物的性质使用租赁物，致使租赁物受到损耗的，不承担赔偿责任。

第七百一十一条 承租人未按照约定的方法或者未根据租赁物的性质使用租赁物，致使租赁物受到损失的，出租人可以解除合同并请求赔偿损失。

第七百一十二条 出租人应当履行租赁物的维修义务，但是当事人另有约定的除外。

第七百一十三条 承租人在租赁物

需要维修时可以请求出租人在合理期限内维修。出租人未履行维修义务的，承租人可以自行维修，维修费用由出租人负担。因维修租赁物影响承租人使用的，应当相应减少租金或者延长租期。

因承租人的过错致使租赁物需要维修的，出租人不承担前款规定的维修义务。

第七百七十九条 承揽人在工作期间，应当接受定作人必要的监督检验。定作人不得因监督检验妨碍承揽人的正常工作。

第七百八十条 承揽人完成工作的，应当向定作人交付工作成果，并提交必要的技术资料和有关质量证明。定作人应当验收该工作成果。

第七百八十一条 承揽人交付的工作成果不符合质量要求的，定作人可以合理选择请求承揽人承担修理、重作、减少报酬、赔偿损失等违约责任。

第七百八十二条 定作人应当按照约定的期限支付报酬。对支付报酬的期限没有约定或者约定不明确，依据本法第五百一十条的规定仍不能确定的，定作人应当在承揽人交付工作成果时支付；工作成果部分交付的，定作人应当相应支付。

🔊 **延伸解读**

人们在日常生活中对房屋进行装修，虽然可以承包给装修公司或自然人来进行，也可以选择自己采购装修材料，按照自己设计的风格，分别雇用瓦工、木工、油漆工等进行装修。但建议还是优先选择持有建设行政主管部门颁发的《建筑业企业资质证书》的装饰装修企业，或者取得建设行政主管部门发放的个体装饰装修从业者上岗证书的个人。

与承揽人签订房屋装修承揽合同，能合理合法地防止和避免装修过程中存在可能发生的质量、安全、维修等问题。一是房屋装修质量可以得到较好的保障。因为双方可以在合同中约定具体的质量要求，报酬的支付方式、承揽方式、材料如何提供、装修期限、验收标准和方法，以及违约责任等条款。二是在承揽合同中，施工人员的安全风险由承揽人承担。三是后期发现装修有质量问题，并且未过合同约定的保修期的，对方应及时进行维修，否则应承担相应的违约责任。而如果自购材料，分别雇用各类工人进行装修，房主与工人建立的是雇佣合同。如果在装修过程中发生雇佣人员的安全问题，以及将来发现装修有质量问题，按照《民法典》关于雇佣合同的相关规定，这些风险和问题就需要房主自己承担了。

28. 装饰装修工程中未签订书面合同怎么办？

🔊 **案　例**

某装饰装修公司与某商业保健会所达成口头协议，由某装饰装修公司负责装修某商业保健会所，双方未签订书面合同。双方在装修过程发生的增减项及其他变动也都是口头协商，未有书面协议。后某装饰装修公司完成装修并交付使用，但提出某商业保健会所尚有30%的装修费未支付，而该商业保健会所认为自己只欠付10%的费用。双方因剩余费用发生分歧，某装饰装修公司起诉至法院。那么，针对这种没有签订书面装饰装修合同的情况，法院应如何解决双方之间的纠纷呢？

📄 法律依据

《中华人民共和国民法典》

第四百九十条 当事人采用合同书形式订立合同的，自当事人均签名、盖章或者按指印时合同成立。在签名、盖章或者按指印之前，当事人一方已经履行主要义务，对方接受时，该合同成立。

法律、行政法规规定或者当事人约定合同应当采用书面形式订立，当事人未采用书面形式但是一方已经履行主要义务，对方接受时，该合同成立。

第七百八十八条 建设工程合同是承包人进行工程建设，发包人支付价款的合同。

建设工程合同包括工程勘察、设计、施工合同。

第七百八十九条 建设工程合同应当采用书面形式。

第七百九十九条 建设工程竣工后，发包人应当根据施工图纸及说明书、国家颁发的施工验收规范和质量检验标准及时进行验收。验收合格的，发包人应当按照约定支付价款，并接收该建设工程。

建设工程竣工经验收合格后，方可交付使用；未经验收或者验收不合格的，不得交付使用。

第八百零七条 发包人未按照约定支付价款的，承包人可以催告发包人在合理期限内支付价款。发包人逾期不支付的，除根据建设工程的性质不宜折价、拍卖外，承包人可以与发包人协议将该工程折价，也可以请求人民法院将该工程依法拍卖。建设工程的价款就该工程折价或者拍卖的价款优先受偿。

📢 延伸解读

装饰装修合同是属于承揽合同还是属于建设工程施工合同呢？学者之间存在争议，有的学者认为家庭装修属于承揽合同，企业装修属于建设工程施工合同。但最高人民法院在民事案由中，将装饰装修合同列在建设工程施工合同项下。

本案中，某装饰装修公司与某商业保健会所之间没有签订书面合同，那么双方之间采用口头形式订立的合同是否有效呢？《民法典》第490条第2款规定："法律、行政法规规定或者当事人约定合同应当采用书面形式订立，当事人未采用书面形式但是一方已经履行主要义务，对方接受时，该合同成立。"

本案中，某装饰装修公司已履行完义务且已将工程项目交付给某商业保健会所，该商业保健会所也已经投入使用，所以双方之间的合同成立且生效。本案中有三点需要明确。

（1）如何确定合同主体双方。由于双方没有签订书面合同，也就是没有签订加盖公章的合同，怎么确定双方的主体身份？某装饰装修公司承接这个项目以后，进驻现场需要向物业公司提供备案信息，比较容易确定主体身份。如何证明某商业保健会所的主体身份呢？这就还要看双方之间的沟通记录、付款记录以及工程项目所属，到底是以个人身份发包的，还是以公司身份对外发包的。本案中，付款方是某商业保健会所，很多沟通记录也都指向是某商业保健会所作为发包方，所以可以确定某商业保健会所为诉讼主体。确定了主体才能够找到确切的责任承担者。

（2）如何确定合同的内容。双方虽然没有签订书面合同，但是双方之间有微信聊天记录、电子邮件来往、全套设计和施工图纸、付款记录，这些信息都可以证明合同的内容。

（3）增减项以及最终的结算结果如何确定。在装饰装修工程的实际履行中，增加施工项目的现象很多，或者是发包方要求变更一些项目，使得最后的装修总价远远超出初始报价，如果双方没有签订书面的变更协议，最后的工程价款就难以确定，发生争议以后，只能依据双方沟通的微信、邮件、电话录音等确定。

本案中，从某装饰装修公司代表与某商业保健会所代表的微信聊天记录以及邮件往来中可看出，双方实际上存在工程结算的情况，法院最终依据上述记录支持了某装饰装修公司的诉讼请求。

29. 建设工程施工合同无效，但建设工程经验收合格，承包人是否可以要求发包人支付工程款？

案 例

王某以个人名义与某建筑集团签订了某项目的建筑工程施工合同，合同签订后，王某带领工人进行了施工。合同履行完毕后，该项目工程经验收合格，但合同约定的支付日期已过，某建筑集团未支付剩余工程款。双方产生争执，某建筑集团称双方签订的建设工程施工合同无效，拒绝支付剩余款项。王某向法院提起诉讼，请求法院判决某建筑集团支付剩余工程款。那么，王某的诉讼请求能否得到支持？

法律依据

《中华人民共和国民法典》

第七百九十三条 建设工程施工合同无效，但是建设工程经验收合格的，可以参照合同关于工程价款的约定折价补偿承包人。

建设工程施工合同无效，且建设工程经验收不合格的，按照以下情形处理：

（一）修复后的建设工程经验收合格的，发包人可以请求承包人承担修复费用；

（二）修复后的建设工程经验收不合格的，承包人无权请求参照合同关于工程价款的约定折价补偿。

发包人对因建设工程不合格造成的

损失有过错的，应当承担相应的责任。

📢 **延伸解读**

《民法典》第 793 条是新增条款，是在原《最高人民法院关于审理建设工程施工合同纠纷案件适用法律问题的解释》（2004 年 10 月 25 日发布，现已失效）第 2 条、第 3 条的基础上作的修改完善。对比该司法解释第 2 条的规定，《民法典》第 793 条第 1 款作了以下修改完善：（1）将原司法解释中的"竣工验收合格"修改为"验收合格"，这一改变更全面、更科学、更合理。（2）将原司法解释中的"参照合同约定支付工程价款"修改为"参照合同关于工程价款的约定折价补偿"。

依据《民法典》第 793 条第 1 款的规定，建设工程施工合同无效，但是建设工程验收合格的，工程款可以折价补偿，折价补偿的标准是参照合同关于工程价款的约定折价补偿。折价补偿的条件是建设工程验收合格。建设工程验收合格包括工程全部施工完毕的竣工验收合格和未完工工程的中间验收合格。发包人和承包人都有权利要求参照合同关于工程价款的约定折价补偿。

本案中，王某以个人名义与某建筑集团签订某工程项目的施工合同，因王某不具有法定资质，故双方签订的施工合同不具有法律效力。但施工合同已履行完毕且项目经验收合格，依据《民法典》第 793 条第 1 款的规定，某建筑集团应依法支付剩余工程款。

30. 运输过程中遭遇 8 级强风导致货物损失，运输公司可否免责？

📢 **案 例**

旋风一号系一艘钢质干货船，船舶所有人和经营人均为大海船务有限公司，该公司就旋风一号向某保险公司投保了船舶一切险和沿海内河船东保障和赔偿责任险，投保人和被保险人均为大海船务有限公司。

旋风一号于 2021 年 3 月 8 日凌晨经过某海域时遭遇 8 级强风，轮上出现货损，某保险公司向托运人某商贸公司支付了保险赔款 40 万元。收到上述保险赔款后，某商贸公司向该保险公司出具了赔款收据及权益转让书，确认已经收到该保险公司支付的编号为 CBYQX×××× 的保险单项下保险标的于 2021 年 3 月 16 日因海水进舱造成损失的赔偿款 40 万元，并将已取得赔款部分的一切权益转让给该保险公司，授权该保险公司以某商贸公司或某保险公司自己的名义向责任方追偿或诉讼。后该保险公司向法院提起诉讼，向大海船务有限公司追偿。那么，大海船务有限公司称此次货损是因不可抗力导致，主张自己作为运输公司可以免责。大海船务有限公司的主张能得到法律的支持吗？

📋 **法律依据**

《中华人民共和国民法典》

第一百一十三条 民事主体的财产

权利受法律平等保护。

第一千一百八十四条 侵害他人财产的，财产损失按照损失发生时的市场价格或者其他合理方式计算。

📢 **延伸解读**

不可抗力是指不能预见、不能避免并不能克服的客观情况。在本案中，旋风一号在涉案航次中船舱进水的原因是该轮于 2021 年 3 月 8 日航行于某海域期间，遭遇恶劣天气和海浪，但该天气状况在中央气象台此前发布的天气预报中已有预报，旋风一号及大海船务有限公司在遭遇大风前理应知悉且有充分的时间采取合理的措施预防该轮所载的涉案货物受到损害，故有关天气状况并非不可预见，大海船务有限公司也未提供足以证明存在其他不可抗力因素的证据，故大海船务有限公司关于不可抗力免责的抗辩理由缺乏事实依据，不能成立。

应当注意的是，不可抗力有着严格的适用条件，承运人应尽最大努力保障货物安全。

31. 《民法典》生效后旅客运输合同纠纷选择侵权之诉还是违约之诉？

📢 **案　例**

2021 年 7 月，潘某乘坐某客运公司所有的中型普通客车时发生交通事故，受伤入院治疗 152 天。交警部门认定，潘某在本案交通事故中无责任。2021 年 9 月 8 日，经司法鉴定，潘某之伤构成十级伤残。2021 年 10 月 14 日，潘某提起诉讼，请求判令被告赔偿医疗费、护理费、住院伙食补助费、营养费、交通费、住宿费、残疾赔偿金、精神损害抚慰金、财物损失、鉴定费，合计 7 万余元。被告某客运公司答辩称无异议，同意承担赔偿责任，但对潘某主张的其他各项赔偿数额请求法院依法核定。经法院确认，潘某要求费用等合计 6 万余元。法院认为，原、被告之间系公路旅客运输合同关系，被告未能按约将原告安全运输到约定地点，在运输过程中发生交通事故致原告受伤，系违约行为，被告应当承担违约责任，赔偿原告损失。根据交警部门的认定，原告不负事故责任，即无过错行为，被告应当全额赔偿原告的损失。一审判决后，双方均未上诉。

📖 **法律依据**

《中华人民共和国民法典》

第一百八十六条 因当事人一方的违约行为，损害对方人身权益、财产权益的，受损害方有权选择请求其承担违约责任或者侵权责任。

第九百九十条 人格权是民事主体享有的生命权、身体权、健康权、姓名权、名称权、肖像权、名誉权、荣誉权、隐私权等权利。

除前款规定的人格权外，自然人享有基于人身自由、人格尊严产生的其他人格权益。

第九百九十六条 因当事人一方的

违约行为，损害对方人格权并造成严重精神损害，受损害方选择请求其承担违约责任的，不影响受损害方请求精神损害赔偿。

延伸解读

本案中，潘某要求某客运公司承担赔偿责任时，请求权发生竞合。此时，潘某有权选择以违约或侵权为由提起诉讼。无论是违约之诉还是侵权之诉，都可以主张精神损害抚慰金。

乘客在乘坐客车过程中遭遇交通事故而受伤的，可以根据不同情形选择法律适用：

（1）可根据《民法典》总则编第186条，人格权编第990条、第996条及侵权责任编的规定，要求被告承担包括精神损害赔偿金在内的赔偿责任。

（2）可根据《消费者权益保护法》第49条等规定，要求被告承担赔偿责任。

（3）若符合工伤要求，并不影响乘客主张工伤赔偿。参见《最高人民法院关于因第三人造成工伤的职工或其亲属在获得民事赔偿后是否还可以获得工伤保险补偿问题的答复》（〔2006〕行他字第12号）。

提示：乘客在乘坐客车过程中遭遇交通事故而受伤，以违约为由提起诉讼，原告承担的举证责任小，且很容易完成举证；以侵权为由提起诉讼，原告承担的举证责任大，需要完成侵权责任四要件。

01. 高铁座位被霸占了是否可以要求霸座者让座？

📢 案 例

假期期间，小周乘高铁回乡探亲，上车后，他发现自己的座位被小孙霸占。小周礼貌地提醒小孙坐的是自己的位子，并向小孙出示了车票，但小孙拒绝让座，甚至称自己"无法起身"。那么，小周该如何处理？

📄 法律依据

《中华人民共和国民法典》

第八百一十五条 旅客应当按照有效客票记载的时间、班次和座位号乘坐。旅客无票乘坐、超程乘坐、越级乘坐或者持不符合减价条件的优惠客票乘坐的，应当补交票款，承运人可以按照规定加收票款；旅客不支付票款的，承运人可以拒绝运输。

实名制客运合同的旅客丢失客票的，可以请求承运人挂失补办，承运人不得再次收取票款和其他不合理费用。

📢 延伸解读

霸座属于扰乱公共秩序的行为，旅客的乘车权益受法律保护。《民法典》第 815 条第 1 款明确规定"旅客应当按照有效客票记载的时间、班次和座位号乘坐……"在客运合同中，"对号入座"既是旅客的权利，也是旅客的义务。旅客如果遇到了高铁座位被霸占的问题，可以先与霸座者沟通，如不能有效解决，可以联系高铁的乘务员与乘警，劝离霸座人员。对于行为恶劣、不听劝解的霸座者，有关部门可依据《治安管理处罚法》的相关规定对其进行处罚。

02. 搭乘公共交通工具过程中遭受人身损害如何维权？

📢 案 例

2021 年 1 月 10 日，俞某、曾某搭乘左某驾驶的大型普通客车（归属于某运输有限公司），与杜某驾驶的卡车车尾部发生碰撞，造成俞某、曾某受伤。该事故经高速公路交警部门出具道路交通事故认定书，认定左某负事故主要责任，杜某负事故次要责任，俞某、曾某无责任。事故发生后，俞某、曾某共花费医疗费等近 10 万元。医疗终结后，俞某、曾某以左某、杜某、某运输有限公司、某保险公司 A 市分公司、某保险公司 B 市分公司为被告向人民法院起诉。

人民法院依照《民法典》第811条、第823条及《保险法》第14条、第64条、第65条、第66条之规定，判决如下：一、某保险公司 A 市分公司在交强险限额内向俞某、曾某付21000元。二、某保险公司 A 市分公司在商业三者险限额内向俞某支付31969.03元。三、某保险公司 B 市分公司于本判决生效之日起10日内在道路客运承运人责任保险限额内赔偿原告俞某、曾某42680.58元。四、驳回原告俞某的其他诉讼请求。

《中华人民共和国民法典》

第八百一十一条 承运人应当在约定期限或者合理期限内将旅客、货物安全运输到约定地点。

第八百二十三条 承运人应当对运输过程中旅客的伤亡承担赔偿责任；但是，伤亡是旅客自身健康原因造成的或者承运人证明伤亡是旅客故意、重大过失造成的除外。

前款规定适用于按照规定免票、持优待票或者经承运人许可搭乘的无票旅客。

📢 **延伸解读**

所谓旅客运输合同，是指承运人将旅客及其行李运送到约定地点，而旅客须给付规定报酬的协议。包括铁路客运合同、公路客运合同、水路客运合同和航空客运合同等多种形式。一般在日常生活中，客票和有关行李单据是客运合同的简化形式。合同内容主要包括：运送时间、运送地点、运送工具及方式、运费条款、旅客携带物品限制条款、责任条款和免责条件等。

作为旅客一方，在乘坐交通工具时，一旦发生交通事故或其他车辆事故，导致自身受到损害的，要注意以下几个方面的问题：

（1）一定要注意保留、收集与承运人建立客运合同关系的证据，如客票、网上订票信息、支付客票费用的转账记录等。

（2）发生事故后第一时间报警处理。报警的好处在于，一是可以认定事故责任；二是固定成立客运服务关系的证据；三是能够掌握事故责任主体信息和保险公司信息，这些信息将为下一步维权提供有力的保障。

03. 乘坐出租车时遇车祸受伤，能否要求出租车公司承担赔偿责任？

🔊 **案 例**

2021年4月22日，某公司所有的一辆小型出租轿车由邓某驾驶，在某灯控路段与韩某驾驶的无牌二轮摩托车发生碰撞，造成韩某当场死亡、摩托车乘员欧某以及出租车上的乘客田某受伤，两车损坏。2021年5月17日，某交警大队作出《道路交通事故认定书》，认定韩某负事故全部责任，邓某及受伤乘员

（乘客）均不负本事故责任。田某受伤后被立即送往龙岩人民医院救治，诊断为急性胸部闭合性损伤，田某因此于事故受伤当日至 2021 年 5 月 16 日在医院住院治疗 25 天，出院后门诊复查，支付门诊及住院医疗费 48532.17 元。后司法鉴定所出具《司法鉴定意见书》，评定田某为 10 级伤残；并评定田某误工期 120 日、护理期 60 日、营养期 90 日，田某因此支出鉴定费 1800 元。

法院判定，原审法院认为，田某乘坐某公司的出租车，田某与某公司之间形成了公路旅客运输合同关系。旅客运输过程中，承运人应对运输过程中旅客的伤亡承担损害赔偿责任。但伤亡是旅客自身健康原因造成的或者承运人证明伤亡是旅客故意、重大过失造成的除外。本次事故田某显然没有存在故意或重大过失行为，某公司应当对田某的损失承担赔偿责任。

📑 **法律依据**

《中华人民共和国民法典》

第八百二十三条　承运人应当对运输过程中旅客的伤亡承担赔偿责任；但是，伤亡是旅客自身健康原因造成的或者承运人证明伤亡是旅客故意、重大过失造成的除外。

前款规定适用于按照规定免票、持优待票或者经承运人许可搭乘的无票旅客。

📢 **延伸解读**

本案是较为典型的客运合同纠纷。在旅客运输纠纷当中，我国法律对于旅客运输损害赔偿倾向于实行无过错责任原则，注重保护乘车旅客的利益。即使承运人在没有过失责任的情况下，仍要对旅客的伤亡承担损害赔偿责任。不可否认的是，旅客的损害大多与承运人作为或者不作为的行为有直接或间接的关系，包括但不限于承运人未尽管理职责、承运人的操作失误等。旅客一旦加入旅客运输过程中，双方即成为合同的义务相对方，承运人的第一义务和责任是保证旅客人身安全，这其实也是对承运人的提醒和警示，要注意运输安全的第一性。当然，也不能排除因旅客自身存在的健康隐患直接导致伤亡以及因旅客的故意行为或重大过失而造成的伤亡。

04. 委托运输的货物在运输途中毁损，应由承运人还是托运人承担责任？

📢 **案　例**

2021 年 2 月，巴某委托某停车场配货，某停车场收取巴某 200 元中介费，为巴某联系了货车司机李某。巴某与李某约定，由李某为巴某运输货物，全程运费为 2.2 万元，巴某先期支付 1.5 万元。2021 年 2 月 16 日晚上 8 时，李某从发货地装完羊毛及马肠后，驾驶车辆返程，于 2021 年 2 月 19 日下午 4 时到达目的地。巴某在卸车时发现羊毛吨数不够，且羊毛已经变色、变质。巴某认为，因为李某在运输途中耽误了时间，才导致了该结果。双方因此发生争执，巴某未向李某支付剩余7000元运输费。

一审法院认为，关于羊毛损失赔偿问题。《民法典》第832条规定："承运人对运输过程中货物的毁损、灭失承担赔偿责任。但是，承运人证明货物的毁损、灭失是因不可抗力、货物本身的自然性质或者合理损耗以及托运人、收货人的过错造成的，不承担赔偿责任。"按照上述法律规定，在途运输货物的损失风险应由承运人承担。涉案羊毛在途损失可能受到晾晒工艺、货物运输时长、途中气候变化、货物遮盖包装措施等多种因素的影响，对于羊毛受损的原因归于货物本身的自然性质或其他不可抗力及合理损耗，李某应负有举证责任。

本案中，巴某作为托运人应就货物属性、运输时间线路等合同履行特殊需求向承运人作出相应说明。巴某虽主张其对返程时间和行走路线提出了要求，但就该项主张未能提供证据证明，应认定其未能履行相应告知义务，故巴某作为托运人对损失发生具有一定过错。按照运输合同中在途货物的风险负担原则，结合双方过错程度，法院酌情认定巴某对货物损失自行承担30%的责任，其余70%的损失后果由李某承担。即巴某主张的羊毛损失款，应由李某赔付12.6万元（180000元×70%）。

法律依据

《中华人民共和国民法典》

第八百三十二条 承运人对运输过程中货物的毁损、灭失承担赔偿责任。但是，承运人证明货物的毁损、灭失是因不可抗力、货物本身的自然性质或者合理损耗以及托运人、收货人的过错造成的，不承担赔偿责任。

延伸解读

本案主要争议点为货运合同中承运人的赔偿责任的定性以及委托人自身过错定责问题。货运合同的货物毁损、灭失风险转移时间点是委托人将需要托运的货物交付到承运人，一旦货物交付转移，承运人就成为货物的实际保管人，其已开始承担依照合同的约定将委托人交付的货物安全地运送到目的地的义务。

当然，承运人并不是完全无过错地承担所有货物毁损、灭失的风险，这就涉及承运人的免责问题：（1）常规的不可抗力因素；（2）货物的自然属性；（3）货物自身的合理损耗；（4）由委托人或者收货人的原因造成的。

在本案中，委托人巴某比承运人李某更了解羊毛品质以及保存的注意事项，应提前就羊毛的运输作出告知，李某也应承担合理注意义务，故双方均存在一定程度的过错。

无论是客运还是货运，都是在无形或有形中可能达成的合同契约，承运人也好，委托人也罢，都须最大限度地保护自己的权益。尤其是在货物运输合同签订过程中，要注意约束双方的权利和义务，审慎审查承运方的资质、货物的性质及包装、托运人保证货物的合法单据，约定赔偿标准以及风险、违约、第三人转运等，双方达成合意，也可就托运人、承运人和收货方三方的免责作出约束和规定，避免后续纠纷。

05. 委托开发完成的发明创造，谁能申请专利权呢？

案 例

A科技有限公司（以下简称A公司）与Y生物制药有限公司（以下简称Y公司）签订了一份技术开发合同，约定由Y公司开发研究一种兽用药品，用于治疗养殖牲畜时易于发生的某种疾病，A公司向Y公司支付50万元。双方对这种兽用药品的研究方向都充分认可，但都不确定是否能最终研制出可以上市销售的药品，于是双方未对未来完成的技术方案是否可以申请专利进行书面约定。

一年后，Y公司根据合同研究出了一种兽药。该药品采用的是新的技术方案，与市场上的其他产品相比有着巨大的进步。A公司和Y公司都认为这一技术方案应该进行专利申请，防止其他药企进行模仿，以便更好地保护研发成果。但对于应该由谁来申请专利，双方发生了争议。那么，到底谁有专利申请权呢？

法律依据

《中华人民共和国民法典》

第八百五十一条 技术开发合同是当事人之间就新技术、新产品、新工艺、新品种或者新材料及其系统的研究开发所订立的合同。

技术开发合同包括委托开发合同和合作开发合同。

技术开发合同应当采用书面形式。

当事人之间就具有实用价值的科技成果实施转化订立的合同，参照适用技术开发合同的有关规定。

第八百五十九条 委托开发完成的发明创造，除法律另有规定或者当事人另有约定外，申请专利的权利属于研究开发人。研究开发人取得专利权的，委托人可以依法实施该专利。

研究开发人转让专利申请权的，委托人享有以同等条件优先受让的权利。

第八百六十条 合作开发完成的发明创造，申请专利的权利属于合作开发的当事人共有；当事人一方转让其共有的专利申请权的，其他各方享有以同等条件优先受让的权利。但是，当事人另有约定的除外。

合作开发的当事人一方声明放弃其共有的专利申请权的，除当事人另有约定外，可以由另一方单独申请或者由其他各方共同申请。申请人取得专利权的，放弃专利申请权的一方可以免费实施该专利。

合作开发的当事人一方不同意申请专利的，另一方或者其他各方不得申请专利。

延伸解读

根据《民法典》第851条第2款的规定，技术开发合同包括委托开发合同和合作开发合同。委托技术开发合同是指研究开发方依据委托方的要求完成一定技术项目的开发，并交付研究成果，而委托方应接受研究开发的技术成果并支付报酬的协议。委托开发完成的发明创造，除法律另有规定或者当事人另有约定外，申请专利的权利属于研究开发人。

合作开发合同是双方当事人就新技术、新产品、新工艺和新材料及其系统的共同研究开发所订立的合同。合作开发完成的发明创造，申请专利的权利属于合作开发的当事人共有；当事人一方转让其共有的专利申请权的，其他各方享有以同等条件优先受让的权利。但是，当事人另有约定的除外。

本案中，A 公司委托 Y 公司进行技术开发，A 公司是委托方，Y 公司是研究开发人。A 公司没有参与该兽用药品的研发，该合同应属于委托开发合同。由于双方在合同中未对委托开发完成的发明创造进行任何约定，根据《民法典》第 851 条第 3 款和第 859 条的规定，该兽用药品的专利申请权属于 Y 公司。

需要注意的是，委托技术开发合同一定要采用书面形式，合同中尽量对未来完成的技术方案约定专利申请权的归属。

06. 双方对保管期间没有约定的，保管人可以随时要求寄存人领取保管物吗？

案 例

冯某与赵某通过微信沟通了冯某将 30 条狗寄养在赵某处的相关事宜，达成每月每条狗寄养费 200 元，不含狗粮等

约定。同日，冯某将 30 条狗运到赵某开设的流浪狗基地寄养。后冯某拒不支付保管费用及购买狗粮的费用等款项，赵某可以因此随时主张冯某领走寄养的 30 条狗吗？

法律依据

《中华人民共和国民法典》

第八百八十八条 保管合同是保管人保管寄存人交付的保管物，并返还该物的合同。

寄存人到保管人处从事购物、就餐、住宿等活动，将物品存放在指定场所的，视为保管，但是当事人另有约定或者另有交易习惯的除外。

第八百九十条 保管合同自保管物交付时成立，但是当事人另有约定的除外。

第八百九十九条 寄存人可以随时领取保管物。

当事人对保管期限没有约定或者约定不明确的，保管人可以随时请求寄存人领取保管物；约定保管期限的，保管人无特别事由，不得请求寄存人提前领取保管物。

延伸解读

根据《民法典》第 888 条第 1 款的规定，保管合同是保管人保管寄存人交付的保管物，并返还该物的合同。保管合同自保管物交付时成立，但当事人另有约定的除外。

本案中，冯某与赵某就寄养 30 条狗的相关事宜通过微信进行了协商，商定

了费用标准等内容，且冯某已将30条狗交付给赵某进行保管，双方虽然未签订书面合同，但已形成事实上的保管合同关系。

冯某与赵某对30条狗的保管期间约定不明确，根据《民法典》第899条第2款的规定，赵某可以随时要求冯某领取寄养的狗。因冯某拒绝支付保管费及购买狗粮的费用等款项，赵某可以解除合同，并主张相应费用。

建议保管合同中的双方当事人签订书面保管合同，对保管的物品、保管期限、保管费用、领取保管物期限等权利义务进行明确约定，防止权益受损。

07. 在超市自助寄存柜寄存的物品丢失，超市是否应当担责？

🔊 案 例

李某在某超市购物，并将手提包寄存在该店设置的自助寄存柜中，购物结束后，李某去寄存柜内取手提包时，发现手提包内的5810元现金丢失，遂向公安机关报案。李某与该超市协商未果，故将该超市作为被告诉至法院。李某认为，其在某超市购物，该超市向顾客提供自助寄存柜服务，因该超市过于轻信自助寄存柜的安全、可靠而疏于管理，致使自己存放该超市自助寄存柜内的钱款丢失，故要求该超市赔偿其经济损失人民币5810元，诉讼费由该超市负担。

📖 法律依据

《中华人民共和国民法典》

第八百八十八条 保管合同是保管人保管寄存人交付的保管物，并返还该物的合同。

寄存人到保管人处从事购物、就餐、住宿等活动，将物品存放在指定场所的，视为保管，但是当事人另有约定或者另有交易习惯的除外。

第八百八十九条 寄存人应当按照约定向保管人支付保管费。

当事人对保管费没有约定或者约定不明确，依据本法第五百一十条的规定仍不能确定的，视为无偿保管。

第八百九十七条 保管期内，因保管人保管不善造成保管物毁损、灭失的，保管人应当承担赔偿责任。但是，无偿保管人证明自己没有故意或者重大过失的，不承担赔偿责任。

🔊 延伸解读

寄存方式包括两种：人工寄存、自助寄存柜寄存。采用人工寄存方式的，顾客与超市之间系保管合同法律关系，在司法实践中无争议；但采用自助寄存柜寄存方式的，顾客与超市之间的法律关系，在之前的司法实践中，存在不同的认识。在《民法典》生效前，既有按保管合同处理的，也有按借用合同处理的，还有参照租赁合同处理的。

本案中采用的是自助寄存柜寄存方式，符合《民法典》第888条第2款的规定，顾客与超市之间应视为保管合同法律关系。如此，便解决了司法实践中采用自助寄存柜寄存方式时，对顾客与超市之间的法律关系存在各种不同的认识问题。

关于保管费用问题，《民法典》第889条规定："寄存人应当按照约定向保管人支付保管费。当事人对保管费没有约定或者约定不明确，依据本法第五百一十条的规定仍不能确定的，视为无偿保管。"

关于保管责任问题，《民法典》第897条规定："保管期内，因保管人保管不善造成保管物毁损、灭失的，保管人应当承担赔偿责任。但是，无偿保管人证明自己没有故意或者重大过失的，不承担赔偿责任。"

毫无疑问，李某在寄存物品时，某超市并未收取额外的保管费。那么，是否就可以得出该超市提供的是无偿保管呢？在实践中，对于提供免费保管服务的经营者，消费者按照经营者指定场所寄存物品造成损毁、灭失的，是按照有偿保管还是按照无偿保管承担责任，是有很大争议的。有意见认为，就法定保管合同关系而言，到宾馆住宿，将车辆停在宾馆停车场，实质上是宾馆和旅客之间形成了一种有偿保管关系。宾馆之所以未收取保管费，是因为旅客是该宾馆的顾客，已与宾馆形成了旅游服务合同关系，停车费用隐性地包含在住宿费用内。在该合同关系中，宾馆的义务是提供适于住宿和符合保障顾客人身、财产安全要求的服务，那么，车辆作为旅客的财产，宾馆理应保证好它们的安全，

这也是诚信基本原则的体现。对此，最高人民法院认为，这种观点是可取的。因此，即便超市并未额外收取保管费，也仍应按有偿保管处理。

对于寄存的问题，有以下三个方面需要注意。

（1）人工寄存是普通保管合同关系，自助寄存是特殊保管合同关系，但都属于保管合同，适用《民法典》合同编中保管合同的法律规定。

（2）自助寄存方式，保管人不但要保证存物条件具备通常的保管功能，而且还要对存物处的外部环境尽到应尽的注意义务。

（3）寄存人寄存货币、有价证券或者其他贵重物品的，应当向保管人声明，由保管人验收或者封存；寄存人未声明的，该物品毁损、灭失后，保管人可以按照一般物品予以赔偿。

08. 停车场与车主形成的是土地占用还是保管合同关系？

📢 案　例

李女士将自己的奥迪Q5汽车停放到某停车服务公司经营的大厦停车场内。办事回来后，李女士发现其车的车辆尾门右上部、右后叶子板、右后三角窗上部金属条被剐蹭，随即报警并通知停车场管理人员查看监控。由于车辆停放在监控盲区，监控录像并没有拍到车辆受损的过程。公安交警大队接警后赶到现场，并出具受案回执。随后，李女士向

某停车服务公司交纳停车费18元后驾车离开。次日，李女士将受损车辆送至4S店进行维修，支付维修费1600元。

后来，交警大队出具《道路交通事故认定书》载明："事故事实：2021年9月2日下午5点27分，在某大厦停车场，李女士驾驶车牌号为×××的小型普通客车静止停放，报警称被撞发生交通事故，造成车辆接触部位损坏，无人受伤"，"当事人责任：因道路交通事故基本事实无法查清，成因无法判定，出具事故证明"。

李女士拿着《道路交通事故认定书》和车辆修理相关票据找到某停车服务公司，要求其承担车辆修理费1600元。该停车服务公司负责人告诉她，李女士与该停车服务公司是场地占用合同法律关系；李女士并没有将车钥匙交付该停车服务公司，未失去对车辆的实际控制，该停车服务公司收取的停车费只是土地使用的对价，而不是保管行为的对价。再者，停车场入口公示的"大厦停车管理规定"中明确规定"该停车场只提供小型机动车辆场地停放，如车辆有划花、损坏、遗失等，本公司概不承担责任"。所以，车辆维修费用只能由李女士自行承担。

法律依据

《中华人民共和国民法典》
第四百九十七条 有下列情形之一的，该格式条款无效：

（一）具有本法第一编第六章第三节和本法第五百零六条规定的无效情形；

（二）提供格式条款一方不合理地免除或者减轻其责任、加重对方责任、限制对方主要权利；

（三）提供格式条款一方排除对方主要权利。

第八百八十八条 保管合同是保管人保管寄存人交付的保管物，并返还该物的合同。

寄存人到保管人处从事购物、就餐、住宿等活动，将物品存放在指定场所的，视为保管，但是当事人另有约定或者另有交易习惯的除外。

第八百九十七条 保管期内，因保管人保管不善造成保管物毁损、灭失的，保管人应当承担赔偿责任。但是，无偿保管人证明自己没有故意或者重大过失的，不承担赔偿责任。

延伸解读

根据《民法典》第888条规定，保管合同是保管人保管寄存人交付的保管物，并返还该物的合同。李女士的车辆停放于某停车服务公司经营管理的停车场内，该停车服务公司收取了停车费并出具了盖有其公司发票专用章的停车收费定额专用发票，双方之间形成了事实上的保管合同关系，未违反法律、行政法规的强制性规定，合法有效。该停车服务公司应当妥善保管李女士的车辆。

依照《民法典》第897条的规定，保管期内，因保管人保管不善造成保管物毁损、灭失的，保管人应当承担赔偿责任。但是，无偿保管人证明自己没有故意或者重大过失的，不承担赔偿责任。

现李女士的车辆在保管期间发生剐蹭，某停车服务公司理应赔偿李女士车辆受损所支出的修理费1600元。

停车场入口设置"该停车场只提供小型机动车辆场地停放，如车辆有划花、损坏、遗失等，本公司概不承担责任"的公示，应认定为《民法典》第497条第2项"提供格式条款一方不合理地免除或者减轻其责任、加重对方责任、限制对方主要权利"的情况，属无效约定。

停车收费并非一定形成保管合同关系。在本案中，李女士停放车辆的停车场为经营性停车场，其设立的主要目的就是收费保管，并不是出租车位；车主的本意是将车辆委托给停车场保管，车主与停车场之间形成保管合同关系。与之相对应，政府管理部门在市区道路两侧施划停车位收取停车占道费，车主自享停车之便一般不应认定为保管合同关系。一旦发生车辆损毁或被窃，相关部门亦不应承担赔偿责任。

09. 仓储人保管仓储物不当，致使仓储物灭失的，应否承担赔偿责任？

📢 案 例

2020年3月6日，G银行与B公司签订《商品融资合同》，约定B公司向G银行借款920万元，借期一年。同日，Z储运公司、G银行与B公司三方签订了《商品融资质押监管协议》。该协议约定，B公司以其享有的所有钢材为质押物，质押物交由Z储运公司进行监控保管，由B公司支付仓储费用。B公司与Z储运公司共同向G银行出具质押物清单及通知书。该协议还约定G银行签发的《提货通知书》为办理提货及质押物出库的唯一有效凭证。后B公司未按约定偿还借款，G银行向Z储运公司发出通知，要求提取质押物。因Z储运公司未按照《商品融资质押监管协议》的约定履行监控和保管义务，致使质押物灭失。此时，G银行能否以Z储运公司保管不善致使质押物灭失，要求其承担赔偿责任？

📖 法律依据

《中华人民共和国民法典》

第九百零四条 仓储合同是保管人储存存货人交付的仓储物，存货人支付仓储费的合同。

第九百零七条 保管人应当按照约定对入库仓储物进行验收。保管人验收时发现入库仓储物与约定不符合的，应当及时通知存货人。保管人验收后，发生仓储物的品种、数量、质量不符合约定的，保管人应当承担赔偿责任。

第九百一十条 仓单是提取仓储物的凭证。存货人或者仓单持有人在仓单上背书并经保管人签名或者盖章的，可以转让提取仓储物的权利。

第九百一十七条 储存期内，因保管不善造成仓储物毁损、灭失的，保管人应当承担赔偿责任。因仓储物本身的自然性质、包装不符合约定或者超过有效储存期造成仓储物变质、损坏的，保管人不承担赔偿责任。

仓储合同为一方具有仓储设施，从事仓储业务的人，仓储合同的对象仅为动产，不动产不可能成为仓储合同的对象，仓储合同为诺成、有偿、双务合同，仓储人提供储存、保管义务，存货人支付仓储费用的合同。

保管人在仓储物入库时，应当按照约定对入库仓储物进行验收，如果出现货物不符的情形，应当及时通知存货人。保管人应按照约定向存货人出具仓单。仓单是提取仓储物的凭证，仓储人一经填发仓单，则持单人可以要求提取仓储物，仓储人不得拒绝。

如果仓储人或保管人在储存期内，因保管人保管不善造成毁损、灭失的，保管人构成违约行为，应当承担的违约责任是对存货人或者仓单持有人予以赔偿。如果仓储物的毁损、灭失是因仓储物本身的自然性质、包装不符合约定或者超过有效储存期造成的，不可归责于保管人，则保管人不承担赔偿责任，由存货人或者仓单持有人自负其责。

本案中，G 银行、Z 储运公司与 B 公司三方签订《商品融资质押监管协议》，约定 B 公司以其享有的所有钢材为质押物，质押物交由 Z 储运公司进行监控保管，由 B 公司支付仓储费用。B 公司与 Z 储运公司共同向 G 银行出具质押物清单及通知书。该协议还约定 G 银行签发的《提货通知书》为办理提货及

质押物出库的唯一有效凭证。但在 G 银行实现质权，要求 Z 储运公司移交质押物时，因 Z 储运公司保管不当，致使仓储物灭失，根据《民法典》第 917 条的规定，Z 储运公司应该对 G 银行承担赔偿责任。

保管人在仓储物入库时，应严格依照合同约定的数量、品类、质量进行验收，确保入库仓储物符合合同约定，以免在权利人提取货物时，因仓储物的数量、品类、质量与仓储合同约定不符而承担赔偿责任。

10. 受托人超越委托权限处理委托事项应该承担赔偿责任吗？

📢 案 例

2021 年 5 月 25 日，柯某通过银行向薛某转账 10 万元，双方协商一致由薛某进行统一管理、操作，用于投资沃某公司炒外汇。在收到柯某的汇款后，薛某于 2021 年 5 月 27 日将款项转给了张某，通过张某最终转换成美元投到薛某某的账户。薛某与张某均系沃某公司的会员。后柯某要求薛某返还款项，薛某拒绝返还，双方发生争议。

柯某向法院提起诉讼，主张双方存在委托合同，但薛某在未经过授权许可的情况下将投资款汇给他人，其行为构成违约，应返还投资本金并赔偿利息损失。薛某辩称双方并非委托关系，而是共同投资理财的合作合同关系，且合同仍在履行过程中，柯某以双方为委托关

系为由，要求退还投资没有法律根据，请法院驳回其全部诉讼请求。

诉讼中，柯某主张对于薛某将款项转给张某并不知情，薛某亦未提交受到柯某的直接指示进行转账的相应证据。薛某在答辩中主张系以其子薛某某的名义开立的投资账户，并在举证阶段提交了开户历史交易记录截图作为证明，截图最后一页的账户历史最后一行内容为"778700 元÷7＝111142.86 美元＋100 美元开户，薛某某"。在法庭询问阶段，薛某又称系以柯某的名义开立的投资账户，现投资账户无法登录。对于其前述主张薛某并未向法院提交相应证据予以证明。薛某称资金均由其负责操作投资，柯某未操作过。

经法院审理，认定薛某超越权限处理委托事项，构成违约，应承担相应的违约责任，柯某有权向薛某主张违约损害赔偿。薛某占用柯某的资金未按照约定进行投资，亦未将款项返还柯某，必然造成柯某投资款占用期间的利息损失，应当予以赔偿。因此法院判决如下：一、被告薛某于本判决生效之日起 10 日内向原告柯某支付款项 10 万元及逾期付款利息（以 10 万元为基数，自 2021 年 5 月 27 日起至实际给付之日止，按照中国人民银行同期贷款利率计算）；二、驳回原告柯某的其他诉讼请求。

📖 法律依据

《中华人民共和国民法典》

第九百一十九条 委托合同是委托人和受托人约定，由受托人处理委托人

事务的合同。

第九百二十条 委托人可以特别委托受托人处理一项或者数项事务，也可以概括委托受托人处理一切事务。

第九百二十二条 受托人应当按照委托人的指示处理委托事务。需要变更委托人指示的，应当经委托人同意；因情况紧急，难以和委托人取得联系的，受托人应当妥善处理委托事务，但是事后应当将该情况及时报告委托人。

第九百二十九条 有偿的委托合同，因受托人的过错造成委托人损失的，委托人可以请求赔偿损失。无偿的委托合同，因受托人的故意或者重大过失造成委托人损失的，委托人可以请求赔偿损失。

受托人超越权限造成委托人损失的，应当赔偿损失。

📢 延伸解读

委托合同，本质上是委托方因某种原因，导致不能亲自履行某种行为，从而委托受托方提供某种劳务进而完成某种行为。而委托人与受托人之间基于人身信赖性，限定了受托人的范围，信赖关系是委托合同产生的基础。受托人应当按照委托人的指示处理委托事务。受托人超越权限造成委托人损失的，应当赔偿损失。

当事人订立合同，有书面形式、口头形式和其他形式。本案中，柯某将款项交付给薛某，双方协商一致由薛某进行操作投资，双方并未签署书面的合同。双方之间的法律关系应认定为口头达成

的委托合同关系。本案涉及的委托关系双方当事人的真实意思表示，且不违反国家法律、行政法规的效力性强制性规定，合法有效。

薛某收到了柯某的 10 万元投资款后，自行将款项转入张某账户，但该行为未得到柯某的指示，应认定薛某超越权限处理委托事项，未依约履行受托事务，构成违约，应承担相应的违约责任，柯某有权向薛某主张违约损害赔偿。

在日常生活中，委托人应在委托他人处理事务时明确委托事项，而受托人更应按照约定处理委托事项，不可超越委托权限，否则，给委托人造成损失的，受托人将会承担赔偿责任。在实践中，应注意以下两个问题：（1）委托人与受托人签署委托代理合同时，应将委托事项、委托权限、委托期限、报酬、违约责任等核心要素约定清楚，同时在协议履行过程中应留存证据（如微信聊天记录、转账记录、通话记录等），避免在双方发生争议时因举证不能承担不利法律后果。（2）受托人在处理委托事项时，应严格按照约定履行。需要变更委托人指示的，应当经委托人同意；因情况紧急，难以和委托人取得联系的，受托人应当妥善处理委托事务，但是事后应当将该情况及时报告委托人，避免发生纠纷。

11. 委托人可以要求被委托人退还全部报酬吗？

案 例

张某、董某与吴某相识多年，张某与吴某是邻居，两家多有往来。2020 年 9 月，张某突发疾病入院治疗，因急需手术费，张某委托吴某将自己的一套房产出售给董某，售价 550 万元，张某同吴某签署了委托协议，并约定事成后有重谢。

2020 年 9 月 20 日，吴某与董某在办公室签署《房屋买卖合同》（自行成交版）并签署收条，表明代张某收取董某房款 550 万元，由董某公司账户汇款至吴某个人账户。同日，吴某将 30 万元存至张某在医院的个人账户，500 万元汇至张某个人的银行账户。2021 年 8 月，张某以吴某无权处分张某个人房产为由向法院提起诉讼，要求董某归还房屋，并要求吴某返还 20 万元差额款。

庭审中，董某主张张某委托吴某与自己签署《房屋买卖合同》（自行成交版），自己依约支付了购房款，房屋买卖合同合法有效，自己无须归还房屋；吴某主张自己与张某的委托协议合法有效，自己也完成了委托事项，有权获得报酬。

经法院审理，认定上述《房屋买卖合同》合法有效，驳回张某要求归还房屋的诉讼请求；张某与吴某之间的委托合同有效，但委托合同虽约定有报酬但无报酬比例或报酬数额，因此根据房屋中介机构收取中介费的比例，酌定吴某向张某返还报酬 10 万元。

🔍 法律依据

《中华人民共和国民法典》

第九百一十九条 委托合同是委托人和受托人约定，由受托人处理委托人事务的合同。

第九百二十一条 委托人应当预付处理委托事务的费用。受托人为处理委托事务垫付的必要费用，委托人应当偿还该费用并支付利息。

第九百二十七条 受托人处理委托事务取得的财产，应当转交给委托人。

第九百二十八条 受托人完成委托事务的，委托人应当按照约定向其支付报酬。

因不可归责于受托人的事由，委托合同解除或者委托事务不能完成的，委托人应当向受托人支付相应的报酬。当事人另有约定的，按照其约定。

📢 延伸解读

委托合同本质上是委托方出于某种原因，不能亲自履行某种行为，从而委托受托方提供某种劳务进而完成某种行为的合同。委托人与受托人之间基于人身信赖性，限定了受托人的范围，信赖关系是委托合同产生的基础。如果委托方对受托方的信赖基础产生了动摇，则可以解除委托合同。

委托双方既可以约定报酬，也可以无偿委托。约定报酬的，在受托人完成委托事项后，应按照约定支付报酬。

本案中，张某委托吴某代为处理房屋买卖事宜，吴某依照约定完成委托事项，理应获得报酬。但因张某与吴某并未在委托协议中约定报酬的比例或者数额，导致委托双方对于报酬的数额发生了争议。涉案房屋的标的总额为 550 万元，按照房屋中介机构收取中介费的比例进行核算，报酬约为 10 万元，因此法院酌定吴某应获得报酬 10 万元，余下的 10 万元应返还给委托人张某。这样的判决结果客观公正，既保护了委托人的权益，也保护了受托人获取报酬的权利。

在日常生活中，人们有时会委托他人处理一些事务，但约定有报酬而未约定具体数额，这就会导致矛盾的产生。因此，在实践中应注意以下两个问题：（1）委托人与受托人签署委托代理合同时，应将委托事项、委托期限、报酬、违约责任等核心要素约定清楚，同时在协议履行过程中应留存证据（微信聊天记录、转账记录、通话记录等），避免双方在发生争议时因举证不能承担不利法律后果。（2）受托人完成委托事项的，委托人应按照约定支付报酬。出现不可归责于受托人的事由导致委托事项未全部完成的，委托人应向受托人支付相应的报酬。

12. 有偿委托合同中的受托人因个人原因提出解除合同的，需要承担赔偿责任吗？

📢 案 例

亮亮美发屋找知名美发师托尼对新

招员工进行技能培训，双方签订了委托合同，合同约定托尼每周在亮亮美发屋的工作室为新员工教授一次色彩造型、美感发型设计等课程。合同期限为一年，亮亮美发屋按照每节课 2000 元的价格支付报酬，支付方式为合同签订当日一次性付清。两个月后，托尼因工作变动，需去法国任职，无法去亮亮美发屋授课。因担心改变授课方式会影响授课质量，托尼欲向亮亮美发屋提出解除合同。那么，托尼应当承担赔偿责任吗？

📖 法律依据

《中华人民共和国民法典》

第九百三十三条 委托人或者受托人可以随时解除委托合同。因解除合同造成对方损失的，除不可归责于该当事人的事由外，无偿委托合同的解除方应当赔偿因解除时间不当造成的直接损失，有偿委托合同的解除方应当赔偿对方的直接损失和合同履行后可以获得的利益。

🔧 延伸解读

委托合同是委托人和受托人约定，由受托人处理委托人事务的合同。基于委托合同的特殊性，即具有强烈的人身信赖关系，委托人或受托人可以随时解除委托合同。据此可知，委托合同的双方当事人均有权随时解除合同。但是，有偿委托合同的解除方应当赔偿对方的直接损失和合同履行后可以获得的利益。

本案中，托尼可以解除委托合同，但应当赔偿亮亮美发屋的损失，并退还已经提前收取的授课费。

除了委托合同，《民法典》还规定了以下四种合同的当事人双方或其中一方享有任意解除权：

（1）不定期租赁合同中，承租人与出租人均享有任意解除权；（2）保管合同中，寄存人有任意解除权，保管人则是在未约定保管期限或约定不明的时候才有任意解除权；（3）承揽合同中的定作人在承揽人完成工作之前享有任意解除权；（4）货运合同中的托运人在承运人交付货物给收货人之前享有任意解除权。

13. 委托合同中的委托人能否行使任意解除权？

🔧 案 例

2021 年 1 月 1 日，刘女士与某酒店管理有限公司签订《公寓装饰及委托管理合同》，将自己所有的位于世某国际公寓的一处房屋托管给某酒店，合同自 2021 年 1 月 1 日起至 2021 年 12 月 31 日止，刘女士每月收取租金 16200 元，按季度收取租金。酒店每逾期 1 个工作日应向刘女士支付当日租金的 3‰ 作为滞纳金（约每天 145 元），如金逾期超过 15 日，刘女士有权解除合同，并要求酒店支付滞纳金、违约金及应付房租。受托方由某酒店盖章及法定代表人宋某庆签字。某酒店在合同签订后仅支付了一个季度的租金。

2021 年 8 月 1 日，宋某庆以刘女士代理人的身份与袁某某、麦某房产公司签订了《房屋租赁合同》（商业租赁经纪版），宋某庆代理刘女士将其位于世某国际公寓的房屋租赁给袁某某，每月租金17000元。宋某庆在合同签订后收取了4个月的租金。

2021年8月26日，刘女士与袁某某签订《房屋租赁合同》（自行成交版），将其位于世某国际公寓的房屋直接租给了袁某某，租赁期自2021年8月26日至2022年8月25日，租金每月17000元，押金12000元。另约定，自2021年8月26日双方签署新合同起，袁某某与刘女士代理人宋某庆签署的合同自动失效，宋某庆无权向袁某某收取任何费用。

2021年8月26日，刘女士（甲方）与袁某某（乙方）、麦某房产公司（丙方）签订了《协议书》，载明："甲方解除甲方与受托人宋某庆之间的委托管理合同，由甲、乙双方直接达成新的租赁合同，并由乙方向甲方直接支付租金，丙方向甲方垫付4个月租金，甲方将其要求受托人宋某庆支付2021年4月至7月共计4个月租金及相应违约金的权利全部转让给丙方，由丙方以自身名义向受托人宋某庆追偿。甲方保证不向第三人重复转让该债权相关的所有权益，亦不得单独起诉或放弃该笔债权。"

2021年8月26日，刘女士与麦某房产公司签订《债权转让协议》，约定将其位于世某国际公寓的房屋的装饰和委托管理合同及相关文件中所享有的全部权益转让给麦某房产公司，刘女士要求宋某庆支付的租金、违约金及维权过程中产生的保全费、律师费、诉讼费等费用的全部债权转移给麦某房产公司，且本次债权转让不可撤销。

因麦某房产公司向宋某庆主张权利，宋某庆拒不支付债权转让部分的费用，麦某房产公司将宋某庆起诉到法院，将刘女士列为第三人。庭审中，麦某房产公司、刘女士均主张已将债权转让通知送达给宋某庆，但仅提交了微信打印件，未能出示微信原件。

法院审理后认定：当事人对自己提出的主张，有责任提供证据。麦某房产公司、刘女士主张已将债权转让事宜通知宋某庆，但仅提交微信聊天记录打印件为证，既无原件核对，亦未显示对方身份，对于其主张，本院不予采信。根据《民法典》第546条的规定，债权人转让债权的，应当通知债务人。未经通知，该转让对债务人不发生效力。故麦某房产公司要求宋某庆向其支付租金、违约金及滞纳金的诉讼请求，本院不予支持。宋某庆、刘女士经本院合法传唤，未到庭参加诉讼，不影响本院依据查明的事实作出判决。依照《民法典》第546条及《民事诉讼法》第64条、第144条的规定，判决如下：驳回原告麦某房产公司的全部诉讼请求。

📖 法律依据

《中华人民共和国民法典》

第五百四十六条 债权人转让债权，未通知债务人的，该转让对债务人不发生效力。

债权转让的通知不得撤销，但是经受让人同意的除外。

第九百一十九条 委托合同是委托人和受托人约定，由受托人处理委托人事务的合同。

第九百二十一条 委托人应当预付处理委托事务的费用。受托人为处理委托事务垫付的必要费用，委托人应当偿还该费用并支付利息。

第九百二十二条 受托人应当按照委托人的指示处理委托事务。需要变更委托人指示的，应当经委托人同意；因情况紧急，难以和委托人取得联系的，受托人应当妥善处理委托事务，但是事后应当将该情况及时报告委托人。

第九百二十七条 受托人处理委托事务取得的财产，应当转交给委托人。

第九百二十八条 受托人完成委托事务的，委托人应当按照约定向其支付报酬。

因不可归责于受托人的事由，委托合同解除或者委托事务不能完成的，委托人应当向受托人支付相应的报酬。当事人另有约定的，按照其约定。

延伸解读

委托合同是指受托人以委托人的名义为委托人办理委托事务，而委托人按照合同约定支付报酬的协议。委托合同的内容多种多样，既包括法律事务，也包括非法律事务；合同形式可以是有偿的，也可是无偿的。委托合同的特点是具有劳务合同性质，受托人付出劳务并取得相应报酬，但无偿委托的除外，如当事人与律师事务所签订的代理合同，就是典型的有偿委托合同。受托人以委托人名义办理委托事务，所需费用应由委托人支付。委托合同还具有一定的人身依附性，双方建立的是信任关系。一般来讲，委托人都将委托事务交给自己信任的人来处理，改变委托人指示或转委托他人处理委托事务的，要征得委托人同意或追认，情况特别紧急来不及征求委托人意见的，事后也要向委托人及时披露和报告。

就本案而言，刘女士委托某酒店和其法定代理人宋某庆来管理自己的出租房屋，彼此建立的就是委托关系，之后因宋某庆拖欠房租，刘女士解除委托，与麦某房产公司重新建立委托关系，同时将其与宋某庆之间委托合同享有的债权转让给了麦某房产公司。因为没有转让债权通知已经送达给宋某庆的证据，导致麦某房产公司败诉，但是不影响刘女士依据与宋某庆之间签订的委托合同，继续主张权利。

对于此类案例，有以下三点需要注意。

第一，委托合同关系具有一定的人身属性，相互信任是委托关系的基石。作为委托人，为了更好地保护自身的民事权益，在选任受托人时，一定要选择有诚信、口碑好的单位或个人。

第二，一定要签订各项条款完备的委托合同，特别是对于违约责任的约定要清楚，具有可执行性。

第三，当受托人不按照委托人指示履行委托义务，或者背离委托宗旨，不能实现委托目的时，委托人可以行使任意解除权。也就是说，委托关系一旦破裂，委托人可以不经受托人同意解除委托合同。如本案中宋某庆未按照委托合同约定支付租金的行为已经构成违约，刘女士可以行使合同解除权。当然，即使受托人没有违约情形，委托人也可以随时解除委托，但受托人因执行委托事务支出的必要费用以及应该获得的报酬，应由委托人支付。受托人还可以依据违约条款，追究委托人的违约责任。

第四，在执行委托事务过程中，要注意保留相关证据，以便在发生纠纷后进行维权。就本案而言，麦某房产公司之所以败诉，就是因为在送达债权转让通知时，未保留相关证据，聊天记录只保留了截图，而没有保留原始聊天对话。

14. 小区长期存在公共卫生脏乱差、业主乱停车问题，业主是否可以拒缴物业费？

🔊 **案 例**

某物业公司以业主张某拖欠物业费为由起诉至法院，要求张某支付拖欠的物业费，并支付日 3‰ 的滞纳金。张某到庭参加庭审，并以小区内长期存在公共卫生脏乱差、业主乱停车的问题，而物业公司不作为、监管不力为由抗辩。张某称，小区物业管理混乱，小区环境卫生恶劣，污水横流，车辆停放混乱，经常发生车辆被堵在停车位无法开出，以及自家停车位被陌生车辆停放的事件，张某多次向负责小区物业服务的某物业公司反映，但是问题一直没有解决，并

当庭向法庭提交了二十几名业主的签名信和一年多来的影像资料，以及其与物业多次沟通的电话录音。

法院经审理认为，业主举证的证据属实，某物业公司的服务确实存在卫生保洁不到位，对物业范围内的停车秩序放任、管理不到位的情况。由于物业服务存在上述情况，法院对于业主在庭审中提出的驳回某物业公司不合理的部分诉求的请求予以支持，对于物业公司要求法院判令被告给付物业费的请求只能部分支持。

最后法院判决：根据某物业公司服务质量存在较大瑕疵的情况，酌定按照每年物业费的 60% 予以支持；对物业公司要求法院判令张某给付滞纳金的请求，因物业公司存在违约在先的情况不予以支持。

📖 **法律依据**

《中华人民共和国民法典》

第五百二十六条 当事人互负债务，有先后履行顺序，应当先履行债务一方未履行的，后履行一方有权拒绝其履行请求。先履行一方履行债务不符合约定的，后履行一方有权拒绝其相应的履行请求。

第九百三十七条 物业服务合同是物业服务人在物业服务区域内，为业主提供建筑物及其附属设施的维修养护、环境卫生和相关秩序的管理维护等物业服务，业主支付物业费的合同。

物业服务人包括物业服务企业和其他管理人。

根据《民法典》第 526 条、第 937 条的规定，业主行使瑕疵履行抗辩权首先应当具备"正当理由"，即抗辩权属于物业公司的服务范围，物业服务公司存在服务质量问题达到较为严重的程度。

那么，物业服务有瑕疵，业主就一定可以拒缴物业费吗？不是这样的，本案的判决并不是片面支持业主对物业服务不满时都可以采取拒缴物业费的形式对抗，或是恶意拒缴物业费。本案业主拒缴部分物业费得到支持的关键，是收集了大量物业服务不到位、不合格的证据，如果仅仅是一些小的瑕疵，是不能拒缴物业费的。

本案中，张某如果没有收集和保留大量的物业服务存在瑕疵的充分证据，判决的结果可能完全不同。本判决具有一定的示范意义，有利于提高物业公司的服务水平，也有利于业主依法维权。

15. 业主没有与物业公司签订合同，能否以未接受相关物业服务为由拒绝缴纳物业费？

📢 案 例

A 物业公司受住宅出售单位 B 发展有限公司委托，自 2018 年起承担起了花苑小区的前期物业管理服务工作，根据双方的约定：A 物业公司负责花苑小区内房屋共用部位、公用设施及附属建筑物、公用设备、公共绿地的维修、养护和管理，公共环境的清扫，维持公共秩序和安全保卫等。前期物业管理服务工作至 2020 年 12 月 31 日业主委员会聘请新的物业公司止。合同期间，A 物业公司按合同约定对花苑小区进行了物业管理服务工作。小陈购买了花苑的一套住房，建筑面积 146.56 平方米，于 2020 年 5 月办理了入户交接手续，并按照前期物业合同约定缴清了 2020 年 5 月前的物业管理费，但自 2020 年 6 月起至 12 月 31 日的物业管理费至今未缴纳，为此 A 物业公司向法院起诉。小陈称自己没有和 A 物业公司签订物业服务合同，不受合同约束，而且他一直都没有入住，没有享受物业公司提供的服务。那么，在这种情况下，小陈是否需要缴纳物业费？

📖 法律依据

《中华人民共和国民法典》

第九百三十九条 建设单位依法与物业服务人订立的前期物业服务合同，以及业主委员会与业主大会依法选聘的物业服务人订立的物业服务合同，对业主具有法律约束力。

第九百四十四条第一款 业主应当按照约定向物业服务人支付物业费。物业服务人已经按照约定和有关规定提供服务的，业主不得以未接受或者无需接受相关物业服务为由拒绝支付物业费。

📢 延伸解读

住宅出售单位在出售住宅后至业主委员会成立前的物业管理为前期物业管

理，根据《民法典》第939条的规定，在前期物业管理中，物业管理服务合同虽由物业管理企业与住宅出售单位签订，但对业主具有约束力。此外，根据《民法典》第944条第1款的规定，业主应当按照约定向物业服务人支付物业费。物业服务人已经按照约定和有关规定提供服务的，业主不得以未接受或者无须接受相关物业服务为由拒绝支付物业费。

本案中，A物业公司已按照合同约定对小陈房屋所处的花苑小区的保洁、保安、维修养护等事项履行了服务和管理义务，小陈也应当按照合同约定履行支付物业管理费的义务，而不得以自己没有与A物业公司签订物业服务合同，且没有享受物业公司提供的服务为由拒绝缴纳物业费。业主违反约定逾期不支付物业费的，物业服务人员可以催告其在合理期限内支付；合理期限届满仍不支付的，物业服务人可以提起诉讼或申请仲裁。

16. 行纪人可以出卖委托人委托其购买的商品吗？

案 例

豪某食品加工厂委托王某作为行纪人购买一批活猪，王某以自己的名义用加工厂的钱购买了活猪。购买后第二天，市场上活猪价格上涨，王某便自己作为出卖人将自己买来的活猪卖给豪某食品加工厂。王某告诉豪某食品加工厂自己是出卖人后，豪某食品加工厂没有提出反对意见。事后，豪某食品加工厂知道了事情的真相，要求王某返还获取的利益。那么，豪某食品加工厂的诉求是否能得到支持？

法律依据

《中华人民共和国民法典》

第九百五十六条 行纪人卖出或者买入具有市场定价的商品，除委托人有相反的意思表示外，行纪人自己可以作为买受人或者出卖人。

行纪人有前款规定情形的，仍然可以请求委托人支付报酬。

延伸解读

根据《民法典》第956条的规定，行纪人可以作为出卖人或者买受人，卖出或者购买委托人的委托物。这就是通常说的行纪人的介入，即行纪人按照委托人的指示，实施行纪行为时，有权以自己作为买受人或者出卖人与委托人进行交易活动。行纪人的介入权是由商业习惯发展而来的，最早出现于《德国商法》，此后，《日本商法》《瑞士商务法》等纷纷仿效。

行纪人行使介入权，实际上就是行纪人自己作为买受人或出卖人，与委托人直接订立买卖合同。一般认为介入是实施行纪行为的一种特殊方法，行纪人虽然介入买卖合同中来，但依然是行纪人。这是行纪人介入的前提条件，也是判断行纪人是否以不利于委托人的方式介入并因此而应承担损害赔偿责任的标准。所谓"具有市场定价"，是指交易的标的在市场上有公示的统一的价格，单个交易者之间不能通过个别的磋商在此市场价格之外另行确定交易价格。那么，委托人对价格的指示的规定，究竟应以何时、何地的市场定价为准？若委托人对买卖的时间、地点有指示的，自然应依其指示确定。若欠缺这样的指示，则通常应以买卖实际发生的时间、地点为准。但如果委托人对交易价格的指示是有弹性的，行纪人应在许可的幅度范围内进行交易。

当事人双方可在行纪合同中明示或默示地约定禁止行纪人介入。即使双方在订立合同时并无这样的约定，委托人在其后也可以随时以单方的意思表示任意排除行纪人的介入权。如果在行纪人发出介入的通知后，委托人未做反对的表示，行纪人即可行使介入权。委托人沉默的亦然。

介入的性质。基于行纪人的介入权，在行纪人与委托人之间直接成立了买卖合同，它无须委托人的承诺，仅依行纪人的单方意思表示即可产生其效力。介入权属于一种形成权。

介入的效力。因行纪人的介入，一方面，在行纪人与委托人之间成立了买卖合同关系，法律关于买卖合同的规定均可适用，如瑕疵担保责任、危险负担责任等。另一方面，行纪人介入后使得委托人在经济上处于如同行纪人与第三人订立了买卖合同的地位。因此，行纪人的介入同时也是行纪人对行纪合同的履行，当满足了请求支付报酬的要件时，行纪人仍然可请求委托人支付报酬。例

如，行纪人在买入委托中行使介入权，则行纪人给付货物后，不仅可从委托人处获得货物的价金，同时还可获得行纪的酬金。

本案中这种"借鸡下蛋"的行纪合同的效力是无法确定的，虽然《民法典》第956条规定"行纪人卖出或者买入具有市场定价的商品，除委托人有相反的意思表示外，行纪人自己可以作为买受人或者出卖人"，但对委托人作出相反的意思表示的时间、方式未加以明确规定。依据促进交易原则的理解，委托人和行纪人的行为及其方式应当朝着最有利于完成行纪事务的方向理解。据此，委托人提出相反的意思表示应当在订立合同之前，并且以明确的方式表示。即委托人对行纪人能否自己作为买受人或出卖人应当在行纪合同中明确约定，或者至少应当在行纪人对委托人发出通知，告诉委托人自己作为买受人或者出卖人时明确提出反对意见，否则，推定委托人同意。

本案中，双方在签订行纪合同中对于行纪人能否自己作为出卖人没有明确约定，行纪人对委托人发出通知，告诉委托人自己作为出卖人时，委托人也没有明确地提出反对意见。

17. 中介机构隐瞒"凶宅"事实的，房屋购买人可否要求其退还中介费？

🔊 案 例

小雅通过某中介机构购买了一处房

屋，看房时，中介称房主因投资失败着急卖房还债，所以价格相比同地段相同户型的其他房屋更加优惠。然而，房屋买卖合同签订后不久，小雅打听到原来房子的女主人自杀于此房内。小雅既害怕又愤怒，怒气冲冲地找到房屋出卖人和某中介机构，要求撤销房屋买卖合同，并要求退还购房款和中介费。那么，小雅的要求能否得到法律支持？

法律依据

《中华人民共和国民法典》

第一百四十八条 一方以欺诈手段，使对方在违背真实意思的情况下实施的民事法律行为，受欺诈方有权请求人民法院或者仲裁机构予以撤销。

第一百五十二条 有下列情形之一的，撤销权消灭：

（一）当事人自知道或者应当知道撤销事由之日起一年内、重大误解的当事人自知道或者应当知道撤销事由之日起九十日内没有行使撤销权；

（二）当事人受胁迫，自胁迫行为终止之日起一年内没有行使撤销权；

（三）当事人知道撤销事由后明确表示或者以自己的行为表明放弃撤销权。

当事人自民事法律行为发生之日起五年内没有行使撤销权的，撤销权消灭。

第一百五十七条 民事法律行为无效、被撤销或者确定不发生效力后，行为人因该行为取得的财产，应当予以返还；不能返还或者没有必要返还的，应当折价补偿。有过错的一方应当赔偿对方由此所受到的损失；各方都有过错的，

应当各自承担相应的责任。法律另有规定的，依照其规定。

第五百条 当事人在订立合同过程中有下列情形之一，造成对方损失的，应当承担赔偿责任：

（一）假借订立合同，恶意进行磋商；

（二）故意隐瞒与订立合同有关的重要事实或者提供虚假情况；

（三）有其他违背诚信原则的行为。

第九百六十二条 中介人应当就有关订立合同的事项向委托人如实报告。

中介人故意隐瞒与订立合同有关的重要事实或者提供虚假情况，损害委托人利益的，不得请求支付报酬并应当承担赔偿责任。

延伸解读

首先来看该房屋买卖合同可否撤销。根据《民法典》第148条、第152条、第157条、第500条的规定，一方故意隐瞒与订立合同有关的重要事实或提供虚假情况，使对方在违背真实意思的情况下实施的民事法律行为，受欺诈方有权在知道或应当知道撤销事由之日起一年内，请求人民法院或者仲裁机构予以撤销，民事行为被撤销后，行为人因该行为取得的财产，应当返还，如果给对方造成损失的，还应当承担赔偿责任。

本案中，房屋出卖人明知道房屋中发生过自杀事件会影响买房者的购买意愿，却故意隐瞒，称自己卖房是因为投资失败着急还债，属于欺诈行为。小雅在不知情的情况下与房屋出卖人签订了《房屋买卖合同》，违背了其真实意思，

属于受欺诈方。根据《民法典》的上述规定，小雅有权要求撤销房屋买卖合同，并要求房屋出卖人退还房款、赔偿损失。

此外，根据《民法典》第962条的规定，本案中的中介机构明知此房为"凶宅"，依据日常习俗，势必会影响买房人的缔约意愿，但为了赚取中介费故意隐瞒房子的前女主人自杀于此房内的重要事实，根据上述规定，应退还中介费，如造成小雅其他损失的，还应当承担相应的赔偿责任。

18. 中介人遇到委托人"跳单"的该怎么办？

📢 案 例

林某欲在上海某区购买一栋老洋宅，请房屋中介小房帮忙物色。小房忙前忙后，终于帮林某选定满意的房屋。在达成交易之际，林某却背着小房与卖家私下订立了房屋买卖合同。此后，小房找到林某对质，认为其行为属于"跳单"，欲向其索要自己应得的佣金。林某明确拒绝向小房支付购房中介佣金，声称二人没有订立正式的中介合同，其最终签订合同也没有劳烦小房，完全是自己的功劳。面对此种情形，小房该如何维权呢？

📖 法律依据

《中华人民共和国民法典》

第九百六十五条 委托人在接受中介人的服务后，利用中介人提供的交易机会或者媒介服务，绕开中介人直接订立合同的，应当向中介人支付报酬。

📢 延伸解读

本案中，林某的理由并不成立，其应当向小房支付佣金。第一，在人们的日常生活和商业交易中，合同的成立，以"不要式"为原则，"要式"为例外，两人达成合意即可，合同书并不是必需的。林某委托中介小房为其物色合适的房屋，小房允诺时，两人之间便成立有关房屋买卖的中介合同。第二，林某在所有有关房屋交易的条件均已经具备时，故意绕开小房与卖方直接成交，此种"跳单"行为有违诚信，依《民法典》第965条的规定，委托人林某仍需向小房支付佣金。

在这里，我们结合《民法典》第965条来谈谈什么是"跳单"，如何认定"跳单"，委托人实施"跳单"行为的法律后果。

"跳单"系俗称，并非法律概念，一般出现在中介合同的履行过程中，是《民法典》第965条所要规制的一种不诚信的行为，即委托人与中介人订立中介服务合同后，中介人已实际向委托人提供了中介服务，但是，委托人最后却绕开中介人，直接与相对方订立合同。

古今中外有一种很古老的行业，俗称"中介人"，民事生活中，中介人广泛存在，如婚姻中介、证券经纪、房屋居间等。中介人与委托人之间的法律关系是法律所规制的一种重要的关系。《民法典》颁布前，《合同法》以"居间合同"一章来规范中介人与委托人之间的合同关系，《民法典》将"居间"二字改为"中介"，更贴近百姓的生活。

中介合同包括两种类型，一是提供订立合同的机会，即按照委托人的要求搜索、寻找交易对象、交易标的等信息并提供给委托人，称"报告居间"；二是提供订立合同的媒介服务，即中介人为了促成合同订立，周旋于委托人与交易对象之间，协调双方需求，努力促成委托人与交易对象达成一致，订立合同，称"媒介居间"。无论是报告居间还是媒介居间，中介人都诚实而努力地提供了重要信息及相关服务以促成交易，只要合同成功订立，中介人即应获得居间报酬，此系中介合同委托方的主给付义务，也是中介人提供服务所应得的对价，法理中将其称为"居间报酬请求权"。

在中介合同的履行中，有时会遇到不诚信的委托方，他们绕开中介人直接与对方订立合同而拒绝支付居间报酬，如本案中的林某。因此，《民法典》第965条明确规定委托人"跳单"的，仍应向中介人支付报酬。

一般认为，《民法典》第965条的适用需要关注以下三个要件：（1）委托人已经实际接受了中介人提供的中介服务，如从中介人处获悉了交易相对方的联系方式；（2）委托人绕开中介人直接与交易相对人订立合同；（3）委托人与交易相对人之间的合同订立与中介人提供的中介服务之间具有因果关系，即如果没有中介人提供的中介服务，委托人不可能获悉交易相对人的信息，更不可能与其订立合同。在满足以上要件时，

委托人绕开中介人订立合同的，才负有向中介人支付中介报酬的义务。

"跳单"系一种违背诚信和公平原则、严重损害中介人的利益、扰乱市场秩序的行为，该行为实际上阻碍了中介服务行业的健康有序发展。因此，《民法典》中增加了规范限制该类行为的条款，即第965条。即使委托人和中介人在中介合同没有明确禁止"跳单"的条款，委托人实施了"跳单"行为的，中介人也可以直接依据该条法律规定向委托人主张中介报酬。

19. 客户另行选择报价低、服务好的中介公司促成合同，是否构成违约？

📣 **案 例**

马女士拟在某小区租赁一处房屋居住。于是，她委托了A房地产中介公司为其寻找合适房源。A房地产中介公司的物业顾问先后两次带马女士看房。每次看房结束后，马女士都签订了《看房确认书》，主要内容为："本人委托A房地产中介公司代为寻找适合物业，并由物业顾问带领于某年某月某日观看专门为本人精选的物业。对其中感兴趣的物业将通过并且只能通过A房地产中介公司独家洽谈，本人无需支付代理费。若本人通过其他渠道或任何其他关联名义签订由本公司所介绍的物业，本人将支付两个月租金作为代理费；若购买了此物业，本人将按购房成交额的2.5%比例

支付佣金。"马女士对A房地产中介公司推荐的1102号房屋比较心仪。但是，考虑到每月35000元的租金，马女士与丈夫商量后决定放弃该房屋。

后来，马女士的丈夫通过B房地产中介公司签订租赁协议，以每月33000元的价格承租了1102号房屋。此外，B房地产中介公司还帮马女士与房东协商了房屋维修及添置家电的要求。事后，A房地产中介公司得知了这个消息，一纸诉状把马女士告到了人民法院，要求向其支付违约金66000元。

📋 法律依据

《中华人民共和国民法典》

第九百六十一条　中介合同是中介人向委托人报告订立合同的机会或者提供订立合同的媒介服务，委托人支付报酬的合同。

第九百六十五条　委托人在接受中介人的服务后，利用中介人提供的交易机会或者媒介服务，绕开中介人直接订立合同的，应当向中介人支付报酬。

📢 延伸解读

马女士为承租房屋，接受A房地产中介公司为其提供的房源信息，由A房地产中介公司的物业顾问带领其查看房源，并签订了《看房确认书》。该看房确认书系双方真实意思表示，亦不违反法律、行政法规的强制性规定，系合法有效的中介合同。

依照《民法典》第965条的规定，按照约定，如果马女士通过其他渠道或任何其他关联名义签订由A房地产中介公司所介绍的物业，则应当支付相应的违约金。该条款属于中介合同中常用的禁止"跳单"条款，其本意在于防止租赁方利用中介公司提供的房源信息而跳过中介公司租赁房屋，使得中介公司无法获得佣金。

该案争议的核心在于马女士是否构成"恶意跳单"，即"跳单"违约。这主要指委托人为逃避支付中介公司佣金，而私下利用中介公司提供的房源信息与对方达成交易的行为。所以，判断委托人是否构成"恶意跳单"，不仅要从客观上考察其有无利用中介公司提供的房源信息，还要从主观上考察其是否有逃避支付佣金的故意。

涉案的1102号房屋并非A房地产中介公司独家代理出租。双方亦认可马女士通过A房地产中介公司看房之后，马女士的丈夫又另行通过其他中介居间介绍并实际承租了1102房屋。马女士未利用A房地产中介公司提供的房源信息私下与出租人签约租房，而是通过其他合法途径获得同一房源信息。选择服务好、报价低的中介公司为其提供服务，系马女士依法行使消费者自主选择权，其行为不构成"跳单"违约，不应承担违约责任。

民事主体从事民事活动，应当遵循诚信原则，秉持诚实，恪守承诺。与此同时，客户有权选择报价低、服务好的中介公司促成合同成立。这种做法并不构成"跳单"违约。

20. 因中介人存在过错导致房屋买卖合同无法继续履行的，当事人是否有权要求赔偿？

案 例

2021年4月24日，张某（委托人、甲方）与楼王公司（房地产经纪机构、乙方）签订《经纪服务合同》。甲方权利义务：甲方应当向乙方提供身份证件及有关情况，保证所提供的证件、资料具有真实性、有效性、完整性。甲方应当配合乙方办理购房家庭资格核验、存量服务买卖合同网签等手续。乙方权利义务：乙方应当保证具备提供购房家庭资格核验、存量房屋买卖合同网上签约等服务的资格。乙方应当向甲方书面告知承购意向房屋的市场参考价格、存量房屋买卖的一般程序、可能存在的风险及涉及的税费等政策法规要求告知的事项。乙方违约责任：乙方因隐瞒、虚构信息侵害甲方利益的，应当退还已收的房地产经纪服务费并依法承担赔偿责任。如因乙方过错导致签订的《存量房屋买卖合同》无法履行的，甲方无须向乙方支付经纪服务费用。如甲方已支付的，乙方应当在收到甲方书面退还要求之日起30内将经纪服务费等相关款项退还甲方。给甲方造成损失的，乙方应当承担赔偿责任。合同还约定了其他内容。合同签订当日，张某给付楼王公司经纪服务费34000元。

2021年4月24日，于某（甲方、出卖人）与张某（乙方、买受人）经楼王公司提供居间服务签订《存量房屋买卖合同》，主要约定：甲方1604号房屋出售给乙方，房屋性质为商品房，用途为住宅，建筑面积为74.42平方米。房屋成交总价为人民币340万元，该数额包含交易手续费用，出卖人实际获得的净得价款为326万元；经甲、乙双方协商一致，甲方知晓并同意成交价格中的交易手续费14万元（包含居间服务费、交易所产生的税费、贷款手续费等）直接由乙方支付给居间服务商楼王公司。

后因张某不具备首套房购房资质，导致房屋买卖失败，张某向于某承担了违约责任。那么，张某可否向楼王公司要求退回经纪服务费并要求其承担违约金及赔偿损失？

法院认为，依法成立的合同受法律保护。依法成立的合同，仅对当事人具有法律约束力，但是法律另有规定的除外。当事人一方不履行合同义务或者履行合同义务不符合约定的，应当承担继续履行、采取补救措施或者赔偿损失等违约责任。在本案中，张某与楼王公司之间的《经纪服务合同》系双方当事人真实意思表示，不违反法律法规和社会公共利益，合法有效，双方均应严格遵守。张某主张解除双方之间的《经纪服务合同》并要求楼王公司退还经纪服务费34000元，楼王公司表示同意，法院对此不持异议。关于张某主张违约金及赔偿损失的诉讼请求，法院认为，楼王公司作为专业房地产经纪机构，理应就张某是否具备首套房购房资质等房屋买卖过程中的关键性问题提供相应的审查、咨询及提示提醒义务，结合法院已生效判决认定的事实，在法院判决解除了张某与于某的房屋买卖合同，并判决张某向于某承担违约责任的情形下，楼王公司理应就张某因此产生的损失承担相应责任。

据此，法院判决如下：一、解除张某与楼王公司于 2021 年 4 月 24 日签订的《经纪服务合同》；二、楼王公司返还张某经纪服务费 34000 元，于判决生效之日起 7 日内执行；三、楼王公司赔偿张某违约金及诉讼费损失共计 165420 元，于判决生效之日起 7 日内执行；四、驳回张某的其他诉讼请求。如果未按判决指定的期间履行给付金钱义务，应当依照《民事诉讼法》第 253 条的规定，加倍支付迟延履行期间的债务利息。

📖 法律依据

《中华人民共和国民法典》

第九百六十一条 中介合同是中介人向委托人报告订立合同的机会或者提供订立合同的媒介服务，委托人支付报酬的合同。

第九百六十二条 中介人应当就有关订立合同的事项向委托人如实报告。

中介人故意隐瞒与订立合同有关的重要事实或者提供虚假情况，损害委托人利益的，不得请求支付报酬并应当承担赔偿责任。

第九百六十三条 中介人促成合同成立的，委托人应当按照约定支付报酬。对中介人的报酬没有约定或者约定不明确，依据本法第五百一十条的规定仍不能确定的，根据中介人的劳务合理确定。因中介人提供订立合同的媒介服务而促成合同成立的，由该合同的当事人平均负担中介人的报酬。

中介人促成合同成立的，中介活动的费用，由中介人负担。

《中华人民共和国民事诉讼法》

第二百五十三条 被执行人未按判决、裁定和其他法律文书指定的期间履行给付金钱义务的，应当加倍支付迟延履行期间的债务利息。被执行人未按判决、裁定和其他法律文书指定的期间履行其他义务的，应当支付迟延履行金。

🔑 延伸解读

根据《经纪服务合同》约定，楼王公司应当向张某书面告知承购意向房屋的市场参考价格、存量房屋买卖的一般程序、可能存在的风险及涉及的税费等政策法规要求告知的事项。如因楼王公司过错导致所签订的《存量房屋买卖合同》无法履行的，张某无须向楼王公司支付经纪服务费；给张某造成损失的，楼王公司应当承担赔偿责任等内容。同日，张某与于某签订《存量房屋买卖合同》，合同履行中，张某主张办理贷款时银行未能按照首套房政策批贷以致购房首付款大额提高，使得房屋买卖合同无法继续履行，后法院判决解除房屋买卖合同并由张某向于某承担违约责任。

首先，楼王公司作为专业的房地产经纪公司，应根据张某提供的相关信息和材料，对张某的购房贷款资格和额度进行全面审查，并向张某告知相关的政策规定，提示存在的风险并提供专业建议；但楼王公司仅依据张某的征信报告即得出张某符合首套房贷款资格，其并未尽到应尽的相应审查、告知和提示义务，故楼王公司就此存在过错。

其次，根据当事人的陈述，涉案房屋买卖合同文本系由楼王公司所提供；根据前案生效判决的认定，并不存在因国家政策调整而导致首付款变化的情形，且当涉案房屋买卖合同约定与补充协议约定内容冲突时，楼王公司并未要求买卖双方补签书面协议，并未尽到提示、提醒义务，故楼王公司就此存在过错。

据此，因楼王公司在履行合同义务过程中存在过错，导致涉案房屋买卖合同无法继续履行，所以张某有权依约要求楼王公司赔偿由此造成的相应损失。由此可知，中介合同的中介人应当就订立合同有关的重要事实如实陈述，不得故意隐瞒，也不得为促成合同签订而提供虚假情况。中介人故意隐瞒与订立合同有关的重要事实或者提供虚假情况，损害委托人利益的，不得请求支付报酬并应当承担赔偿责任。

21. 合伙协议约定的合伙期满后，合伙关系是否必然终止？

🔊 **案　例**

2000 年，孙某与某村委会约定经营山林，其后，孙某与毕某签订合伙协议，约定出资比例双方各占 50%。承包合同到期后，孙某与某村委会续签了合同。

2021 年，孙某向毕某发出《关于终止合作经营关系的函》，认为二人的合伙合同已到期，其后二人之间的合作关系为不定期合作关系，要求自 2021 年 6 月起终止二人之间的合作关系，毕某不同意，双方就是否继续合伙出现矛盾。那么，合伙协议约定的期限届满后，当事人的合伙关系是否必然终止？

📖 **法律依据**

《中华人民共和国民法典》

第九百六十七条　合伙合同是两个以上合伙人为了共同的事业目的，订立的共享利益、共担风险的协议。

第九百七十六条　合伙人对合伙期限没有约定或者约定不明确，依据本法第五百一十条的规定仍不能确定的，视为不定期合伙。

合伙期限届满，合伙人继续执行合伙事务，其他合伙人没有提出异议的，原合伙合同继续有效，但是合伙期限为不定期。

合伙人可以随时解除不定期合伙合同，但是应当在合理期限之前通知其他合伙人。

📣 **延伸解读**

合伙合同是两个以上的合伙人为了共同的事业目的，订立的共享利益、共担风险的协议。合伙合同具有以下特点：(1) 当事人为两个以上的合伙人。(2) 合伙合同的设立目的是两个以上的合伙人为了实现共同的事业目的，主要是经营性目的。(3) 合同的内容是约定合伙人共同投资、共同经营、共担风险。但是，合伙成立之后，不可能永久存在，故合伙存在合伙期限问题。

对合伙期限的确定方法为：（1）合伙人在合伙合同中对合伙期限有约定的，依照其约定确定合伙期限。（2）合伙人对合伙期限没有约定或者约定不明确的，依照《民法典》第510条的规定进行协议补充，按照补充协议约定的合伙期限确定。（3）根据补充协议仍然不能确定合伙期限的，视合伙期限为不定期。

合伙合同约定的合伙期限届满，合伙应该结束。如果合伙人还在继续执行合伙事务，而其他合伙人对此也没有提出异议的，合伙人是以其各自的行为确认合伙合同继续履行，该合伙继续存在，原合伙合同继续有效，但是该合伙的合伙期限变为不定期，为不定期合伙。

对于不定期合伙，包括约定为不定期合伙、确定为不定期合伙以及推定为不定期合伙，合伙人都可以随时解除不定期合伙合同，即散伙，但是，解除不定期合伙合同应当通知其他合伙人，并且留出合理期限，以便其他合伙人做好准备。

本案中，涉及《民法典》第976条关于合伙期限的规定。依据《民法典》第976条第2款的规定，合伙期限届满，合伙人继续执行合伙事务，其他合伙人没有提出异议的，原合伙合同继续有效，但是合伙期限为不定期。

本案中，争议焦点为在本案诉讼前，毕某是否仍具有合伙人身份。关于合伙期限，孙某、毕某虽对此未明确约定，

但基于合伙经营的事项为案涉承包山林的经营权，故应以孙某与某村委会签订合同中所约定的承包期限为依据加以认定。承包经营合同到期后，孙某与村委会续签合同，继续从事相关经营，且仍向毕某分配合伙利润。据此，双方的合伙关系并未解除，只是转为不定期。故在本案诉讼前，毕某仍具有合伙人身份。在转为不定期合伙后，孙某可以随时解除不定期合伙合同，但是应当在合理期限之前通知毕某。

应当注意的是，合伙合同约定的合伙期限届满后，当事人应及时进行散伙或者退伙清算，以免出现承担合伙期限届满后的合伙债务或分取合伙收益。

22. 认为《尽职调查报告》存在虚构事实和隐瞒真相的，合伙协议能否撤销？

🔊 案 例

吾某基金同金某公司签订《合伙协议》，约定吾某基金为普通合伙人，金某公司为有限合伙人，二公司同意按照《合伙协议》约定的条款及条件成立有限合伙企业吾某十八期。

金某公司提起本案诉讼，主张吾某基金在签订《合伙协议》前提供的《尽职调查报告》存在告知其虚假情况、隐瞒真实情况的欺诈行为，故请求撤销《合伙协议》。本案中，《合伙协议》约定，吾某十八期所募集的资金，预留合伙企业费用及投资所产生的相关费用，

剩余部分资金通过某银行以委托贷款的方式全部投资于丰某公司，用于丰某公司的A项目。《合伙协议》签订后，金某公司于向吾某十八期实缴出资49230万元，吾某十八期、丰某公司与某银行签订《人民币委托贷款合同》，吾某十八期通过委托贷款的方式将收到的款项转给丰某公司。

那么，双方的《合伙协议》能否撤销？

法律依据

《中华人民共和国民法典》

第一百四十七条 基于重大误解实施的民事法律行为，行为人有权请求人民法院或者仲裁机构予以撤销。

延伸解读

合伙协议是以设立合伙企业为目的，由合伙人共同订立的，其作用在于确定所涉合伙企业的投资业务、费用及损益分配、合伙人的权利义务、合伙人会议、解散与清算等，是合伙企业最重要的内部法律文件，是依法设立、变更、终止合伙人的民事权利义务关系的合同，是设立合伙企业的基本依据。吾某基金在与金某公司签订《合伙协议》之前提供的《尽职调查报告》系吾某基金对其拟开展项目的一个整体介绍而非邀约。依据相关法律规定，因金某公司未能举证证实吾某基金在签订《合伙协议》时即存在欺诈故意，且实施了欺诈行为，法院对金某公司撤销《合伙协议》的诉讼请求不予支持。

23. 没有取得律师执业证书的人员以律师名义代理案件并收费的，当事人可以要求解除委托合同吗？

案 例

郭先生经朋友介绍，认识了"律师"单某。双方签订《委托合同》，由单某代理郭先生的案件纠纷。签订合同当日，郭先生即以现金方式向单某支付代理费4万元。后来，应单某的要求，郭先生又通过银行转账及现金支付方式向单某支付代理费97.5万元。单某先后代理了郭先生的三个案件，共收取代理费101.5万元。三个案件的审理过程中，单某都没有出庭。郭先生因为败诉背负了巨额债务，还被人民法院列入"失信人员名单"。

后来，郭先生向司法行政机关查证得知，单某并非执业律师。郭先生认为，当初是基于单某的律师身份，双方才签订《委托合同》的。如今，单某把自己的案件弄得一塌糊涂。郭先生认为，单某并非真正的律师，双方签订的《委托合同》应解除，并由单某退还已经收取的代理费。

单某承认双方确实存在委托代理关系，自己于2008年通过司法考试，但一直未在律师事务所任职。在与郭先生的沟通过程中，从始至终都没有说过自己是注册律师。而且法律并不禁止公民代理民事诉讼，公民代理是普遍现象。单某还说自己只收到过郭先生的4万元代理费，郭先生后续向其转账是委托投资，自己已按《委托合同》完成了委托事项，不涉及退还代理费的问题。

那么，郭先生的主张能得到法律支持吗？

📖 法律依据

《中华人民共和国民法典》

第一百四十三条 具备下列条件的民事法律行为有效：

（一）行为人具有相应的民事行为能力；

（二）意思表示真实；

（三）不违反法律、行政法规的强制性规定，不违背公序良俗。

第一百五十三条 违反法律、行政法规的强制性规定的民事法律行为无效。但是，该强制性规定不导致该民事法律行为无效的除外。

违背公序良俗的民事法律行为无效。

第九百一十九条 委托合同是委托人和受托人约定，由受托人处理委托人事务的合同。

第九百二十一条 委托人应当预付处理委托事务的费用。受托人为处理委托事务垫付的必要费用，委托人应当偿还该费用并支付利息。

《中华人民共和国民事诉讼法》

第五十八条 当事人、法定代理人可以委托一至二人作为诉讼代理人。

下列人员可以被委托为诉讼代理人：

（一）律师、基层法律服务工作者；

（二）当事人的近亲属或者工作人员；

（三）当事人所在社区、单位以及有关社会团体推荐的公民。

《中华人民共和国律师法》

第十三条 没有取得律师执业证书的人员，不得以律师名义从事法律服务业务；除法律另有规定外，不得从事诉讼代理或者辩护业务。

第五十五条 没有取得律师执业证书的人员以律师名义从事法律服务业务的，由所在地的县级以上地方人民政府司法行政部门责令停止非法执业，没收违法所得，处违法所得一倍以上五倍以下的罚款。

📢 延伸解读

根据《民法典》的相关规定，郭先生与单某系委托合同关系。由于单某无律师和基层法律服务工作者的主体资格，与郭先生亦无亲属关系，也未经过基层组织向人民法院推荐，故单某不具有诉讼代理的从业资格。双方签订的《委托合同》违背了《民事诉讼法》第58条第2款等规定。根据《民法典》第143条、第153条等规定，该代理合同应为无效合同。另外，结合最高人民法院民一庭对重庆市高级人民法院《关于公民代理合同中给付报酬约定的效力问题的请示》答复的相关批复精神，未经司法行政机关批准的公民个人与他人签订的有偿法律服务合同，人民法院不予保护。故单某应退还收取的郭先生的代理费。

《律师法》第13条规定："没有取得律师执业证书的人员，不得以律师名义从事法律服务业务；除法律另有规定外，不得从事诉讼代理或者辩护业务。"第55条规定："没有取得律师执业证书的人员以律师名义从事法律服务业务的，由所在地的县级以上地方人民政府司法行政部门责令停止非法执业，没收违法所得，处违法所得一倍以上五倍以下的罚款。"法律服务市场应是一个统一的市场。司法行政机关依法对法律服务市场进行统一规范和管理的目的在于让公众在寻求法律服务时获得信用的安全。而现实中，一些"民间讼师"游离于法律的边缘，这不仅是对法律服务市场秩序的破坏，更是对委托人权益的侵害。

根据《律师执业管理办法》和《律师执业行为规范（试行）》等有关规定，律师承办业务，应当由律师事务所统一接受委托，与委托人签订书面委托合同；按照规定由律师事务所向委托人统一收取律师费和有关办案费用，律师不得私自收费，不得接受委托人的财物或者其他利益。作为当事人，要选择正规的律师事务所，通过司法行政机关指定的途径查验《律师执业证》。切不可轻信没有取得律师执业证书的人员以律师名义做出的任何承诺。

24. 救助并照顾捡来的宠物，能向主人索要相关费用吗？

🔈 案 例

小红在自家小花园发现了一只受伤的橘猫，橘猫颈部戴着项圈，项圈上有个电话号码。小红按此号码打电话过去，发现电话已欠费停机。检查了一下，发现橘猫的一条腿受伤了。小红把橘猫抱到屋中进行了简单的清洁，又联系了宠物医院。次日，小红带橘猫去医院进行了包扎，并且得知其已经怀孕，可能这个月就要生产了。给橘猫检查治疗共计花费500元，买猫粮、猫砂、便盆共计花费300元。小红在小区业主群发信息询问谁家丢失了橘猫，并附上了图片，但无人回应。

于是，小红就决定自己照顾这只橘猫。接下来，小红为了和橘猫项圈上的电话取得联系，自动给其充值50元并留言，但电话始终是关机状态。8天后，橘猫生了3只小猫，其中一只天折了。1天后，小红接到一名自称小明的男子打来的电话，说自己是隔壁小区的，橘猫是他走失的宠物猫。十分感谢小红对橘猫的照顾。

小红提出自己带橘猫看病、买猫粮等共计花费800元，因照顾橘猫生产请假1天，被扣工资500元，加上照顾橘猫10天，以及为小明的手机充值50元，小明共计应支付给自己1500元。但是小明认为，不是自己让小红请假的，而且小红充值的手机号自己不准备用了，所以并没有打算继续缴费，是小红擅自给自己充值的，因此只同意支付800元。那么，小红向小明索要的费用合理吗？哪些费用小明应该支付，哪些不用呢？

📖 法律依据

《中华人民共和国民法典》

第九百七十九条 管理人没有法定

164

的或者约定的义务，为避免他人利益受损失而管理他人事务的，可以请求受益人偿还因管理事务而支出的必要费用；管理人因管理事务受到损失的，可以请求受益人给予适当补偿。

管理事务不符合受益人真实意思的，管理人不享有前款规定的权利；但是，受益人的真实意思违反法律或者违背公序良俗的除外。

🔊 延伸解读

由于小红并没有照顾橘猫的法定义务，也不是受小明之托进行照顾。因此，小红对于意外"闯入"家中的他人的宠物猫进行照顾的行为，属于民法中的"无因管理"。"无因管理"是指当事人没有法定的或者约定的义务，为避免他人利益受损失而对他人的事务进行管理或者提供服务的法律事实行为。《民法典》合同编中第二十八章对"无因管理"进行了相关的规定。在无因管理中，管理他人事务的人称管理人，被他人管理事务而因此避免利益受损的人称受益人。

根据《民法典》的规定，小红照顾橘猫的行为属于"无因管理"，小明属于受益人，那么小红因管理事务而支出的必要费用均可以请求受益人小明偿还，如带受伤的橘猫去医院所花的医疗费，为了照顾橘猫购买猫粮、根据猫咪生活习惯购置猫砂和便盆的费用。因为这些都是属于因管理事务而支出的必要费用。

小红因照顾橘猫生产而请假受到的工资损失，根据《民法典》的规定，也是可以请求受益人小明给予适当补偿的。

小红对橘猫进行了合理的照顾，且仅请假1天，其提出的日工资500元属于合理的范畴。此外，小红照顾橘猫10天，如果进行宠物寄存，也会产生一定的费用，因此小红可以请求小明给予适当的补偿。而小明也应当支付这笔费用，就金额问题双方可以进行协商。

对于小红给小明充值的50元话费，虽然是为了帮橘猫找到主人，但是由于此项行为，并不属于无因管理，也不符合小明的真实意思，因此该项费用，小红不享有主张偿还或补偿的权利。

也就是说，对于小红本次的无因管理支出的合理费用，以及受到的损失，小明均应进行支付。另外说明一点，橘猫所生的两只小猫也属于小明。如果小红照顾小猫产生了合理支出，小明也应当支付。

无因管理行为虽是一种自发的行为，但无因管理人有义务进行适当管理，对于无因管理行为人的合法权益，应及时给予保护。同时，根据《民法典》第982条的规定，管理人管理他人事务，能够通知受益人的，应当及时通知受益人。管理的事务不需要紧急处理的，应当等待受益人的指示。

25. 不承担交通事故责任的当事人为伤者垫付医药费的，事后能否要回？

🔊 案 例

某日晚间，石先生驾驶的普通小型

客车与谭某某驾驶的无号牌电动自行车发生碰撞，造成无号牌电动自行车上的乘客杨女士受伤及两车受损。事故发生后，谭某某弃车逃逸。石先生带杨女士前往急救中心进行了检查，并垫付挂号费及253.4元检查费。次日，杨女士以需住院治疗为由向石先生索要住院押金2000元。石先生当即将2000元现金交付给杨女士。

一周后，某交通警察大队出具《道路交通事故认定书》，其中载明了石先生、杨女士的户籍地址和联系方式以及杨女士受轻伤的事实，并认定电动自行车驾驶人谭某某承担本起事故全部责任，石先生、杨女士不承担本起事故责任。

责任认定后，石先生多次给杨女士打电话，希望她能归还自己垫付的款项或将就医发票交给自己，由自己另行主张。起初杨女士承认石先生垫付款项的事实，后来则百般推托并不承诺具体时间，最后干脆将石先生的电话号码拉黑，不再接听石先生的电话。

石先生认为，自己在交通事故中并没有任何责任，没有义务给杨女士支付医药费，遂将杨女士起诉至人民法院。

法律依据

《中华人民共和国民法典》

第一百二十一条 没有法定的或者约定的义务，为避免他人利益受损失而进行管理的人，有权请求受益人偿还由此支出的必要费用。

第九百七十九条 管理人没有法定的或者约定的义务，为避免他人利益受损失而管理他人事务的，可以请求受益人偿还因管理事务而支出的必要费用；管理人因管理事务受到损失的，可以请求受益人给予适当补偿。

管理事务不符合受益人真实意思的，管理人不享有前款规定的权利；但是，受益人的真实意思违反法律或者违背公序良俗的除外。

延伸解读

石先生在交通事故中不承担责任，但在发生交通事故之后、《道路交通事故认定书》做出之前，石先生向杨女士垫付了医药费。即使石先生是基于自己可能承担案涉交通事故责任的考虑而垫付，但这种情况属于既为他人利益也为管理人自己的利益进行管理，符合无因管理的主观要件。故石先生的垫付行为属于无因管理行为，其主张杨女士返还垫付的2253.4元医药费于法有据。

依照《民法典》第979条的规定，构成无因管理需要符合以下三个要件：（1）管理他人事务；（2）有为他人管理事务之意思；（3）无法定或约定义务。

作为无因管理人，除可以依法要求受益人偿还垫付费用和给予适当补偿外，还要履行好适当管理义务、继续管理义务、通知义务、报告义务和财产交付等法定义务。

26. 充手机话费时充错了号码，还能把钱要回来吗？

案 例

小迪妈妈给小迪充了 100 元手机话费，因为一直没有到账，查询时发现原来匆忙之中输错了一个数字，将话费充到了别人的手机号码上。小迪妈妈赶紧给那个充值的号码打电话，请求对方返还 100 元话费，却遭到拒绝。那么，小迪的妈妈有权利要求对方返还话费吗？

法律依据

《中华人民共和国民法典》

第九百八十五条 得利人没有法律根据取得不当利益的，受损失的人可以请求得利人返还取得的利益，但是有下列情形之一的除外：

（一）为履行道德义务进行的给付；

（二）债务到期之前的清偿；

（三）明知无给付义务而进行的债务清偿。

第九百八十六条 得利人不知道且不应当知道取得的利益没有法律根据，取得的利益已经不存在的，不承担返还该利益的义务。

第九百八十七条 得利人知道或者应当知道取得的利益没有法律根据的，受损失的人可以请求得利人返还其取得的利益并依法赔偿损失。

延伸解读

不当得利是指得利人得到的利益没有法律依据，其得到的利益使他人受损。不当得利的事实发生之后，在得利人与受损失人之间就形成了法律上的权利义务关系。即受损失人有权请求得利人返还不应当得到的利益，得利人有义务返还其没有法律依据得到的利益。双方之间就产生了债的法律关系。如果得利人不知道或者不应当知道其得到的利益是不当得利或者利益已经不存在了，则得利人无须返还。如果得利人知道或者应当知道其得到的利益是不当得利，则得利人应当返还。如果得利人将利益无偿转让给第三人，得利人无须返还，受损失的人可以向第三人主张返还。

本案中，小迪妈妈因为疏忽大意，在给小迪的手机号码充值时，输错了一个数字，而将 100 元话费充到他人的手机号码里，导致自己损失了 100 元，而对方得到了 100 元的利益。对方得到的利益与小迪妈妈的损失之间存在因果关系，因此小迪妈妈有权依据《民法典》第 985 条、第 987 条的规定要求对方返还。如果小迪妈妈与对方协商之后，对方拒绝返还，小迪妈妈可以以不当得利为由，起诉到人民法院，要求其返还 100 元。

27. 一不小心汇错款，收款人应当返还吗？

案 例

王某是一家小型公司的会计，负责去银行给固定的几家合作单位汇款。前不久，他像平时一样去银行进行对公转账，因只顾着确认金额，导致不小心输错了汇款账号的一个数字，将钱汇到了方某的账号。

方某承认自己收到了这笔钱，最初答应还款，但称自己在外地出差，还款一事需要延后几天。两三个月过去了，方某以各种理由推诿，拒不还款。王某见与方某协商不成，遂以方某构成不当得利为由诉至法院。

因本案事实清楚、权利义务关系明确、争议不大，案件承办法官遂于庭前通过电话与方某取得联系。经过电话沟通，最终双方达成和解协议，方某偿还款项，王某撤回起诉。

法律依据

《中华人民共和国民法典》

第一百二十二条　因他人没有法律根据，取得不当利益，受损失的人有权请求其返还不当利益。

第九百八十五条　得利人没有法律根据取得不当利益的，受损失的人可以请求得利人返还取得的利益，但是有下列情形之一的除外：

（一）为履行道德义务进行的给付；

（二）债务到期之前的清偿；

（三）明知无给付义务而进行的债务清偿。

延伸解读

不当得利的受益人应将所受利益返还给受损人，原物无法返还的，应折价返还。若得利人已经将取得的利益无偿转让给第三人，则受损失的人可以请求第三人在相应范围内承担返还义务；若得利人将所获得的利益有偿转让给第三人，则受损人无权请求第三人返还，而只能请求得利人返还。

28. 错将他人的真品首饰当作赝品送人，受赠人应当返还吗？

案 例

张某和李某在某影楼拍摄婚纱照，拍摄结束后，李某帮张某收拾好个人物品，二人便离开影楼回家了。数日后，张某发现拍摄婚纱当天自己佩戴的价值1万多元的耳环不见了。经过仔细分析，二人判断是遗落在影楼了。于是，二人迅速赶往某影楼查找。该影楼工作人员获知顾客遗落贵重物品后，积极配合查找，并查看了监控录像。最后发现，该耳环确实被当成拍摄道具混入了影楼的首饰中，后来被顾客阿华看中，影楼工作人员以为是普通的道具首饰，就送给了阿华。张某和李某通过影楼提供的联系方式联系上了阿华，请求其返还本属于张某的耳环。阿华以耳环系影楼赠与为由，拒绝返还。双发协商未果，张某以阿华构成不当得利为由向法院提起了诉讼。法院最终支持了张某的诉讼请求，依法判决阿华承担返还义务。

法律依据

《中华人民共和国民法典》

第一百二十二条　因他人没有法律

根据，取得不当利益，受损失的人有权请求其返还不当利益。

第九百八十五条 得利人没有法律根据取得不当利益的，受损失的人可以请求得利人返还取得的利益，但是有下列情形之一的除外：

（一）为履行道德义务进行的给付；

（二）债务到期之前的清偿；

（三）明知无给付义务而进行的债务清偿。

第九百八十六条 得利人不知道且不应当知道取得的利益没有法律根据，取得的利益已经不存在的，不承担返还该利益的义务。

第九百八十七条 得利人知道或者应当知道取得的利益没有法律根据的，受损失的人可以请求得利人返还其取得的利益并依法赔偿损失。

第九百八十八条 得利人已经将取得的利益无偿转让给第三人的，受损失的人可以请求第三人在相应范围内承担返还义务。

📢 **延伸解读**

本案中，张某不慎将价值1万多元的耳环遗落在某影楼，后该耳环被影楼工作人员当作道具送给了顾客阿华。张某联系阿华之后，阿华明知耳环属于张某且价值不菲，却拒绝返还。根据《民法典》第985条的规定，阿华的行为构成不当得利，应当承担返还义务。

按照法律规定，受益人返还不当得利的范围因主观善意或恶意的不同，大概分为以下三种情况：

（1）受益人是善意的。得利人不知道且不应当知道取得的利益没有法律根据，取得的利益已经不存在的，不承担返还该利益的义务。

（2）受益人是恶意的。得利人知道或者应当知道取得的利益没有法律根据，受损失的人可以请求得利人返还其取得的利益并依法赔偿损失。

（3）受益人先是善意后转为恶意的。在这种情况下，得利人的返还范围应以恶意开始时存在的利益为准。

29. 擅自在朋友圈公开借款人的照片，违法吗？

📢 **案 例**

张某和王某是发小，王某因为做生意需要资金周转向张某借款30万元，答应一年之内还款，但两年过去了，仍然没还。张某近期需要筹钱买房，多次向王某催要无果，双方关系渐渐恶化。到后来，王某既不接张某的电话，也不回微信。张某一气之下，把王某的照片发在微信朋友圈，称其借钱不还，不讲信用。

📖 **法律依据**

《中华人民共和国民法典》

第一千零一十八条 自然人享有肖像权，有权依法制作、使用、公开或者许可他人使用自己的肖像。

肖像是通过影像、雕塑、绘画等方式在一定载体上所反映的特定自然人可以被识别的外部形象。

第一千零一十九条 任何组织或者个人不得以丑化、污损，或者利用信息技术手段伪造等方式侵害他人的肖像权。未经肖像权人同意，不得制作、使用、公开肖像权人的肖像，但是法律另有规定的除外。

未经肖像权人同意，肖像作品权利人不得以发表、复制、发行、出租、展览等方式使用或者公开肖像权人的肖像。

📢 **延伸解读**

自然人享有肖像权，未经肖像权人同意，任何组织和个人不得制作、使用、公开他人的肖像。本案中，虽然王某有欠张某钱未还的事实，但张某未经王某同意，将王某的照片发在朋友圈的行为也属于侵权行为，侵犯了王某的肖像权。

在现实生活中，债务人欠钱不还的情况并不少见，债权人可以保留证据去法院提起诉讼，积极地使用正当手段维护自身合法权益。

30. 肖像权被侵犯，受害人的赔礼道歉请求权有诉讼时效吗？

📢 **案 例**

小王在某网店买了一套服装，此后在评价区发布了买家秀图片。当她再次光顾该网店时，发现自己的图片经过加工后被用在了该网店首页，这让她感到心里很不舒服。她找店家交涉，要求其立即撤掉照片，并在网络上公开赔礼道歉。对此，店家不予理睬。小王一气之下将该网店告上法院。开庭审理时，该网店负责人提出小王的诉求已过诉讼时效，请求法庭不予支持。那么，小王要求对方赔礼道歉受诉讼时效的限制吗？

📢 **法律依据**

《中华人民共和国民法典》

第九百九十一条 民事主体的人格权受法律保护，任何组织或者个人不得侵害。

第九百九十五条 人格权受到侵害的，受害人有权依照本法和其他法律的规定请求行为人承担民事责任。受害人的停止侵害、排除妨碍、消除危险、消除影响、恢复名誉、赔礼道歉请求权，不适用诉讼时效的规定。

📢 **延伸解读**

公民的肖像权属于人格权的一部分，是受法律保护的，未经本人允许不得擅自使用其肖像。此外，对于人格权的诉讼时效问题，《民法典》第995条明确规定，受害人的停止侵害、排除妨碍、消除危险、消除影响、恢复名誉、赔礼道歉请求权，不适用诉讼时效的规定。

本案中，某网店擅自使用小王的肖像，侵害了小王的合法权益，应承担相应的法律责任。小王要求该网店赔礼道歉不受诉讼时效的限制。

01. 已故名人的人格权受法律保护吗？

📣 **案 例**

赵某是已故明星赵某某之子，一次，他去外地出差，发现S公司经营的一家餐厅未经许可使用了其父亲的照片及姓名。赵某上网搜索后发现S公司的网站、微信公众号中存在多篇有损赵某某形象的宣传文章，并搭配有餐厅的介绍。赵某要求S公司撤掉相关的餐厅宣传资料，以及网站、微信公众号等处使用其父亲姓名、照片的宣传文章，赔礼道歉，并赔偿损失及必要费用50余万元。但是，S公司不同意赔礼道歉、赔偿损失。那么，赵某的父亲已经去世了，他的人格权还能受到法律保护吗？

📋 **法律依据**

《中华人民共和国民法典》

第九百九十条 人格权是民事主体享有的生命权、身体权、健康权、姓名权、名称权、肖像权、名誉权、荣誉权、隐私权等权利。

除前款规定的人格权外，自然人享有基于人身自由、人格尊严产生的其他人格权益。

第九百九十二条 人格权不得放弃、转让或者继承。

第九百九十四条 死者的姓名、肖像、名誉、荣誉、隐私、遗体等受到侵害的，其配偶、子女、父母有权依法请求行为人承担民事责任；死者没有配偶、子女且父母已经死亡的，其他近亲属有权依法请求行为人承担民事责任。

📣 **延伸解读**

赵某的父亲赵某某已经去世，他的人格权随之消亡，不受到法律保护。自然人的民事权利能力始于出生，终于死亡，已故者的确不再享有姓名权、肖像权等人格权，并且人格权不得继承。但是，基于特殊的身份和情感关系，死者的姓名、肖像对于其近亲属会产生精神和经济上的特定利益。死者姓名、肖像的不当使用，会降低其社会评价。同时，因为死者生前具有的特定身份，其姓名、肖像仍具有一定的社会影响力和经济价值。姓名权和肖像权虽然作为人格权不能继承，但死者姓名、肖像因具有一定的商业价值而产生的经济利益，可以由其近亲属继受和享有，应受到法律保护。

171

《民法典》对逝者姓名、肖像等人格利益作了更进一步的保护。根据其中第994条的规定，死者的姓名、肖像、名誉、荣誉、隐私、遗体等受到侵害的，其配偶、子女、父母有权依法请求行为人承担民事责任；死者没有配偶、子女且父母已经死亡的，其他近亲属有权依法请求行为人承担民事责任。本案中，赵某某生前是明星，具有一定的知名度，其姓名和肖像具有一定的商业价值，若被他人不当使用，不仅会影响其形象，还会影响其经济价值，因此他的儿子赵某有权主张维护权益。

02. 将他人打伤后受到行政处罚的，还需要对伤者进行赔偿吗？

📢 案　例

一天，李某去超市购买饮料，付款后又犹豫要不要买盒香烟，在柜台前站了一会儿后，超市老板对李某说："你到底买不买？"李某说再看看，超市老板说："要买快买，不买赶紧走，别在这里挡着。"李某听了很生气，随即双方你一句我一句对骂起来，超市老板借着酒劲突然出拳将李某打倒在地，李某立即报警。警察到场将李某和超市老板带到派出所。派出所委托法医学鉴定中心对李某的伤情进行损伤程度鉴定，鉴定意见为李某外伤致面部软组织挫伤，构成轻微伤。市公安局某分局作出行政处罚决定书，对超市老板殴打他人的行为予以行政拘留5日并处罚款300元。

李某要求超市老板赔偿医疗费、营养费等5万元损失，超市老板认为他已经被公安分局处罚过了，不同意支付，那么李某可以要求对方赔偿吗？

📖 法律依据

《中华人民共和国民法典》

第一百八十七条　民事主体因同一行为应当承担民事责任、行政责任和刑事责任的，承担行政责任或者刑事责任不影响承担民事责任；民事主体的财产不足以支付的，优先用于承担民事责任。

第一千零二条　自然人享有生命权。自然人的生命安全和生命尊严受法律保护。任何组织或者个人不得侵害他人的生命权。

第一千零三条　自然人享有身体权。自然人的身体完整和行动自由受法律保护。任何组织或者个人不得侵害他人的身体权。

第一千零四条　自然人享有健康权。自然人的身心健康受法律保护。任何组织或者个人不得侵害他人的健康权。

📢 延伸解读

李某的生命权、身体权、健康权受法律保护，受到侵害时可以要求对方赔偿。超市老板将李某打伤，侵害了李某的民事权益，应承担相应的侵权责任。同时，根据《民法典》第187条的规定，民事主体因同一行为应当承担民事责任、行政责任和刑事责任的，承担行政责任或者刑事责任不影响承担民事责任。因此，超市老板因打伤李某应当承担民事责任和行政责任，承担行政责任不等于免除了民事责任。

03. 当事人和朋友一起去钓鱼时意外溺亡，朋友是否应该承担责任？

📢 案　例

王某和李某一起去河边钓鱼，在钓鱼过程中，李某的鱼竿被鱼拖走，李某下水捞鱼竿时不慎溺水身亡。李某的家属认为，王某和李某一起去钓鱼，在李某下水时未及时规劝，没有对李某的安全尽到保障义务，应该承担赔偿责任。王某不同意李某家属的看法，认为李某的死亡属于意外，在李某下水时，自己对李某进行了劝阻，且在李某溺水过程中积极进行了救助，是李某一意孤行才导致了其死亡的后果。那么，王某在这起事件中是否应当承担责任？

📖 法律依据

《中华人民共和国民法典》

第一千零五条　自然人的生命权、身体权、健康权受到侵害或者处于其他危难情形的，负有法定救助义务的组织或者个人应当及时施救。

📢 延伸解读

王某在这起事件中是否应当承担责任，需要从以下几点进行分析：（1）王某在活动中的身份；（2）是不是营利性行为；（3）在预见他人危险行为时是否事前进行了劝阻和事后进行了救助。本案中，王某和李某是朋友关系，一起钓鱼是一个自发的行为，李某的鱼竿被鱼拖入河里是意外，李某可以选择捞或者不捞鱼竿，他人没有强制、胁迫等行为。王某在李某下水捞鱼竿时进行了劝阻，在李某溺水时积极进行了救助，在主观上不存在过错，客观上也有劝阻和救助的行为。而李某作为具备完全民事行为能力的人，对于自身的安全问题应当承担最高的注意防范义务，但李某因为会游泳而疏忽大意，致使自己溺水身亡，对此王某不需要承担责任。

04. 当事人和朋友一起喝酒后身亡，朋友是否应该承担责任？

📢 案　例

王某约李某、宋某一起到饭庄喝酒，王某和李某越喝越高兴，喝了两瓶白酒后又加了一瓶。宋某因身体不舒服，当晚没有喝酒，但也没有劝阻另外两人要少喝。饭后，宋某将李某送到家门口，交到同住人员李某某手中，李某某将李某扶到床上，第二天早晨，李某某叫李某起床时，发现李某已经死亡。医疗机构出具的《居民死亡医学证明书》推断，李某系急性酒精中毒、窒息而死亡。李某家属要求王某和宋某对李某的死亡承担责任。

《中华人民共和国民法典》

第一千零五条 自然人的生命权、身体权、健康权受到侵害或者处于其他危难情形的，负有法定救助义务的组织或者个人应当及时施救。

延伸解读

在日常生活中，因为饮酒过度而引发死亡后果的侵权责任纠纷屡见不鲜，在分析此类事件当事人是否应承担责任及责任大小问题时，应当分析活动的组织者、参与者在其中有无尽到符合大众认知的注意义务，再结合饮酒者自身的过错大小来进行判断。

本案中，李某作为完全民事行为能力人，对过量饮酒可能造成的危险后果应当有足够清醒的认识，对饮酒后自身安全负有首要的、完全的注意义务。王某、宋某和李某共同饮酒，应当相互节制、相互照顾，共饮人之间对彼此的人身安全负有高度的注意义务，这种注意义务主要是指饮酒过程中的警示、提醒义务，饮酒后的通知、扶助、照顾、护送义务，王某和宋某疏于履行这些义务，造成共饮人李某人身伤亡，构成侵权，应当承担相应的赔偿责任。

05. 冷冻胚胎可以由提供者个人保管吗？

案 例

46岁的王女士因不孕在某省第一医院就诊，并在该医院生殖医学中心行体外人工授精术，所形成的胚胎在该医院有偿冷冻保存，后王女士因身体原因放弃了生育的想法，又不想让医院将冷冻保存的胚胎销毁，便和医院协商，想将冷冻的胚胎拿回自行保管，但医院以违反规定为由，不同意王女士个人保管胚胎。

法律依据

《中华人民共和国民法典》

第一千零九条 从事与人体基因、人体胚胎等有关的医学和科研活动，应当遵守法律、行政法规和国家有关规定，不得危害人体健康，不得违背伦理道德，不得损害公共利益。

延伸解读

王女士及其丈夫在有资质的医院采用冷冻技术保存了自己的两枚胚胎，该胚胎是王女士的卵子和其丈夫的精子结合而产生的，含有王女士及其丈夫的遗传信息。王女士和其丈夫与两枚胚胎具有最密切的联系，依法享有保管、处置胚胎的民事权益。王女士因为身体原因已经无法完成胚胎移植，胚胎继续在医院存放已无意义。我国的《人类辅助生殖技术管理办法》（2001 年 8 月 1 日施行）、《人类辅助生殖技术规范》、《人类辅助生殖技术和人类精子库伦理原则》等都规定了禁止以任何形式买卖配子、合子、胚胎，医疗机构和服务人员不得实施任何形式的代孕技术，某省第一医院顾虑到将两枚胚胎返还给王女士可能存在违背伦理道德、损害公共利益的风险。

即使综合考虑感情、道德、法律等因素，王女士可以取回胚胎自行保管，王女士在取得涉案胚胎后，也不得使用胚胎从事代孕等违背伦理道德、损害公共利益的医学活动。

在我国，非法采供精子、卵子，买卖配子、合子、胚胎或实施代孕技术等行为不受法律保护。

06. 子女意外去世，父母有权将其遗体卖给他人吗？

🔊 案 例

王某驾驶三轮车带着 20 岁的女儿小王在某省道上行驶，与由南向北开来的一辆小轿车相撞，小王当场死亡。小王死后，王某村上的李某找到他，说老家有一户人家想给儿子配阴婚，愿意出 5万元买王某女儿的尸体带回去合葬，王某同意了。那么，王某的行为是否合法？

📖 法律依据

《中华人民共和国民法典》

第一千零七条 禁止以任何形式买卖人体细胞、人体组织、人体器官、遗体。

违反前款规定的买卖行为无效。

🔊 延伸解读

在我国，法律明确禁止买卖人体器官和遗体，无论双方是否自愿。早在2006 年出台的《尸体出入境和尸体处理的管理规定》第 8 条就规定了严禁进行尸体买卖，严禁利用尸体进行商业性活动。《民法典》第 1007 条也规定禁止以任何形式买卖人体细胞、人体组织、人体器官、遗体。违反前款规定的买卖行为无效。

尸体买卖，是指买卖人的遗体及其标本（含人体器官组织、人体骨骼及其标本）。无论是尸体的直系亲属还是死者本人生前都不能订立尸体买卖的合同。尸体使用的唯一途径是向医疗机构、医学院校、医学科研机构以及法医鉴定科研机构等进行合法捐赠，否则都要进行火化（个别地区可以土葬）处理。

本案中，王某虽为小王的父亲，是小王的继承人之一，但其买卖女儿遗体的行为属于违法行为，其收入为违法所得，法律不予支持。

07. 夫妻一方可以单独决定捐献配偶的器官吗？

🔊 案 例

赵某是某大学的教师，父母健在，和爱人王某育有一子一女，两个孩子均已成年。赵某生前曾和家人表示，死后愿意将器官捐献，用于医学研究。2021年5月，赵某因患脑瘤经抢救无效去世，其爱人王某希望遵从赵某的遗愿，捐献赵某的器官，但他的父母和子女都不同意。那么，王某可以单独决定捐献赵某的器官吗？

《中华人民共和国民法典》

第一千零六条 完全民事行为能力人有权依法自主决定无偿捐献其人体细胞、人体组织、人体器官、遗体。任何组织或者个人不得强迫、欺骗、利诱其捐献。

完全民事行为能力人依据前款规定同意捐献的，应当采用书面形式，也可以订立遗嘱。

自然人生前未表示不同意捐献的，该自然人死亡后，其配偶、成年子女、父母可以共同决定捐献，决定捐献应当采用书面形式。

📣 **延伸解读**

身体权是以自然人保持其身体器官的完整性为内容的权利，它是人格权的一种，是其他人格权赖以存在的前提和物质基础。生命终结后，公民的身体转化为纯自然意义上的物，包括从尸体上分离出来的脏器、血液、毛发以及尸体火化后的骨灰，都具有精神价值。死者家属在不违背死者生前真实意愿和公序良俗的前提下，有权对其进行处分，其他任何组织和个人不得侵犯。

器官捐献是公民自愿实施的一种善行，器官只允许捐赠，不可买卖，且应当完全是无偿和公益的，捐赠者可在生前签署捐献协议或在遗嘱中表明捐献的意愿。

本案中，因赵某生前未书面表示同意捐献器官，在死亡后，捐献器官需要其配偶、成年子女、父母共同决定，并且需要采用书面形式。因此，如果赵某的父母和子女始终不同意捐献赵某的器官，是无法完成捐献的。

08. 因参与新药的临床试验受到损害的，可以要求赔偿吗？

📣 **案 例**

李某因鼻炎到某医院就诊，医生赵某介绍现在有一种新药正在进行临床试验，对鼻炎的治疗效果较好，建议李某参与实验。李某表示同意，但在初次使用新药后感觉头晕、流泪不止，遂于当日到某市人民医院就诊，被确诊为药物过敏。

🔍 **法律依据**

《中华人民共和国民法典》

第一千零八条 为研制新药、医疗器械或者发展新的预防和治疗方法，需要进行临床试验的，应当依法经相关主管部门批准并经伦理委员会审查同意，向受试者或者受试者的监护人告知试验目的、用途和可能产生的风险等详细情况，并经其书面同意。

进行临床试验的，不得向受试者收取试验费用。

延伸解读

参与研制新药、医疗器械或者发展新的预防和治疗方法进行的临床试验，受到损害依然可以要求赔偿。在研发的新药正式投入使用之前，都需要经过一段时间、一定人数的临床试验，参与试药的患者享有充分的知情权，包括要充分告知其临床试验项目名称、单位、参加试验者身体情况和可能出现的不良反应等多项具体信息，但即使试验单位对相关内容进行了告知，也不能免除患者在试药过程中出现不良反应，对此，试验单位应承担相应的责任。

对于受试者而言，在选择参加新药试验时应根据自身身体情况量力而行，不参加非法试药、不偏信民间偏方。

09. 领导给下属发黄色图片是性骚扰吗？

案 例

小丽大学毕业后在一家商贸公司担任行政秘书，刚开始工作的时候，领导赵某对她特别照顾，悉心带领她熟悉工作，融入同事，在她搬家的时候帮助她联系房源。但后来赵某经常让小丽单独向他汇报工作，在接触过程中有摸手、摸脸、搂肩膀、发黄色图片等行为，小丽因此长期感到焦虑、精神压力较大，出现体重下降、睡眠障碍、抑郁综合征

等问题。

法律依据

《中华人民共和国民法典》

第一千零一十条　违背他人意愿，以言语、文字、图像、肢体行为等方式对他人实施性骚扰的，受害人有权依法请求行为人承担民事责任。

机关、企业、学校等单位应当采取合理的预防、受理投诉、调查处置等措施，防止和制止利用职权、从属关系等实施性骚扰。

延伸解读

领导违背下属的意愿，给下属发黄色图片属于性骚扰行为。在《民法典》颁布之前，法律意义上性骚扰的典型行为是肢体接触行为，《民法典》第1010条的规定是随着时代的发展，将性骚扰行为的新形态涵盖进来，包括"言语、文字、图像等"。因此，发送色情短信、色情微信、色情图片等均可构成骚扰行为。只要是违背他人意愿，在受害人已经明确进行抵触，而行为人仍然实施的，就构成性骚扰。

《民法典》第1010条第2款明确规定了机关、企业、学校等单位对性骚扰负有预防、处理的安全保障义务。这一规定的确立，除了有利于预防、处置性骚扰行为，将更有利于证据的收集和确认。因此，单位若未尽到采取合理的预防、受理投诉、调查处置等措施的安全保障义务的，可能也需要承担相应的责任。

此外，《民法典》对性骚扰的规定不再区分性别、年龄，无论是异性之间，还是同性之间，凡是违背自然人意愿的性骚扰行为，受害人均有权依法请求行为人承担民事责任。

10. 夫妻一方有外遇，另一方带人现场捉奸，需要承担民事责任吗？

📢 案 例

赵某长期在外地工作，其妻子胡某向赵某提出离婚，赵某认为妻子是因为出轨才提出离婚的。某天，赵某得到消息，胡某和一男子在家中约会。赵某找到弟弟及朋友等五人赶回家中，果然发现了和妻子约会的王某。赵某等人将王某反锁在屋内，要求其承认和妻子出轨，并立下不再与胡某来往的书面保证。王某趁赵某等人不注意，突然从窗户跳下去，结果摔成重伤。王某的妻子要求赵某承担王某的医药费、误工费等。

📖 法律依据

《中华人民共和国民法典》

第一千零一十一条 以非法拘禁等方式剥夺、限制他人的行动自由，或者非法搜查他人身体的，受害人有权依法请求行为人承担民事责任。

📢 延伸解读

我国法律赋予了公安机关、人民检察院、人民法院强行剥夺和限制他人人身自由的权力，但使用此权力时必须严格遵守法律程序，其他任何机关、团体、企业、事业单位、个人都无此权力。非法限制他人人身自由的手段是多种多样的，如捆绑、隔离、关押、扣留身份证件、不让随意外出或者与外界联系等，其实质就是强制剥夺他人的人身自由。

本案中，赵某等人将王某反锁在屋内，要求其写保证书的行为就属于非法限制他人人身自由的行为，王某出于害怕跳窗逃生结果摔成重伤，赵某等人应根据具体过错程度承担相应的民事责任。

当然，并非所有限制他人人身自由的行为都是非法的，根据相关法律规定，公民对正在实施的违法犯罪行为或者对违法犯罪后被及时发现的、通缉在案、越狱潜逃等正在被追捕的人有权进行控制并立即通知公安机关或将上述人员扭送到公安机关。

11. 冒用他人姓名进行举报等行为是否违法？

📢 案 例

某村村民刘某以同村村民黄某的名义先后数次向市长办公室邮寄投诉举报信。黄某收到回信后意识到个人姓名被冒用，随即向派出所报案。派出所调查出是刘某所为，黄某要求刘某将此事说清楚并公开道歉，赔偿自己的名誉损失。

📖 法律依据

《中华人民共和国民法典》

第一千零一十四条 任何组织或者

个人不得以干涉、盗用、假冒等方式侵害他人的姓名权或者名称权。

📢 延伸解读

刘某侵犯了黄某的姓名权，构成违法。冒用他人姓名是冒用他人身份的方式之一，除冒用他人姓名举报外，还包括冒用他人姓名签署合同、结婚等民事行为或者其他犯罪行为。虽然重名现象常见，但冒用姓名不等同于重名，其实质是对他人特定身份、社会价值的利用，或者真实意思为隐藏自身，逃避责任。

判断冒用他人姓名从事民事活动是不是违法行为，除了看行为人本身从事的行为是否违法，还要看被冒用姓名人事后是否追认。例如，如果行为人从事的行为不违反法律规定，事后被冒用姓名的人对其行为进行了追认，那么其行为可以认定为一种代理行为。

在日常生活中，我们应当充分尊重他人的姓名权，并且注意保护自己的姓名权。在姓名被冒用后，应正确使用法律手段保护自己，可以要求行为人停止侵害、赔礼道歉、赔偿精神损失。

12. 发表文章时，在未告知他人的情况下署上他人姓名，是否构成侵害他人的姓名权？

📢 案 例

陈某是某医院的实习医生，张某是该医院的主任医师，陈某在没有告知张某的情况下，在自己的一篇文章上署上了张某的姓名。文章发表后，有人在网络上公开指出文章中存在大量的抄袭和数据错误，并对作者的学术水平和人品进行了攻击。张某认为，陈某的行为侵害了自己的姓名权，使自己的名誉受到了严重侵害，降低了他的社会评价，同时也使他的职业生涯受到严重的影响。那么，张某的说法正确吗？

🔍 法律依据

《中华人民共和国民法典》
第一千零一十四条　任何组织或者个人不得以干涉、盗用、假冒等方式侵害他人的姓名权或者名称权。

📢 延伸解读

陈某的行为构成了对张某姓名权的侵害，应当承担法律责任。无论是何种原因，都应当充分尊重他人的姓名权，不在他人未同意的情况下使用他人姓名。陈某可能是想借张某之名发表文章，提高文章的影响力，或仅是出于单位职务关系挂名，但无论其出于何种目的，都属于借用张某姓名的社会价值谋求利益。

姓名权和诸多权利、利益息息相关，我们应充分尊重他人的姓名权，借他人之名必须事先征得他人同意，且实施的行为不能违反法律规定。

13. 擅自将明星的艺名注册为商标，是否构成侵害他人的姓名权？

📢 案 例

李某使用某著名少儿频道主持人的

艺名作为其幼儿产业的名称，并申请商标，但在申请商标时未被国家知识产权局通过。国家知识产权局认为，被申请的主持人艺名为艺人长期使用，主持大量寓教于乐的少儿节目，且该艺名得到了公众的广泛认可，在教育领域具有一定的知名度，李某注册此商标违反了《商标法》第32条"申请商标注册不得损害他人现有的在先权利"的规定。

📖 法律依据

《中华人民共和国民法典》

第一千零一十七条 具有一定社会知名度，被他人使用足以造成公众混淆的笔名、艺名、网名、译名、字号、姓名和名称的简称等，参照适用姓名权和名称权保护的有关规定。

《中华人民共和国商标法》

第三十二条 申请商标注册不得损害他人现有的在先权利，也不得以不正当手段抢先注册他人已经使用并有一定影响的商标。

《最高人民法院关于审理商标授权确权行政案件若干问题的规定》

第二十条 当事人主张诉争商标损害其姓名权，如果相关公众认为该商标标志指代了该自然人，容易认为标记有该商标的商品系经过该自然人许可或者与该自然人存在特定联系的，人民法院应当认定该商标损害了该自然人的姓名权。

当事人以其笔名、艺名、译名等特定名称主张姓名权，该特定名称具有一定的知名度，与该自然人建立了稳定的对应关系，相关公众以其指代该自然人的，人民法院予以支持。

📣 延伸解读

《民法典》第1017条规定："具有一定社会知名度，被他人使用足以造成公众混淆的笔名、艺名、网名、译名、字号、姓名和名称的简称等，参照适用姓名权和名称权保护的有关规定。"同时，《最高人民法院关于审理商标授权确权行政案件若干问题的规定》第20条规定："当事人主张诉争商标损害其姓名权，如果相关公众认为该商标标志指代了该自然人，容易认为标记有该商标的商品系经过该自然人许可或者与该自然人存在特定联系的，人民法院应当认定该商标损害了该自然人的姓名权。当事人以其笔名、艺名、译名等特定名称主张姓名权，该特定名称具有一定的知名度，与该自然人建立了稳定的对应关系，相关公众以其指代该自然人的，人民法院予以支持。"据此，本案中李某使用某著名少儿频道主持人的艺名作为其幼儿产业的名称，侵犯了该主持人的名称权。

艺名是姓名的一种，具有一定的市场知名度，为相关公众所熟悉的明星艺名同样受到法律的保护。由于艺名具有明显的人身依附性，所以明星的艺名应归属明星个人所有。当艺名被他人假冒或使用，足以引起市场混淆时，当事人可以寻求法律保护。

公司或个人在注册商标前需要谨慎查询是否使用了具有社会知名度的笔名、

艺名、网名、译名、字号、姓名和名称的简称等，避免后续引发纠纷，给自己造成损失。公民的笔名、艺名、网名、译名、字号、姓名等都受到法律保护，一旦受到侵害，每个人都应当用法律的武器维护自己的权利，但需要注意的是，要证明自己的权利被侵害需要承担举证责任，证明该笔名、艺名、网名、译名、字号、姓名等具有一定的社会知名度。

14. 离婚后，抚养子女一方可以随意变更子女的姓名吗？

📢 案　例

李某和夏某婚后生有一子小夏，后来，李某与夏某因感情不和协议离婚，儿子小夏随母亲李某生活。李某再婚的爱人姓王，李某想让儿子改随继父的姓氏，夏某知道后坚决不同意。那么，李某有权自行决定变更儿子的姓氏吗？

🔍 法律依据

《中华人民共和国民法典》

第一千零一十二条　自然人享有姓名权，有权依法决定、使用、变更或者许可他人使用自己的姓名，但是不得违背公序良俗。

第一千零一十五条　自然人应当随父姓或者母姓，但是有下列情形之一的，可以在父姓和母姓之外选取姓氏：

（一）选取其他直系长辈血亲的姓氏；

（二）因由法定扶养人以外的人扶养而选取扶养人姓氏；

（三）有不违背公序良俗的其他正当理由。

少数民族自然人的姓氏可以遵从本民族的文化传统和风俗习惯。

《公安部关于父母离婚后子女姓名变更有关问题的批复》

······

根据最高人民法院《关于变更子女姓氏问题的复函》（〔81〕法民字第11号）的有关精神，对于离婚双方未经协商或协商未达成一致意见而其中一方要求变更子女姓名的，公安机关可以拒绝受理；对一方因向公安机关隐瞒离婚事实，而取得子女姓名变更的，若另一方要求恢复子女原姓名且离婚双方协商不成，公安机关应予恢复。

······

📢 延伸解读

在夏某不同意的情况下，李某不得自行变更儿子的姓氏。虽然李某和夏某离婚了，但他们依然是小夏的法定扶养人，虽然法律规定了自然人可以因由法定扶养人以外的人扶养而选取扶养人姓氏，如继子改随继父的姓氏，但子随父姓或母姓是中国几千年来的传统文化，反映了中国传统的伦理观念，同时因小夏是未成年人，为维护未成年人的利益，不因父母的离婚、再婚而使未成年人与原生父母的感情受到伤害，在这里理解为在离婚双方未协调一致的情况下，在父姓和母姓之外选取姓氏违背了公序良俗。

在司法实践中，针对夫妻离婚又再婚后，一方因对方擅自将子女原来的姓氏改为再婚配偶的姓氏而提起诉讼，法院一般不予采纳；但对于一方擅自将子女的姓氏改为他人的姓氏违背公序良俗而提起诉讼的，一般依据《民法典》第1012条的规定责令恢复。

15. 盗用他人信息申请企业资质证书、承揽业务的，是否构成侵害他人的姓名权？

🔊 **案 例**

某华建筑公司以聘请陈某为技术顾问之名，获得了陈某的高级工程师职务资格证书等材料与信息。在拒绝录用陈某之后，某华建筑公司以陈某的相关材料申请了企业资质证书，并以陈某作为本公司总工程师和企业技术负责人的名义承揽业务。该事传至陈某所在单位后，陈某因此受到了领导和同事的指责。陈某认为，某华建筑公司利用自己的高级工程师技术职务资格申报企业资质以及将自己作为企业技术负责人和总工程师侵害了自己的姓名权。那么，陈某的说法是否正确？

📖 **法律依据**

《中华人民共和国民法典》

第一千零一十四条 任何组织或者个人不得以干涉、盗用、假冒等方式侵害他人的姓名权或者名称权。

🔊 **延伸解读**

侵害姓名权的行为一般由作为的方式构成，其中最主要的、最常见的行为方式是干涉、盗用和假冒他人的姓名。本案中，某华建筑公司的行为就属于盗用他人姓名的行为，即未经本人同意或授权，擅自以他人的名义实施某种活动，以抬高自己身价或谋求不正当的利益，或者从事不利于他人、不利于社会公共利益的行为，侵害了陈某的姓名权。

姓名权是每个公民最重要的权利之一，我们都应当充分尊重他人的姓名权，不盗用或冒用他人姓名，同时每个人都依法享有决定、使用、变更自己的姓名并要求他人尊重自己姓名的权利。如果出现需要授权他人使用自己的姓名或者将重要个人信息、资质证书等提供给他人的情况，一定要十分谨慎，并要充分了解对方使用自己姓名和信息的方式、范围和目的等，最好进行书面约定，以充分保护自己的合法权益。

16. 企业的名称相近就一定侵害了对方的名称权吗？

🔊 **案 例**

2003年北京人某公司成立，2007年哈尔滨人某酒店成立，2008年北京人某公司经核准获得了注册商标，2010年，哈尔滨人某酒店业主李某注册A公司，成立A公司人某酒店并注销哈尔滨人某酒店。2013年，北京人某公司以A公司、A公司人某酒店为被告提起诉讼，主张其侵害了本公司的名称权。

法律依据

《中华人民共和国民法典》

第一千零一十三条 法人、非法人组织享有名称权，有权依法决定、使用、变更、转让或者许可他人使用自己的名称。

延伸解读

李某及其公司并非侵犯北京人某公司的企业名称权。李某采用注册A公司人某酒店，再注销哈尔滨人某酒店的方式实现经营主体组织形式的转变，经营活动连续未间断，且未对哈尔滨人某酒店"人某"字样的使用方式进行任何扩张，其意在延续A公司人某酒店代表人李某经长期经营所累积的哈尔滨人某酒店的商业信誉，表明其与哈尔滨人某酒店在业务上的承继关系。A公司人某酒店继续使用"人某"字样并未给公众带来新的认知，亦未造成公众对北京人某公司的混淆。

本案重点在于哈尔滨人某公司的注册时间早于北京人某公司获得注册商标的时间。本案审理法院既要合理保护在先合法权利人所享有的权益，又要对其业务承继者的权益范围进行了合理界定。

设立公司需要经工商局审批合法注册，当两个或几个公司的名称相近，但经营范围、法定代表人、税务登记号均不同时，往往不会被认定为混淆或侵权的情况。

17. 将合同抬头误写成他人姓名的行为是否侵害姓名权？

案例

王某与王某女之间系父女关系。王某因拆迁事宜，与村委会签订《农房拆迁安置补偿协议》，合同抬头的甲方为村委会，落款由村委会加盖公章。合同抬头的乙方为王某女，落款由王某签名捺印。王某女认为，其父王某在协议中使用其姓名，导致其夫家误认为其参与了农房拆迁并获取了拆迁补偿款。王某存在过错，已严重侵犯其姓名权。为此，王某女将父亲诉至法院，要求父亲停止侵害其姓名权，并要求将协议中的名字予以更正。

法律依据

《中华人民共和国民法典》

第一千零一十四条 任何组织或者个人不得以干涉、盗用、假冒等方式侵害他人的姓名权或者名称权。

延伸解读

本案中，王某将合同抬头的乙方误写成王某女虽存在不妥，但并非恶意盗用或假冒王某女的姓名，仅是书写错误，综合判断合同权利义务的承担者仍为王某，对王某女的民事权益没有造成实际损害，对王某女的个人形象亦未造成不良影响，故王某的该行为不构成对王某女姓名权的侵害。

在现实生活中，如只是因书写错误等原因，非恶意盗用或假冒他人姓名，对当事人的民事权益也没有造成实际损害时，依法不认定构成对姓名权的侵害。

18. 在网络平台上盗用其他公司名称销售商品，是否侵害了该公司的名称权？

案 例

侯某、徐某盗用 A 公司的名称在某电商平台上低价销售某品牌白酒，A 公司认为，侯某、徐某的行为侵害了其公司的利益，要求侯某、徐某承担侵权责任，并由某电商平台承担审查不严格的连带责任。

法律依据

《中华人民共和国民法典》

第一千零一十六条 自然人决定、变更姓名，或者法人、非法人组织决定、变更、转让名称的，应当依法向有关机关办理登记手续，但是法律另有规定的除外。

民事主体变更姓名、名称的，变更前实施的民事法律行为对其具有法律约束力。

延伸解读

对于企业名称的概念目前暂无明确的法律规定，一般是指用于区分不同企业经营者的标识，《企业名称登记管理规定》第 6 条规定："企业名称由行政区划名称、字号、行业或者经营特点、组织形式组成。跨省、自治区、直辖市经营的企业，其名称可以不含行政区划名称；跨行业综合经营的企业，其名称可以不含行业或者经营特点。"非法干涉企业使用名称包括非法使用他人企业名称的行为。企业名称权是一种独占使用权，除企业自身外，其他企业未经权利人许可不得使用该名称，否则构成侵权。同时，非法干涉企业使用名称权还包括另一种情形，即不使用他人企业名称的行为。企业名称经部分或整体转让后，受让方应当按照合同约定的方式、期限使用他人企业名称，应当使用而未使用的行为同样是侵犯他人企业名称权的行为。

本案中，侯某、徐某盗用 A 公司的名称销售白酒，侵犯了 A 公司的名称权，构成违法。

除了本案所述的盗用名称，冒用名称更为常见，经常出现不法分子用虚假的山寨名称行骗牟利，而且各类山寨名称与正规名称极其类似，导致普通老百姓很难区分哪一个才是真实的。

19. 新闻报道中使用他人肖像算侵权吗？

案 例

某报社举行了新闻图片展，王某带着 6 岁的儿子去参观，之后在该报社的微信公众号上看到了相关报道，其中有王某儿子的特写镜头。王某认为，该报社侵犯了其儿子的肖像权。

《中华人民共和国民法典》

第一千零一十八条 自然人享有肖像权，有权依法制作、使用、公开或者许可他人使用自己的肖像。

肖像是通过影像、雕塑、绘画等方式在一定载体上所反映的特定自然人可以被识别的外部形象。

第一千零一十九条 任何组织或者个人不得以丑化、污损，或者利用信息技术手段伪造等方式侵害他人的肖像权。未经肖像权人同意，不得制作、使用、公开肖像权人的肖像，但是法律另有规定的除外。

未经肖像权人同意，肖像作品权利人不得以发表、复制、发行、出租、展览等方式使用或者公开肖像权人的肖像。

第一千零二十条 合理实施下列行为的，可以不经肖像权人同意：

（一）为个人学习、艺术欣赏、课堂教学或者科学研究，在必要范围内使用肖像权人已经公开的肖像；

（二）为实施新闻报道，不可避免地制作、使用、公开肖像权人的肖像；

（三）为依法履行职责，国家机关在必要范围内制作、使用、公开肖像权人的肖像；

（四）为展示特定公共环境，不可避免地制作、使用、公开肖像权人的肖像；

（五）为维护公共利益或者肖像权人合法权益，制作、使用、公开肖像权

人的肖像的其他行为。

根据《民法典》第1018条至第1020条的规定，自然人享有肖像权，未经肖像权人同意，任何组织和个人不得制作、使用、公开他人的肖像，但是为实施新闻报道，不可避免地制作、使用、公开肖像权人的肖像，可以不经过肖像权人同意。本案中，某报社发布的新闻报道中使用王某儿子的照片属于合理使用肖像，不构成侵犯王某儿子的肖像权。

应当注意的是，新闻媒体在实施新闻报道时应当真实客观、全面准确，不能对他人的肖像进行丑化、歪曲、篡改，或利用信息技术手段进行伪造，如修图、换脸等恶搞行为，否则就属于侵犯他人肖像权。

20. 为教学目的使用他人的声音算侵权吗？

李某系某校播音主持专业的学生，他的声音好听且有很高的辨识度，经常为电视节目配音。当地一所传播学院教授周某觉得李某的声音听起来不错，于是经过剪辑用于课堂教学。李某认为该教授的做法侵犯了自己的权益。

《中华人民共和国民法典》

第一千零一十九条 任何组织或者

个人不得以丑化、污损，或者利用信息技术手段伪造等方式侵害他人的肖像权。未经肖像权人同意，不得制作、使用、公开肖像权人的肖像，但是法律另有规定的除外。

未经肖像权人同意，肖像作品权利人不得以发表、复制、发行、出租、展览等方式使用或者公开肖像权人的肖像。

第一千零二十条 合理实施下列行为的，可以不经肖像权人同意：

（一）为个人学习、艺术欣赏、课堂教学或者科学研究，在必要范围内使用肖像权人已经公开的肖像；

（二）为实施新闻报道，不可避免地制作、使用、公开肖像权人的肖像；

（三）为依法履行职责，国家机关在必要范围内制作、使用、公开肖像权人的肖像；

（四）为展示特定公共环境，不可避免地制作、使用、公开肖像权人的肖像；

（五）为维护公共利益或者肖像权人合法权益，制作、使用、公开肖像权人的肖像的其他行为。

第一千零二十三条第二款 对自然人声音的保护，参照适用肖像权保护的有关规定。

延伸解读

《民法典》实施前，没有关于声音权利的明确法律规定。《民法典》第1023条第2款规定："对自然人声音的保护，参照适用肖像权保护的有关规定。"由此明确了参照肖像权保护模式，对自然

人的声音加以人格权保护。根据《民法典》第1018条和第1019条的规定，未经声音权人的同意，他人不得制作、使用、公开其声音。同时根据《民法典》第1020条的规定，为个人学习、艺术欣赏、课堂教学或者科学研究，在必要范围内使用自然人已经公开的声音，可以不经其同意。

本案中，周某在课堂教学中制作、使用李某已经公开的声音，依法不构成侵权，无须承担侵权责任。

《民法典》首次规定了声音权，自然人的声音受法律保护，除了法律规定的可以合理使用他人声音的情况，未经声音权人同意而制作、使用、公开他人声音的，权利人可以申请维权。

21. 摄影师把客户照片发到微信朋友圈算侵权吗？

案 例

小王去某摄影工作室拍摄个人写真，后来在微信朋友圈里发现自己的照片在流传，原来是摄影师未经自己同意，就把照片发在了朋友圈，小王认为该摄影师侵犯了其肖像权。

法律依据

《中华人民共和国民法典》

第一千零一十八条 自然人享有肖像权，有权依法制作、使用、公开或者许可他人使用自己的肖像。

肖像是通过影像、雕塑、绘画等方

式在一定载体上所反映的特定自然人可以被识别的外部形象。

第一千零一十九条 任何组织或者个人不得以丑化、污损，或者利用信息技术手段伪造等方式侵害他人的肖像权。未经肖像权人同意，不得制作、使用、公开肖像权人的肖像，但是法律另有规定的除外。

未经肖像权人同意，肖像作品权利人不得以发表、复制、发行、出租、展览等方式使用或者公开肖像权人的肖像。

📢 延伸解读

根据《民法典》第 1019 条第 2 款的规定，未经肖像权人同意，肖像作品权利人不得制作、使用、公开肖像权人的肖像。本案中，摄影师未经过小王的同意而私自在朋友圈公开小王的个人写真，已经构成侵犯小王的肖像权。

个人去摄影机构拍摄照片时要注意保护自己的肖像权，而摄影机构如果需要使用客户的照片用于宣传，可以与客户协商并取得授权，这样就不属于侵权行为。个人对摄影机构授权时要注意最好与对方明确约定照片的使用方式和范围，充分保护好自己的肖像权。

22. 把别人的照片制作成表情包算侵犯肖像权吗？

📢 案 例

小志长得特别有特点，而且他表情丰富，十分搞笑。小志的大学同学小张未经小志同意就把他的照片制作成了表情包，发在同学群里，后来这组表情包在网络上火速传播开来，有一部分网友对小志进行了嘲讽。

📢 法律依据

《中华人民共和国民法典》
第一千零一十八条 自然人享有肖像权，有权依法制作、使用、公开或者许可他人使用自己的肖像。

肖像是通过影像、雕塑、绘画等方式在一定载体上所反映的特定自然人可以被识别的外部形象。

第一千零一十九条 任何组织或者个人不得以丑化、污损，或者利用信息技术手段伪造等方式侵害他人的肖像权。未经肖像权人同意，不得制作、使用、公开肖像权人的肖像，但是法律另有规定的除外。

未经肖像权人同意，肖像作品权利人不得以发表、复制、发行、出租、展览等方式使用或者公开肖像权人的肖像。

📢 延伸解读

根据《民法典》第 1018 条、第 1019 条第 1 款的规定，自然人享有肖像权，任何组织或者个人不得以丑化、污损，或者利用信息技术手段伪造等方式侵害他人的肖像权。未经肖像权人同意，不得制作、使用、公开肖像权人的肖像。

本案中，小张未经小志同意通过网络技术将小志的照片制作成表情包，使小志处于被公开评论的状态，甚至受到了一些网友的攻击，小张的行为给小志造成了一定的伤害，构成侵犯肖像权。

在社交网络平台中，表情包应用得非常广泛，人们也可以自己制作表情包。但要注意，制作表情包时，如果利用他人有辨识度的照片，一定要经过对方同意，否则就构成肖像权侵权。

23. 未经他人同意把与他人的合照发在微信公众号上算侵权吗？

案 例

刘某是某瑜伽馆的会员，经常去练瑜伽。有一次，刘某应邀与瑜伽馆的其他人合影，后发现未经其同意，该瑜伽馆把该合影在馆内展示且发布在该瑜伽馆运营的微信公众号用于宣传，刘某认为，该瑜伽馆侵犯了其肖像权，遂到法院起诉。请问，瑜伽馆的行为构成肖像权侵权了吗？

法律依据

《中华人民共和国民法典》

第一千零一十八条 自然人享有肖像权，有权依法制作、使用、公开或者许可他人使用自己的肖像。

肖像是通过影像、雕塑、绘画等方式在一定载体上所反映的特定自然人可以被识别的外部形象。

第一千零一十九条 任何组织或者个人不得以丑化、污损，或者利用信息技术手段伪造等方式侵害他人的肖像权。未经肖像权人同意，不得制作、使用、公开肖像权人的肖像，但是法律另有规定的除外。

未经肖像权人同意，肖像作品权利人不得以发表、复制、发行、出租、展览等方式使用或者公开肖像权人的肖像。

第一千零二十条 合理实施下列行为的，可以不经肖像权人同意：

（一）为个人学习、艺术欣赏、课堂教学或者科学研究，在必要范围内使用肖像权人已经公开的肖像；

（二）为实施新闻报道，不可避免地制作、使用、公开肖像权人的肖像；

（三）为依法履行职责，国家机关在必要范围内制作、使用、公开肖像权人的肖像；

（四）为展示特定公共环境，不可避免地制作、使用、公开肖像权人的肖像；

（五）为维护公共利益或者肖像权人合法权益，制作、使用、公开肖像权人的肖像的其他行为。

延伸解读

根据《民法典》第 1018 条、第 1019 条第 1 款的规定，自然人享有肖像权，未经肖像权人同意，任何组织和个人不得制作、使用、公开肖像权人的肖像，但是法律另有规定的除外。同时，《民法典》第 1020 条规定了可以不经肖像权人同意合理使用其肖像的五种情形。

本案中，某瑜伽馆未经过刘某的同意而公开使用其合影照片用于宣传，不属于《民法典》第 1020 条规定的情形，而属于侵害刘某肖像权的行为，应承担侵权责任，不能以刘某不是照片宣传的主题人物或没有丑化其肖像为理由而主张免责。

在现实生活中，如果要使用或者公开与他人的合影或者他人的照片，一定要提前征得对方的同意、取得相关授权，否则就属于侵权行为。

24. 未经他人允许，利用电脑技术将他人照片处理后用于广告宣传，是侵权吗？

案 例

7 岁的王某某是一名业余儿童演员，经常参加各种演出活动，其精彩的表演和帅气可爱的形象给观众留下了深刻的印象。某童装淘宝店店主余某想利用王某某的形象来宣传自己的服装，考虑到广告成本，一番苦思后，余某未经王某某及其监护人同意，即利用电脑技术将王某某的照片进行处理后，放在网站首页作为广告宣传展示。请问，余某的行为违法吗？

法律依据

《中华人民共和国民法典》

第一千零一十八条 自然人享有肖像权，有权依法制作、使用、公开或者许可他人使用自己的肖像。

肖像是通过影像、雕塑、绘画等方式在一定载体上所反映的特定自然人可以被识别的外部形象。

第一千零一十九条 任何组织或者个人不得以丑化、污损，或者利用信息

技术手段伪造等方式侵害他人的肖像权。未经肖像权人同意，不得制作、使用、公开肖像权人的肖像，但是法律另有规定的除外。

未经肖像权人同意，肖像作品权利人不得以发表、复制、发行、出租、展览等方式使用或者公开肖像权人的肖像。

延伸解读

根据《民法典》第 1018 条及第 1019 条第 1 款的规定，自然人享有肖像权，未经肖像权人同意，任何组织和个人不得制作、使用、公开肖像权人的肖像。任何组织或者个人不得以丑化、污损，或者利用信息技术手段伪造等方式侵害他人的肖像权。

本案中，某淘宝店店主余某未经王某某及其监护人同意，利用电脑技术将王某某的图片进行处理后用于广告宣传的行为侵犯了王某某的肖像权，应当依法承担侵权责任。

在互联网时代，网络上利用信息技术手段伪造或合成图片侵犯他人肖像权的现象非常普遍，遇到类似侵权行为要积极应对，维护自身的合法权益。

25. 学术文章中使用他人的肖像算侵权吗？

案 例

8 岁的张某由于门牙牙缝过宽，去某医院陈医生处矫正治疗。为了保存资料，陈医生拍摄了照片留存。过了一段

189

时间，陈医生发表了一篇关于儿童牙齿矫正的医学学术文章，其中引用了张某的照片。请问，陈医生此举算侵权吗？

📋 法律依据

《中华人民共和国民法典》

第一千零二十条 合理实施下列行为的，可以不经肖像权人同意：

（一）为个人学习、艺术欣赏、课堂教学或者科学研究，在必要范围内使用肖像权人已经公开的肖像；

（二）为实施新闻报道，不可避免地制作、使用、公开肖像权人的肖像；

（三）为依法履行职责，国家机关在必要范围内制作、使用、公开肖像权人的肖像；

（四）为展示特定公共环境，不可避免地制作、使用、公开肖像权人的肖像；

（五）为维护公共利益或者肖像权人合法权益，制作、使用、公开肖像权人的肖像的其他行为。

📣 延伸解读

自然人享有肖像权，未经肖像权人同意，任何组织和个人不得制作、使用、公开他人的肖像。但是根据《民法典》第1020条第1项的规定，为个人学习、艺术欣赏、课堂教学或者科学研究，在必要范围内使用肖像权人已经公开的肖像，可以不经过肖像权人同意。本案中，陈医生出于学术研究的目的，在学术文章中不可避免地使用了张某的照片作为典型案例，进行研究分析，说明科学问题，属于对肖像权的合理使用。

26. 普法视频中可以使用他人肖像吗？

📣 案 例

赵某犯下多起抢劫案，引起各方关注，最终被判处有期徒刑15年。为了回应社会大众对该案的关注，当地普法办制作了普法视频，其中出现了赵某的照片，但对局部进行了马赛克处理。赵某得知此事后，认为该普法视频侵犯了其肖像权，遂委托律师向法院提起诉讼。请问，该普法视频中可以使用赵某的肖像吗？

📋 法律依据

《中华人民共和国民法典》

第一千零一十九条 任何组织或者个人不得以丑化、污损，或者利用信息技术手段伪造等方式侵害他人的肖像权。未经肖像权人同意，不得制作、使用、公开肖像权人的肖像，但是法律另有规定的除外。

未经肖像权人同意，肖像作品权利人不得以发表、复制、发行、出租、展览等方式使用或者公开肖像权人的肖像。

第一千零二十条 合理实施下列行为的，可以不经肖像权人同意：

（一）为个人学习、艺术欣赏、课堂教学或者科学研究，在必要范围内使用肖像权人已经公开的肖像；

（二）为实施新闻报道，不可避免地制作、使用、公开肖像权人的肖像；

（三）为依法履行职责，国家机关在必要范围内制作、使用、公开肖像权人的肖像；

（四）为展示特定公共环境，不可避免地制作、使用、公开肖像权人的肖像；

（五）为维护公共利益或者肖像权人合法权益，制作、使用、公开肖像权人的肖像的其他行为。

延伸解读

自然人享有肖像权，未经肖像权人同意，任何组织和个人不得制作、使用、公开他人的肖像，但是根据《民法典》第1020条第3项的规定，为依法履行职责，国家机关在必要范围内制作、使用、公开肖像权人的肖像，可以不经过肖像权人同意。

本案中，当地普法办制作普法视频时使用赵某的照片属于合理使用肖像权。

应当注意的是，国家机关为了依法履行职责，维护公共利益，使用肖像权人的肖像属于肖像权的合理使用，但有必要进行必要的保护，如用马赛克等技术手段进行处理。

27. 拍摄他人的视频并上传至社交网络算侵权吗?

案例

李女士带着4岁的孩子去野生动物园玩，为了哄孩子开心，硬生生地拽下了孔雀的一根羽毛，孔雀明显受到了惊吓。某网友目睹了这一幕，并拍下视频上传至网络，引起公众广泛关注，李女士受到了强烈谴责。李女士认为该网友擅自拍摄自己的视频并上传至网络的行为侵犯了自己的肖像权，要求该网友赔礼道歉并赔偿损失。

法律依据

《中华人民共和国民法典》

第一千零一十八条 自然人享有肖像权，有权依法制作、使用、公开或者许可他人使用自己的肖像。

肖像是通过影像、雕塑、绘画等方式在一定载体上所反映的特定自然人可以被识别的外部形象。

第一千零一十九条 任何组织或者个人不得以丑化、污损，或者利用信息技术手段伪造等方式侵害他人的肖像权。未经肖像权人同意，不得制作、使用、公开肖像权人的肖像，但是法律另有规定的除外。

未经肖像权人同意，肖像作品权利人不得以发表、复制、发行、出租、展览等方式使用或者公开肖像权人的肖像。

第一千零二十条 合理实施下列行为的，可以不经肖像权人同意：

（一）为个人学习、艺术欣赏、课堂教学或者科学研究，在必要范围内使用肖像权人已经公开的肖像；

（二）为实施新闻报道，不可避免地制作、使用、公开肖像权人的肖像；

（三）为依法履行职责，国家机关在必要范围内制作、使用、公开肖像权人的肖像；

191

（四）为展示特定公共环境，不可避免地制作、使用、公开肖像权人的肖像；

（五）为维护公共利益或者肖像权人合法权益，制作、使用、公开肖像权人的肖像的其他行为。

📢 **延伸解读**

自然人享有肖像权，未经肖像权人同意，任何组织和个人不得制作、使用、公开他人的肖像，但是在一些特定的情况下，如为维护社会公共利益的需要而制作、使用、公开他人肖像，即使未经肖像权人同意，也不违反法律规定，不构成肖像权的侵犯。

本案中，某网友对违背社会公德的人和事，通过拍摄视频的方式进行了揭露和曝光，目的是维护社会公德，且不存在侮辱丑化当事人肖像的行为，不以盈利为目标，属于合理使用肖像权。

虽然《民法典》规定了自然人享有肖像权，但是，自然人行使肖像权在某些情况下是受到限制的，不是对任何使用其肖像的行为都可以提起侵权诉讼。如果双方已经签订了肖像权使用合同或者属于依照法律规定合理使用他人肖像的情形，则不属于侵权行为。

28. 他人发布不实言论，侵犯了自身的名誉权，怎么办？

📢 **案　例**

于某和赵某是某公司同一部门的同事，并且都是部门主管的候选人。最终，于某被正式任命为部门主管。赵某落选后十分不服气，对于某心怀不满，遂在微信朋友圈中发布多条对于某有侮辱性的文字，暗示于某能成为部门主管是靠关系上位，同时丑化于某的照片并发布在公司微信群和自己的微信朋友圈中。相关文字、图片被广泛传播，严重影响了于某的正常工作和生活。

🔍 **法律依据**

《中华人民共和国民法典》

第一千零二十四条　民事主体享有名誉权。任何组织或者个人不得以侮辱、诽谤等方式侵害他人的名誉权。

名誉是对民事主体的品德、声望、才能、信用等的社会评价。

第一千一百六十五条　行为人因过错侵害他人民事权益造成损害的，应当承担侵权责任。

依照法律规定推定行为人有过错，其不能证明自己没有过错的，应当承担侵权责任。

📢 **延伸解读**

名誉是对民事主体的品德、声望、才能、信用等的社会评价。民事主体享有名誉权，任何组织或者个人均不得以侮辱、诽谤等方式侵害他人的名誉权。对于侵犯名誉权的行为，当事人有权要求侵权人删除不实言论和信息，如果对方拒不改正，可以起诉至法院，维护自己的权益。

本案中，赵某不仅在朋友圈中多次

发布对于某具有侮辱性的文字，还在公司微信聊天群和自己的朋友圈中发布丑化于某的照片，对于某的人格、品德作出倾向性评价，使于某的社会评价有所下降。因此，赵某的行为已构成名誉侵权，应当承担侵权责任。

在日常生活中，我们每个人都有发表言论的自由，但是这种自由不是完全没有限制的，最重要的一点是不能影响他人，更不能在毫无事实根据的情况下发布有损他人名誉的内容，甚至使用带有贬损性、侮辱性的词语，这是十分不负责任的做法。侵害他人名誉权，可能需要承担民事赔偿责任，情节严重的可能还要承担刑事责任。

29. 因他人故意拍摄虚假视频导致公司名誉受损，怎么办？

📢 案 例

小李是一名拥有大量粉丝的视频主播。近期，小李在社交平台上接连发布了几条关于某古玩市场的视频，在视频标题和内容中屡次提及"某某市场逛一逛，天天都上当"等内容。此外，为了使视频内容更具有吸引力，增加点击量，小李还给市场内部一些商户发红包，请他们配合拍摄了多个成交前后价格反差巨大的砍价视频。该古玩市场认为，小李发布的视频在互联网上广泛传播，具有较高的点赞量和评论量。观看该视频的受众会以为该市场内部经营管理混乱，消费者上当受骗频率较高，从而损害该市场的商业信誉，降低其社会评价，遂诉至法院。

📋 法律依据

《中华人民共和国民法典》
第一千零二十四条 民事主体享有名誉权。任何组织或者个人不得以侮辱、诽谤等方式侵害他人的名誉权。

名誉是对民事主体的品德、声望、才能、信用等的社会评价。

📢 延伸解读

公司作为企业法人，属于民事主体。法人虽然没有自然人的生理机能，也不存在精神感受的问题，但法人依法享有名誉权。

故意拍摄虚假视频损害公司主体的名誉，是严重侵犯公司名誉权的行为，公司可以起诉至法院维权。商誉是法人名誉权中的核心利益。法人的名誉权受到侵害的，有权要求侵权人承担停止侵害，赔礼道歉及赔偿损失的侵权责任。在判断是否构成侵犯名誉权时，应当综合考虑公众的价值趋向、业内标准、行业惯例、交易习惯等多种因素进行认定。在确定赔偿责任数额时，法院通常会综合考虑以下因素：涉案信息的来源、发布渠道、存续时间、主观恶意、影响范围等。赔礼道歉的范围应与侵权言论发布及影响的范围基本一致。

30. 为了公共利益披露别人的行为构成侵权吗？

📢 案 例

刘某和范某是同一单元楼的住户，因单元楼前施工，垃圾满地，人员随意穿行，刘某使用铁丝网隔离了停车区与生活区，摆放了石桌石凳等。范某认为刘某私设铁丝网的行为，是为了霸占车位，严重影响了自己和周围居民的正常通行。于是范某将单元楼周围的情况拍摄成视频发布在某平台上，视频中使用"霸占""太欺负人""占车位"等词语。刘某认为，范某虚构事实并使用侮辱性语言，败坏了自己的名声，侵犯了自己的名誉权。范某认为，自己与刘某无冤无仇，发布视频不是为了个人利益，而是为了维护公共利益，不构成侵权。

📖 法律依据

《中华人民共和国民法典》

第一千零二十四条 民事主体享有名誉权。任何组织或者个人不得以侮辱、诽谤等方式侵害他人的名誉权。

名誉是对民事主体的品德、声望、才能、信用等的社会评价。

第一千零二十五条 行为人为公共利益实施新闻报道、舆论监督等行为，影响他人名誉的，不承担民事责任，但是有下列情形之一的除外：

（一）捏造、歪曲事实；

（二）对他人提供的严重失实内容

未尽到合理核实义务；

（三）使用侮辱性言辞等贬损他人名誉。

📢 延伸解读

即使是为了公共利益而披露他人的行为，也有可能构成侵权。依照《民法典》第 1025 条的规定，行为人为公共利益实施新闻报道、舆论监督等行为，影响他人名誉的，不承担民事责任。但是这不代表可以任意发表言论，如果存在捏造、歪曲事实，对他人提供的严重失实内容未尽到合理核实义务或者使用侮辱性言辞等贬损他人名誉的情况，行为人依然需要承担法律责任。

本案中，范某的行为尚在法律允许的限度内，未达到构成侵犯名誉权的严重程度。刘某和范某各自所站的立场不同，对人和事的看法、理解角度也不一致，才会导致分歧，双方均应审视自己的行为是否恰当。

我们要学会正确处理相邻关系，如果邻里之间产生分歧或发生矛盾，应该采取和谐的方式，通过合理的途径理性地表达诉求，维护自己的权益，绝不能因一己私利或为发泄私愤而侵害他人合法权益，否则不仅无法维护自身利益，还可能面临法律的制裁。

31. 因新闻报道影响了他人名誉是否构成侵权？

📢 案 例

某通讯社通过报纸和网络发布报道，

文中称祝某是一名"老赖"，在欠下巨额债务后，她不是想着如何还债，而是通过整容、借用他人身份证与银行卡等方式藏匿，企图拒不执行法院判决，继续逃债。祝某被抓获后，认为该通讯社的行为侵害了自己的名誉权，诉至法院。

📖 法律依据

《中华人民共和国民法典》

第一千零二十四条 民事主体享有名誉权。任何组织或者个人不得以侮辱、诽谤等方式侵害他人的名誉权。

名誉是对民事主体的品德、声望、才能、信用等的社会评价。

第一千零二十五条 行为人为公共利益实施新闻报道、舆论监督等行为，影响他人名誉的，不承担民事责任，但是有下列情形之一的除外：

（一）捏造、歪曲事实；

（二）对他人提供的严重失实内容未尽到合理核实义务；

（三）使用侮辱性言辞等贬损他人名誉。

📢 延伸解读

如果新闻报道的内容完全客观真实，那么即使对他人的名誉产生一定影响，也不构成侵权。本案中，涉案文章造成公众对祝某产生负面的社会评价，此系祝某自身行为所致，某通讯社的报道行为与祝某名誉受损并无因果关系，该通讯社的报道内容不存在捏造、歪曲事实或使用侮辱性言辞的情形，相关报道均建立在客观真实的信息基础上，并非虚构、伪造，也不存在对祝某进行侮辱和贬损的情况。该报道具有一定的法律指引效果和社会效果，并与国家、社会及人民的利益息息相关。至于祝某所遭受的个人声誉受损、社会评价降低、商业信用受损等影响，亦是基于其自身的失信、拒不执行法院判决的行为导致，并非由于新闻报道。因此，该通讯社的行为属于为公共利益实施新闻报道，虽然对祝某的名誉造成了影响，但无须承担民事责任。

新闻媒体作为社会事件的记录者和传播者，有责任将事件的真实情况向公众作出报道。对于本案中提到的这类事件的报道，判断其是否构成侵权，应以媒体在主观上是否存在过错为要件。过错通常是指明知报道或文章、言论不真实或可能不真实，评论不公平、不正当，仍发表、转载或传播，将其公之于众的积极追求或者消极放任的心理状态，即在主观上存在过错。只要文章报道的内容有事实依据，评论客观公正，其报道行为就不属于侵权行为。

01. 原文转载含有侵犯他人名誉权内容的文章构成侵权吗？

案 例

某区公安分局以涉嫌非法制造、买卖、运输、邮寄、储存枪支、弹药、爆炸物罪，对徐某刑事拘留，后某区人民检察院对徐某作出不起诉决定。某网站转载了三篇相关文章，文章中含有徐某"制造、贩卖枪支""在家中自制枪支和子弹"等词句。徐某以侵害名誉权为由将该网站诉至法院。

法律依据

《中华人民共和国民法典》

第一千零二十五条 行为人为公共利益实施新闻报道、舆论监督等行为，影响他人名誉的，不承担民事责任，但是有下列情形之一的除外：

（一）捏造、歪曲事实；

（二）对他人提供的严重失实内容未尽到合理核实义务；

（三）使用侮辱性言辞等贬损他人名誉。

第一千零二十六条 认定行为人是否尽到前条第二项规定的合理核实义务，

应当考虑下列因素：

（一）内容来源的可信度；

（二）对明显可能引发争议的内容是否进行了必要的调查；

（三）内容的时限性；

（四）内容与公序良俗的关联性；

（五）受害人名誉受贬损的可能性；

（六）核实能力和核实成本。

延伸解读

依据《民法典》第1025条的规定，行为人为公共利益实施新闻报道、舆论监督等行为，影响他人名誉的，不承担民事责任。但是这种免责并不是绝对的，媒体在报道新闻事件时，仍要对他人提供的内容尽到合理核实义务，核实内容来源的可信度、时限性，是否符合公序良俗，是否包含侵权描述等内容，如果媒体没有尽到合理的核实义务，即使主张是为了公共利益而实施的新闻报道，也不能免除其侵权责任。

本案中，该网站在未经检察院审查起诉及法院判决前，转载含有徐某"制造、贩卖枪支""在家中自制枪支和子弹"等内容的不实新闻报道，足以让普通民众产生徐某构成重大刑事犯罪的认识。该网站主张自己系转载其他网站的文章，但是"转载"并不影响其行为构成侵权的事实，该法治网站主观过错明显，侵犯了徐某的名誉权，应当承担民事责任。

新闻媒体有正当进行舆论监督和新闻批评的权利，记录社会事件并向社会公众报道、传播既是新闻媒体的权利也是责任，每一家新闻媒体都应当具有社会责任感，意识到自己报道的内容将会影响很多社会群众的认知。新闻报道一定要基于客观事实的陈述，而非主观臆测，更不能在明知是错误信息的情况下仍然予以公开，这是极其不负责任的行为。

02. 只要不使用别人的真实姓名就不构成侵犯名誉权吗？

📢 案 例

范某是一名作家，其出版的一部作品以纪实的手法描述了其在美术圈与众多艺术家谈论、交往的事情。书中提到的大部分当事人均被隐去了真名。在某一章节中，范某记述了其与艺术家李某（化名）的对话，内容包括："我们都在骗人""出名要靠忽悠，靠炒作"等，并称李某"不过是个'小丑''伪君子'"。同时该作品中明确提到李某创作的某部著作，称其是某位大师的研究生、某大学教授。

陈某认为，范某作品中的李某就是在描述自己，除了名字不同，其他所有

的人物特点和身份信息均能够一一对应，让美术圈的人和熟悉自己的人一看便知写的是自己。范某的行为给自己的声誉造成了极大的影响，侵害了自己的名誉权。

🔍 法律依据

《中华人民共和国民法典》

第一千零二十七条 行为人发表的文学、艺术作品以真人真事或者特定人为描述对象，含有侮辱、诽谤内容，侵害他人名誉权的，受害人有权依法请求该行为人承担民事责任。

行为人发表的文学、艺术作品不以特定人为描述对象，仅其中的情节与该特定人的情况相似的，不承担民事责任。

🔊 延伸解读

传播不当言论是侵害公民名誉权的主要形式。如果向第三人传播不利于他人名誉的虚假事实，或者以虚假事实为依据进行不利于他人名誉的不当评论，足以致使该特定人社会评价降低的，就可以认定为对他人的诽谤，从而构成侵犯他人的名誉权。

本案中，虽然范某的作品中没有直接点出陈某的真实姓名，但是从多处指向性表述及陈述的相应事实内容可以看出，其作品中陈述的事实并非抽象概括的描述，而是针对特定人物和真人真事描述的具体事实。如果作品内容中含有虚构、侮辱、诽谤等内容，即使没有使用他人的真实姓名，仍构成名誉权侵权。因此，范某应对陈某承担停止侵害、赔

礼道歉、赔偿损失等法律责任。

我们每个人都有以各种方式表达自己想法和观点的权利，以文学作品的形式记录事件、人物和自己的观点，是我们的权利和自由。但是，如果作品是以真人真事或者特定人为描述对象的，那么我们在创作和公开发表时应当特别注意，必须是基于客观事实进行描述和评价。即使没有提到别人的真实姓名，也不能捏造事实或任意发表侮辱、诽谤内容。只要能够通过文章的描述指向特定的人，就是侵权行为。所以，文学作品中"含沙射影""指桑骂槐"等行为要承担相应的法律责任。

03. 媒体报道严重失实，侵害当事人的名誉，当事人能否要求媒体删除相关文章？

📢 案 例

A 公司在其主营网站、微信公众号、微博账号、知乎账号上均登载了同一篇文章，文中称"根据 B 公司离职员工、合作单位和知情人士披露的信息，B 公司芯片产品质量不过关，合格率不到50%"。该文章各个平台的点击量已经超过百万人次。B 公司发现相关情况后立即联系 A 公司，指出该文章中多处内容失实，并以侵害本公司名誉权为由要求 A 公司删除该文章，但是 A 公司坚称自己的报道内容全部真实，不存在侵权内容，不同意删除。

📖 法律依据

《中华人民共和国民法典》

第一千零二十四条 民事主体享有名誉权。任何组织或者个人不得以侮辱、诽谤等方式侵害他人的名誉权。

名誉是对民事主体的品德、声望、才能、信用等的社会评价。

第一千零二十八条 民事主体有证据证明报刊、网络等媒体报道的内容失实，侵害其名誉权的，有权请求该媒体及时采取更正或者删除等必要措施。

📢 延伸解读

企业经营专业门户网站，为公众提供专业咨询、行业前沿信息，是值得提倡和鼓励的行为，如果行业中存在违规现象，这类专业门户网站也有权利和责任对违规行为进行揭露。但是，揭露真实内幕不等于可以肆意捏造和传播不实信息。如果仅凭无法辨明身份的"前员工""知情人士"提供的小道消息就直接下结论，而不进行核实查证，显然属于断章取义，既不全面，也无依据，属于严重的侵权行为。

本案中，侵权文章中存在多处未经核实以及与实际情况严重不符的内容，A 公司将该文章登载在其主营网站、微信公众号、微博账号、知乎账号上属于侵害 B 公司名誉权的行为，被侵权人 B 公司有权要求 A 公司删除该文章并赔礼道歉。如果 B 公司因为这一侵权行为遭受了实际损失，还可以向法院主张要求赔偿。

04. 从未在某银行办理过银行卡却在该银行查询到不良征信记录，怎么办？

📢 案　例

小张在某银行自助机查询个人征信报告时，发现一张以自己的名义办理的该银行的信用卡，且该信用卡已经欠款3万多元，失信记录已上传至中国人民银行征信系统。由于该信用卡并不是小张办理的，所以小张立即向该银行信用卡管理部门反映、投诉，申请消除该不良记录。该银行接到投诉后核实了相关信息，通过比对银行留存的开卡信息资料与小张提供的户籍所在地派出所开具的证明信息等，发现确实存在错误记录，遂为小张删除了相关不良记录。

📋 法律依据

《中华人民共和国民法典》

第一千零二十九条　民事主体可以依法查询自己的信用评价；发现信用评价不当的，有权提出异议并请求采取更正、删除等必要措施。信用评价人应当及时核查，经核查属实的，应当及时采取必要措施。

第一千零三十条　民事主体与征信机构等信用信息处理者之间的关系，适用本编有关个人信息保护的规定和其他法律、行政法规的有关规定。

📢 延伸解读

每个民事主体都有权依法查询自己的信用评价，一旦发现信用评价不当的，有权提出异议并要求更正或删除。根据《民法典》的规定，民事主体享有名誉权等人格权。人格权受到侵害的，受害人有权依法请求行为人承担民事责任。银行作为公众征信信息的提供者，应当尽到高度核查、注意义务，并对自己的行为承担相应责任。

在网络时代，我们的个人信息很容易被他人获取，一些别有用心的人很有可能使用我们的个人信息来获取不正当利益甚至进行违法犯罪活动。一方面，我们在日常生活中要学会保护自己的信息安全；另一方面，还可以通过向征信机构查询的方式确认自己的征信记录是否良好，一旦发现自己的征信信息存在错误，应立即向征信机构或者信息提供者提出异议并要求更正，如果征信机构或信息提供者拒不改正，可以通过向法院提起诉讼的方式维护自己的利益。

05. 活动主办方能否以"最终解释权归本公司所有"为由任意解释活动规则？

📢 案　例

某公司在其微信公众号上发起评选代言人活动，并在活动详情介绍中对报名、投票、奖品等作出说明，称本活动最终解释权归本公司所有，根据参赛规则，以投票数决定名次。宋某参加了此活动，其最终票数与另一位参赛者相同，两人并列第一，但该公司在未提前公布评票规则的情况下，以朋友圈分享数为标准，确定宋某为第二名。宋某认为该行为剥夺了自己可能获取的名次和物质奖励，侵犯了自己的荣誉权，遂将该公司诉至法院。

📖 法律依据

《中华人民共和国民法典》

第四百九十六条 格式条款是当事人为了重复使用而预先拟定，并在订立合同时未与对方协商的条款。

采用格式条款订立合同的，提供格式条款的一方应当遵循公平原则确定当事人之间的权利和义务，并采取合理的方式提示对方注意免除或者减轻其责任等与对方有重大利害关系的条款，按照对方的要求，对该条款予以说明。提供格式条款的一方未履行提示或者说明义务，致使对方没有注意或者理解与其有重大利害关系的条款的，对方可以主张该条款不成为合同的内容。

第一千零三十一条 民事主体享有荣誉权。任何组织或者个人不得非法剥夺他人的荣誉称号，不得诋毁、贬损他人的荣誉。

获得的荣誉称号应当记载而没有记载的，民事主体可以请求记载；获得的荣誉称号记载错误的，民事主体可以请求更正。

📢 延伸解读

从法律性质上看，本案属于活动组织者与报名选手在履行合同过程中产生的纠纷。活动说明中的"最终解释权归本公司所有"属于预先拟定而未协商且缺乏充分提示说明的格式条款，不具有法律效力，活动主办方不能以此为由任意解释活动规则。

我们每个人作为民事主体都享有荣誉权，任何组织和个人不得非法剥夺。虽然在本案中法院没有支持名誉权维权的诉讼请求，但是如果在该项活动中系主办公司故意取消宋某的名次，剥夺其获得荣誉权的机会和权利，那么就有可能构成名誉权侵权。

06. 入住酒店，其他客人刷卡进入自己房间，该如何处理？

🔊 案 例

肖某、邵某夫妇到某酒店前台订双人间，并询问前台工作人员可否看一下房间，于是工作人员安排肖某、邵某看了1216房间（双人间）。肖某、邵某告诉工作人员1216号房间的房门不要关，他们等一下就要入住。但当肖某、邵某到前台正式办理入住时，前台工作人员给肖某、邵某错安排成了1222号房间（单人间），并将邵某的身份信息及房号1222上传至公安机关指定的旅馆业治安管理信息系统。前台工作人员将1222号房间的房卡给了邵某，邵某随后支付了128元价款。后肖某、邵某入住1216号房间，当晚该酒店将1216号房间开给其他客人，晚上11点左右，新来的客人刷卡进入房间后随即退出，此时肖某、邵某正在休息。

《中华人民共和国民法典》

第一千零三十三条 除法律另有规定或者权利人明确同意外，任何组织或者个人不得实施下列行为：

（一）以电话、短信、即时通讯工具、电子邮件、传单等方式侵扰他人的私人生活安宁；

（二）进入、拍摄、窥视他人的住宅、宾馆房间等私密空间；

（三）拍摄、窥视、窃听、公开他人的私密活动；

（四）拍摄、窥视他人身体的私密部位；

（五）处理他人的私密信息；

（六）以其他方式侵害他人的隐私权。

延伸解读

根据《民法典》第1033条第2项的规定，除法律另有规定或者权利人明确同意外，任何组织或者个人不得进入、拍摄、窥视他人的住宅、宾馆房间等私密空间。本案中，某酒店在肖某、邵某已入住确定的房间类型及房号的情况下，对其他客人入住房间类型、房号及价款未尽到应有的注意义务，造成其他客人刷卡进入肖某、邵某入住的房间，由此导致肖某、邵某夫妻的私密空间、私密活动、私密信息受到侵犯，侵犯了其隐私权。

这类案件提醒我们，入住酒店等公共场所时，应在取得房卡时再次向前台工作人员确认房间号。另外，入住后要将所住房间的门进行反锁或插上防盗锁，避免其他人刷卡进入，这样可以在一定程度上提高入住安全性，保护个人隐私。

07. 在自家宅基地内的电线杆上安装摄像头，合法吗？

案 例

许某、宋某均系某村村民，两家的宅基地南北相邻，许某居北、宋某居南，许某自宋某宅院西侧的出路向南通行。后宋某拆除宅院建筑，在空的宅基地上栽种杨树苗，并在宅基地南端的电线杆上安装摄像监控装置，夜间摄像头处光源较强。许某认为该摄像装置能拍到自己院内的情况，且夜间强光影响自己及家人休息，因此要求宋某清除距离其宅院较近的树苗及监控装置，宋某拒绝拆除。

法律依据

《中华人民共和国民法典》

第一千零三十二条 自然人享有隐私权。任何组织或者个人不得以刺探、侵扰、泄露、公开等方式侵害他人的隐私权。

隐私是自然人的私人生活安宁和不愿为他人知晓的私密空间、私密活动、私密信息。

第一千零三十三条 除法律另有规定或者权利人明确同意外，任何组织或者个人不得实施下列行为：

（一）以电话、短信、即时通讯工具、电子邮件、传单等方式侵扰他人的私人生活安宁；

（二）进入、拍摄、窥视他人的住宅、宾馆房间等私密空间；

（三）拍摄、窥视、窃听、公开他人的私密活动；

（四）拍摄、窥视他人身体的私密部位；

（五）处理他人的私密信息；

（六）以其他方式侵害他人的隐私权。

延伸解读

宋某安装摄像监控装置，目的在于保证自己的财产安全，避免自身合法权益遭受不法侵害，具有相应的合理性，但宋某同时负有不妨害他人合法权益的注意义务。现宋某安装的摄像监控装置距离地面较高，拍摄范围较广，夜间摄像头处的光源较强，应当予以拆除，不得对相邻方的隐私及正常生活造成影响。

在行使自己的所有权或使用权时，应当以不损害其他相邻人的合法权益为原则。如果因权利的行使给相邻人的人身或财产造成危害，相邻人有权要求停止侵害、消除危险和赔偿损失。在处理相邻关系时，相邻各方应该本着团结互助、公平合理的原则，互谅互让，协商解决。协商不成的，可以请求人民法院依法解决，理性维权。

08. 未经本人授权，手机 App 获取本人好友信息或好友可查看本人手机 App 记录，属于侵犯个人信息吗？

案 例

黄某在使用某读书 App 时发现某社交 App 将黄某好友的数据交与该读书 App，在黄某并未进行自愿授权的情况下，黄某的读书 App 账户中"我关注的"和"关注我的"页面下出现了大量黄某在该社交 App 的好友，而该读书 App 未经黄某自愿授权，默认向"关注我的"好友公开黄某的读书想法等阅读信息。黄某认为其个人信息受到了该读书 App 的侵犯。

法律依据

《中华人民共和国民法典》

第一千零三十四条 自然人的个人信息受法律保护。

个人信息是以电子或者其他方式记录的能够单独或者与其他信息结合识别特定自然人的各种信息，包括自然人的姓名、出生日期、身份证件号码、生物识别信息、住址、电话号码、电子邮箱、健康信息、行踪信息等。

个人信息中的私密信息，适用有关隐私权的规定；没有规定的，适用有关个人信息保护的规定。

延伸解读

个人信息的核心特点为"可识别

性"，既包括对个体身份的识别，也包括对个体特征的识别；对个体身份的识别确定信息主体"是谁"，对个体特征的识别确定信息主体"是什么样的人"。判定某项信息是否属于个人信息，应考虑以下两条路径：一是识别，即从信息到个人，由信息本身的特殊性识别出特定自然人；同时，识别个人的信息既可以是单独的信息，也可以是信息组合。二是关联，即从个人到信息，如已知特定自然人，则在该特定自然人活动中产生的信息即为个人信息。符合上述两种情形之一的信息，即应判定为个人信息。

本案中，未经黄某本人授权，某读书 App 获取其本人好友信息，并向其好友公开黄某的读书想法等阅读信息，属于侵犯个人信息。

这类案件提醒我们，要从正规渠道下载手机 App，对下载链接来源不明、下载次数较少的 App 谨慎使用。同时注意认真阅读 App 的用户协议或隐私政策，对非必要且可选择是否允许对方收集的信息，建议不允许其随意收集。

09. 物业管理公司工作人员将起诉业主的诉讼状发到业主群，该怎么办？

🔊 案 例

白某系某小区业主，该小区物业管理公司的工作人员王某用微信名"物业王某"在该小区业主群（群中人数为314 人）中发布了该小区物业管理公司起诉白某的一份文件，文件内容为：民事诉讼状……被告：白某，男，汉族，53 岁，现住某小区 5-2-102 室，电话：×××××××××××，身份证号：×××××××××××××××××。白某认为，王某的行为泄露了自己的个人信息，应当承担侵权责任。那么，白某的主张于法有据吗？

📖 法律依据

《中华人民共和国民法典》

第一千零三十四条 自然人的个人信息受法律保护。

个人信息是以电子或者其他方式记录的能够单独或者与其他信息结合识别特定自然人的各种信息，包括自然人的姓名、出生日期、身份证件号码、生物识别信息、住址、电话号码、电子邮箱、健康信息、行踪信息等。

个人信息中的私密信息，适用有关隐私权的规定；没有规定的，适用有关个人信息保护的规定。

🔊 延伸解读

本案中，某物业管理公司工作人员王某未经白某同意，将物业管理公司起诉业主的民事诉讼状发到业主群，其中包含了白某的身份证件号码、住址、电话号码等个人信息，该行为侵犯了王某的个人信息权，应当承担相应的民事责任。

随着互联网的飞速发展，个人信息传播的速度更快，传播渠道更丰富，这对个人信息保护提出了更高的要求。《民法典》对个人信息的保护进行了专门规定，这就要求个人或组织在处理自然人的个人信息时应当遵循合法、正当、必要的原则，不得过度处理，并应征得该自然人或者其监护人同意。

10. 邻居在公共走廊安装摄像头侵犯他人隐私权吗?

📢 案 例

王某、奚某为某小区相邻的住户，两家共用同一公共走廊，呈直角位相邻状态。奚某在自家房屋入户门上安装了可通过手机远程操控的具备摄像、录音、存储功能且可360度调整旋转的监控摄像头。该摄像头可以清晰地拍摄到王某家人员进出的状况，人脸成像非常清晰；且该监控摄像头在旋转调整角度的过程中，当王某家房屋入户门呈打开状态时，摄像头可拍摄到王某房屋内部的一个角落。那么，奚某安装摄像头的行为是否侵犯了王某及其家人的隐私权?

📖 法律依据

《中华人民共和国民法典》

第一千零三十五条 处理个人信息的，应当遵循合法、正当、必要原则，不得过度处理，并符合下列条件：

（一）征得该自然人或者其监护人同意，但是法律、行政法规另有规定的除外；

（二）公开处理信息的规则；

（三）明示处理信息的目的、方式和范围；

（四）不违反法律、行政法规的规定和双方的约定。

个人信息的处理包括个人信息的收集、存储、使用、加工、传输、提供、公开等。

📢 延伸解读

奚某该行为侵害了王某及其家人的合法权益。本案中，奚某在入户门上安装可通过手机远程操控的具有摄像、录音、存储功能且可360度旋转的监控摄像头，该摄像头可清晰地拍摄到王某家人员进出状况，在调整角度后可在一定条件下拍摄到王某家房屋内部。

奚某安装监控摄像头的行为会较为清晰地采集到王某及其家人的个人面部特征、出行状况、户内人员状况等个人信息并进行存储。奚某安装摄像头的行为事先并未征得王某等人的同意，且容易造成个人信息的泄露，给王某及其家人造成了不必要的困扰。和谐友善是社会主义核心价值观的重要内容，强调公民之间应当相互尊重、相互关心、相互帮助、和睦友好。奚某应当纠正自己的不当行为。

11. 擅自将培训机构负责人的身份证照片发到家长微信群合法吗?

📢 案 例

根据相关部门的要求，某舞蹈培训机构停课，但事先所收的学费没退，学生家长李某为了维权，在未经该舞蹈机构负责人王某允许的情况下将其身份证正面照片（含有姓名及身份证号码）发到20人的家长微信群里，后有家长截图发到了朋友圈，造成王某的个人隐私信息泄露。那么，李某的行为合法吗？

法律依据

《中华人民共和国民法典》

第一千零三十四条 自然人的个人信息受法律保护。

个人信息是以电子或者其他方式记录的能够单独或者与其他信息结合识别特定自然人的各种信息，包括自然人的姓名、出生日期、身份证件号码、生物识别信息、住址、电话号码、电子邮箱、健康信息、行踪信息等。

个人信息中的私密信息，适用有关隐私权的规定；没有规定的，适用有关个人信息保护的规定。

第一千零三十五条 处理个人信息的，应当遵循合法、正当、必要原则，不得过度处理，并符合下列条件：

（一）征得该自然人或者其监护人同意，但是法律、行政法规另有规定的除外；

（二）公开处理信息的规则；

（三）明示处理信息的目的、方式和范围；

（四）不违反法律、行政法规的规定和双方的约定。

个人信息的处理包括个人信息的收集、存储、使用、加工、传输、提供、公开等。

第一千零三十六条 处理个人信息，

有下列情形之一的，行为人不承担民事责任：

（一）在该自然人或者其监护人同意的范围内合理实施的行为；

（二）合理处理该自然人自行公开的或者其他已经合法公开的信息，但是该自然人明确拒绝或者处理该信息侵害其重大利益的除外；

（三）为维护公共利益或者该自然人合法权益，合理实施的其他行为。

延伸解读

本案中，学生家长李某在未经某舞蹈培训机构负责人王某允许的情况下将其身份证正面照片发到20人的家长微信群里，造成王某的个人隐私信息泄露，不符合法律规定。根据《民法典》第1035条第1款第1项的规定，处理个人信息的，应当遵循合法、正当、必要原则，不得过度处理，并应征得该自然人或者其监护人同意，但是法律、行政法规另有规定的除外。在本案中，虽然该舞蹈培训机构经营者王某的姓名、出生年月、身份证号等信息会在民事起诉状中列明，但李某以共享的方式在家长群中发送王某身份证正面照片的行为并无必要，缺乏正当性，违反了法律相关规定，应当承担法律责任。

12. 被他人冒用证件为贷款提供担保，产生不良征信记录，该怎么办？

案例

周某与某银行签订了《个人借款/

保证担保合同》1份，约定周某向该银行借款95万元。借款时，周某向该银行提供了姚某及其丈夫刘某的身份证、户口簿等复印件。该《个人借款/保证担保合同》保证人处有"姚某"的签名捺印，但签订合同时姚某未到场，也未在该合同上签字捺印（即签名捺印非本人所为）。贷款到期后，因周某没有按时还款，某银行将姚某拉入了中国人民银行征信中心不良记录名单内。在这种情况下，姚某应该怎么办？

法律依据

《中华人民共和国民法典》

第一千零三十七条　自然人可以依法向信息处理者查阅或者复制其个人信息；发现信息有错误的，有权提出异议并请求及时采取更正等必要措施。

自然人发现信息处理者违反法律、行政法规的规定或者双方的约定处理其个人信息的，有权请求信息处理者及时删除。

延伸解读

民事主体享有名誉权，受法律保护。本案中，某银行给周某发放贷款时，疏于内部管理，审查不严，在未与姚某达成保证担保协议的情况下，使用他人冒用姚某姓名签订的保证担保合同，并在借款人逾期未还款的情况下，将姚某拉入中国人民银行征信中心不良记录名单，降低了姚某信用的社会评价，侵害了姚某的名誉权，其应当承担相应的民事责任。

本案提醒我们，如不经常涉及金融

业务，建议定期查询自己的征信记录，避免发生被别人冒用的情况。

13. 买卖微信账号合同是否有效？

案　例

赵某经营医疗美容项目，程某为网红医美顾问。赵某（受让方）与程某（出让方）签订《转让协议》，约定程某将其拥有的微信号的使用权、所有权转让给赵某，赵某受让并支付相应的费用。程某收到赵某全部转让款后现场配合赵某完成微信号的密码、绑定手机号等信息变更和解除微信号实名认证工作，视为完成微信号虚拟财产的交付。那么，双方买卖微信账号的合同有效吗？

法律依据

《中华人民共和国民法典》

第一千零三十八条　信息处理者不得泄露或者篡改其收集、存储的个人信息；未经自然人同意，不得向他人非法提供其个人信息，但是经过加工无法识别特定个人且不能复原的除外。

信息处理者应当采取技术措施和其他必要措施，确保其收集、存储的个人信息安全，防止信息泄露、篡改、丢失；发生或者可能发生个人信息泄露、篡改、丢失的，应当及时采取补救措施，按照规定告知自然人并向有关主管部门报告。

延伸解读

微信账号是以电子数据方式记录能

够单独或者与其他信息结合识别特定自然人个人身份信息的有机载体，承载了使用者个人特有的可识别信息和微信好友的大量个人信息，买卖微信账号构成了买卖他人个人信息，该买卖合同应属无效。

微信现在已经成为国内广为流行的即时通信工具，在搭载了微信购物、微信支付等功能后，更具有了金融属性，因其便利性、隐蔽性、信息关联性被赋予了一定的经济价值，但也导致了犯罪分子利用微信的上述特点来实施诈骗、赌博、传销等违法犯罪活动。近年来，该类犯罪呈高发态势，如果允许擅自买卖个人注册的微信账号，必将滋生更多的违法犯罪，并导致犯罪溯源更加困难，从而进一步破坏正常互联网生态秩序，引发社会矛盾，严重扰乱社会生产生活秩序，危害社会公共利益。

因此，从保护社会公共利益和公民信息权利的角度考虑，个人微信账户不应进行买卖。

14. 男女双方举办婚礼后共同生活，但未进行结婚登记，男方支付的彩礼能否要求返还？

🔊 案 例

2019 年 3 月，小森与小欣经人介绍相识并建立恋爱关系，后双方决定结婚，小森支付小欣彩礼 6 万元，小欣家向小森回礼 3000 元。2019 年 7 月，二人举办了婚礼仪式并共同生活，但未办理结婚

登记手续。2021 年 4 月，小欣回娘家生活，不再与小森交往。小森起诉至法院，要求小欣返还所有彩礼。那么，法院会支持小森的请求吗？

🔍 法律依据

《最高人民法院关于适用〈中华人民共和国民法典〉婚姻家庭编的解释（一）》

第五条 当事人请求返还按照习俗给付的彩礼的，如果查明属于以下情形，人民法院应当予以支持：

（一）双方未办理结婚登记手续；

（二）双方办理结婚登记手续但确未共同生活；

（三）婚前给付并导致给付人生活困难。

适用前款第二项、第三项的规定，应当以双方离婚为条件。

🔩 延伸解读

"彩礼"虽然是一种赠与行为，但它是附条件的赠与，是男女双方为了达到与对方缔结婚姻关系的目的而实施的行为。在本案中，小森与小欣虽然按照民间习俗办理了婚礼仪式，但是并没有进行登记，并不属于法律意义上的缔结婚姻关系，并且符合法律规定返还彩礼的情形，因此小欣收受的彩礼应当予以返还。同时，基于二人虽然没有办理结婚登记，但是曾在一起共同生活的考量，故应予以酌情减少返还的彩礼。

值得注意的是，返还彩礼的诉讼时效是 3 年，自权利人知道或者应当知道

之日起计算。但是因为法律规定返还彩礼的情形不一样，故起算点也应区别对待，如果双方没有缔结婚姻关系的，明确的分手之日或者解除同居关系之日即为时效起算点；如果双方登记结婚的，自婚姻关系解除之日起计算。

15. 发现配偶重婚的，能否向法院请求婚姻无效？

📢 案 例

2016 年 12 月，王某与郑某登记结婚，婚姻关系一直存续。2019 年 8 月，郑某外出打工时认识了陈某，为了与陈某结婚，郑某伪造了假的户口及身份信息，2020 年 6 月 4 日以郑某甲的名义与陈某登记结婚。婚后二人发生争吵，同年 8 月郑某回娘家，陈某到郑某娘家接郑某回去共同生活未果。后陈某发现郑某与王某存在婚姻关系，遂以重婚为由请求人民法院判决自己与郑某的婚姻无效。那么，陈某的请求能否得到法院的支持？

法院认为，合法的婚姻关系受法律保护，重婚的婚姻无效。郑某在与王某婚姻关系存续期间又与陈某登记结婚，属于重婚，郑某与陈某的婚姻无效，陈某请求确认婚姻无效的请求，依法应予以支持。

📖 法律依据

《中华人民共和国民法典》

第一千零五十一条 有下列情形之一的，婚姻无效：

（一）重婚；

（二）有禁止结婚的亲属关系；

（三）未到法定婚龄。

《中华人民共和国刑法》

第二百五十八条 有配偶而重婚的，或者明知他人有配偶而与之结婚的，处二年以下有期徒刑或者拘役。

📢 延伸解读

无效的婚姻自始没有法律约束力，当事人不具有夫妻的权利和义务。同居期间所得的财产，可通过双方协商或者由人民法院根据照顾无过错方的原则判决。对重婚导致的无效婚姻的财产处理，不得侵害合法婚姻当事人的财产权益。婚姻无效的，无过错方有权请求损害赔偿。

但是，请求确认婚姻无效，如果在一方提起诉讼时法定的无效婚姻情形不存在了，如起诉时重婚的一方已经与第三方通过各种途径解除婚姻关系了，法院会驳回确认婚姻无效的请求。

关于家庭婚姻的案件，绝大多数都是要经过调解的，但是关于婚姻效力的审理不适用调解，由人民法院依法作出判决。

重婚的情形不仅导致婚姻无效，还可能构成刑事犯罪——重婚罪。有配偶的一方当然构成重婚罪，无配偶的一方如果明知他人有配偶还和其登记结婚，主观上是恶意的，则构成《刑法》上的重婚罪；反之则不构成犯罪。构成重婚罪的，处二年以下有期徒刑或者拘役。

16. 一方婚前隐瞒自己患有重大疾病，婚后被另一方发现，该如何处理？

案 例

蔡某、张某于2020年2月经人介绍认识，同年5月登记结婚。双方婚后共同生活。2020年8月，因张某行为异常，于是蔡某带张某前往医院治疗，张某被诊断为情感障碍、狂躁状态。后蔡某发现张某曾在2015年被医院诊断为患有躁狂症，并于2016年、2017年、2018年多次因该病住院治疗。蔡某诉至法院，请求撤销与张某的婚姻关系。那么，蔡某的请求合法吗？

法院认为，张某自2015年起即因精神异常被诊断为躁狂症，至与蔡某结婚登记前多次住院治疗，并无痊愈的情形，而精神分裂症、躁狂抑郁型××以及其他重型××等属于法定不宜结婚的重大疾病。张某未尽如实告知义务，影响了蔡某结婚的真实意思，且其在婚后的疾病状态影响了正常的家庭生活，故法院判决撤销蔡某与张某的婚姻关系。

法律依据

《中华人民共和国民法典》

第一千零五十三条 一方患有重大疾病的，应当在结婚登记前如实告知另一方；不如实告知的，另一方可以向人民法院请求撤销婚姻。

请求撤销婚姻的，应当自知道或者应当知道撤销事由之日起一年内提出。

延伸解读

根据《民法典》第1053条的规定，一方患有重大疾病的，应当在结婚登记前如实告知另一方；不如实告知的，另一方可以向人民法院请求撤销婚姻。请求撤销婚姻受一年除斥期间的限制，且不适用诉讼时效中止、中断或延长的规定，自知道或者应当知道撤销事由之日起计算，如果一年内没有提出，就不得再提出撤销婚姻的请求。如果双方想要解除婚姻关系，可以协议离婚或者向法院起诉。

本案中，张某自2015年起即因精神异常被诊断为躁狂症，至与蔡某结婚登记前多次住院治疗，并无痊愈的情形，而精神分裂症、躁狂抑郁型以及其他重型疾病等属于法定不宜结婚的重大疾病。张某未尽如实告知义务，影响了蔡某结婚的真实意思，且其在婚后的疾病状态影响了正常的家庭生活，故依法应撤销蔡某与张某的婚姻关系。

被撤销的婚姻与无效婚姻一样，自始没有法律约束力，当事人不具有夫妻的权利和义务。婚姻关系被撤销的，无过错方有权请求损害赔偿。

17. 丈夫瞒着妻子给情人买了一套房子，妻子能否要求返还？

案 例

2009年6月6日王某与刘某登记结

婚，2021年7月王某向法院起诉离婚。离婚诉讼时，王某发现在二人婚姻关系存续期间，刘某和张某保持着不正当的男女朋友关系，并在2020年多次向张某转账，共计708万元，用于购买房屋，房屋所有权登记在张某名下。王某认为，刘某未经其同意擅自处分夫妻共同财产，侵犯了其财产所有权，遂诉至法院请求确认刘某对张某的赠与行为无效，并请求张某返还购房款708万元。

📖 法律依据

《中华人民共和国民法典》

第一千零六十二条 夫妻在婚姻关系存续期间所得的下列财产，为夫妻的共同财产，归夫妻共同所有：

（一）工资、奖金、劳务报酬；

（二）生产、经营、投资的收益；

（三）知识产权的收益；

（四）继承或者受赠的财产，但是本法第一千零六十三条第三项规定的除外；

（五）其他应当归共同所有的财产。

夫妻对共同财产，有平等的处理权。

📢 延伸解读

在婚姻关系存续期间，夫妻双方对共同财产不分份额地共同享有所有权，受赠的第三人主张仅侵犯一方应得的部分，且仅返还一部分的主张是不能成立的。夫或妻非因日常生活需要处分夫妻共同财产时，应当协商一致，任何一方均无权单独处分夫妻共同财产，如一方未经另一方许可将大额共同财物赠与第三人的，另一方可主张请求确认该赠与行为无效，返还财物，除非受赠人有理由相信赠与行为为夫妻双方共同意思表示。

如果因家庭日常生活需要实施的民事法律行为，如家庭日常的衣食住行、关于孩子的教养等问题，夫妻相互间均有代理权，不能以一方不知情而推卸责任。

本案中，刘某在与王某婚姻关系存续期间将夫妻共同财产赠与张某，双方成立赠与合同关系。刘某的赠与行为是对夫妻共同财产的大额处分行为，未经王某同意，刘某的赠与行为亦以其与张某的婚外情关系为基础，鉴于此，刘某的赠与行为有违公序良俗，应属无效。张某取得708万元，无法律依据，应将该款项返还给王某和刘某。

18. 夫妻一方在婚姻关系存续期间以个人名义向第三方借款，另一方是否要偿还？

📢 案 例

金某与张某于2000年登记结婚，2019年经法院调解离婚。2017年6月22日，在金某与张某夫妻关系存续期间，金某以个人名义向王某借款100万元，并出具借条，借款用途为"用于家用"。当日，王某通过其妻子的账户向金某指定账户转账100万元。2017年7月之后，金某通过妻子的账户每月向王某转账2万元。后王某以金某借款用于夫妻共同生活为由，向法院起诉要求金某和张某承担共同还款责任。

法院认为，金某向王某借款 100 万元，虽然金某在借条中确认借款"用于家用"，但该笔款项数额较大，明显超出家庭日常生活所需。而现有证据不足以证明案涉借款用于金某和张某的共同生活、共同生产经营或基于其双方共同意思表示。判决驳回王某要求张某承担连带还款责任的诉讼请求。

法律依据

《中华人民共和国民法典》

第一千零六十四条 夫妻双方共同签名或者夫妻一方事后追认等共同意思表示所负的债务，以及夫妻一方在婚姻关系存续期间以个人名义为家庭日常生活需要所负的债务，属于夫妻共同债务。

夫妻一方在婚姻关系存续期间以个人名义超出家庭日常生活需要所负的债务，不属于夫妻共同债务；但是，债权人能够证明该债务用于夫妻共同生活、共同生产经营或者基于夫妻双方共同意思表示的除外。

延伸解读

对于夫妻一方以个人名义对外所负债务要有所区分。通常情况下，如果是因家庭日常生活所需，为夫妻共同债务；而如果超出家庭日常生活所需，不属于夫妻共同债务。但是，法律为了保护债权人的利益，超出家庭日常生活需要所负债务也不必然会被认定为仅一方的个人债务，此时就需要债权人举证证明该

债务用于债务人夫妻共同生活、共同生产经营或者基于夫妻双方共同意思表示，如果能够证明，则可以要求债务人夫妻双方共同偿还。

19. 夫妻之间的婚前借款是否因双方结婚而消灭?

案 例

张女士与李先生于 2018 年相识并恋爱，恋爱期间张女士向李先生借款 5 万元给其父亲做手术，并出具借条一份，但未约定借款利息，亦未注明还款期限。后二人感情迅速升温，于 2019 年登记结婚。2020 年 6 月，二人因性格不合协议离婚。2021 年 3 月，李先生要求张女士偿还婚前所借的 5 万元及利息，张女士拒绝。李先生遂将张女士起诉至法院。

法院认为，双方的借贷关系真实存在，李先生的债权应得到法律保护，判决张女士向李先生偿还借款人民币 5 万元。但双方未就该笔借款约定利息，视为没有利息，依法驳回了李先生支付利息的诉讼请求。

法律依据

《中华人民共和国民法典》

第一千零六十三条 下列财产为夫妻一方的个人财产：

（一）一方的婚前财产；

（二）一方因受到人身损害获得的赔偿或者补偿；

（三）遗嘱或者赠与合同中确定只

归一方的财产；

（四）一方专用的生活用品；

（五）其他应当归一方的财产。

《最高人民法院关于适用〈中华人民共和国民法典〉婚姻家庭编的解释（一）》

第三十一条　民法典第一千零六十三条规定为夫妻一方的个人财产，不因婚姻关系的延续而转化为夫妻共同财产。但当事人另有约定的除外。

⏩ **延伸解读**

婚前债务不因借贷双方缔结婚姻关系而消灭。结婚不产生债的混同，婚前的债权债务关系在结婚后仍然存在并受法律保护。

夫妻财产分为婚前财产和婚后财产，婚前财产对于夫妻双方而言具有专属性，归属于夫妻一方所有，而婚前债权属于财产权，也应视为个人婚前财产的范围。尽管婚姻关系中，夫妻双方具有强烈的人身属性，财产共同所有制增强了夫妻财产的紧密性，但婚姻关系不会使他们丧失独立民事主体的地位。此时，债权人和债务人没有发生重合，这也就意味着婚姻关系不能将婚前债务抵销，婚前债务不因结婚发生混同。

20. 丈夫意外去世，妻子需要替丈夫还债吗？

⏩ **案　例**

小齐与小孟系夫妻关系，小齐于2017年9月9日向王某借款5万元并出具借条一份。2017年9月11日，王某通过母亲韦某的账户将5万元借款汇入小齐借条上注明的银行账户。2021年1月11日，小齐因病去世，其户口随之被注销。现王某要求小齐的妻子小孟偿还该笔借款。但小孟否认知道借贷事实，认为自己没有在借条上签字也没有追认，该笔借款未用于家庭日常生活，因此自己没有还款义务。无奈之下，王某将小孟作为被告诉至法院，要求小孟偿还借款5万元。

法院认为，案涉借款发生在小齐与小孟夫妻关系存续期间，金额并非较大，不能认定为明显超出家庭日常生活需要所负债务的范围，且无证据证明该笔借款用于小齐个人违法犯罪活动或不良消费支出，故应认定该款项用于夫妻共同生活。判令被告小孟给付原告王某借款5万元。

⚖️ **法律依据**

《最高人民法院关于适用〈中华人民共和国民法典〉婚姻家庭编的解释（一）》

第三十六条　夫或者妻一方死亡的，生存一方应当对婚姻关系存续期间的夫妻共同债务承担清偿责任。

⏩ **延伸解读**

对于已逝配偶生前所欠债务，生存一方是否需要偿还，不能一概而论。具体可分为以下三种情形：（1）属于婚姻关系存续期间的夫妻共同债务，生存一方应当偿还。例如，夫妻双方共同签字或者夫妻一方事后追认等共同意思表示所负的债务，或是夫妻一方在婚姻关系存续期间以个人名义为家庭日常生活需要所负的债务。（2）夫妻一方在婚姻关系存续期间以个人名义超出家庭日常生活所需所负的债务，属于个人债务，生存一方的配偶不用偿还该笔债务。但债权人能证明该债务用于债务人夫妻共同生活、共同生产经营或者基于夫妻双方共同意思表示的，生存一方的配偶应当偿还该笔债务。（3）已逝配偶个人负债，但生存一方继承了已逝配偶的全部遗产，应当在继承遗产范围内清偿已逝配偶生前所欠借款。

21. 同居期间产生的债务应当如何处理？

🔊 案 例

张某和王某于 2018 年 5 月相识并开始同居生活，未办理结婚登记。双方同居期间共有财产包括房产一处和农用三轮车一辆，外债 55 万元。后双方因情感破裂，解除同居关系，张某遂起诉至法院，请求人民法院对双方同居期间的共同财产及债务依法进行分割。

法院认为，张某和王某虽然未办理结婚登记手续，但因双方已经形成了同居关系，故同居期间的共有财产应共同平均分割。因张某和王某所欠债务系双方同居关系存续期间所为，属共同债务，因此应由张某和王某共同偿还。

📖 法律依据

《最高人民法院关于适用〈中华人民共和国民法典〉婚姻家庭编的解释（一）》

第三条第二款　当事人因同居期间财产分割或者子女抚养纠纷提起诉讼的，人民法院应当受理。

🔊 延伸解读

同居期间的财产关系既不同于夫妻财产关系，也不同于一般的合伙关系，双方同居期间一方所欠债务要认定为属于共同债务，应当以该债务属双方同居期间为共同生产、生活所形成为前提，否则应认定为一方的个人债务，由其个人偿还。

22. 妻子擅自堕胎是否侵害了丈夫的生育权？

🔊 案 例

李先生和陈女士结婚 3 年，李先生是家中独子，其父母一直希望能早日抱上孙子，但陈女士觉得家庭负担重，不想要孩子。后来，陈女士意外怀孕，她坚决要打掉孩子，但李先生强烈反对。几天后，在李先生不知情的情况下，陈女士自己偷偷到医院做了引产手术。李先生得知后十分气愤，便以陈女士私自停止妊娠，侵害其生育权为由向法院提出离婚诉讼，并要求陈女士赔偿损失。

法院认为，双方的感情确已破裂，

准予离婚。但陈女士未经其丈夫李先生的同意私自中止妊娠是道德问题，并不违法，不需要承担法律责任，也不构成对李先生生育权的侵犯。

📖 **法律依据**

《最高人民法院关于适用〈中华人民共和国民法典〉婚姻家庭编的解释（一）》

第二十三条 夫以妻擅自中止妊娠侵犯其生育权为由请求损害赔偿的，人民法院不予支持；夫妻双方因是否生育发生纠纷，致使感情确已破裂，一方请求离婚的，人民法院经调解无效，应依照民法典第一千零七十九条第三款第五项的规定处理。

《中华人民共和国民法典》

第一千零七十九条第三款 有下列情形之一，调解无效的，应当准予离婚：

（一）重婚或者与他人同居；

（二）实施家庭暴力或者虐待、遗弃家庭成员；

（三）有赌博、吸毒等恶习屡教不改；

（四）因感情不和分居满二年；

（五）其他导致夫妻感情破裂的情形。

《中华人民共和国妇女权益保障法》

第五十一条第一款 妇女有按照国家有关规定生育子女的权利，也有不生育的自由。

📢 **延伸解读**

根据《妇女权益保障法》第51条第1款的规定，妇女有按照国家有关规定生育子女的权利，也有不生育的自由。但为了家庭的幸福和睦，在生育问题上，夫妻双方应尽可能协商一致。妻子未经丈夫同意私自堕胎，不属于侵犯丈夫的生育权，丈夫不能以此要求损害赔偿。但妇女擅自终止妊娠，可以视为《民法典》第1079条第3款第5项规定的"其他导致夫妻感情破裂的情形"，丈夫可以生育权纠纷致使夫妻情感破裂为由请求法院判决离婚。

23. 夫妻在《夫妻财产约定协议书》中约定一方的婚前财产归另一方所有，该约定对双方是否具有法律约束力？

📢 **案 例**

朱某与前妻王某共生育了6个子女，且有一套房屋为夫妻共同财产，登记在朱某名下。王某去世后，该套房屋经法院调解，房屋8/14的份额归朱某所有，剩余份额6个子女各占1/14，并办理了房屋产权变更登记。

2001年7月5日，朱某与贺某登记结婚。2015年10月19日，朱某与贺某签订《夫妻财产约定协议书》并进行了公证，协议约定："朱某名下的坐落在某市某区的房产（房屋所有权证编号：××房权证×字第××××号，建筑面积：62.70平方米）中的8/14共有份额归协议人贺某个人所有，不作为夫妻共同财产。"2021年6月17日朱某去世，房屋尚未进行产权变更登记，朱某的6个子女不认可上述《夫妻财产约定协议书》的效力，故贺某向法院起诉要求朱某的6个子女配合其办理涉案房屋的8/14份额的过户手续。

法院认为，朱某与贺某于2015年10月19日签订并进行了公证的《夫妻财产约定协议书》中约定朱某在案涉房屋中8/14的份额归贺某所有，该协议符合相关法律对夫妻财产约定的规定，且系双方当事人真实意思表示，不违反相关法律、行政法规的强制性规定，合法有效，对双方均有约束力。故法院支持贺某的请求，判决朱某的6个子女配合贺某办理房屋8/14份额的过户手续。

法律依据

《中华人民共和国民法典》

第一千零六十五条 男女双方可以约定婚姻关系存续期间所得的财产以及婚前财产归各自所有、共同所有或者部分各自所有、部分共同所有。约定应当采用书面形式。没有约定或者约定不明确的，适用本法第一千零六十二条、第一千零六十三条的规定。

夫妻对婚姻关系存续期间所得的财产以及婚前财产的约定，对双方具有法律约束力。

夫妻对婚姻关系存续期间所得的财产约定归各自所有，夫或者妻一方对外所负的债务，相对人知道该约定的，以夫或者妻一方的个人财产清偿。

延伸解读

婚姻关系存续期间取得的财产原则上属于夫妻共同所有，但是法律允许双方可以通过协议的方式对财产的所有权进行约定，但是约定必须采用书面形式，因为口头约定的举证非常难，如果一方否认则约定不成立。

夫妻之间对财产的约定，在双方之间发生效力，不得对抗善意第三人。第三人知道该约定的，可以对抗第三人，但是"相对人知道该约定"由夫妻一方对此承担举证责任。

24. 《民法典》中对于离婚冷静期是如何规定的？

案 例

小军和小红系夫妻关系，婚后因性格不合、争吵不断，二人经深思熟虑后决定离婚，并就子女抚养、财产分配以及债务承担等事项协商一致，签署了离婚协议。本以为当天就能拿到离婚证，不料工作人员告诉他们，根据《民法典》的规定，他们必须经历30天的离婚冷静期，之后才能发放离婚证。小军和小红都很疑惑，不知道《民法典》中对于离婚冷静期是如何规定的，是否任何形式的离婚都需要经过离婚冷静期。

法律依据

《中华人民共和国民法典》

第一千零七十七条 自婚姻登记机

关收到离婚登记申请之日起三十日内，任何一方不愿意离婚的，可以向婚姻登记机关撤回离婚登记申请。

前款规定期限届满后三十日内，双方应当亲自到婚姻登记机关申请发给离婚证；未申请的，视为撤回离婚登记申请。

📢 **延伸解读**

离婚冷静期是为了避免轻率离婚、维护婚姻家庭稳定而设立的制度，并非所有形式的离婚都要经过离婚冷静期。我国的离婚制度分为两种：一种是协议离婚，即双方自愿离婚，并就子女抚养、财产分配以及债务承担等事项协商一致无争议，签订书面离婚协议，亲自到婚姻登记机关申请离婚登记；另一种则是诉讼离婚，即夫妻双方就是否离婚或者子女抚养、财产分割等问题无法达成一致意见，向法院提起离婚诉讼。目前婚姻冷静期只针对协议离婚，不针对诉讼离婚。

25. 协议离婚不成，离婚协议是否有效？

📢 **案 例**

吴某、张某于 2017 年 10 月 16 日登记结婚，婚后未生育子女。2019 年 5 月，吴某与张某签订《离婚协议》一份，载明："经双方协商，吴某、张某自愿协议离婚，张某一次性付给吴某肆万元人民币。"因双方离婚未成，张某诉至法院要求离婚。2020 年 7 月 20 日，

吴某、张某因夫妻感情破裂经法院主持调解离婚，民事调解书载明原、被告自愿离婚，无其他内容。吴某认为，张某应当履行《离婚协议》中的约定付给自己 4 万元，但因张某一直未履行约定。2021 年 3 月，吴某向人民法院提起诉讼，要求张某一次性付给自己 4 万元。

法院认为，根据《最高人民法院关于适用〈中华人民共和国民法典〉婚姻家庭编的解释（一）》第 69 条"当事人达成的以协议离婚或者到人民法院调解离婚为条件的财产以及债务处理协议，如果双方离婚未成，一方在离婚诉讼中反悔的，人民法院应当认定该财产以及债务处理协议没有生效，并根据实际情况依照民法典第一千零八十七条和第一千零八十九条的规定判决"的规定，本案中吴某主张的《离婚协议》系吴某、张某在婚姻存续期间签订。双方离婚未成，后被告张某诉至法院，原、被告于 2020 年 7 月 20 日在法院调解离婚，双方在法院调解下所达成的离婚协议中并未显示吴某所主张的张某应向其支付的款项。吴某所出示的其与张某婚姻关系存续期间签订的《离婚协议》没有生效，对双方不具有约束力，故对于吴某的诉讼请求，本院不予支持。

📄 **法律依据**

《最高人民法院关于适用〈中华人民共和国民法典〉婚姻家庭编的解释（一）》

第六十九条 当事人达成的以协议离婚或者到人民法院调解离婚为条件的

财产以及债务处理协议，如果双方离婚未成，一方在离婚诉讼中反悔的，人民法院应当认定该财产以及债务处理协议没有生效，并根据实际情况依照民法典第一千零八十七条和第一千零八十九条的规定判决。

当事人依照民法典第一千零七十六条签订的离婚协议中关于财产以及债务处理的条款，对男女双方具有法律约束力。登记离婚后当事人因履行上述协议发生纠纷提起诉讼的，人民法院应当受理。

延伸解读

当事人达成的以登记离婚或者到人民法院协议离婚为条件的财产分割协议，可以理解为附条件合同，登记离婚或到人民法院协议离婚即为合同的生效要件。由于离婚问题事关重大，应当允许当事人反复考虑、协商，只有在双方最终达成一致意见并到民政部门或者到法院自愿办理协议离婚手续时，所附条件才可视为已经成立。如果双方协议离婚未成，当事人一方有反悔的权利，事先达成的财产分割协议没有生效，对夫妻双方均不产生法律约束力，不能作为人民法院处理离婚案件的依据。

26. 夫妻双方达成的离婚协议，未经登记备案是否有效？

案 例

刘某、赵某因感情不和于 2020 年12 月 24 日协议离婚。协议离婚当天双方签订了两份离婚协议，一份在某市民政局登记备案，另一份未在婚姻登记部门备案；未登记备案的协议约定，坐落于某市某区的房产归刘某所有。后来，双方对履行上述协议产生争执，赵某向法院提起民事诉讼。那么，未登记备案的离婚协议是否未发生法律效力？

一审法院认为，本案原、被告在离婚当天形成两份内容不一致的离婚协议，导致双方在离婚后的协议履行上产生分歧。在效力上，婚姻登记部门备案的离婚协议的效力较高，应认定为是双方最后的真实的意思表示，合法有效；另一份未备案的离婚协议应认定未发生法律效力。被告不服一审判决上诉至中院。

二审法院经审理认为，夫妻双方就离婚时分割夫妻共同财产达成的协议，作为依法成立的合同，对当事人当然具有法律约束力。当事人达成的以登记离婚或者到人民法院协议离婚为条件的财产分割协议为附生效条件的协议，其所附条件即办理离婚登记手续。当事人达成的以登记离婚或者到人民法院协议离婚为条件的财产分割协议，自双方办理离婚登记手续时生效。结合《婚姻登记条例》第 13 条的规定可知，婚姻登记部门在为婚姻关系当事人办理离婚手续时，只是审查其是否自愿离婚并已经就财产和子女抚养问题作出了安排，而不对其财产分割条款或者协议作实质性审查，也即婚姻登记部门对离婚协议的审查备案并非离婚协议生效要件。一审判决认定未备案离婚的协议不发生法律效力，适用法律错误，最终二审法院予以纠正。

《中华人民共和国民法典》

第一百五十八条 民事法律行为可以附条件，但是根据其性质不得附条件的除外。附生效条件的民事法律行为，自条件成就时生效。附解除条件的民事法律行为，自条件成就时失效。

《婚姻登记条例》

第十三条 婚姻登记机关应当对离婚登记当事人出具的证件、证明材料进行审查并询问相关情况。对当事人确属自愿离婚，并已对子女抚养、财产、债务等问题达成一致处理意见的，应当当场予以登记，发给离婚证。

📢 延伸解读

婚姻登记部门对离婚协议的登记备案并非离婚协议的生效要件，未经备案的离婚协议是否有效要根据双方婚姻关系状态、结合协议内容、签订时间等要素综合判断。

27. 在抚育子女等方面负担较多义务的家庭主妇离婚时可以要求另一方补偿吗?

📢 案 例

陈先生与王女士于 2010 年相识、相恋，2015 年登记结婚，育有一子陈小兵。双方于 2018 年 7 月开始分居。自 2018 年 11 月后，陈小兵随王女士生活。

2021 年 10 月，陈先生向法院提起诉讼，请求法院判决双方离婚，要求分割共同财产及债务。王女士表示，婚后都是自己独自照顾孩子、料理家务，陈先生除了上班，其他家庭事务几乎全都不关心，也不参与。双方在婚姻关系存续期间出资对陈先生母亲名下的房屋进行装修。王女士要求分割财产，并要求陈先生赔偿物质损失和精神损失共计 16 万元。

法院认为，对于王女士要求的补偿款，因王女士在抚育子女等方面负担了较多义务，适用《民法典》第 1088 条更有利于保护王女士的合法权益，故现王女士要求陈先生给予补偿，理由正当；对于补偿的数额，法院综合考虑双方结婚的时间、双方所述的生活情况等予以酌定，对于王女士过高的诉讼请求不予支持。最终，法院判决陈先生给付王女士家务补偿款 5 万元。

📖 法律依据

《中华人民共和国民法典》

第一千零八十八条 夫妻一方因抚育子女、照料老年人、协助另一方工作等负担较多义务的，离婚时有权向另一方请求补偿，另一方应当给予补偿。具体办法由双方协议；协议不成的，由人民法院判决。

📢 延伸解读

夫妻离婚时，一方应当承担经济补偿责任的条件是对方在家庭生活中付出较多的义务，主要是指在婚姻关系存续期间，夫妻一方比另一方在抚育子女、照料老人、协助另一方工作等方面负担的义务更多，对家庭的建设贡献较大。双方婚姻关系已经解除，是发生经济补偿责任的必要条件。如果没有发生离婚的事实，不发生经济补偿义务。付出较多义务的一方提出经济补偿的请求后，具体的补偿数额，应当由双方协商解决。协商不成的，向法院起诉，由人民法院判决。人民法院判决时，应考虑请求权人付出义务的大小，请求权人因此受到损失和另一方从中受益的情况，综合确定。

28. 夫妻一方未经另一方同意出售房产的行为是否具有法律效力？

📢 **案 例**

王某和宗某系夫妻关系，双方婚姻关系存续期间，其所在社区进行城中村改造，王某一家获得了3套拆迁安置房。2017年11月1日李某与王某签订了安置房转让合同，王某将坐落在某某路的一套建筑面积暂定为146平方米的安置房以每平方米2200元的价格卖给了李某，并同意李某先支付100000元房款，剩余款项待安置房交付后再行支付。2020年7月9日，李某与王某协商，王某同意给李某一套102平方米的房屋，剩余面积差额44平方米按照每平方米2200元补给李某。同日王某向李某出具了收到李某房款180000元，房款已经全部付清的收据。后李某要求王某交付房产时，宗某以涉案房屋为夫妻共同财产，王某

无权处置该房产为由，拒绝向李某交付房屋。无奈之下，李某作为原告，将王某、宗某作为被告诉至法院，并提出如下诉求：（1）判令二被告交付原告购买的房产；（2）若不能交付房产，应解除原告与被告王某之间签订的买卖合同，判令二被告返还原告购房款180000元、赔偿损失460672.2元并支付违约金128134.44元。

法院认为，原告李某与被告王某签订的安置房转让合同，是双方的真实意思表示，并不存在《民法典》中规定的无效情形，视为有效合同。本案中涉案房产系被告王某和宗某在夫妻关系存续期间拆迁安置所得，不属于被告王某的个人财产，被告王某无权擅自处置该房产。《最高人民法院关于适用〈中华人民共和国民法典〉婚姻家庭编的解释（一）》第28条第1款规定："一方未经另一方同意出售夫妻共同所有的房屋，第三人善意购买、支付合理对价并已办理不动产登记，另一方主张追回该房屋的，人民法院不予支持。"该规定明确了在夫妻一方无权处分的前提下，在同时满足第三人善意购买、支付合理对价并办理产权登记手续的三要件时，应该适用善意取得，但本案明显不适用善意取得。现被告宗某明确拒绝向李某交付涉案房产，故对原告要求被告交付涉案房屋的诉请本院不予支持。《民法典》第597条第1款规定："因出卖人未取得处分权致使标的物所有权不能转移的，买受人可以解除合同并请求出卖人承担违约责任。"由于涉案房屋无法向原告

交付，现原告李某请求解除合同、被告退还房款 180000 元符合法律规定，本院予以支持。故判决：一、解除原告李某与被告王某签订的安置房转让合同；二、被告王某返还原告李某已付购房款 180000 元并赔偿原告李某房款差价损失 460672.25 元；三、被告王某支付原告李某违约金 64240 元。

📋 法律依据

《中华人民共和国民法典》

第五百九十七条 因出卖人未取得处分权致使标的物所有权不能转移的，买受人可以解除合同并请求出卖人承担违约责任。

法律、行政法规禁止或者限制转让的标的物，依照其规定。

《最高人民法院关于适用〈中华人民共和国民法典〉婚姻家庭编的解释（一）》

第二十八条 一方未经另一方同意出售夫妻共同所有的房屋，第三人善意购买、支付合理对价并已办理不动产登记，另一方主张追回该房屋的，人民法院不予支持。

夫妻一方擅自处分共同所有的房屋造成另一方损失，离婚时另一方请求赔偿损失的，人民法院应予支持。

📢 延伸解读

夫妻一方擅自出售房屋，买受人符合善意取得的要件、支付合理对价并办理了产权登记手续，夫妻一方请求认定合同无效的，人民法院不予支持。善意

取得是指，第三人属于善意购买，而非与配偶一方恶意串通损害另一方的利益。夫妻一方因家庭日常生活需要而实施的民事法律行为，对夫妻双方发生效力，夫妻之间具有家事代理权，但代理的事务限于家庭日常事务。诸如一家的食物、衣着等用品的购买，保健、娱乐、医疗、子女教养的支出，家具及日常用品的购置，保姆和家庭教师的聘用，亲友的馈赠，报纸杂志的订阅皆包含在内。对于这类事务，夫妻间均有代理权，一方不得以不知情为由推卸共同的责任。但对于超出上述范围的婚姻家庭事务，应当由夫妻双方共同决定，一方不得擅自决定。夫妻一方滥用日常事务代理权的，另一方可以对其代理权加以限制。为了保障交易的安全，保护善意第三人的合法权益，该种限制不得对抗善意第三人。

29. 夫妻双方通谋虚假离婚，并办理了离婚登记的，其签订的离婚协议书是否具有法律效力？

📢 案 例

2007 年，高某与马某登记结婚。2020 年 12 月 7 日，高某与马某签订《离婚协议书》并在民政局登记离婚，该离婚协议书约定了解除婚姻关系、子女抚养、财产分割及债务处理等内容。同日，高某与马某签订《离婚补充协议》，载明："一、双方同意在办理离婚手续后一个月之内无条件办理复婚手续，

若有一方不同意复婚即属严重违约，违约方应赔偿另一方因不能复婚而造成的全部损失，包括……二、双方所签在民政局备案的离婚协议中有关财产（包括房产，下同）分割的条款均不是双方真实的意思表示，均为无效……若任何一方在本次离婚后两个月内向任何他方转移财产或买卖财产，则属严重违约，应按所转移和买卖财产的市场价值换算成人民币双倍赔偿另一方。三、因为本次离婚只是为了短暂的体验，离婚不是双方的真实目的，故双方本次离婚备案于民政局的离婚协议以及双方本次离婚期间及复婚后的实际财产划分均不是双方财产分割真实的意思表示，均不成立，不影响双方婚姻财产原本合法的界定，且双方均承诺，本次短暂离婚在财产方面应视为双方没有离婚，应等同于双方婚姻关系继续存续处理……五、虽然本补充协议在双方于民政局备案的离婚协议之前签订，但本补充协议生效是双方签订离婚协议的前提条件，且双方确认本协议的效力高于离婚协议……"

现高某主张依据《离婚协议书》中关于债务承担的约定，请求马某承担《离婚协议》中约定的应当由马某单方承担的债务50万元人民币。马某辩称，《离婚协议书》并非双方真实意思表示，不应作为分割财产的依据，请求法院依法分割双方的夫妻共同财产。

法院认为，一、案涉《离婚协议书》及《离婚补充协议》均应认定为无效。本案中，高某、马某签署《离婚协议书》并据此在民政部门办理离婚手续，但同日签署的《离婚补充协议》第2条中明确约定"双方所签在民政局备案的离婚协议中有关财产（包括房产，下同）分割的条款均不是双方真实的意思表示"，第3条载明"离婚不是双方的真实目的"，第5条亦载明"本协议的效力高于离婚协议"。依据前述事实可知，《离婚协议书》并非高某、马某的真实意思表示，其二人的真实意思系通谋虚假离婚。故因高某与马某系以虚假的意思表示签署《离婚协议书》，对其虚假意思表示法律不应予以保护，前述协议书不具有法律效力，应属无效。二、我国的婚姻制度实行婚姻自由原则。双方于2020年12月7日签订的《离婚补充协议》约定离婚不是双方真实目的，且违背公序良俗及婚姻自由原则，所以《离婚补充协议》应认定无效。双方同日签订的《离婚协议书》因并非双方真实意思表示，亦应认定无效。因高某与马某二人的婚姻已由婚姻登记机关依照法定程序予以解除，鉴于婚姻登记之公示公信效力，虽然双方在办理离婚登记时真实意思为通谋虚假离婚，但不因此导致离婚登记无效。故，从民政部门对高某、马某离婚予以登记时起，双方之婚姻关系已然解除。

🔖 **法律依据**

《中华人民共和国民法典》

第八条 民事主体从事民事活动，不得违反法律，不得违背公序良俗。

第一百四十六条 行为人与相对人以虚假的意思表示实施的民事法律行为

无效。

以虚假的意思表示隐藏的民事法律行为的效力，依照有关法律规定处理。

📢 延伸解读

在现实生活中，有一部分夫妻出于各种目的进行假离婚，但假离婚在法律上有很大风险，不少人因为假离婚变成了真离婚而后悔莫及。一旦假离婚的双方当事人领取离婚证后，他们的婚姻即告解除，双方不再是合法的夫妻关系，不再有夫妻之间的权利义务关系，双方均取得再婚的权利。因为婚姻的登记行为具有公示效力，无论其进行离婚登记时是否具有离婚的真实意愿，其离婚行为都属有效。如果离婚后有一方不愿意复婚，那么另一方也没有任何办法。为规避相关政策，假离婚时当事人双方往往会协议将房产、钱财划归一方所有。因另一方当事人往往无法举证否定协议的效力，在离婚后，如果拥有财产的一方变心或将财产出卖，另一方将无法要求偿还、索赔。需要特别提醒的是，即便双方事后复婚，原先属于一方所有的财产也就变成其婚前财产了，如果将来再次离婚，另一方无权要求分割。

30. 婚姻关系解除时间如何确定？

📢 案 例

王某、陈某于 2019 年登记结婚，后生育一子。因陈某有家庭暴力行为，殴打王某与孩子，并与他人有不正当男女关系，王某认为其夫妻二人感情破裂，遂诉至法院，要求解除与陈某的婚姻关系。

法院认为，人民法院审理离婚案件，应当进行调解，如感情确已破裂，调解无效，应准予离婚。王某因与陈某感情不和起诉至人民法院要求离婚，本案在审理过程中，二人总是在争吵，陈某难以控制自身情绪，婚姻存续期间多次与王某发生肢体冲突，应属于夫妻感情破裂之情形，王某要求离婚，本院予以准许。那么，王某与陈某的婚姻关系自何时解除？

📖 法律依据

《中华人民共和国民法典》

第一千零八十条 完成离婚登记，或者离婚判决书、调解书生效，即解除婚姻关系。

📢 延伸解读

在我国，解除婚姻关系有两种途径，一种是夫妻双方达成离婚合意并在婚姻登记机关办理完离婚登记手续，领取离婚证；另一种是通过人民法院诉讼离婚，由法院作出离婚判决书或者离婚调解书，且在判决书或者调解书发生法律效力时，婚姻关系正式解除，双方不再存在婚姻关系。上述两种途径均产生解除婚姻关系的法律效果，在法院领取离婚判决书、离婚调解书后，不需要再去婚姻登记机关领取离婚证，即离婚证、离婚判决书、离婚调解书在解除婚姻关系上具有同等法律效力，当事人只需要持离婚判决书或离婚调解书去户籍所在地派出所将婚姻状态更改为离异状态即可。

需要提醒的是，当事人双方为离婚所签署的离婚协议，并不代表婚姻关系已经解除。完成离婚登记或者经法院调解、判决，才能真正在法律意义上解除婚姻关系。

31. 一方被依法判处有期徒刑，另一方请求离婚，如何处理？

案 例

游某与邹某于 2018 年登记结婚，2019 年 3 月，邹某因犯诈骗罪被判处有期徒刑 6 个月，罚金人民币 2000 元，该判罚的刑满释放当日，邹某又因信用卡诈骗罪被羁押，后被法院判处有期徒刑 5 年 6 个月。邹某在监狱服刑期间，游某以夫妻双方感情已破裂为由向法院起诉离婚，但因游某未能提供证据证明，且邹某不同意离婚，故敦促双方慎重、冷静对待婚姻关系，给予双方乃至双方一次修复感情的机会。法院驳回了游某的诉讼请求。判决后，邹某尝试以书信往来的方式修复夫妻感情，但未能如愿，游某再次向法院提出离婚诉讼请求。

法院认为，邹某实施的违法行为严重影响了家庭正常生活，伤害了夫妻感情。游某第一次起诉离婚被法院判决不准离婚后，再次诉至法院要求离婚，且不同意本院进行调解，表明其解除与邹某婚姻关系的意愿明确坚决。二审庭审时，邹某也没有提供有关夫妻双方关系

有和好迹象的证据。法院判决双方离婚。

法律依据

《中华人民共和国民法典》

第一千零七十九条 夫妻一方要求离婚的，可以由有关组织进行调解或者直接向人民法院提起离婚诉讼。

人民法院审理离婚案件，应当进行调解；如果感情确已破裂，调解无效的，应当准予离婚。

有下列情形之一，调解无效的，应当准予离婚：

（一）重婚或者与他人同居；

（二）实施家庭暴力或者虐待、遗弃家庭成员；

（三）有赌博、吸毒等恶习屡教不改；

（四）因感情不和分居满二年；

（五）其他导致夫妻感情破裂的情形。

一方被宣告失踪，另一方提起离婚诉讼的，应当准予离婚。

经人民法院判决不准离婚后，双方又分居满一年，一方再次提起离婚诉讼的，应当准予离婚。

延伸解读

一方被判处有期徒刑且在服刑期间，只能通过诉讼离婚的方式解除双方婚姻关系，协议离婚必须要双方当事人到场办理。对被监禁的人提起的离婚诉讼，由原告住所地人民法院管辖；原告住所地与经常居住地不一致的，由原告经常居住地人民法院管辖。

01. 夫妻双方离婚后，孩子由哪一方抚养为宜？

案例

孙某和吴某婚后生育一子吴某某。因双方婚后未妥善处理矛盾，导致长时间分居，现双方均同意离婚，但对吴某某的抚养权问题无法达成一致意见，孙某向法院起诉离婚并要求由其抚养吴某某。

一审法院认为，根据孙某、吴某的经济收入水平及各自的学历、工作环境等综合因素，由吴某抚养婚生子吴某某，更有利于其健康成长，对吴某请求婚生子由其抚养，不需要孙某承担抚养费的抗辩意见予以支持，故判决吴某某由吴某抚养。孙某不服一审判决，上诉至二审法院。

二审法院认为，关于婚生子吴某某的抚养权问题，孙某及吴某均承认双方分居后至今婚生子吴某某一直与孙某共同居住生活。在考虑吴某某的抚养权归属问题上，不能仅权衡双方的经济条件，应该更切实地从孩子的成长环境、生活规律、身心承受能力角度全面考量。吴某某与孙某长期共同生活，形成了稳定的生活环境，改变生活环境对年幼的孩子健康成长不利。故本院认为，婚生子吴某某由孙某抚养为宜，判决吴某某由孙某抚养。

法律依据

《中华人民共和国民法典》

第一千零八十四条第三款 离婚后，不满两周岁的子女，以由母亲直接抚养为原则。已满两周岁的子女，父母双方对抚养问题协议不成的，由人民法院根据双方的具体情况，按照最有利于未成年子女的原则判决。子女已满八周岁的，应当尊重其真实意愿。

延伸解读

离婚案件中，孩子的抚养权往往会成为焦点问题，解决孩子抚养权的一般规则是2周岁以下的孩子一般由母亲抚养；8周岁以上的孩子，需征求孩子本人的意见，孩子本人的意见是判定抚养权的重要依据；2到8周岁之间的孩子，则综合考虑其成长环境，以有利于孩子成长为原则。在确定孩子抚养权归属时，如父或母一方丧失生育能力或已做绝育手术，可以优先考虑。无论孩子抚养权归属于父母任何一方，孩子还是父母双方的孩子，父子和母子关系并不因此解除。因此，直接抚养孩子的一方应当为另一方探望孩子积极创造条件，共同促进孩子身心健康成长。

02. 离婚后，不直接抚养子女的一方应支付的抚养费如何计算？

🔊 案　例

李某与张某原系夫妻关系，于 2010 年育有一子小李。2019 年 10 月，二人住所地的人民法院出具民事判决书，判决张某与李某离婚，小李由张某抚养，李某给付抚养费每月 1100 元（自 2019 年 11 月起，于每月 20 日前履行至小李年满 18 周岁为止）。张某认为，随着小李的成长，其生活和教育成本逐渐增加，遂向法院起诉，要求李某支付的抚养费数额增加至每月 3000 元。

法院认为，抚养费包括子女的生活费、教育费、医疗费等费用；离婚后，一方抚养子女，另一方应负担必要的生活费和教育费的一部分；关于子女生活费和教育费的协议或判决，不妨碍子女在必要时向父母任何一方提出超过协议或判决原定数额的合理要求。本案中，原告主张抚养费增加至每月 3000 元，法院根据小李实际教育支出、李某实际收入情况及所在地区生活水平综合考量，认为李某给付小李的抚养费应适当增加，故判决李某自 2021 年 3 月起于每月 20 日前支付小李抚养费 1700 元至小李年满

18 周岁为止。

📖 法律依据

《中华人民共和国民法典》

第一千零八十五条　离婚后，子女由一方直接抚养的，另一方应当负担部分或者全部抚养费。负担费用的多少和期限的长短，由双方协议；协议不成的，由人民法院判决。

前款规定的协议或者判决，不妨碍子女在必要时向父母任何一方提出超过协议或者判决原定数额的合理要求。

🔊 延伸解读

离婚后，不直接抚养孩子的一方应当承担部分或全部抚养费，在确定抚养费金额时，一方面要考虑子女的实际需要，另一方面要考虑父母的负担能力和当地的实际生活水平。抚养费支付的一般规则是，有固定收入的，抚养费一般可按月收入 20% 至 30% 的比例支付，负担两个以上子女的比例可以适当提高，但不得超过月收入的 50%。但在司法实践中可能会出现当事人月收入不固定的情况，此时则可依据年总收入或参照同行业平均收入确定。抚养费并不是一成不变的，子女可以根据实际需要主张增加抚养费。

另外，抚养费的支付是到子女年满 18 周岁时止，但在我国实践中，子女 18 周岁之后虽已成年，但多数子女因为还在上学，并不具备独立生活的能力，仍需要父母给予经济帮助，这就需要父母和子女之间协商解决。18 周岁之后的经

济帮助并非父母的义务，故法院判决抚养费时的支付期限均以子女年满 18 周岁时止。

03. 离婚后，抚养子女的一方不让另一方见孩子，怎么办？

🔊 案 例

房某与杨某原系夫妻关系，2019 年 2 月，房某向法院起诉要求与杨某离婚，法院于 2019 年 11 月 28 日作出判决书，判决准予房某与杨某离婚，婚生子小房归杨某抚养，房某从 2019 年 11 月起，每月给付杨某子女抚养费 1000 元，至小房 18 周岁止。现房某以杨某拒不配合其探望婚生子小房为由，提起诉讼。

法院认为，离婚后，不直接抚养子女的父或母，有探望子女的权利，另一方有协助的义务。本案中房某系婚生子小房的父亲，在与杨某离婚后，有探望儿子小房的权利，杨某应予协助。这也是孩子在父母离婚后获得父爱的重要途径，对孩子的健康成长是有利的。鉴于房某、杨某的婚生子小房尚幼，对目前的生活成长环境已经形成习惯，在外留宿或父亲行使探望权的时间过长，有可能使其较难适应，故认为目前房某每周探望一次，具体时间为每周六或者周日的上午 9 时至下午 5 时较为适宜。希望房某、杨某双方能够摒弃彼此之间的矛盾，从有利于孩子成长的角度出发，相互理解，加强沟通，杨某尽可能地为房某的探望提供便利，房某在行使探望权时亦不要影响孩子的正常休息和学习。故判决房某每周探望婚生子小房一次，时间为每周六或周日的上午 9 时至下午 5 时，杨某应予协助。

📖 法律依据

《中华人民共和国民法典》

第一千零八十六条 离婚后，不直接抚养子女的父或者母，有探望子女的权利，另一方有协助的义务。

行使探望权利的方式、时间由当事人协议；协议不成的，由人民法院判决。

父或者母探望子女，不利于子女身心健康的，由人民法院依法中止探望；中止的事由消失后，应当恢复探望。

🔊 延伸解读

探望权是不直接抚养子女一方依法探望子女的权利，但在生活中男女双方离婚后，直接抚养子女的一方往往会出于某种原因阻挠另一方对子女进行探视。面对此种情况，有探望权的一方可以通过向法院起诉的方式要求行使探望权。对于拒不协助另一方行使探望权的有关个人或者组织，可以由人民法院依法采取拘留、罚款等强制措施，但是不能对子女的人身、探望行为进行强制执行。

04. 一方婚前购买并进行产权登记的房产，婚后用夫妻共同财产还贷的，离婚时另一方能否主张房屋所有权？

案 例

沈某与鲁某原系夫妻关系，双方于2021年3月经法院调解离婚，离婚时未分割夫妻共同财产，现沈某向法院提出分割财产的诉讼请求。庭审中，双方确认鲁某名下的一处房产系鲁某婚前购买，房屋成交价30万元，首付15万元，贷款15万元，现市值65万元，尚有房屋贷款未结清，双方婚姻关系存续期间共同还贷本息共计90753.43元。

法院认为，根据《最高人民法院关于适用〈中华人民共和国民法典〉婚姻家庭编的解释（一）》的相关规定，离婚后，一方以尚有夫妻共同财产未处理为由向人民法院起诉请求分割的，经审查该财产确属离婚时未涉及的夫妻共同财产，人民法院应当依法予以分割。本案当事人沈某与鲁某原系夫妻关系，双方均认可离婚时未分割夫妻共同财产，现原告沈某请求分割，应予支持。庭审中，双方确认鲁某名下的一处房产系鲁某婚前购买并登记在鲁某名下，根据相关法律规定，该不动产归登记一方，尚未归还的贷款为不动产登记一方的个人债务，双方婚后共同还贷支付的款项及其相对应财产增值部分，由不动产登记一方对另一方进行补偿。原、被告婚姻关系存续期间双方有共同还贷且房屋有增值，应由鲁某向沈某进行补偿，补偿款为124969元。

法律依据

《中华人民共和国民法典》

第一千零八十七条第一款　离婚时，夫妻的共同财产由双方协议处理；协议不成的，由人民法院根据财产的具体情况，按照照顾子女、女方和无过错方权益的原则判决。

《最高人民法院关于适用〈中华人民共和国民法典〉婚姻家庭编的解释（一）》

第七十八条　夫妻一方婚前签订不动产买卖合同，以个人财产支付首付款并在银行贷款，婚后用夫妻共同财产还贷，不动产登记于首付款支付方名下的，离婚时该不动产由双方协议处理。

依前款规定不能达成协议的，人民法院可以判决该不动产归登记一方，尚未归还的贷款为不动产登记一方的个人债务。双方婚后共同还贷支付的款项及其相对应财产增值部分，离婚时应根据民法典第一千零八十七条第一款规定的原则，由不动产登记一方对另一方进行补偿。

第八十三条　离婚后，一方以尚有夫妻共同财产未处理为由向人民法院起诉请求分割的，经审查该财产确属离婚时未涉及的夫妻共同财产，人民法院应当依法予以分割。

婚前一方按揭贷款买房，并且产权登记在该方一人名下，婚后男女双方共同还贷，离婚时，对该房屋的所有权，男女双方可以进行协商。若双方不能就该房屋达成协议，可通过诉讼进行分割，法院一般会认定房屋归登记一方所有。婚后还贷的部分和房屋增值的部分，由获得房屋产权的一方对共同还贷的配偶进行补偿。至于婚后还贷的部分，无论是由一方用自己的工资、收益还贷，还是用双方的工资、收益还贷，只要不能证明是用一方的婚前财产或者婚后专属于一方个人所有的财产还贷，都应视为以夫妻共同财产清偿贷款。如果在离婚时仍然有房贷没有付清，则视为产权人的个人债务。

05. 婚姻关系存续期间，双方以夫妻共同财产购买房屋，产权登记在未成年子女名下，离婚时应如何处理？

📢 **案 例**

隗某、张某于 1996 年 4 月登记结婚，1997 年生育一女隗某某。2007 年 11 月 13 日，隗某某与某房地产开发有限公司签订房屋买卖合同，购买位于某市的一套房屋（不动产权利人登记为隗某某），购房款 915417 元由隗某交纳。2021 年 2 月 12 日，隗某、张某经法院判决离婚，未对隗某、张某婚后购买的房屋进行分割。现隗某否认已将该房屋赠与隗某某，认为该房屋属于夫妻共同财产，以离婚后财产纠纷为由诉至法院，要求分割该房屋。

法院认为，案涉房产系隗某、张某在夫妻关系存续期间以夫妻共同财产购买，产权登记在隗某某名下，购买房产时隗某某尚未成年，无独立财产。虽然依据法律规定，不动产权属证书是权利人享有该不动产物权的证明。不动产权属证书记载的事项，应当与不动产登记簿一致；记载不一致的，除有证据证明不动产登记簿确有错误外，以不动产登记簿为准；不动产权属证书是权利人享有该不动产物权的证明，但是夫妻将以共同财产购买的房屋登记于未成年子女名下，在夫妻离婚时，不能简单地完全按照登记情况将房屋认定为未成年子女的财产。不动产物权登记分为对内效力和对外效力，对外效力是指根据物权公示公信原则，不动产物权经登记后，善意第三人基于对登记的信赖而与登记权利人发生的不动产交易行为应受到法律的保护；对内效力是指应审查当事人的真实意思表示来确定真正的权利人。在实际生活中，夫妻双方共同出资购买房屋后，可能基于各种因素的考虑而将房屋的产权登记在未成年子女名下，但这样并不意味着该房屋的真实产权人为未成年子女，而应审查夫妻双方在购买房屋时的真实意思表示。本案中，一、二审已查明，隗某及张某在购置案涉房产及离婚诉讼期间，均无证据显示双方有将该案涉房赠与隗某某的共同意思表示，且隈某在离婚诉讼的一、二审以及再审审查程序中均要求将案涉房产按夫妻共同财产进行分割，而隈某某亦未提供充足证据证明隈某、张某存在赠与案涉房屋的共同意思表示。故从案涉房产的出资情况及隈某、张某的陈述等来分析，夫妻双方自始至终并未形成将该房产赠与隈某某的合意，本案房产的真正权利人并非隈某某，而是隈某、张某，故一审法院认定案涉房屋为隈某某的父母即隈某、张某的共同财产。

📝 法律依据

《中华人民共和国民法典》

第二百一十六条 不动产登记簿是物权归属和内容的根据。

不动产登记簿由登记机构管理。

第二百一十七条 不动产权属证书是权利人享有该不动产物权的证明。不动产权属证书记载的事项，应当与不动产登记簿一致；记载不一致的，除有证据证明不动产登记簿确有错误外，以不动产登记簿为准。

第一千零八十七条第一款 离婚时，夫妻的共同财产由双方协议处理；协议不成的，由人民法院根据财产的具体情况，按照照顾子女、女方和无过错方权益的原则判决。

📢 延伸解读

对于婚姻关系存续期间，双方以夫妻共同财产购房，房屋产权登记在未成年子女名下，离婚时如何处理有两种不同观点。一种观点认为，按照《民法典》物权编的规定，不动产权属证书是权利人享有该不动产的证明，如果夫妻将房屋登记在未成年子女名下，就意味着购买房屋赠与未成年人，离婚时就作为未成年人的财产处理，夫妻双方无权予以分割。另一种观点认为，不能仅按照产权登记情况将房屋一概认定为未成年人的财产，还应审查夫妻双方的真实意思表示。

司法实务中更多的是倾向于第二种观点。双方婚后用夫妻共同财产购买房屋，子女尚未成年，如果产权登记在子女名下，夫妻离婚时不能简单地完全按照登记情况将房屋认定为未成年子女的财产。不动产登记分为对外效力和对内效力，对外效力是指根据物权公示公信原则，不动产物权经过登记后，善意第三人基于对登记的信赖而与登记权利人发生的不动产交易行为应当受到法律保护；对内效力是指应当审查当事人的真实意思表示来确定真实的权利人。

在现实生活中，夫妻共同出资购买房屋后，可能基于各种因素将房屋登记在未成年子女名下，但这不意味着该房屋的真实权利人为未成年子女。人民法院在审判时应当注意审查夫妻双方在购买房屋时的真实意思表示。如果真实意思确实是将房屋赠与未成年子女，离婚时应将该房屋认定为未成年子女的财产，由直接抚养未成年子女一方暂时管理；如果真实意思并不是将房屋赠与未成年子女，则离婚时将该房屋作为夫妻共同财产处理比较适宜。

06. 一方父母出资购房，离婚时房屋产权归属如何确定？

案例

2002年，万某的母亲丁某购买涉案3间商品房。2015年10月，原告刘某与被告万某登记结婚。2017年2月，万某购买某小区的一套单元房，购房款全部由其父亲万某某支付。2020年7月30日，万某收到不动产权证书，载明权利人为万某、刘某。2021年8月11日，刘某与万某登记离婚。双方对上述两套房屋的分割存在争议，刘某作为原告诉至法院。

法院认为，本案争议的焦点为：一、原告刘某对涉案单元房是否享有所有权；二、原告刘某对涉案3间商品房是否享有所有权。一、关于原告刘某对涉案单元房是否享有所有权。《最高人民法院关于适用〈中华人民共和国民法典〉婚姻家庭编的解释（一）》第29条第2款规定："当事人结婚后，父母为双方购置房屋出资的，依照约定处理；没有约定或者约定不明确的，按照民法典第一千零六十二条第一款第四项规定的原则处理。"2017年2月，被告万某与某房地产开发有限公司签订商品房买卖合同，涉案单元房的购房款、车位费、契税、物业费、水电费等均由被告父亲万某某支付。故该房屋应认定为万某某对刘某、万某二人的赠与。二、关于原告刘某对涉案3间商品房是否享有所

权。《最高人民法院关于适用〈中华人民共和国民法典〉婚姻家庭编的解释（一）》第29条第1款规定："当事人结婚前，父母为双方购置房屋出资的，该出资应当认定为对自己子女个人的赠与，但父母明确表示赠与双方的除外。"涉案3间商品房系被告万某之母丁某于2002年购买，原、被告婚后一直由原、被告占有、使用，应视为对被告万某个人的赠与。

法律依据

《中华人民共和国民法典》

第一千零六十二条　夫妻在婚姻关系存续期间所得的下列财产，为夫妻的共同财产，归夫妻共同所有：

（一）工资、奖金、劳务报酬；

（二）生产、经营、投资的收益；

（三）知识产权的收益；

（四）继承或者受赠的财产，但是本法第一千零六十三条第三项规定的除外；

（五）其他应当归共同所有的财产。

夫妻对共同财产，有平等的处理权。

《最高人民法院关于适用〈中华人民共和国民法典〉婚姻家庭编的解释（一）》

第二十九条　当事人结婚前，父母为双方购置房屋出资的，该出资应当认定为对自己子女个人的赠与，但父母明确表示赠与双方的除外。

当事人结婚后，父母为双方购置房屋出资的，依照约定处理；没有约定或者约定不明确的，按照民法典第一千零六十

二条第一款第四项规定的原则处理。

一方父母全款购房，房产登记在双方名下，离婚后该房产归属问题需要区分是婚前还是婚后一方父母全款出资购房。

《最高人民法院关于适用〈中华人民共和国民法典〉婚姻家庭编的解释（一）》对于当事人结婚后父母为双方购置房屋出资的，不必然认定该出资为对夫妻双方的赠与。要看父母与子女有无约定，在无约定或者约定不明的情况下，要看父母是否有明确的赠与表示。从公序良俗的角度出发，不宜将父母出资一概认定为理所当然的赠与。因此，在父母出资时未明确表示系赠与的情况下，在司法实践中大多认定系对子女的临时性资金出借。此种情形下，虽然该房屋的所有权为夫妻共同财产，但是存在一方父母要求偿还购房款的情形，即使离婚时法院认定该房产为夫妻共同共有，父母出资的房款也将成为夫妻的共同债务。

07. 父母出资为子女购买婚房，子女离婚时父母可否要求返还购房款？

🔊 案 例

小庆与小伟于 2011 年 11 月登记结婚。苟某系小庆之母。2019 年 6 月，小庆与小伟因购买婚房需要资金，遂与苟

某相商。苟某于 2019 年 7 月初向小庆与小伟交付了现金 15 万元。小伟自认收到该 15 万元，并全部用于购房支出。2020 年 8 月，小伟提出与小庆离婚，苟某向法院提起诉讼，要求小庆与小伟偿还 15 万元。

小伟在法庭上辩称：其与小庆于 2019 年 7 月初收到苟某所说的 15 万元，但该款并非借款，实际是苟某对自己与小庆的赠与。小庆与小伟系夫妻，二人在 2019 年 6 月商量买房，因购房款不够，请双方父母分别出资 15 万元用于购房和装修，小庆父母出资购买房屋，小伟父母出资装修，双方在协商的时候也没有说是借款。苟某出资的 15 万元是对小伟夫妻二人的赠与，双方因此没有出具任何借条手续。在 2020 年 8 月之前，苟某从没有要求二人还钱。二人闹离婚之后，苟某才要求还钱。目前，小伟向法院提交离婚的手续，法院正在办理，本案是因为小庆和小伟离婚引出的矛盾。

法院认为，在当前房价较高的背景下，部分成年子女经济条件有限，父母在其购房时给予资助较为常见，但不能视为理所当然，更不是父母的义务，也绝非法律所倡导，否则将严重违背法律公平正义之理念。子女成年后，父母已经尽到了抚养义务，并无继续提供抚养的义务。子女买房时父母出资，除明确表示赠与外，均应当视为以帮助为目的的临时性的资金出借，子女负有偿还义务，否则对父母不公。并且，根据苟某和小伟的陈述，案涉款项用于小庆和小伟购买房屋。因此，将案涉 15 万元认定

为小庆和小伟共同的借款，不论是从利益衡平的角度，还是公平合理的角度来看，均无不妥。小伟在诉讼中辩称该款项并非借款而是赠与，明显有违诚实信用原则。故判决小庆、小伟共同偿还苟某借款本金 15 万元。

🔖 法律依据

《最高人民法院关于适用〈中华人民共和国民法典〉婚姻家庭编的解释（一）》

第二十九条第二款 当事人结婚后，父母为双方购置房屋出资的，依照约定处理；没有约定或者约定不明确的，按照民法典第一千零六十二条第一款第四项规定的原则处理。

📢 延伸解读

父母出资为子女购买婚房，在没有借款借据仅有转账记录的情况下，该转账到底是借款还是父母对子女的赠与呢？在司法实践中存在以下两种观点：一种观点认为，当出资性质不明时，将出资为借贷的证明责任分配给父母一方比将出资为赠与的证明责任分配给子女一方更符合证明责任的分配原则。在父母一方不能就出资为借贷提供充分证据的情形下，应认定该出资为对子女的赠与。

另一种观点则认为，从公序良俗角度出发，不宜将父母出资一概认定为理所当然的赠与。父母对未成年子女依法负有抚养义务。子女一旦成年，应自立生活，父母续以关爱，并非父母所应负担的法律义务。因此，在父母出资时未

明确表示系赠与的情况下，应认定系对子女的临时性资金出借，目的在于帮助子女度过经济困窘期，子女理应负有偿还义务。

08. 婚前一方个人房产，婚后另一方加名，离婚时该房产如何处理？

📢 案 例

2009 年 12 月，华某全款购买某市的一套房屋。2013 年 5 月 8 日，谢某与华某登记结婚。结婚后，谢某要求在该套房屋的房产证上加上自己的名字，变更房地产登记为共同共有，将该房屋登记在谢某、华某名下。2021 年 7 月 15 日，因双方感情破裂，谢某向法院起诉，要求离婚并对夫妻共同财产进行分割。

法院认为，原、被告虽系自主婚姻，婚姻基础较好，但近年来夫妻感情逐渐破裂，现原告起诉离婚，被告同意离婚，本院准予原、被告离婚。关于原、被告争议的财产——某市的房屋。该房屋由被告婚前全款购买所得，于结婚后更名登记在原、被告双方名下，婚后装修。双方均表示将该房屋产权登记在自己名下，考虑到房屋由被告婚前购买，系其婚前财产，婚后加名，系被告赠与之意，故本院认为房屋产权归被告所有为宜。按照房屋价值，综合考虑双方对房屋贡献大小，结合法律关于照顾女方的原则等因素，酌定被告应给付原告房屋折价补偿款 160 万元。故判决原告谢某与被

告华某离婚；涉案房屋产权归被告华某所有，被告华某支付原告房屋折价款160万元；原告谢某应于收到房屋折价款后10日内协助办理将上述房屋产权变更至被告华某名下。

法律依据

《中华人民共和国民法典》

第一千零八十七条第一款 离婚时，夫妻的共同财产由双方协议处理；协议不成的，由人民法院根据财产的具体情况，按照照顾子女、女方和无过错方权益的原则判决。

延伸解读

夫妻一方婚前全款购买的房产，登记在夫妻一方名下，该房屋属于夫妻一方的个人财产。如果婚后加名，该行为应当视为夫妻一方对另一方的赠与，最终的法律后果是使得另一方对房屋享有部分产权。即加名行为会使个人财产转变为夫妻共同财产。在司法实践中，法院对此类房产进行分割时，会综合考虑房屋的性质、来源、双方住房情况、婚姻关系存续时间长短等，以充分平衡双方的利益。

09. 离婚后约定将夫妻共有房产赠与孩子，孩子的监护人可否主张将该房产过户到孩子名下？

案 例

朱某与夏某原系夫妻，婚后生育儿子朱某某。2021年3月29日，双方登记离婚，并就朱某某的抚养问题、财产的处理签订离婚协议书。离婚协议书中约定：朱某某随夏某生活，抚养费由夏某自行承担；双方共有的位于A小区的房屋一套归儿子朱某某所有，女方有居住权，男女双方没有权利以其他任何方式处理该房屋；办完离婚手续后把房屋过户到朱某某名下。后因朱某某自愿随朱某生活，朱某向法院起诉要求变更抚养权，经过一审、二审，法院判决朱某某随朱某生活，由朱某担任朱某某的法定监护人，夏某承担抚养费。现朱某诉至法院，要求被告夏某履行离婚协议，确认位于A小区的房屋归原、被告之子朱某某所有，被告夏某协助办理过户手续。

一审法院判决被告夏某将原、被告夫妻共同财产——位于A小区的房屋过户到朱某某名下，被告夏某享有在上述房屋内居住的权利。

夏某不服该判决，上诉至二审法院，要求改判。

二审法院认为，离婚协议中关于财产分割的条款或者当事人因离婚就财产分割达成的协议，对男女双方具有法律约束力。当事人因履行上述财产分割协议发生纠纷提起诉讼的，人民法院应当受理。人民法院经审理后，未发现订立财产分割协议时存在欺诈、胁迫等情形的，应当依法驳回当事人的诉讼请求。本案中，夏某与朱某于2021年3月29日签署《离婚协议书》，约定："双方共有的位于A小区的房屋一套归儿子朱某某所有，女方有居住权，男女双方没有权利以其他任何方式处理该房屋；办完离婚手续后把房屋过户到朱某某名下。"该协议是双方真实意思表示，且不存在欺诈、胁迫的情形，双方应按上述协议予以履行。朱某作为协议一方系利害关系人，符合《民事诉讼法》第119条的规定，具有原告主体资格。据此，朱某要求夏某按照协议约定履行过户手续的请求符合上述法律规定，应予以支持。一审判令夏某于判决生效之日起10日内将涉案房产过户到朱某某名下正确，本院予以维持。夏某主张生活极度困难未提供充分的证据予以证实，但双方协议已经为其保留了房屋的居住权，一审法院也据此判定其享有涉案房屋的居住权，充分保护了妇女权益，不存在居无定所、流浪街头的情形。故二审法院判决驳回上诉，维持原判。

📖 法律依据

《最高人民法院关于适用〈中华人民共和国民法典〉婚姻家庭编的解释（一）》

第六十九条第二款　当事人依照民法典第一千零七十六条签订的离婚协议中关于财产以及债务处理的条款，对男女双方具有法律约束力。登记离婚后当事人因履行上述协议发生纠纷提起诉讼的，人民法院应当受理。

《中华人民共和国民事诉讼法》

第一百一十九条　起诉必须符合下列条件：

（一）原告是与本案有直接利害关系的公民、法人和其他组织；

（二）有明确的被告；

（三）有具体的诉讼请求和事实、理由；

（四）属于人民法院受理民事诉讼的范围和受诉人民法院管辖。

📢 延伸解读

监护人对未成年子女有监护职责，保护被监护人的人身、财产及其他合法权益。当非直接抚养子女一方没有配合办理产权过户手续时，直接抚养子女一方可以作为子女的直接监护人请求对方继续履行合同义务，办理产权过户手续，维护未成年子女的利益。

10. 离婚时，夫妻一方名下的有限公司股权如何分割？

📢 案　例

2015年4月，任某与黄某在民政局登记结婚。2019年3月19日，黄某与小甲、小丙、小乙、小丁等十人共同投资成立A公司，黄某认缴出资5.5万元，持股比例为5.5%。2021年9月6日，任某与黄某在民政局登记离婚，并签订离婚协议书，对子女的抚养问题进行了约定。任某认为，黄某在第三人A公司处持有的5.5%股份属于夫妻共同财产，其与黄某离婚时未对该股权进行分割，故诉至法院主张权利。

法院认为，A公司的股东小甲、小丙、小乙、小丁等十人向本院出具的说明书表明该公司除被告黄某外的全体股东均放弃了该分割股份的优先购买权，并同意原告通过股份分割成为公司股东。根据《最高人民法院关于适用〈中华人民共和国民法典〉婚姻家庭编的解释（一）》第73条"人民法院审理离婚案件，涉及分割夫妻共同财产中以一方名义在有限责任公司的出资额，另一方不是该公司股东的，按以下情形分别处理：（一）夫妻双方协商一致将出资额部分或者全部转让给该股东的配偶，其他股东过半数同意，并且其他股东均明确表示放弃优先购买权的，该股东的配偶可以成为该公司股东"，第83条"离婚后，一方以尚有夫妻共同财产未处理为由向人民法院起诉请求分割的，经审查该财产确属离婚时未涉及的夫妻共同财产，人民法院应当依法予以分割"之规定，本院予以支持。法院判决如下：被告黄某在 A 公司享有的 5.5% 的股权（认缴出资额 5.5 万元），由原告任某与被告黄某各半分割。

🔍 法律依据

《最高人民法院关于适用〈中华人民共和国民法典〉婚姻家庭编的解释（一）》

第七十三条　人民法院审理离婚案件，涉及分割夫妻共同财产中以一方名义在有限责任公司的出资额，另一方不是该公司股东的，按以下情形分别处理：

（一）夫妻双方协商一致将出资额部分或者全部转让给该股东的配偶，其他股东过半数同意，并且其他股东均明确表示放弃优先购买权的，该股东的配
偶可以成为该公司股东；

（二）夫妻双方就出资额转让份额和转让价格等事项协商一致后，其他股东半数以上不同意转让，但愿意以同等条件购买该出资额的，人民法院可以对转让出资所得财产进行分割。其他股东半数以上不同意转让，也不愿意以同等条件购买该出资额的，视为其同意转让，该股东的配偶可以成为该公司股东。

用于证明前款规定的股东同意的证据，可以是股东会议材料，也可以是当事人通过其他合法途径取得的股东的书面声明材料。

第八十三条　离婚后，一方以尚有夫妻共同财产未处理为由向人民法院起诉请求分割的，经审查该财产确属离婚时未涉及的夫妻共同财产，人民法院应当依法予以分割。

📢 延伸解读

婚姻关系存续期间，夫妻一方因出资、买卖、继承、受赠等原因取得的股权应认定为夫妻共同财产。离婚时，不是股东的配偶想要取得公司的股权，需要公司过半数股东同意并且其他股东均明确表示放弃优先购买权。

11. 离婚后发现另一方隐瞒大额财产的，该如何处理？

📢 案　例

孙某和李某原本是夫妻，两人因感情不和于 2019 年协议离婚，双方在协议

中约定：离婚后婚生子孙小某由女方抚养，孙某定期给付抚养费和教育费；现住公房及房屋内所有物品归女方所有；现金、存款上双方不存在共同财产，离婚时互不干涉，不需再分割；男方经营的公司、所有的汽车等财产，离婚后属于男方。2021年3月，李某发现孙某现住房是其与李某婚姻关系存续期间购买，孙某在离婚时对该房屋进行了隐瞒。故李某以此为由起诉到法院要求判决涉案房屋全部归自己所有。

被告孙某辩称，双方因为感情不和，从2015年便开始分居。涉案的房屋是其在分居期间完全用个人的财产购买的，应属于个人财产。同时，离婚协议中约定的公房在离婚时已经取得完全产权，与公房相比，现住房在离婚时价值较小，而且购买此房也告诉过李某，故自己对于该房屋完全没有隐藏的动机和必要。况且，双方在离婚协议中明确约定"男方经营的公司、所有的汽车等财产，离婚后属于男方"，自己的现住房理应属于个人财产，因此不同意李某的诉讼请求。

法院经审理认为，涉案房屋系在双方婚姻关系存续期间购买，为夫妻共同财产，应当予以分割，判决房屋归孙某所有，孙某给付李某房屋折价款140万元。判决后，孙某、李某均不服，提起上诉。二审法院经审理认为，虽然双方在离婚协议中有"男方经营的公司、所有的汽车等财产，离婚后属于男方"的约定，但在房产价值远大于汽车的常识背景下，以"等"字涵盖房屋，违背常

理。该房屋为双方婚姻关系存续期间购买，应属于双方共同财产。对于房屋的分割问题，参照周边地区房屋的市场价格，结合孙某隐匿财产存在过错、涉案房屋登记在孙某名下等因素，判决房屋归孙某所有，孙某给付李某折价款140万元。

法律依据

《中华人民共和国民法典》
第一千零九十二条 夫妻一方隐藏、转移、变卖、毁损、挥霍夫妻共同财产，或者伪造夫妻共同债务企图侵占另一方财产的，在离婚分割夫妻共同财产时，对该方可以少分或者不分。离婚后，另一方发现有上述行为的，可以向人民法院提起诉讼，请求再次分割夫妻共同财产。

延伸解读

夫妻共同财产是指夫妻在婚姻关系存续期间所得的财产，比如：工资、奖金、劳务报酬；生产、经营、投资的收益；知识产权的收益；继承或者受赠的财产；一方或者双方取得的债权；其他应当归夫妻共同共有的财产等。离婚后，一方发现在离婚时另一方有隐藏、转移、变卖、毁损、挥霍夫妻共同财产等行为的，可以向人民法院提起诉讼，请求再次分割夫妻共同财产。对于隐瞒财产的分割比例问题，需要法院依据过错大小、具体案情等综合认定。

12. 无过错方离婚时可否请求赔偿？

案例

原告刘某与被告汪某于 2014 年 10 月 1 日结婚，双方均系再婚。共同生活期间，被告汪某存在与其他女性联系频繁并赠送其他女性内衣内裤的行为。2017 年 8 月 22 日、2018 年 3 月 1 日，双方因家庭矛盾发生吵打，致原告刘某受伤并到医院进行治疗。2021 年 3 月 10 日，原告刘某与被告汪某协议离婚，《离婚协议书》中载明："因男方出轨，现夫妻感情已彻底破裂。"刘某认为汪某的种种行为对其造成了精神损害，遂向法院起诉，请求被告汪某支付精神损害赔偿金 127000 元。

一审法院认为，被告汪某在与原告刘某婚姻关系存续期间，与其他女性存在不正常交往的行为，违反了夫妻间的忠实义务，给原告刘某造成了精神压力和痛苦，对双方婚姻关系的解除具有过错。因此，对原告刘某要求被告汪某给付精神损害赔偿金的诉讼请求，一审法院予以支持，赔偿金额酌情确定为 10000 元。刘某不服该判决，认为一审法院判决的赔偿金极少，未充分考虑到其所遭受的精神压力和痛苦，未认定被上诉人实施了家庭暴力。

二审法院认为，根据《民法典》第 1091 条的规定："有下列情形之一，导致离婚的，无过错方有权请求损害赔偿：

（一）重婚；（二）与他人同居；（三）实施家庭暴力；（四）虐待、遗弃家庭成员；（五）有其他重大过错。"夫妻之间应当互相忠实、互相尊重、互相关爱；家庭成员应当敬老爱幼，互相帮助，维护平等、和睦、文明的婚姻家庭关系。汪某在与刘某婚姻关系存续期间，出轨于其他女性，致使夫妻感情破裂，导致双方离婚，给刘某造成了精神压力和痛苦，刘某作为无过错方，有权请求损害赔偿。虽然在双方当事人婚姻关系存续期间发生过二次吵打，但系家庭矛盾引发，情节显著轻微，造成的后果并不严重，吵打后，汪某并未陪刘某到医院治疗，此事由也不是双方离婚的原因。因此，一审判决没有认定为家庭暴力并无不当，本院予以维持。精神抚慰金应根据行为人的过错程度、造成的损害后果等因素确定。在本案中，并没有证据证实汪某与其他女性持续稳定地同居生活，造成的后果并不严重，一审判决确定精神抚慰金为 10000 元适当，本院予以维持。

法律依据

《中华人民共和国民法典》
第一千零九十一条 有下列情形之一，导致离婚的，无过错方有权请求损害赔偿：

（一）重婚；

（二）与他人同居；

（三）实施家庭暴力；

（四）虐待、遗弃家庭成员；

（五）有其他重大过错。

《民法典》第1091条实际上是对离婚损害赔偿制度的规定。离婚损害赔偿，是指因夫妻一方的重大过错，导致婚姻关系破裂的，过错方应对无过错方的损失予以赔偿的法律制度。

离婚损害赔偿包括物质损害赔偿和精神损害赔偿。物质损害赔偿一般遵循全部赔偿原则，精神损害的赔偿数额一般根据以下因素确定：（1）侵权人的过错程度，但是法律另有规定的除外；（2）侵权行为的目的、方式、场合等具体情节；（3）侵权行为所造成的后果；（4）侵权人的获利情况；（5）侵权人承担责任的经济能力；（6）受理诉讼法院所在地的平均生活水平。

13. 丈夫的人身损害赔偿金属于夫妻共同财产吗？

案 例

张某与王某于2012年5月结婚，2021年年初，张某因车祸成为10级伤残，并获得15万元的生活补助费。张某因为受伤一直没有工作，慢慢地迷恋上打牌，并且经常输钱。王某多次劝阻，但张某仍依然如故。迫于无奈，王某向法院起诉要求与张某离婚，并要求分割张某获得的生活补助费。

法院认为，医疗费、残疾人生活补助费是因为夫妻一方身体受到他人的侵害所获得的赔偿，是以受害人肉体上所受到的痛苦作为代价的，对于这一部分财产，只能专属于夫妻一方所有，而不能成为夫妻共同财产。同时认为张某和王某夫妻感情尚未破裂，故驳回王某的诉讼请求。

法律依据

《中华人民共和国民法典》

第一千零六十三条 下列财产为夫妻一方的个人财产：

（一）一方的婚前财产；

（二）一方因受到人身损害获得的赔偿或者补偿；

（三）遗嘱或者赠与合同中确定只归一方的财产；

（四）一方专用的生活用品；

（五）其他应当归一方的财产。

延伸解读

第一，一方因受人身伤害而获得的医疗费、残疾人生活补助费等赔偿或者补偿，是因其受到人身损害而得到的赔偿金或者补偿费。该种财产具有人身性质，是用于保障受害人生活的基本费用，须归个人所有，不能作为夫妻共同财产。第二，其他应当归一方所有的财产包括：（1）婚前个人财产增值部分。婚前个人财产在婚后增值，应当分为两个部分：经过夫妻共同管理、经营部分的增值，为夫妻共同财产；自然增值和未经共同管理、经营部分的增值，为个人财产。（2）复员、转业军人的复员费、转业费、医疗补助费和回乡生产补助费，归个人所有。（3）夫妻一方的人身保险金。人寿保险金、伤害保险金等具有人身性质，只能作为个人财产。（4）其他个人财产，如与个人身份密切相关的奖品、奖金，国家资助优秀科学工作者的科研津贴，一方创作的手稿、文稿、艺术品设计图、草图等，为个人所有。

14. 一方继承的财产属于夫妻共同财产吗？

案 例

魏某与衣某自由恋爱相识，于2004年登记结婚。2013年5月，在双方婚姻关系存续期间，魏某法定继承了其父母的遗产——两间半房屋。由于二人性格不合，衣某经常因家庭琐事与魏某发生口角，导致夫妻感情破裂，双方都提起过诉讼离婚。现魏某与衣某已分居近2年，双方无和好可能。据此，魏某诉至法院，请求判决解除与衣某的婚姻关系，并对财产及债务进行分割。

法院认为，夫妻在婚姻关系存续期间所得的下列财产，归夫妻共同所有：（1）工资、奖金、劳务报酬；（2）生产、经营、投资的收益；（3）知识产权的收益；（4）继承或者受赠的财产，但是《民法典》第1063条第3项规定的除外；（5）其他应当归共同所有的财产。夫妻对共同所有的财产，有平等的处理权。离婚时，夫妻的共同财产由双方协议处理；协议不成的，由人民法院根据财产的具体情况，照顾子女和保护女方

权益的原则判决。对于涉案房屋，系二人婚姻存续期间魏某基于法定继承取得，且不属于遗嘱或赠与合同中确定只归夫或妻一方的财产，故该两间半房屋应认定为夫妻共同财产，双方就房屋分割达成一致意见，归魏某所有，法院予以确认。

法律依据

《中华人民共和国民法典》

第一千零六十二条 夫妻在婚姻关系存续期间所得的下列财产，为夫妻的共同财产，归夫妻共同所有：

（一）工资、奖金、劳务报酬；

（二）生产、经营、投资的收益；

（三）知识产权的收益；

（四）继承或者受赠的财产，但是本法第一千零六十三条第三项规定的除外；

（五）其他应当归共同所有的财产。

夫妻对共同财产，有平等的处理权。

延伸解读

婚姻关系存续期间，一方继承的遗产原则上为夫妻共同财产，但是也有例外的情形，即当遗嘱指定遗产仅由夫妻一方继承时，继承的遗产应为夫妻一方的个人财产，而不属于夫妻共同财产。例如，遗嘱中明确载明："遗产仅由我子女一方继承，不属于其夫妻共同财产。"此时，一方继承的遗产属于其个人财产。

15. 对亲子关系有异议如何处理？

案例

刘某与肖某于1986年2月23日登记结婚，婚后于1986年11月生下一子小刘。2020年2月19日，刘某与肖某协议离婚，并于离婚当日签订《离婚协议书》一份，对子女、共同财产、债权债务等问题进行了约定。2021年2月18日，刘某委托某司法鉴定中心对其提供的刘某静脉血一份及小刘带毛囊的头发一份进行DNA亲子鉴定。鉴定中心出具的鉴定意见载明：依据DNA检测分析结果，可以确定刘某不是小刘的生物学父亲。刘某遂向法院起诉：请求确认刘某与小刘不存在生物学上的父子关系。

法院认为，在亲子关系认定纠纷中，亲子鉴定结论能够直接证明子女与父母之间是否存在亲子关系。根据《最高人民法院关于适用〈中华人民共和国民法典〉婚姻家庭编的解释（一）》第39条第1款的规定："父或者母向人民法院起诉请求否认亲子关系，并已提供必要证据予以证明，另一方没有相反证据又拒绝做亲子鉴定的，人民法院可以认定否认亲子关系一方的主张成立。"从该司法解释规定可知，关于婚生子女否认之诉，请求确认不存在的一方提供的证据只需要达到必要条件，而并非充分条件，即请求一方提供的证据可能不够充分，但只需要形成合理证据链条，证明可能不存在亲子关系即可；另一方不认

可对方的主张，但没有相反的证据或所举证据不足以反驳对方主张，却又坚决不同意进行亲子鉴定的，人民法院可以推定亲子关系不成立。刘某提供的证据已达到必要条件。小刘不认可刘某的主张，但未提供任何证据反驳刘某的主张。案件审理中经审判人员释明后也坚决不同意进行亲子鉴定。在此情形下，法院推定刘某与小刘不存在生物学上的父子关系。

法律依据

《中华人民共和国民法典》

第一千零七十三条　对亲子关系有异议且有正当理由的，父或者母可以向人民法院提起诉讼，请求确认或者否认亲子关系。

对亲子关系有异议且有正当理由的，成年子女可以向人民法院提起诉讼，请求确认亲子关系。

《最高人民法院关于适用〈中华人民共和国民法典〉婚姻家庭编的解释（一）》

第三十九条　父或者母向人民法院起诉请求否认亲子关系，并已提供必要证据予以证明，另一方没有相反证据又拒绝做亲子鉴定的，人民法院可以认定否认亲子关系一方的主张成立。

父或者母以及成年子女起诉请求确认亲子关系，并提供必要证据予以证明，另一方没有相反证据又拒绝做亲子鉴定的，人民法院可以认定确认亲子关系一方的主张成立。

亲子关系异议之诉分为两种情况，一是亲子关系确认之诉，二是亲子关系否认之诉。需要说明的是，父或者母既可以请求人民法院确认亲子关系，也可以请求否认亲子关系，而子女则仅可针对确认亲子关系提起诉讼，主要原因是父母抚养子女成年后，子女应当负有赡养义务，避免出现成年子女否认亲子关系后不再对原法律意义上的父母承担赡养义务的情形。

16. 在构成欺诈抚养的情形下，男方能否主张返还给付的抚养费并要求女方赔偿精神损害抚慰金？

🔈 案 例

余某与胡某自由恋爱并依法办理结婚登记手续，婚后二人生育一女取名余小某。后胡某于 2017 年 7 月 13 日向法院提出离婚诉讼。经法院调解，余某与胡某离婚，约定余小某由胡某抚养，余某每月支付抚养费直至余小某独立生活时止。2021 年 1 月 4 日，余某与余小某进行亲子鉴定，鉴定结果为余某非余小某生物学父亲。余某认为胡某隐瞒实情与他人生育子女，并欺骗自己抚养，该欺骗行为致使其身心遭受巨大打击，遂起诉至法院，要求胡某返还抚养费并赔偿精神损失。

法院认为，离婚后发现子女并非亲生的，受欺骗方可以主张返还夫妻关系存续期间和离婚后支付的抚养费。本案中，亲子鉴定报告能够认定余小某与余某非亲子关系。因此，余小某系胡某与其他男子所生，既不是余某的婚生子女，也不是余某的非婚生子女、养子女或继子女，余某对余小某没有抚养义务。余某抚养非其亲生的余小某的行为是一种违背其真实意思的无效民事行为。民事行为被确认为无效或撤销后，当事人因该行为取得的财产，应当返还给受损失的一方，故原告要求被告返还抚养费具有事实及法律依据，本院依法予以支持。

关于赔偿精神抚慰金。法院认为，夫妻应当互相忠实。在本案中，胡某在明知所生子女非余某亲生的情况下，故意隐瞒实情，存在一定过错；余某在得知所抚养的子女非亲生时，会使其自尊心严重受挫，所受到的精神损害是客观存在的。因此，胡某应当承担精神损害赔偿责任。

🔈 法律依据

《中华人民共和国民法典》

第八条 民事主体从事民事活动，不得违反法律，不得违背公序良俗。

第一千零四十三条第二款 夫妻应当互相忠实，互相尊重，互相关爱；家庭成员应当敬老爱幼，互相帮助，维护平等、和睦、文明的婚姻家庭关系。

《最高人民法院关于确定民事侵权精神损害赔偿责任若干问题的解释》

第五条 精神损害的赔偿数额根据以下因素确定：

（一）侵权人的过错程度，但是法律另有规定的除外；

（二）侵权行为的目的、方式、场合等具体情节；

（三）侵权行为所造成的后果；

（四）侵权人的获利情况；

（五）侵权人承担责任的经济能力；

（六）受理诉讼法院所在地的平均生活水平。

延伸解读

"欺诈性抚养"一般是指夫妻婚姻关系存续期间乃至离婚后，女方故意隐瞒所生子女非与男方所生之事实，致使男方误以为是亲生子女予以抚养的行为。在司法实践中，对于此种情形，离婚后给付的抚育费，受欺骗方要求返还的，可酌情返还；至于在夫妻关系存续期间受欺诈方支出的抚养费应否返还，法律尚无明确规定，因此，各地法院在此类案件上裁量尺度不一。在"欺诈性抚养"案件中，受欺诈方由于在养育孩子时付出了很多心血与情感，在得知孩子非自己亲生时，必定备受打击，遭受巨大的精神痛苦和心灵创伤。因此，一般情况下，法院都会支持受欺诈方主张的精神抚慰金。精神抚慰金标准确定的问题，法院一般会根据侵权人的过错程度、侵权的行为方式、承担责任的经济能力，以及本地的平均生活水平等因素综合考虑。

17. 不由生父直接抚养的未成年非婚生子女能否要求生父给付抚养费？

案例

高某与范某于2014年相识并确立恋爱关系，于2015年6月5日生育一子小范，双方未登记结婚。现高某带着小范在老家生活，但高某收入微薄，仅靠其一个人抚养小范无法满足小范上学、医疗及日常生活费用开支，因此高某向法院起诉，要求由自己抚养小范，范某每月支付小范抚养费并负担小范今后医疗费、教育费的一半。

法院认为，父母对子女有抚养教育的义务，子女对父母有赡养扶助的义务。父母不履行抚养义务时，未成年的或不能独立生活的子女，有要求父母付给抚养费的权利。非婚生子女享有与婚生子女同等的权利，任何人不得加以危害和歧视。不直接抚养非婚生子女的生父或生母，应当负担子女的生活费和教育费，直至子女能独立生活为止。范某应当自小范出生之时起给付小范抚养费至小范独立生活时止，就抚养费的数额，应综合考虑子女的实际需要、父母双方的负担能力、当地的实际生活水平，对于范某每月应给付小范抚养费的数额予以酌定。对高某诉讼请求的过高部分，不予支持。

《中华人民共和国民法典》

第一千零七十一条 非婚生子女享有与婚生子女同等的权利，任何组织或者个人不得加以危害和歧视。

不直接抚养非婚生子女的生父或者生母，应当负担未成年子女或者不能独立生活的成年子女的抚养费。

延伸解读

非婚生子女，是指没有合法婚姻关系的男女所生的子女。在实践中，非婚生子女主要包括以下几种情况：未婚男女所生的子女、已婚男女与第三人所生的子女、无效婚姻或可撤销婚姻当事人所生的子女。婚生子女和非婚生子女享有相同的法律地位，《民法典》明确了关于父母子女关系的规定同样适用于非婚生子女，具体包括：父母对子女有抚养、教育和保护的权利和义务；子女成年后对父母有赡养扶助的义务；父母与子女间有相互继承遗产的权利。

未直接抚养非婚生子女的，不论是生父还是生母，均应当履行抚养义务。一方是否有经济能力，是否和第三方结婚等，不影响子女抚养费的承担，具体费用应结合子女实际需要和父母负担能力等因素确定。

18. 继女能否继承继父的遗产？

案 例

2007年3月21日，曾某与郭某登记结婚，双方系再婚。结婚时，郭某有一子郭小某，曾某有一女刘小某，双方结婚时刘小某未成年。2021年7月31日，郭某因公去世。曾某、郭小某、刘小某三人因对郭某遗产继承问题存在争议，遂向法院提起诉讼。庭审中，郭小某表示不认可刘小某的继承人身份，刘小某表示自2007年3月21日郭某与曾某登记结婚后，其上学、生活各项费用均系郭某与曾某所支付，其应具有继承人身份。

法院认为，继承从被继承人死亡时开始。继承开始后，按照法定继承办理；有遗嘱的，按照遗嘱继承或者遗赠办理；有遗赠扶养协议的，按照协议办理。遗产按照下列顺序继承：第一顺序：配偶、子女、父母。第二顺序：兄弟姐妹、祖父母、外祖父母。继承开始后，由第一顺序继承人继承，第二顺序继承人不继承。没有第一顺序继承人继承的，由第二顺序继承人继承。《民法典》所说的子女，包括婚生子女、非婚生子女、养子女和有扶养关系的继子女；所说的父母，包括生父母、养父母和有扶养关系的继父母；所说的兄弟姐妹，包括同父母的兄弟姐妹、同父异母或者同母异父的兄弟姐妹、养兄弟姐妹、有扶养关系的继兄弟姐妹。本案中，关于刘小某是否系被继承人郭某的继承人问题，本院认为，结合曾某与郭某结婚时间以及刘小某上学及生活费用均由曾某与郭某负担等实际情况，足以认定郭某与刘小某之间形成了有扶养关系的继父母子女关系，刘小某理应系被继承人郭某的继承人。

《中华人民共和国民法典》

第一千零七十二条　继父母与继子女间，不得虐待或者歧视。

继父或者继母和受其抚养教育的继子女间的权利义务关系，适用本法关于父母子女关系的规定。

第一千一百二十七条　遗产按照下列顺序继承：

（一）第一顺序：配偶、子女、父母；

（二）第二顺序：兄弟姐妹、祖父母、外祖父母。

继承开始后，由第一顺序继承人继承，第二顺序继承人不继承；没有第一顺序继承人继承的，由第二顺序继承人继承。

本编所称子女，包括婚生子女、非婚生子女、养子女和有扶养关系的继子女。

本编所称父母，包括生父母、养父母和有扶养关系的继父母。

本编所称兄弟姐妹，包括同父母的兄弟姐妹、同父异母或者同母异父的兄弟姐妹、养兄弟姐妹、有扶养关系的继兄弟姐妹。

延伸解读

继子女是指丈夫对妻子与前夫所生子女或妻子对丈夫与其前妻所生子女的称谓，也就是配偶一方对他方与其前配偶所生的子女称为继子女。继父母是指子女对母亲或父亲的再婚配偶的称谓，即继父和继母。继父母子女关系是指因父母一方死亡、他方带子女再行结婚，或者因父母离婚，抚养子女的一方或双方再行结婚，在继父母与继子女间形成的亲属身份关系。

按照继父母和继子女之间是否形成抚养关系的标准，继父母子女关系分为三种类型：

（1）拟制直系血亲关系的继父母子女关系。除需要具备继父母结婚这一法律事实外，还需要具备继父母和继子女之间相互有扶养的事实行为。在这种情况下，具有扶养关系的继子女和继父母，其相互之间的权利义务关系，适用婚生子女与父母之间权利义务的规定。

（2）直系姻亲关系的继父母子女关系。这种继父母子女关系是由继父母结婚的事实决定的，即只需要具有继父母结婚这一法律事实，此时的继父母和继子女之间的关系即告形成。这种继父母子女关系属于直系姻亲，属于配偶的血亲，不构成血亲关系，不产生相互之间的权利义务关系。

（3）不完全收养的继父母子女关系。即根据事实情况，规定不完全收养的继父母子女关系。继父母对继子女的抚养是时断时续的，或者是时间中断的，或者是临时性的，都发生不完全收养的继父母子女关系。

19. 收养人应当符合什么条件？

案　例

刘某与杨某于 2017 年相识，2018 年 2 月开始同居，并于 2019 年生育一子小刘。2020 年 1 月 4 日，刘某将小刘送给朱某抚养，朱某给付刘某 14.8 万元。现在小刘在朱某处生活，但未办理收养登记手续。2021 年 1 月，小刘的生母杨某向法院起诉，要求变更抚养关系，由其抚养小刘。

法院认为，收养人应当同时具备下列条件：（1）无子女或者只有一名子女；（2）有抚养、教育和保护被收养人的能力；（3）未患有在医学上认为不应当收养子女的疾病；（4）无不利于被收养人健康成长的违法犯罪记录；（5）年满 30 周岁。收养应当向县级以上人民政府民政部门登记。收养关系自登记之日起成立。朱某在 2020 年收养小刘时未满 30 周岁，不符合收养条件，双方也未在民政部门办理收养关系登记，故朱某与小刘之间的收养关系未成立。因刘某未尽到抚养义务，且在本案中刘某不要求抚养小刘，故法院认为小刘随杨某共同生活对其成长有利，遂判决小刘随杨某共同生活，由杨某独自抚养。

法律依据

《中华人民共和国民法典》

第一千零九十八条　收养人应当同时具备下列条件：

（一）无子女或者只有一名子女；

（二）有抚养、教育和保护被收养人的能力；

（三）未患有在医学上认为不应当收养子女的疾病；

（四）无不利于被收养人健康成长的违法犯罪记录；

（五）年满三十周岁。

第一千一百零五条第一款　收养应当向县级以上人民政府民政部门登记。收养关系自登记之日起成立。

延伸解读

收养应当向县级以上人民政府民政部门登记。收养关系自登记之日起成立。收养人应当同时具备下列条件：无子女或者只有一名子女；有抚养、教育和保护被收养人的能力；未患有在医学上认为不应当收养子女的疾病；无不利于被收养人健康成长的违法犯罪记录；年满 30 周岁。

（1）无子女的"子女"，包括婚生子女、非婚生子女及拟制血亲的子女。只有一名子女的父母，也可以再收养一名子女。（2）有抚养、教育和保护被收养人的能力。不仅要考虑收养人的经济负担能力，还要考虑其在思想品德等方面是否有抚养、教育、保护被收养人的能力。其标准应当不低于对监护人监护能力的要求。（3）未患有医学上认为不应当收养的疾病。医学上认为不应当收养的疾病，是指患有危害养子女健康的传染性疾病以及危害养子女人身安全的精神性疾病。（4）无不利于被收养人健康成长的违法犯罪记录。例如，曾经实施性侵、伤害、虐待、遗弃等犯罪或者有违法行为记录的人，不得收养子女。

（5）年满30周岁。不到30周岁，原则上不得收养子女。

20. 被收养人应当符合什么条件？

案 例

刘某与张某婚后育有三个女儿，但没有儿子。张某立下"过继文书"，将20岁的张甲过继过来。张某去世后，张甲与刘某共同生活。张甲向法院诉请确认其与刘某的收养关系成立。

一审法院认为，"过继文书"形成之时，张甲已成年，不符合收养法规定的可收养的情形，故过继行为不构成事实收养关系。张甲不服一审判决，提起了上诉。二审法院认为，张某、刘某育有三个女儿，不符合收养人的条件，且签订"过继文书"时张甲已是成年人，不符合被收养人的条件，故张某、刘某与张甲之间的收养关系不成立。

法律依据

《中华人民共和国民法典》

第一千零九十三条 下列未成年人，可以被收养：

（一）丧失父母的孤儿；

（二）查找不到生父母的未成年人；

（三）生父母有特殊困难无力抚养的子女。

第一千零九十八条 收养人应当同时具备下列条件：

（一）无子女或者只有一名子女；

（二）有抚养、教育和保护被收养人的能力；

（三）未患有在医学上认为不应当收养子女的疾病；

（四）无不利于被收养人健康成长的违法犯罪记录；

（五）年满三十周岁。

延伸解读

收养，是指自然人领养他人的子女为自己的子女，依法创设拟制血亲亲子关系的身份法律行为。在收养的身份法律行为中，当事人分别是收养人、被收养人和送养人。收养人为养父或养母，被收养人为养子或养女，送养人是抚养被收养人的生父母或者其他个人或组织。收养人收养与送养人送养，应当双方自愿。收养8周岁以上未成年人的，应当征得被收养人的同意。

21. 弟弟收养哥哥的孩子需要满足什么条件？

案 例

陈甲与张某系夫妻关系，二人生育一子陈丙。2020年11月11日，陈乙（陈甲弟弟）与陈丙（27岁）、陈甲、张某签订收养协议，双方约定由陈乙收养陈丙，并约定了双方的权利义务。之后，因陈乙自行处理房产、树木等财产，引发陈丙不满，双方产生纠纷，陈乙向法院起诉要求解除收养关系。

一审法院认为，2020年11月11日，陈丙已经27岁，能够自食其力，并不具备收养的必要性和可能性，故双方签订的收养协议不符合收养的实质要件。双方所签订的收养协议的实质是遗赠抚养协议，本案属于遗赠抚养协议纠纷，遂驳回了陈乙的诉讼请求。陈乙不服一审判决，提起了上诉，二审法院认为，虽然陈乙收养陈丙时，陈丙已经27岁，但由于陈乙和陈丙之间是叔侄关系，不受被收养人未满14周岁的限制，二人之间的收养关系符合相关法律的规定。因陈丙表示其一直主动履行赡养义务，并愿意继续赡养陈乙，态度诚恳，故陈乙向法院请求解除其和陈丙之间的收养关系的请求未得到支持。

法律依据

《中华人民共和国民法典》

第一千零九十九条 收养三代以内旁系同辈血亲的子女，可以不受本法第一千零九十三条第三项、第一千零九十四条第三项和第一千一百零二条规定的限制。

华侨收养三代以内旁系同辈血亲的子女，还可以不受本法第一千零九十八条第一项规定的限制。

延伸解读

收养三代以内旁系同辈血亲的子女可以不受《民法典》第1093条第3项被送养人是"生父母有特殊困难无力抚养的子女"、第1094条第3项送养人为"有特殊困难无力抚养子女的生父母"和第1101条"有配偶者收养子女，应当夫妻共同收养"规定的限制。华侨收养三代以内旁系同辈血亲的子女，不仅不受上述三个规定的限制，而且还可以不受《民法典》第1098条第1项收养人"无子女或者只有一名子女"规定的限制。

22. 收养关系成立后，养子女与生父母之间的权利义务是否因收养关系成立而消除？

案 例

雷某与李某系夫妻关系，二人于1983年生育张某。张某出生后不久，雷某与李某便将张某送养张某某、胡某夫妇，随后张某一直随张某某、胡某夫妇二人生活。现雷某起诉至法院，要求张某承担赡养责任并给付医疗费5万元。

法院认为，雷某虽然与张某系具有血缘关系的生母女关系，但因张某某、胡某与张某早已形成事实上的养父母与养子女的收养关系，根据相关法律规定，雷某与张某之间的权利义务关系因收养关系的成立而消除，雷某的诉讼请求不能成立。

法律依据

《中华人民共和国民法典》

第一千一百一十一条第二款 养子女与生父母以及其他近亲属间的权利义务关系，因收养关系的成立而消除。

收养关系成立后，养子女与养父母之间发生父母子女之间的权利义务关系，养子女与生父母及其他近亲属间的权利义务关系完全消除。生父母不能基于血缘关系要求被送养的子女承担赡养义务。

23. 收养关系解除后，养父母能否要求养子女支付赡养费？

📢 **案 例**

刘某、韩某系夫妻关系，刘某某原系刘某、韩某的养女。2018 年 3 月 27 日，法院作出民事判决书，判决解除刘某、韩某与刘某某的收养关系。现刘某、韩某年事已高，无劳动能力，因此诉至法院，要求刘某某自 2021 年开始每年给付生活费 9798 元。

法院认为，收养关系解除后，经养父母抚养的成年养子女，对缺乏劳动能力又缺乏生活来源的养父母，应当给付生活费。刘某某经刘某、韩某抚养长大，双方成立收养关系，养父母与养子女之间的权利义务适用法律关于父母子女关系的规定，虽双方因关系恶化导致收养关系解除，但刘某某对刘某、韩某赡养扶助的义务不因解除收养关系而消除。原告刘某、韩某均为 60 周岁以上的老年人，通过本案未能证实原告刘某、韩某具有劳动能力和满足基本生活所需的固定生活来源，故本院对刘某、韩某要求被告刘某某给付生活费的诉讼请求予以

支持。综合考虑刘某、韩某有一定的栗子树、果园等收入和刘某某的家庭实际情况，本院酌定由刘某某每月各给付刘某、韩某生活费用 200 元。

📖 **法律依据**

《中华人民共和国民法典》

第一千一百一十八条第一款 收养关系解除后，经养父母抚养的成年养子女，对缺乏劳动能力又缺乏生活来源的养父母，应当给付生活费。因养子女成年后虐待、遗弃养父母而解除收养关系的，养父母可以要求养子女补偿收养期间支出的抚养费。

📢 **延伸解读**

养父母与养子女自收养关系成立之日起，双方的权利义务关系适用法律关于父母子女的规定，即养父母对养子女承担抚养教育的义务，养子女对养父母承担赡养义务。如果养父母与成年养子女关系恶化，无法共同生活的，可以协议解除收养关系。不能达成协议的，可以向人民法院提起诉讼。收养关系解除后，因养父母对养子女尽到了法律规定的抚养教育义务，养子女应当在养父母缺乏劳动能力及生活来源时给付生活费，其标准一般应不低于当地居民普通生活费的标准。除此之外，如果因养子女成年后虐待、遗弃养父母而解除收养关系的，养父母可以要求养子女补偿收养期间支出的生活费和教育费。若是生父母要求解除收养关系的，养父母可以要求生父母适当补偿收养期间支出的生活费

和教育费，但因养父母虐待、遗弃养子女而解除收养关系的除外。

24. 生父母因另一方再婚而拒绝对子女承担抚养义务，怎么办？

📢 **案　例**

孙某与彭某经人介绍于 2001 年 9 月登记结婚，婚后于 2007 年 8 月生育一子彭小某。后因生活琐事及性格差异导致双方发生矛盾，夫妻感情破裂。2013 年，彭某起诉要求离婚，婚生子彭小某由其抚养。后经法院判决准许二人离婚，婚生子彭小某由孙某抚养，自 2013 年 12 月起彭某每月给付孩子抚养费 1000 元，于每月 25 日前付清，至彭小某满 18 周岁止。后因孙某再婚，彭某拒绝按照判决指定的期间履行给付抚养费的义务。孙某遂申请法院执行 2020 年 11 月至 2021 年 5 月的抚养费共计 7000 元。

法院认为，父母对子女有抚养教育的义务；父母不履行抚养义务时，未成年的或不能独立生活的子女，有要求父母给付抚养费的权利。彭某作为彭小某的生父，对彭小某有抚养的义务，此种义务并不会因其与彭小某的母亲离婚而受影响。离婚后，父母对于子女仍有抚养、教育的权利和义务。

📖 **法律依据**

《中华人民共和国民法典》

第一千零八十四条　父母与子女间的关系，不因父母离婚而消除。离婚后，子女无论由父或者母直接抚养，仍是父母双方的子女。

离婚后，父母对于子女仍有抚养、教育、保护的权利和义务。

离婚后，不满两周岁的子女，以由母亲直接抚养为原则。已满两周岁的子女，父母双方对抚养问题协议不成的，由人民法院根据双方的具体情况，按照最有利于未成年子女的原则判决。子女已满八周岁的，应当尊重其真实意愿。

📢 **延伸解读**

离婚后，各方都有再结婚的自由，这是法律赋予每个公民的合法权利，一方再婚或者双方均再婚，都不影响父母与子女之间的亲子关系。抚养未成年子女是父母的法定义务，不因父母的婚姻变化而消除。因此，生父母不能因一方再婚而拒绝对子女承担抚养义务。

25. 兄、姐对弟、妹是否有扶养义务？

📢 **案　例**

张某和李某结婚后育有两个子女小安和小然。2020 年 12 月，一场突如其来的车祸同时夺走了张某和李某的生命，只留下 24 岁的姐姐小安和 6 岁的弟弟小然。小安拒绝负担小然今后上学的学费和生活费。小然遂将姐姐小安告上法庭，要求其承担扶养的义务。

法院认为，小然尚未成年，且父母均已去世，具有负担能力的姐姐有扶养弟弟的法定义务，对于弟弟的生活费和学费，姐姐应当支付。故法院判决小安支付小然生活费和学费直至小然成年。

📖 法律依据

《中华人民共和国民法典》

第一千零七十五条第一款 有负担能力的兄、姐，对于父母已经死亡或者父母无力抚养的未成年弟、妹，有扶养的义务。

📢 延伸解读

在大众的认知里，父母有抚养子女的法定义务，那么兄弟姐妹之间有相互扶养的义务吗？一般情况下，兄弟姐妹之间是没有扶养义务的，但出现以下情况时，兄、姐对弟、妹有扶养义务：（1）兄、姐有负担能力，如果兄、姐本身有残疾或者无劳动能力，保障自我基本生活都成问题的，其对弟、妹就不承担法定的扶养义务；（2）如果父母尚在世且有抚养的能力，兄、姐对弟、妹也没有扶养义务；（3）如果弟、妹已成年，兄、姐对弟、妹同样没有扶养义务。反之，对于由兄、姐扶养长大的有负担能力的弟、妹，对于缺乏劳动能力又缺乏生活来源的兄、姐，也有扶养的义务。

26. 孙子女是否有赡养祖父母的义务？

📢 案 例

张某育有张甲、张乙、张丙三子，

张甲已于2018年5月16日去世，张丁系张甲的儿子、张某的孙子。张某目前跟随张丙一起居住生活，张某每月有养老金收入3105.73元。张某现已82岁高龄，患有高血压、脑梗死等心脑血管疾病，张某认为孙子张丁应当对其履行赡养义务，并要求张丁每月支付赡养费5500元。

法院认为，有负担能力的孙子女、外孙子女，对于子女已经死亡或者子女无力赡养的祖父母、外祖父母，有赡养的义务。本案中，虽然张甲已经去世，但张某尚有张乙、张丙二子，张乙、张丙均有养老金收入，且张某本身每月有养老金收入3105.73元，因此张某现有的收入已经能够保障其基本的生活水平，故对于张某要求张丁支付赡养费的诉讼请求，不符合相关法律规定，本院不予支持。

📖 法律依据

《中华人民共和国民法典》

第一千零七十四条第二款 有负担能力的孙子女、外孙子女，对于子女已经死亡或者子女无力赡养的祖父母、外祖父母，有赡养的义务。

📢 延伸解读

赡养老人是中华民族的传统美德和义务，但孙子女、外孙子女对祖父母、外祖父母履行赡养责任是有条件的，这和子女对父母的赡养义务有一定区别，只有在老人的子女已经死亡或者子女确无赡养能力的情况下，有负担能力的孙子女、外孙子女才对其承担赡养义务。

27. 子女不尽赡养义务应如何处理？

周某、陈某系夫妻关系，共同生活期间生育长子周某1、次子周某2，二子均已各自独立生活。现周某、陈某年事已高，身体患有疾病，缺乏劳动能力，但周某1和周某2不履行赡养义务，为此周某、陈某诉至法院，要求长子周某1、次子周某2每人每月分别给付周某、陈某每人500元，二人平均承担周某医疗费11265.67元。

法院认为，赡养老人是中华民族的传统美德，家庭成员间应当敬老爱幼，成年子女对父母负有法定的赡养、扶助和保护的义务。本案中，两原告年事已高，身体有病，在其缺乏劳动能力或生活困难时，其成年子女均对原告具有法定的赡养义务，故两原告的诉讼请求，法院予以支持。对于两原告赡养费的负担，应根据原告的实际生活需要，结合当地的平均生活消费水平、被告的经济能力综合考虑。现两原告要求两被告每人每月分别给付其赡养费500元，参照其住所地2020年度农村居民人均年消费性支出的标准，已基本上能够保障两原告的实际生活需要，应予以支持。原告周某因病所花医药费11265.67元，由两被告平均负担，每人负担5632.835元。

《中华人民共和国民法典》

第二十六条第二款　成年子女对父母负有赡养、扶助和保护的义务。

第一千零六十七条第二款　成年子女不履行赡养义务的，缺乏劳动能力或者生活困难的父母，有要求成年子女给付赡养费的权利。

赡养父母是子女的法定义务。在父母年老时，子女应当履行对老年人经济上供养、生活上照料和精神上慰藉的义务，应当使患病的老年人及时得到治疗和护理，对经济困难的老年人，应当提供医疗费用。子女不得以放弃继承权或者其他理由，拒绝履行赡养义务。子女不履行赡养义务时，缺乏劳动能力或生活困难的父母，有要求子女给付赡养费的权利。

28. 子女因父母再婚而对父母不管不顾，怎么办？

申某与马某夫妇先后生养了儿女五人：大儿子马某1、二女儿马某2、三儿子马某3、四女儿马某4、五女儿马某5。1992年，马某去世。1993年，申某经人介绍与刘某相识，后与刘某登记结婚并在刘某家居住生活至今，双方婚后未生育子女。申某再婚离开时，所生养子女都已成人、成家。近年来，因申某与现任丈夫刘某均已年老，体弱多病，丧失劳动能力，每月只有新农保100元，没有其他收入来源。申某现急需亲生的五个子女切实承担起赡养照顾自己的责任和义务。但子女认为，亲生父亲马某去世的第二年母亲申某就外嫁，与继父刘某办理了结婚登记，户口也迁移到刘某家，所以申某应该由刘家子女负责赡养。无奈之下，申某诉至法院，要求五个子女每人每月给付其生活费260元；今后大病医疗费（报账剩余部分各承担1/5）；今后重大疾病住院期间或者失去生活能力时的护理、照顾或者承担相关费用的1/5。

法院认为，《民法典》第1067条第2款规定："成年子女不履行赡养义务的，缺乏劳动能力或者生活困难的父母，有要求成年子女给付赡养费的权利。"第1069条规定："子女应当尊重父母的婚姻权利，不得干涉父母离婚、再婚以及婚后的生活。子女对父母的赡养义务，不因父母的婚姻关系变化而终止。"赡养老人是中华民族的传统美德，亦是公民应尽的法定义务，作为子女应当履行对老年人经济上供养、生活上照料的义务，且应在精神上慰藉老年人，保障老年人的生活水平不低于其他家庭成员的生活水平，照顾老年人的特殊需要。子女对于患病及生活不能自理的老年人还应当提供医疗费用和护理。本案中，马某1、马某2、马某3、马某4、马某5作为原告的子女，由原告抚养成人，理应承担法定的赡养义务且不应附加其他

不合法、不合理的条件。参考当地农村居民人均年生活消费性支出标准，综合各方意见，从本案实际出发，本院认为马某1、马某2、马某3、马某4、马某5每人每月给付原告生活费130元为宜；因马某3已对其父尽了主要的赡养义务，申某医疗费用经医保机构报销后的剩余部分由马某1、马某2、马某4、马某5各自承担1/4；关于申某的护理由马某1、马某2、马某3、马某4、马某5平均承担或承担护理费用的1/5。

🔍 法律依据

《中华人民共和国民法典》
第一千零六十七条第二款 成年子女不履行赡养义务的，缺乏劳动能力或者生活困难的父母，有要求成年子女给付赡养费的权利。

第一千零六十九条 子女应当尊重父母的婚姻权利，不得干涉父母离婚、再婚以及婚后的生活。子女对父母的赡养义务，不因父母的婚姻关系变化而终止。

📢 延伸解读

赡养义务乃法定，饮水思源尊孝道。羊有跪乳之恩，鸦有反哺之义。父母与子女有世间最深厚的情感，父母在子女未成年时无怨无悔地照料爱护，在父母年老之时，子女无论是从道德层面还是从法律层面出发，均应赡养好老人。子女应恪守孝道，自觉履行法律确认的赡养义务，照顾好老人的生活，理解老人晚年生活和精神状态，不能以父母再婚、

财产分配不公、对自己抚养不力、取消自己的继承权、协议免除自己的赡养义务等不履行或消极履行法定义务。

29. 父母未履行抚养义务，子女能否主张免除赡养义务？

🔊 案 例

小丁是陈某与丁某在 1996 年 11 月 15 日所育子女。2009 年 6 月 9 日，陈某与丁某在法院调解下离婚，并协议小丁由丁某抚养，从 2009 年 6 月起陈某每月支付小丁生活费 200 元，并负担其教育费和医疗费的一半。早在小丁 5 岁左右，陈某便离开了小丁，未对小丁进行抚养教育，其离婚后也未按照调解离婚时达成的协议支付抚养费。现陈某与周某结婚并育有一子小周，但小周尚未成年。陈某患有糖尿病、腰椎滑脱综合征等疾病，劳动能力差，丈夫周某亦患有耳聋等疾病，家庭经济困难。而小丁已独立生活，有一定的经济来源。现陈某诉至法院，要求小丁履行赡养义务，每月支付赡养费 200 元。

法院认为，父母对子女有抚养教育的义务，子女对父母有赡养扶助的义务。子女不履行赡养义务时，无劳动能力的或者生活困难的父母，有要求子女给付赡养费的权利。婚姻家庭关系涉及伦理、道德，不等同于商品交换关系，父母因经济能力限制或其他客观原因未履行抚养义务，子女成年后要求免除赡养义务，不应得到支持。从小丁出生及此后的几

年里，陈某并非未尽到母亲的责任，对其付出不能一概否定。但权利和义务相一致是法律的基本原则之一，在父母未充分尽到对子女的抚养义务时，其受子女赡养的权利亦应当有所限制。结合本案，在考虑小丁的赡养义务时，可酌情减轻，陈某要求小丁每月支付赡养费 200 元，较为合理，故法院支持陈某的诉讼请求。

📖 法律依据

《中华人民共和国民法典》

第一千零六十七条 父母不履行抚养义务的，未成年子女或者不能独立生活的成年子女，有要求父母给付抚养费的权利。

成年子女不履行赡养义务的，缺乏劳动能力或者生活困难的父母，有要求成年子女给付赡养费的权利。

🔊 延伸解读

在《民法典》出台前，多数观点认为赡养父母是子女的法定责任，子女不能以父母是否对自己履行抚养教育义务而作为其履行赡养父母义务的前提条件。父母未对子女履行抚养义务，并不必然导致子女对父母的赡养义务予以免除。

在《民法典》出台后，针对这一问题，最高人民法院在《中华人民共和国民法典婚姻家庭编继承编理解与适用》一书中明确，需要根据父母未履行抚养义务的原因分情况处理：如果父母确因经济能力或者其他客观原因（如因犯罪被监禁）未能履行抚养义务，子女成年

后主张免除赡养义务的，法院不予支持，子女不能将父母是否尽了抚养教育的义务作为自己履行赡养父母义务的基础和前提。如果父母具有抚养能力而拒不履行抚养义务或者对子女实施虐待、遗弃、故意杀害等行为，情节严重的，可以免除子女的赡养义务。

30. 亲人去世，不知道其存折密码，如何支取存款？

🔊 **案 例**

王大爷已经80岁，老伴儿上个月刚刚去世。前两天，王大爷整理老伴儿衣柜时，突然发现了老伴儿的退休工资存折，里面竟还有5万多元的余额。王大爷问了其他家人，没有人知道存折的密码。随后，王大爷让儿子拿去银行询问如何支取，银行告知需到公证部门进行公证才能支取。之后，王大爷及其子女按照公证处的要求提交了公证所需资料，办理了继承公证，最终持公证书到银行成功取出了存折存款。

📖 **法律依据**

《中华人民共和国民法典》
第一千一百二十一条第一款 继承从被继承人死亡时开始。

第一千一百二十二条 遗产是自然人死亡时遗留的个人合法财产。

依照法律规定或者根据其性质不得继承的遗产，不得继承。

🔊 **延伸解读**

遗产范围是指被继承人在其死亡时遗留的可以作为遗产被继承人继承的财产范围。遗产包括死者留下来的财产和财产权利。具体而言，遗产包括：自然人的收入；房屋、储蓄和生活用品；林木、牲畜和家禽；文物、图书资料；法律允许公民所有的生产资料；著作权、专利权中的财产权利等个人合法财产。

自然人去世，在法律上称为"死亡"，自然人死亡之后，其个人遗留的合法财产作为遗产，由继承人继承。如果存折、银行卡、存单等银行账户的账户人已经死亡，则需要确定相应存款的继承人，由继承人支取。继承人可以通过到公证机关办理继承公证的方式确定，也可以通过到法院诉讼的方式确定。继承该笔存款的继承人，持继承公证书或者法院生效裁判文书即可到账户所在银行支取存款。

01. 一家三口在交通事故中死亡，如何确定死亡时间？

案 例

2021年春节，田某携妻子李某以及唯一的儿子小田（未成年）开车回老家探亲，不幸的是，汽车在高速公路上突然刹车失灵，坠入悬崖，一家三口当场死亡。李某父母已经不在人世，只有一个弟弟还在世，田某的父母都健在。因事发突然，三人均未留有遗嘱。本案中，如何确定三位死者遗产的合法继承人呢？

法院经审理认为，三个人各自都有继承人，田某的继承人是其父母，李某的继承人是其弟弟，小田的继承人是其祖父母，据此应当推定田某与李某先于小田死亡，田某与李某同时死亡，彼此之间不发生继承，田某的遗产由其第一顺序继承人父母、儿子小田继承，李某的遗产由其第一顺序继承人儿子小田继承，之后小田的遗产（含其继承的父母遗产）由其第二顺序继承人祖父母继承，最后，三人所有遗产全部应由小田的祖父母，也就是田某的父母继承。

法律依据

《中华人民共和国民法典》

第一千一百二十一条 继承从被继承人死亡时开始。

相互有继承关系的数人在同一事件中死亡，难以确定死亡时间的，推定没有其他继承人的人先死亡。都有其他继承人，辈份不同的，推定长辈先死亡；辈份相同的，推定同时死亡，相互不发生继承。

延伸解读

对被继承人死亡时间的确定，包括自然死亡和宣告死亡两种死亡情形。司法实践中，对自然人的死亡确定，是以呼吸停止和心脏搏动停止为生理死亡的时间。

自然人死亡时间的确定是有证据能够直接证明的，如医学死亡证明书、宣告死亡判决书等。但是，现实生活中可能会出现群死群伤的事故，如煤矿发生瓦斯爆炸，高速公路发生重大交通事故，烟花爆竹作坊发生烟花爆炸，歌舞厅、网吧发生火灾等，这时候可能会有两个以上的人在同一事件中死亡，这些人可能是同时死亡，也可能有先后顺序，但是没有证据证明到底谁先死、谁后死。如果死亡的这些人之间没有任何继承关系，那么谁先死、谁后死对他们各自的继承没有影响；但是如果这些人是互有继承关系的人，那么谁先死、谁后死可能对继承的影响就很大。

02. 父母去世前子女承诺放弃继承权，还能参加继承吗？

🔊 案 例

张先生兄弟姐妹五人，父母有一套房产，房产证上为其母的名字。2018年，张先生的母亲因病去世。父亲自母亲去世后，一直身体不适，一年后因病卧床不起。因张先生已经退休，时间较充裕，大家经过商议，决定由张先生负责照顾父亲，母亲名下的房产留给张先生，其他子女放弃继承权。2020年年底，父亲因病情加重而抢救无效去世。在处理母亲名下房产时，大家出现了分歧，其他子女认为自己也经常去看望父亲，且张先生对父亲照顾得不好，甚至认为张先生在父亲病情加重初期并未通知其他子女，延误了父亲的救治。对此，张先生不予认可，将其他继承人诉至法院。法院对此进行了调解，调解过程中，法院告知张先生，虽然其他子女当初同意放弃继承权，但是未形成书面文字，且继承尚未开始，具有败诉风险，又对其他子女晓以情理，张先生作为对父亲尽了较多赡养义务的人，法律上可以多

分遗产。此外，兄弟姐妹情谊远比金钱重要。最后，各方达成调解协议。

📖 法律依据

《中华人民共和国民法典》

第一千一百二十一条第一款 继承从被继承人死亡时开始。

第一千一百二十四条第一款 继承开始后，继承人放弃继承的，应当在遗产处理前，以书面形式作出放弃继承的表示；没有表示的，视为接受继承。

《最高人民法院关于适用〈中华人民共和国民法典〉继承编的解释（一）》

第三十五条 继承人放弃继承的意思表示，应当在继承开始后、遗产分割前作出。遗产分割后表示放弃的不再是继承权，而是所有权。

🔊 延伸解读

继承开始前，继承人享有的是继承的资格，仅是有可能会实际继承遗产，至于是否真的能够继承遗产尚不可知，因而谈不上放弃。只有继承开始后，才能确定谁有继承权、谁没有继承权、谁丧失继承权、谁放弃继承权。因此，如果被继承人死亡前，继承人就表示放弃继承权的，放弃的行为不符合法律规定，属于无效行为。但是，如果该继承人在被继承人死亡后仍然承认放弃的，那么属于继承开始后表示放弃的行为，放弃行为有效。为避免出现类似于案例中的争议，我们建议，老人在意识清晰之时，采用

附条件遗嘱继承、遗赠扶养协议等方式处理类似情形，更为妥当。

03. 被继承人单位发放的抚恤金，可以作为遗产继承吗？

案例

2021年1月12日，刘某去世，其所在单位根据内部规定给其发放死亡抚恤金5万多元。对该死亡抚恤金如何分割，继承人之间发生争议。原告大儿子认为应依法平均分割，而被告小儿子不同意分割，认为全部应归自己所有，理由是刘某生前与他共同生活，其他子女并未尽任何赡养义务。因原、被告分歧较大，导致刘某单位无法发放该死亡抚恤金，目前该笔款项仍在刘某单位存放。法院经审理认为，死亡抚恤金原则上应均等分割，考虑到刘某生前与被告共同生活，被告尽赡养义务较多，被告可适当多分，分配比例按被告占70%，原告占30%的比例分割为宜。

法律依据

《中华人民共和国民法典》

第一千一百二十二条　遗产是自然人死亡时遗留的个人合法财产。

依照法律规定或者根据其性质不得继承的遗产，不得继承。

延伸解读

遗产范围是指被继承人在其死亡时遗留的可以作为遗产被继承人继承的财产范围。遗产包括死者遗留下来的财产和财产权利。具体而言，遗产包括：自然人的收入；房屋、储蓄和生活用品；林木、牲畜和家禽；文物、图书资料；法律允许公民所有的生产资料；著作权、专利权中的财产权利等个人合法财产。

一般情况下，死亡抚恤金是死亡职工所在单位按照内部的有关规定给死者家属的一定数额的金钱，目的是用以抚恤死者家属，特别是用来抚恤那些依靠死者生活的未成年人和丧失劳动能力的家属，是对家属的一种物质帮助和精神安慰，因此其并不是发给死者的，而是发给死者家属的，应由受抚恤的家属直接享有，而不能作为死者的遗产由继承人继承。法院处理该种抚恤金时，一般会平均分配，但有时也会考虑继承人生活情况、对被继承人赡养情况等而有所倾斜。但是如果自然人没有死亡，而是因伤残而发放的抚恤金，则此项抚恤金是伤残者本人所有的财产，伤残者死亡时，此项抚恤金的剩余部分，属于遗产范围。

04. 口头承诺放弃继承有效吗？

案例

熊大、熊二是兄弟俩，父母去世后没有留下什么遗产，只有一处老房，带一个院子。后因老房要拆迁，熊大与拆迁办签订了拆迁协议，获得了拆迁房两套和拆迁补偿款50万元。熊二得知后，找到熊大，提出拆迁所得不能全部由熊大所有，应当分一部分给自己。熊大不同意，双方发生纠纷，诉至法院。法院审理中，熊大称熊二曾多次对自己表示："你条件差点，我出国学习那些年多亏了你照顾爸妈，爸妈留下的那个院子就给你吧，我们在城里有房子，不需要。"因此熊二已经表示放弃继承了，拆迁所得应当归自己。熊二则拒不承认父母去世后曾经说过放弃继承的话。熊大也未能向法院提供书面协议、文件或证人证言等证明熊二放弃继承的事实，最后法院未支持熊大的主张。

法律依据

《中华人民共和国民法典》

第一千一百二十四条第一款　继承开始后，继承人放弃继承的，应当在遗产处理前，以书面形式作出放弃继承的表示；没有表示的，视为接受继承。

《最高人民法院关于适用〈中华人民共和国民法典〉继承编的解释（一）》

第三十三条　继承人放弃继承应当以书面形式向遗产管理人或者其他继承人表示。

第三十四条　在诉讼中，继承人向人民法院以口头方式表示放弃继承的，要制作笔录，由放弃继承的人签名。

延伸解读

客观事实需要有证据加以证明，才能作为法院裁判的依据，否则负有举证责任的一方将承担败诉的法律后果。继承人放弃继承也要有证据证明才行，这种证据最好是书面文件，当然也可以是放弃人承认放弃继承的录音证据等。如果对方不承认口头放弃，又没有证据证明，那么就无法认定放弃行为有效。

05. 遗赠人去世半年后受遗赠人才得知遗嘱内容，此时其还有权索要受赠遗产吗？

案例

王某早年丧偶，有三个儿子和一个女儿，其中大儿子出国留学后就留在了国外，现已成家立业，育有一子小王，也是王某唯一的孙子。王某去世后留下一份遗嘱，内容为："本人王某，年事已高，平生无憾事，唯一希望生前能多见孙子几次，但其远在美国，不忍打扰其学业，况且往来费用昂贵。我去世后，祖上留下来的这套房产归孙子所有，任何人不得争抢，不得作出有损家庭和睦之事。我尚有存款若干，留给女儿，因其在我住院期间对我照顾较多。其他二儿不要抱怨，我做此安排，理当自知缘由，算是我最后对你们的教育吧。"王某去世后，国内的两个儿子和女儿为其办理了后事。半年之后，大儿子春节回国探亲，发现父亲去世，非常愤怒，责怪弟、妹为何不告知其父亲去世之事。弟、妹解释说："没人有你的联系方式，无法联系。"在给父亲祭奠之时，妹妹告知大哥，父亲留有遗嘱，要把祖产留给孙子小王。大儿子于是找到两个弟弟，没想到两个弟弟却称，父亲去世已经数月，小王应当在其立下遗嘱后60日内接受遗赠，但是小王没有表示接受遗赠而且现在也不在国内，因此房子应当由几个子女共同分配继承。大儿子于是通知小王回国提起诉讼。法院经审理认为，受遗赠人应当在知道受遗赠后60日内作出接受或者放弃受遗赠的意思表示，到期没有表示的，视为放弃受遗赠；小王知道受遗赠事宜之后，即回国诉讼，未超出法定期限，因此判令房产由小王继承。

法律依据

《中华人民共和国民法典》

第一千一百二十四条第二款　受遗赠人应当在知道受遗赠后六十日内，作出接受或者放弃受遗赠的表示；到期没有表示的，视为放弃受遗赠。

延伸解读

受遗赠人表示接受或放弃受遗赠的期限是知道受遗赠后60日内，而不是被继承人死亡后60日内，也不是遗产分割后60日内。

06. 子女妨碍父母变更遗嘱会丧失继承权吗？

案例

几年前，老张被查出得了癌症，担心自己某一天会突然离世，便和老伴儿商量立下一份遗嘱，避免两个儿子因为遗产发生争议。考虑到大儿子不常在本地生活，所以就在遗嘱中把外地的一套房子指定留给大儿子，本地的一套房子留给了小儿子。这两年，在老伴儿的精心照顾下，老张的身体逐渐好转，到医院检查后显示癌细胞没有扩散，只要能维持现状就不会对老张产生不良影响。于是，老张就想卖掉外地的那套房子，然后在本地再购置一套房屋用来养老。如此一来，老张之前所立遗嘱的内容就要变更了。大儿子得知消息后，认为老人偏向弟弟，坚决不同意老人变更遗嘱。于是，大儿子就强行搬进了外地的那套房子，阻止老人将其出售，还扬言如果老人重新订立遗嘱，就和弟弟争夺本地的房子。

法律依据

《中华人民共和国民法典》

第一千一百二十五条第一款　继承人有下列行为之一的，丧失继承权：

（一）故意杀害被继承人；

（二）为争夺遗产而杀害其他继承人；

（三）遗弃被继承人，或者虐待被继承人情节严重；

（四）伪造、篡改、隐匿或者销毁遗嘱，情节严重；

（五）以欺诈、胁迫手段迫使或者妨碍被继承人设立、变更或者撤回遗嘱，情节严重。

第二款　继承人有前款第三项至第五项行为，确有悔改表现，被继承人表示宽恕或者事后在遗嘱中将其列为继承人的，该继承人不丧失继承权。

如果子女用欺诈、胁迫手段妨碍老人设立、变更或撤回遗嘱，导致老人出现残疾、死亡等情况，该子女很可能因此丧失继承权。但如果事后其确有悔改表现，被继承人表示宽恕或者事后在遗嘱中将其列为继承人的，该子女不丧失继承权。

07. 丈夫放弃继承父母遗产，妻子有权主张放弃无效吗？

📢 **案 例**

张三和妻子正在离婚诉讼期间，张三的父母因意外事故去世，张三以书面形式表示放弃对父母遗产的继承权。妻子提出异议，认为张三父母去世时没留下任何遗嘱，张三依法有权继承父母的遗产，该部分遗产属于夫妻共同财产，张三是为了不让自己分得遗产才放弃继承的，其放弃行为不是真实意思表示，而是为了损害自己的合法权益，因此要求确认张三放弃继承的行为无效，张三应得的遗产作为夫妻共同财产予以分割。法院认为，张三的放弃继承行为未违反法律规定，张三妻子的要求于法无据，不予支持。

🔍 **法律依据**

《中华人民共和国民法典》

第一千一百二十四条第一款　继承开始后，继承人放弃继承的，应当在遗产处理前，以书面形式作出放弃继承的表示；没有表示的，视为接受继承。

第一千一百二十七条第一款　遗产按照下列顺序继承：

（一）第一顺序：配偶、子女、父母；

（二）第二顺序：兄弟姐妹、祖父母、外祖父母。

《最高人民法院关于适用〈中华人民共和国民法典〉继承编的解释（一）》

第三十七条　放弃继承的效力，追溯到继承开始的时间。

📢 **延伸解读**

继承开始之后，继承权人的配偶不享有继承权利，不能继承遗产，同时继承权人有接受继承的权利，也有放弃继承的权利，该权利专属于继承权人，除法定情形外，任何人不得干涉。在继承权人放弃继承以后，该放弃行为追溯到继承开始的时间，继承权人不享有原应继承遗产的所有权，因此相应遗产也不能作为夫妻共同财产。

08. 男女谈婚论嫁并同居，但结婚前一方死亡，另一方有继承权吗？

📢 **案 例**

阿坤和阿兰是大学同学，两人恋爱四年，2014 年毕业后留在同一个城市工作。为了节省房租，两人工作后开始了同居生活，并于 2017 年用共同积攒的存款作为首付，贷款购买了一处公寓。2021年春节，两家人一起吃了饭，定下了这门婚事，并准备在年底结婚。不幸的是，阿坤在出差途中遭遇车祸死亡。阿坤去世后，阿兰与阿坤父母因阿坤遗产问题发生纠纷。阿兰认为，阿坤名下的存款都是二人共同积攒的，房屋也是二人共同购买的，两人虽然没有登记结婚，但是一直同居，和夫妻没有区别，因此自己有权继承阿坤的遗产。但是阿坤父母却不同意，认为两人毕竟没有登记结婚，不算夫妻，阿兰无权继承阿坤的遗产。最后法院支持了阿坤父母的主张。

📃 法律依据

《中华人民共和国民法典》

第一千零四十九条　要求结婚的男女双方应当亲自到婚姻登记机关申请结婚登记。符合本法规定的，予以登记，发给结婚证。完成结婚登记，即确立婚姻关系。未办理结婚登记的，应当补办登记。

第一千一百二十七条第一款　遗产按照下列顺序继承：

（一）第一顺序：配偶、子女、父母；

（二）第二顺序：兄弟姐妹、祖父母、外祖父母。

《最高人民法院关于适用〈中华人民共和国民法典〉婚姻家庭编的解释（一）》

第三条第二款　当事人因同居期间财产分割或者子女抚养纠纷提起诉讼的，人民法院应当受理。

第七条　未依据民法典第一千零四十九条规定办理结婚登记而以夫妻名义共同生活的男女，提起诉讼要求离婚的，应当区别对待：

（一）1994年2月1日民政部《婚姻登记管理条例》公布实施以前，男女双方已经符合结婚实质要件的，按事实婚姻处理。

（二）1994年2月1日民政部《婚姻登记管理条例》公布实施以后，男女双方符合结婚实质要件的，人民法院应当告知其补办结婚登记。未补办结婚登记的，依据本解释第三条规定处理。

第八条　未依据民法典第一千零四十九条规定办理结婚登记而以夫妻名义共同生活的男女，一方死亡，另一方以配偶身份主张享有继承权的，依据本解释第七条的原则处理。

📢 延伸解读

配偶是第一顺序继承人之一。所谓"配偶"，是合法夫妻关系中夫妻之间的互称。被继承人死亡时，与其有合法婚姻关系的人享有继承权；反之，如果双方没有合法的婚姻关系，就不能享有继承权。在我国，结婚必须到民政部门办理结婚登记，登记完毕由民政部门统一颁发结婚证，结婚证是我国法律认可合法婚姻关系的唯一凭证。因此，男女双方恋爱期间互称"老婆""老公""爱人""妻子""媳妇"，甚至街坊邻里都认为他们是夫妻，但是没有办理结婚证的，他们之间的关系在法律上也不构成合法婚姻，双方互不享有继承权，当然构成事实婚姻的除外。

09. 正在离婚诉讼期间，一方突然死亡，另一方有继承权吗？

阿明和阿萍因为感情不和，到法院诉讼离婚，开庭之后，法院一直没有下判决。之后，阿明在一次出差途中遭遇车祸死亡。法院得知之后，终结了诉讼。阿明去世后，阿萍与阿明父母因阿明的遗产继承问题发生纠纷。阿萍认为，其与阿明正在离婚诉讼过程中，但是毕竟没有离婚，法院也没有判决双方离婚，因此自己仍然是阿明的配偶，有权作为第一顺序继承人继承阿明的遗产。但是阿明父母不同意，认为法院虽然没有判决离婚，但是两人已经在打离婚官司，并且是阿萍提出离婚的，两人离婚是迟早的事，因此阿萍无权继承阿明的遗产。最后法院支持了阿萍的主张。

法律依据

《中华人民共和国民法典》

第一千零八十条　完成离婚登记，或者离婚判决书、调解书生效，即解除婚姻关系。

第一千一百二十一条第一款　继承从被继承人死亡时开始。

第一千一百二十七条第一款　遗产

按照下列顺序继承：

（一）第一顺序：配偶、子女、父母；

（二）第二顺序：兄弟姐妹、祖父母、外祖父母。

延伸解读

继承是从被继承人死亡时开始的，确定继承人是以被继承人死亡时为时点的，确定被继承人的配偶也是以被继承人死亡时为时点的。只有被继承人死亡时与被继承人有合法婚姻关系的人才是其配偶，享有继承权；婚姻关系解除之后，"前夫""前妻"都不是有继承权的"配偶"。实践中，可能会遇到离婚双方正在对簿公堂期间，或者一审判决已经送达但仍在上诉期内，或者一方已经提起上诉但是二审尚未作出裁判期间，另一方死亡的情况，由于婚姻关系终止的凭证是离婚证或者法院的生效离婚判决，因此在上述情况下，一方死亡时，双方的婚姻关系尚未终止，另一方仍享有继承权。

10. 离婚后一直同居但未复婚，相互有继承权吗？

案　例

阿甘和阿芳因为感情不和离婚，离婚之后考虑到孩子问题，双方一直没有分居，之后双方考虑复婚，但是一直也没有安排时间去办理复婚手续。阿甘在一次出差途中遭遇车祸死亡。阿甘去世后，阿芳与阿甘父母因阿甘的遗产继承问题发生纠纷。阿芳认为，自己虽然与阿甘办理了离婚手续，但是实际上一直以夫妻名义共同生活，属于事实婚姻，而且自己现在是孩子唯一的监护人，有权继承阿甘的遗产。但是阿甘的父母不同意，认为两人已经离婚，有继承权的是自己和孩子，阿芳没有继承权。最后法院支持了阿甘父母的主张。

法律依据

《中华人民共和国民法典》

第一千一百二十一条第一款 继承从被继承人死亡时开始。

第一千一百二十七条第一款 遗产按照下列顺序继承：

（一）第一顺序：配偶、子女、父母；

（二）第二顺序：兄弟姐妹、祖父母、外祖父母。

第一千零八十三条 离婚后，男女双方自愿恢复婚姻关系的，应当到婚姻登记机关重新进行结婚登记。

延伸解读

享有继承权的配偶是被继承人死亡时与被继承人有合法婚姻关系的人，结婚与复婚均需要办理登记手续，如果双方离婚后没有办理复婚登记手续，则不存在婚姻关系，相互之间也就没有继承权。

11. 养子女能够继承亲生父母的遗产吗？

案 例

张某夫妇结婚后生育了三个女儿，但是他们一直想要一个儿子。1998年，二人终于如愿生了一个儿子。可是面对这么多孩子，张某夫妇无力抚养，于是将其中一个女儿小丽交给同村的李某收养，并办理了收养手续。2017年年初，李某病重去世。小丽继承了李某的遗产，独自外出打工生活。不久前，张某夫妇在工地打工时发生事故，双双去世。小丽认为自己是二人的亲生女儿，有权利继承生父母的遗产，于是来到法律援助处咨询，结果被告知，小丽已经被其他人合法收养，无权再继承生父母的遗产。

法律依据

《中华人民共和国民法典》

第一千一百二十七条第一款 遗产按照下列顺序继承：

（一）第一顺序：配偶、子女、父母；

（二）第二顺序：兄弟姐妹、祖父母、外祖父母。

第二款 继承开始后，由第一顺序继承人继承，第二顺序继承人不继承；没有第一顺序继承人继承的，由第二顺序继承人继承。

第三款 本编所称子女，包括婚生

子女、非婚生子女、养子女和有扶养关系的继子女。

第一千一百零五条第一款 收养应当向县级以上人民政府民政部门登记。收养关系自登记之日起成立。

第一千一百一十一条 自收养关系成立之日起，养父母与养子女间的权利义务关系，适用本法关于父母子女关系的规定；养子女与养父母的近亲属间的权利义务关系，适用本法关于子女与父母的近亲属关系的规定。

养子女与生父母以及其他近亲属间的权利义务关系，因收养关系的成立而消除。

📢 **延伸解读**

养父母子女关系成立后，养子女与生父母间的父母子女关系解除。也就是说，合法收养关系成立后，养子女与生父母之间没有任何权利义务关系了，其不用赡养生父母，也无权继承生父母的遗产。但是根据法律规定，养子女对养父母尽了赡养义务，同时又对生父母扶养较多的，可以适当分得生父母的遗产，"适当分得"不等于"有继承权"。

12. 继子女均能继承继父母的遗产吗？

📢 **案 例**

2012年张男和李女结婚，婚后生育一子小张。2014年因双方感情不和，张男和李女协议离婚，并约定离婚后儿子小张由李女抚养，但实际上小张一直跟随李女的母亲生活。2019年，李女与刘男结婚，未生育子女，小张仍跟随李女的母亲生活。2021年年初，刘男发生意外身亡。李女因遗产继承问题与刘男的父母发生争议。李女认为，小张与刘男是继子与继父关系，依法有权继承刘男的遗产。刘男父母认为，小张没有与刘男共同生活，没有继承权。最后法院支持了刘男父母的主张。

🔍 **法律依据**

《中华人民共和国民法典》

第一千一百二十七条第三款 本编所称子女，包括婚生子女、非婚生子女、养子女和有扶养关系的继子女。

📢 **延伸解读**

继子女是指配偶一方对另一方与之前配偶所生的子女的称呼。生父母一方死亡而另一方再婚或者父母离婚后再结婚就会形成这种继父母与继子女的关系。继父母子女之间的关系与养父母子女之间的关系有很大不同，并不是所有的继子女都有权继承继父母的遗产。根据我国法律规定，只有与继父母形成扶养关系的继子女才有权继承继父母的遗产。本案中，虽然小张在父母离婚后按约定应当由母亲抚养，但是实际上其在母亲再婚后并未与母亲共同生活，也没有与继父形成扶养关系，因此不享有对继父遗产的继承权。

13. 继子女能够继承亲生父母的遗产吗？

📢 案 例

2014 年孙某和李某结婚，婚后生育一子小孙。2017 年因感情不和，孙某和李某离婚，离婚后，小孙由母亲李某抚养，跟随李某生活。2018 年，孙某与刘某结婚，生育一女；李某之后也再婚，但是未生育子女。2021 年年初，孙某发生意外身亡。孙某父母、刘某、李某（代表小孙）之间因为孙某遗产继承问题发生争议。孙某父母和李某均认为，小孙是孙某的儿子，依法享有继承权。刘某则认为，孙某已经与李某离婚，小孙由李某抚养，且李某已经再婚。因此，小孙不能继承孙某的遗产。法院经审理认为，小孙系孙某的婚生子，父母离婚不影响小孙对生父遗产的继承权。

📖 法律依据

《中华人民共和国民法典》

第一千一百二十七条第三款 本编所称子女，包括婚生子女、非婚生子女、养子女和有扶养关系的继子女。

《最高人民法院关于适用〈中华人民共和国民法典〉继承编的解释（一）》

第十一条 继子女继承了继父母遗产的，不影响其继承生父母的遗产。

继父母继承了继子女遗产的，不影响其继承生子女的遗产。

🔄 延伸解读

子女与生父母的关系因收养关系的成立而解除，但是亲生父母与子女之间的关系不因继父母子女关系的成立而解除，继子女对生父母的遗产仍然享有继承权。从这个意义上说，继子女可能享有"双重继承权"。

14. 婚生子女和私生子女所能继承的遗产份额是一样的吗？

📢 案 例

2015 年 1 月，小江与小娟结婚，婚后生育一子球球。2021 年夏天，小江在去上海出差途中遭遇车祸死亡。小江和小娟一直经营着一家建材公司，小江去世后留下了一笔数额巨大的遗产，可就在小娟处理丈夫的后事时，一名女子小丽带着一个孩子找上门来，声称孩子是小江和她的私生子，每月小江都给其支付抚养费，现在小江去世，要求从小江的遗产里分割一份作为孩子的抚养费。原来，2018 年小江在上海谈生意期间，结识了小丽，两人多次发生关系，后小丽怀孕，并生下孩子。小江得知后，通过 DNA 检测证明孩子是自己的亲生骨肉，于是每月支付小丽 5000 元抚养费。小娟不相信小江会瞒着自己做出这种事情，不认可孩子的身份，并极力反对其继承小江的遗产。无奈，小丽一纸诉状告到法院。法院经审理查明：孩子确属小江的亲生子，因此作出了其有权平等继承其生父小江遗产的判决。

《中华人民共和国民法典》

第一千零七十一条第一款 非婚生子女享有与婚生子女同等的权利，任何组织或者个人不得加以危害和歧视。

第一千一百二十七条第一款 遗产按照下列顺序继承：

（一）第一顺序：配偶、子女、父母；

（二）第二顺序：兄弟姐妹、祖父母、外祖父母。

第二款 继承开始后，由第一顺序继承人继承，第二顺序继承人不继承；没有第一顺序继承人继承的，由第二顺序继承人继承。

第三款 本编所称子女，包括婚生子女、非婚生子女、养子女和有扶养关系的继子女。

📢 **延伸解读**

"私生子"是对非婚生子女的俗称，是不具有合法婚姻关系的男女双方所生育的子女，例如，未婚男女所生的子女，已婚男女与他人所生的子女等都属于非婚生子女。非婚生子女在社会中常常受到歧视，但是根据《民法典》的规定，非婚生子女与婚生子女有同等的法律地位，也就是说只要是父母亲生的，无论是否有户口，无论是否被生父母抚养过，也无论生父母是否还认领，非婚生子女都享有继承生父母遗产的权利，任何人不能对其继承权加以歧视、限制和剥夺。

15. 父亲声明与儿子断绝父子关系后，儿子还有继承权吗？

📢 **案 例**

小张自幼父母离异，之后与父亲张某一起生活。后来张某与王某结婚，但是小张自始就反对父亲再婚，且与继母王某相处得并不融洽，因此父子二人经常闹矛盾。在一次激烈的争吵过后，张某在报纸上发表声明，与小张断绝父子关系。几年后，张某因病去世。小张要求与王某平分父亲所留遗产，但王某不同意，认为张某已经发表声明与小张断绝了父子关系，所以小张无权继承其父亲的遗产。小张遂向法院起诉，要求继承其父张某的遗产。法院最后支持了小张的请求。

《中华人民共和国民法典》

第一千一百二十七条第一款 遗产按照下列顺序继承：

（一）第一顺序：配偶、子女、父母；

（二）第二顺序：兄弟姐妹、祖父母、外祖父母。

第二款 继承开始后，由第一顺序继承人继承，第二顺序继承人不继承；没有第一顺序继承人继承的，由第二顺序继承人继承。

第四款 本编所称父母，包括生父母、养父母和有扶养关系的继父母。

现实生活中会有这样的例子，父子反目，双方签署断绝父子关系的协议或者在报刊上登载类似的声明，内容可能还会包括儿子不尽赡养义务，也不能继承父亲的遗产等。但是类似协议或者声明是不具备法律效力的。因为法律规定的父母子女之间的赡养义务、相互之间的继承权是基于自然血缘关系，属于法律的强制性规定，自然血缘关系不因这种协议或者声明而断绝，并且类似的协议或者声明违背了法律规定和社会公共道德。因此，即使存在类似协议或者声明，父子之间仍然互有继承权。

16. 独生子女一定能继承父母的全部遗产吗？

案 例

江某和李某系夫妻关系，二人育有一子小江。两年前，江某去世。半年前，李某也去世了。江某和李某留下一套房屋，该房屋系二人婚后共同购买。小江到公证处办理继承公证，并出示了独生子女证，证明自己是父母的唯一子女。公证处要求小江的大伯、二伯也必须到场。小江对此不解，为何还要其他亲属到场呢？原来，小江的父亲去世时，小江的奶奶虽然早已去世，但是小江的爷爷还在世，其也有权作为继承人继承小江父亲的部分遗产。小江的父亲有两个哥哥，小江的爷爷去世后，小江父亲的

两个哥哥有权继承小江爷爷的遗产，而小江爷爷的遗产里包括小江父亲的部分遗产，故该房屋有小江父亲的两个哥哥的继承份额，因此需要二人到场。这样看来，独生子女不一定能继承父母的全部遗产。

法律依据

《中华人民共和国民法典》

第一千一百二十七条　遗产按照下列顺序继承：

（一）第一顺序：配偶、子女、父母；

（二）第二顺序：兄弟姐妹、祖父母、外祖父母。

继承开始后，由第一顺序继承人继承，第二顺序继承人不继承；没有第一顺序继承人继承的，由第二顺序继承人继承。

本编所称子女，包括婚生子女、非婚生子女、养子女和有扶养关系的继子女。

本编所称父母，包括生父母、养父母和有扶养关系的继父母。

本编所称兄弟姐妹，包括同父母的兄弟姐妹、同父异母或者同母异父的兄弟姐妹、养兄弟姐妹、有扶养关系的继兄弟姐妹。

延伸解读

《民法典》规定第一顺序继承人包括配偶、父母、子女，也就是说在法定继承的情况下，如果被继承人死亡时，其配偶、父母、子女健在，则其配偶、

父母、子女都有继承权，而不仅仅是子女享有继承权。因此，对于独生子女的情况，如果父母想把财产全部留给自己的子女，最好的方式是通过订立遗嘱来安排遗产继承。

17. 干儿子能继承干妈的遗产吗？

🔊 案 例

许女士有个哥哥定居国外，双方来往较少。有一个妹妹虽在国内，但是双方感情不和。许女士跟自己一个同事关系非常好，对同事的孩子也非常喜欢，于是提出认这个孩子为干儿子，等自己去世后由干儿子继承自己的全部遗产。许女士的同事和孩子听后，颇为惊讶，但是也很高兴，随即召集亲朋好友摆了拜母宴。后许女士咨询专业人士，被告知其认养干儿子的行为不构成法律上的收养行为，其与孩子之间未形成法律上的收养关系，干儿子没有对其进行赡养的法定义务，张女士去世之后，干儿子也无权继承其遗产。

📄 法律依据

《中华人民共和国民法典》

第一千一百二十七条第三款　本编所称子女，包括婚生子女、非婚生子女、养子女和有扶养关系的继子女。

第四款　本编所称父母，包括生父母、养父母和有扶养关系的继父母。

🔊 延伸解读

根据法律规定，婚生子女、非婚生子女、养子女和有扶养关系的继子女的法律地位是平等的，他们的继承权也是平等的。但是除此之外的其他认亲关系、非法收养关系等均不能成为法律认可的父母子女关系，也不能依法取得继承人资格。对于本案中的情形，许女士可以立一份遗嘱或者遗赠抚养协议，明确由干儿子继承其所有遗产，并可附带赡养条件。

18. 什么是代位继承？

🔊 案 例

张大爷配偶早亡，其生有一子，叫张大。张大有一子，叫张大明。此外，张大爷尚有两个亲兄弟。2021年3月，张大因意外事故死亡，张大爷因伤心过度也于数日后去世。张大明与张大爷的兄弟之间因争夺张大爷遗产发生纠纷而诉至法院。法院经审理认为，本案涉及代位继承，张大作为张大爷第一顺序继承人，在意外事故中先于张大爷死亡，因此张大明可以代替父亲之位作为第一顺序继承人继承张大爷的遗产；而张大爷的兄弟属于第二顺序继承人，无权继承遗产。

📄 法律依据

《中华人民共和国民法典》

第一千一百二十八条第一款　被继承人的子女先于被继承人死亡的，由被继承人的子女的直系晚辈血亲代位继承。

代位继承是法定继承中的一种特殊情况，先于被继承人死亡的继承人被称为被代位继承人，简称被代位人。代替被代位人继承遗产的人被称为代位继承人，简称代位人。代位人代替被代位人继承遗产的权利，叫作代位继承权。代位继承人不受辈数的限制。

代位继承产生的法律效力，主要为代位人可以继承被代位人的应继份，即被代位人有权继承的遗产份额。

19. 侄子能够代位继承姑姑的遗产吗？

📢 案　例

郝女士父母早亡，从小与两个哥哥相依为命。两个哥哥都已成家立业，大哥郝一有一子，名郝某，二哥郝二有一女。两年前，郝一因病去世。一年前，郝女士为救一位落水儿童而不幸溺亡。郝女士有过一次婚姻，但是已经离婚，且没有子女。现在侄子郝某因为遗产继承问题将叔叔郝二告上法庭。郝某认为，姑姑郝女士没有第一顺序继承人，父亲郝一作为第二顺序继承人，应当有权和叔叔郝二享有同等继承权，现父亲去世，应当由自己代父继承姑姑的遗产。后法院经审理，判定郝某作为父亲的直系晚辈血亲，可以代位继承姑姑的遗产。

📖 法律依据

《中华人民共和国民法典》

第一千一百二十八条第二款　被继承人的兄弟姐妹先于被继承人死亡的，由被继承人的兄弟姐妹的子女代位继承。

第三款　代位继承人一般只能继承被代位继承人有权继承的遗产份额。

📢 延伸解读

原《继承法》规定的代位继承范围比较窄，只是被继承人的子女的直系晚辈血亲的代位继承，《民法典》增加了上述第2款规定，规定了被继承人的兄弟姐妹的子女的代位继承，即侄子、侄女、外甥、外甥女也可以实现代位继承，扩大了继承的范围，有利于遗产在旁系血亲中流转。被继承人的兄弟姐妹是第二顺序继承人，其子女在代位继承中也是以第二顺序继承人的身份参加继承的，其只有在没有第一顺序继承人继承，也没有被继承人的子女的晚辈直系血亲继承时，才能根据法律规定代位继承。

20. 什么情况下丧偶儿媳或女婿能够继承公婆或者岳父母的遗产？

📢 案　例

张大爷的爱人早逝，其生有三子，张甲、张乙和张丙。张甲先于被继承人张大爷死亡，张甲的媳妇丁某自丈夫去世后，便与张乙、张丙一起承担起了赡养张大爷的义务，包括支付各项费用，平时看望、照顾，在病床前陪护伺候，以及死后下葬等。张大爷的丧事料理完后，在处理老人的遗物时发现有6万元现金，但是张乙、张丙不同意分给丁某。丁某诉至法院，要求按第一顺序继承人的身份继承张大爷的遗产。法院经审理认为，丁某作为儿媳承担了1/3赡养老人的义务，不能认定其尽了主要赡养义务，因此不能作为第一顺序继承人，但是其作为继承人以外对被继承人扶养较多的人，应当适当分给其一定遗产，故判决丁某分得遗产1.4万元。

📖 法律依据

《中华人民共和国民法典》

第一千一百二十九条 丧偶儿媳对公婆，丧偶女婿对岳父母，尽了主要赡养义务的，作为第一顺序继承人。

📢 延伸解读

赡养义务主要是指对老年人经济上予以供养、生活上予以照料和精神上予以慰藉。丧偶儿媳或者女婿对公婆或者岳父母尽了赡养义务，但是达不到"主要"程度的，不能作为继承人继承公婆或者岳父母的遗产，但是其可以作为继承人以外的对被继承人扶养较多的人，适当分得一定遗产，这也体现了法律的公平性。

21. 已经通过遗嘱继承了部分遗产，还能继承遗嘱未处分的遗产吗？

📢 案 例

张大爷老伴去世时立下遗嘱，将单位分配的一套福利房留给张大爷一个人继承。张大爷去世之前，也立了一份遗嘱，载明：鉴于购买该福利房时，小儿子张三赞助了一半房款，因此该房屋由张三一人继承。办理完后事之后，三子女发现除了单位分配的福利房之外，张大爷名下尚有存单十几张，共计存款100多万元。其他子女认为，张三已经获得了父母的大部分遗产，因此该存款应当由张三之外的子女继承。但是张三不同意，认为自己也应当分得一份。于是其他子女诉至法院，法院经审理认为，张三的请求符合法律规定，判决存款由三子女平均分配。

📖 法律依据

《中华人民共和国民法典》

第一千一百三十条 同一顺序继承人继承遗产的份额，一般应当均等。

对生活有特殊困难又缺乏劳动能力的继承人，分配遗产时，应当予以照顾。

对被继承人尽了主要扶养义务或者与被继承人共同生活的继承人，分配遗产时，可以多分。

有扶养能力和有扶养条件的继承人，不尽扶养义务的，分配遗产时，应当不分或者少分。

继承人协商同意的，也可以不均等。

《最高人民法院关于适用〈中华人民共和国民法典〉继承编的解释（一）》

第四条　遗嘱继承人依遗嘱取得遗产后，仍有权依照民法典第一千一百三十条的规定取得遗嘱未处分的遗产。

🔊 **延伸解读**

遗嘱继承人继承遗嘱所列明的遗产是根据遗嘱人的意志取得，对于遗嘱之外的未处分的遗产依法应当按照法定继承处理，遗嘱继承人作为法定继承人之一，仍有权同其他法定继承人一样，继承遗嘱未处分部分的遗产。

22. 遗嘱人签字落款能够以其人名章代替吗？

🔊 **案　例**

父亲去世后，熊大和熊二因为遗产分配问题诉至法院。熊大拿出一份父亲生前所立遗嘱，主张该遗嘱由父亲所写，并且盖有父亲最喜爱的印章。熊二指出，该份遗嘱不能确认是父亲所写，并且不符合法律规定的自书遗嘱的形式要件，最后落款没有父亲签字，盖章不能代替签字，因此遗嘱无效，要求按法定继承父亲的遗产。法院经过审理，支持了熊二的诉讼请求。

🔍 **法律依据**

《中华人民共和国民法典》

第一千一百三十四条　自书遗嘱由遗嘱人亲笔书写，签名，注明年、月、日。

🔊 **延伸解读**

人名章的使用并不代表加盖行为系本人亲自所为，所以，遗嘱上加盖遗嘱人人名章，并不意味着是遗嘱人亲自订立或者自愿订立遗嘱内容，更无法得知该印章是否系遗嘱人生前所盖，因此遗嘱所要求的签字并不能以加盖人名章代替。

23. 只捺手印不签名，遗嘱有效吗？

🔊 **案　例**

张大爷年老多病，为了防止子女争夺财产立下了遗嘱，但是遗嘱上是以捺手印代替了签字。张大爷去世后，子女对该份遗嘱的效力产生了分歧，诉至法院。法院经审理认为，该份遗嘱形式上属于自书遗嘱，根据法律规定，自书遗嘱应当由遗嘱人签名并注明年、月、日，现该份遗嘱没有遗嘱人张大爷的签名，手印无法判断是否为张大爷本人手印，也无法判断是否为张大爷自愿所捺，因此遗嘱无效。

延伸解读

遗嘱人亲笔签字是法律规定的自书遗嘱的有效要件，不能违反。为了避免遗嘱无效，遗嘱应严格按照法律规定的形式要件进行。

24. 什么样的打印遗嘱有效？

案　例

老王夫妇育有王大、王二、王三共三名子女。2021年，老王夫妇相继离世，留下一套房屋。王大、王二、王三是该房屋的第一顺位继承人，但王大提出其父亲于2020年5月留有一份打印遗嘱，上面载明房屋由王大的儿子王小继承。该打印遗嘱有老王书写的签名和日期。经鉴定机构鉴定，该签名和日期为老王书写。后经法院审理查明，该份遗嘱虽有老王签字，但无见证人签字，因此不符合遗嘱的法定形式，应属于无效遗嘱，房屋由王大、王二、王三三人共同继承。

法律依据

《中华人民共和国民法典》
第一千一百三十六条　打印遗嘱应当有两个以上见证人在场见证。遗嘱人

延伸解读

打印遗嘱是指遗嘱人通过电脑制作，用打印机打印出来的遗嘱。打印遗嘱有效的要件是：（1）遗嘱为电脑制作、打印机打印出来的文本形式；（2）打印遗嘱应当有两个以上见证人在场见证；（3）遗嘱人和见证人在遗嘱文本的每一页都签名；（4）注明年、月、日。

25. 录音录像遗嘱有效吗？

案　例

张大爷与王婆婆是夫妻，有三个子女。老两口有一处房产，为避免日后子女不睦，两位老人将三个子女以及居委会的两位工作人员叫到一起，正式开了一个家庭会议。会议上，老两口明确提出，这套房子在两位老人都去世之后才能分配，老大负责两位老人的丧葬事宜，房子老大分一半，剩下一半由老二和老三均分。此后，子女谁也没有提出过异议。两位老人去世后，老大提出把房子卖了，自己得一半房款，剩下的房款平分给老二、老三。老三不同意，认为应当三人平分。为此三人诉至法院。庭审中，老三对家庭会议不予承认。老大拿出一份录音录像，其中记载了当时父母的意见以及整个会议的经过。法院经过向当时在场的两位居委会工作人员调查，确认录音录像及所述内容的真实性，认

定该录音录像符合《民法典》关于录音录像遗嘱的形式要件，合法有效。

《中华人民共和国民法典》

第一千一百三十七条 以录音录像形式立的遗嘱，应当有两个以上见证人在场见证。遗嘱人和见证人应当在录音录像中记录其姓名或者肖像，以及年、月、日。

第一千一百四十条 下列人员不能作为遗嘱见证人：

（一）无民事行为能力人、限制民事行为能力人以及其他不具有见证能力的人；

（二）继承人、受遗赠人；

（三）与继承人、受遗赠人有利害关系的人。

延伸解读

录音录像遗嘱是一种新型的遗嘱方式，是指以录音录像方式录制下来的遗嘱人的口述遗嘱，其实就是视听遗嘱。录音录像遗嘱应当符合下列要件：（1）有两个以上见证人在场见证，见证人应当在录音录像中记录其姓名或者肖像以及年、月、日；（2）由遗嘱人亲自叙述遗嘱的内容，内容应当具体，对有关财产的处分，应当说明财产的基本情况，说明财产归什么人承受；（3）遗嘱人、见证人将有关视听资料封存，并签名、注明日期，以确定遗嘱的订立时间；（4）当众开启录音录像遗嘱，在继承开始后，在参加制作遗嘱的见证人和全体继承人到场的情况下，当众启封，维护录音录像遗嘱的真实性。具备这些要件的录音录像遗嘱，发生法律效力。

26. 公证遗嘱效力最高吗？

案 例

李大爷有两子两女，他曾在 2019 年公证一份遗嘱，内容为财产由四个子女平均分。但是李大爷自从 2020 年生病后，一直是跟小儿子一家生活的，小儿子一家对他的照顾也多过其他子女，于是李大爷又立了一份自书遗嘱，称其死后财产要给小儿子一半，剩下一半其余三个子女平分。2021 年年初，李大爷去世后，其他几个子女要按照公证遗嘱平分遗产，小儿子拿出了李大爷立的最后一份遗嘱要求自己享有一半的遗产份额。由于小儿子的遗嘱是李大爷的最后一份遗嘱且符合生效要件，所以应按照该遗嘱继承，小儿子拥有一半的继承权。

法律依据

《中华人民共和国民法典》

第一千一百三十九条 公证遗嘱由遗嘱人经公证机构办理。

第一千一百四十二条第三款 立有数份遗嘱，内容相抵触的，以最后的遗嘱为准。

延伸解读

原《继承法》第 20 条第 3 款规定"自书、代书、录音、口头遗嘱，不得撤销、变更公证遗嘱"，即公证遗嘱效力优先，但《民法典》中则将此项规定删除了。新规定调整为"立有数份遗嘱，内容相抵触的，以最后的遗嘱为准"。因此，遗嘱人设立数份遗嘱内容相抵触的，应当以最后设立的遗嘱为准，即遗嘱设立在后效力优先。

27. 遗嘱未保留未成年子女的份额，有效吗？

🔊 案　例

1993年张先生和李女士结婚，一年后生育一子张小伟。2013年，双方因为性格不合，协议离婚，并办理了离婚登记手续。两年后，张先生结识了王女士，二人于2017年办理了结婚登记，同年生下一女张小红。2021年年初，张先生因为心脏病突发住院，住院期间立了一份遗嘱，内容为："我死后，遗产全归儿子张小伟所有。"张先生去世后，张小红将张小伟诉至法院，认为自己系未成年人，应当继承父亲的一部分遗产。法院最后支持了张小红的主张。

📖 法律依据

《中华人民共和国民法典》

第一千一百四十一条　遗嘱应当为缺乏劳动能力又没有生活来源的继承人保留必要的遗产份额。

《最高人民法院关于适用〈中华人民共和国民法典〉继承编的解释（一）》

第二十五条　遗嘱人未保留缺乏劳动能力又没有生活来源的继承人的遗产份额，遗产处理时，应当为该继承人留下必要的遗产，所剩余的部分，才可参照遗嘱确定的分配原则处理。

继承人是否缺乏劳动能力又没有生活来源，应当按遗嘱生效时该继承人的具体情况确定。

🔊 延伸解读

遗嘱人立遗嘱时必须为缺乏劳动能力又没有生活来源的法定继承人保留必要的遗产份额，这是继承上的"必留份"原则，是法律对遗嘱的一种限制。享有"必留份"的人需要同时满足两个条件：一是其为法定继承人且未丧失继承权；二是其缺乏劳动能力又没有生活来源。继承人是否缺乏劳动能力又没有生活来源，应按遗嘱生效时该继承人的具体情况确定，而不是遗嘱订立时、遗产分配时或者其他时间。"必留份"原则的适用不影响整个遗嘱的效力，未留"必留份"的，在扣留"必留份"之后，剩余部分参照遗嘱确定的分配原则处理。"必留份"的具体数额可参照足以保障继承人生活为标准，一般不超过按法定继承其应当继承的份额。

28. 遗嘱订立之后，可以反悔吗？

🔊 案　例

张大爷有两个儿子，大儿子生活比较富裕，小儿子靠低保生活。因张大爷一直比较疼爱小儿子，立了个遗嘱，把自己名下的房子都给小儿子，并要求以后就跟着小儿子生活，让小儿子给他养老送终。小儿子拿着遗嘱，心里非常高兴，但是此后却没有像以前那样孝顺张大爷了。反而是大儿子，虽然听弟弟说了遗嘱的事情，但认为毕竟是自己的父亲，还是经常看望父亲，带父亲去自己家住，偶尔还带父亲出去旅游。久而久之，张大爷的心理发生了变化，开始后悔那么早立遗嘱，但遗嘱已经交给了小儿子，不知道能否反悔。于是，张大爷来到法律援助处咨询，工作人员告知张大爷，根据《民法典》的相关规定，其可以变更遗嘱或将名下房子过户给大儿子，以达到撤回之前遗嘱的效力。即便张大爷从未更改遗嘱中书写的内容，若其在生前将房子过户给大儿子，待其去世后，房子仍归大儿子所有。

法律依据

《中华人民共和国民法典》

第一千一百四十二条　遗嘱人可以撤回、变更自己所立的遗嘱。

立遗嘱后，遗嘱人实施与遗嘱内容相反的民事法律行为的，视为对遗嘱相关内容的撤回。

立有数份遗嘱，内容相抵触的，以最后的遗嘱为准。

延伸解读

订立遗嘱是遗嘱人处分其个人财产的行为，遗嘱只有在遗嘱人死亡后才会发生法律效力。因此，订立遗嘱后，遗嘱人认为遗嘱不当或者有错误，或者改变主意的，在死亡之前均可以撤回或者变更其原来订立的遗嘱，这也是遗嘱自由原则的具体表现。

遗嘱撤回是指遗嘱人在订立遗嘱后又通过一定的方式取消原来所立的遗嘱。

遗嘱变更是指遗嘱人在遗嘱订立后对遗嘱内容的部分修改。

立有数份遗嘱，内容相抵触的，应当视为后设立的遗嘱取代或者变更了原设立的遗嘱。因此，遗嘱人设立数份遗嘱内容抵触的，应当以最后设立的遗嘱为准，即"遗嘱设立在后效力优先"。

29. 夫妻双方共同立下遗嘱，一方能够变更或撤销吗？

案　例

郭某与王某于1995年结婚，双方系再婚关系，婚后未生育子女。郭某婚前有子女5人：郭某秀、郭某霞、郭某凤、郭某康、郭某莉。王某婚前有子女5人：王某敏、王某林、王某元、王某秋、王某娟。2005年6月12日，郭某与王某以郭某的名义购得房产一套。2008年11月26日，郭某与王某共同订立了一份代书遗嘱，其中约定若一方去世后，将此房屋33%、34%分别由郭某的亲生子女郭某霞、郭某康继承；将该房33%由王某的亲生女儿王某娟继承；郭某与王某的终身护理和安葬由郭某霞、郭某康和王某娟负责。多年来，王某娟一直尽心照顾二老，直至2012年11月王某病故，王某娟对其履行了安葬义务。2013年1月11日郭某另立了一份公证遗嘱，将该房产中属于郭某个人所有的份额（包括其应当继承王某的份额）全部留给郭某的5个亲生子女共同继承。郭某于2020年10月12日因病去世。后王某娟与郭某子女因为遗产继承问题诉至法院。

法院经审理认为，郭某与王某共同签订的代书遗嘱形式合法，意思表示真实，符合我国法律的相关规定，属有效遗嘱。该代书遗嘱不属于独立自然人对其个人财产进行的处分，而是郭某与王某夫妻双方作为共同共有人对共同财产所作的处分，故该遗嘱中关于房产份额处分的内容有效。虽郭某在王某去世后，于2013年1月11日另立了一份公证遗嘱，将房产中属于郭某个人所有的份额（包括其应当继承王某的份额）全部留给郭某的5个亲生子女共同继承，但该公证遗嘱内容与代书遗嘱中的内容相抵触，属郭某擅自改变其与财产共有人王某共同对夫妻财产的处分意见，其处分行为无效。故对被继承人郭某、王某生前享有的房产的继承份额应当按照代书遗嘱中确认的份额进行继承，对王某娟主张要求确认其对讼争房屋享有33%的继承份额的主张，予以支持。

📖 法律依据

《中华人民共和国民法典》
第一千一百四十二条 遗嘱人可以撤回、变更自己所立的遗嘱。

立遗嘱后，遗嘱人实施与遗嘱内容相反的民事法律行为的，视为对遗嘱相关内容的撤回。

立有数份遗嘱，内容相抵触的，以最后的遗嘱为准。

📢 延伸解读

共同遗嘱是指两名或两名以上的遗嘱人共同设立的遗嘱。《遗嘱公证细则》第15条规定："两个以上的遗嘱人申请办理共同遗嘱公证的，公证处应当引导他们分别设立遗嘱。遗嘱人坚持申请办理共同遗嘱公证的，共同遗嘱中应当明确遗嘱变更、撤销及生效的条件。"共同遗嘱在形式和内容上若不违背法律禁止性规定、不违背公序良俗、系遗嘱人的真实意思表示、符合法律规定的遗嘱形式要件，就应当认定为遗嘱有效。但是共同遗嘱是遗嘱人共同意志的体现，因此在一般情况下不能由其中某个遗嘱人单独变更或撤销，除非共同遗嘱中明确了其中一人有权变更或撤销。

30. 遗嘱可以附义务吗？

📢 案　例

张大爷有两个儿子，一个儿子在国外，一个儿子在外地，平日根本无暇关心和照顾自己。倒是侄子小刚与自己住得比较近，经常看望自己。张大爷考虑到将来养老的问题，就对侄子说："我立了个遗嘱，把这套房留给你，但是以后你得负责照顾我，处理我死后的安葬事宜，将来这房子拆迁了，拆迁补偿也都归你。"小刚拿到遗嘱之后，心里非常高兴。但是并没有按照遗嘱规定在张大爷晚年对其进行照顾，而且张大爷去世后小刚对安葬事宜也不管不问，都是张大爷两个儿子回家处理的。后因为继承房产问题，张大爷的两个儿子与小刚发生争议，并将小刚告上法庭，要求取消小刚的受赠权。法院经查明事实，认为小刚未履行遗嘱中设定的义务，依法无权受赠张大爷的遗产，相应遗产由大儿子和小儿子平均分配。

📋 法律依据

《中华人民共和国民法典》

第一千一百四十四条 遗嘱继承或者遗赠附有义务的，继承人或者受遗赠人应当履行义务。没有正当理由不履行义务的，经利害关系人或者有关组织请求，人民法院可以取消其接受附义务部分遗产的权利。

《最高人民法院关于适用〈中华人民共和国民法典〉继承编的解释（一）》

第二十九条 附义务的遗嘱继承或者遗赠，如义务能够履行，而继承人、受遗赠人无正当理由不履行，经受益人或者其他继承人请求，人民法院可以取消其接受附义务部分遗产的权利，由提出请求的继承人或者受益人负责按遗嘱人的意愿履行义务，接受遗产。

📢 延伸解读

附义务的遗嘱是指在遗嘱中设定了遗嘱继承人或者受遗赠人接受遗产必须履行一定义务的遗嘱。遗嘱人订立附义务遗嘱的目的是保证自己的遗产按照自己的意志处置或者实现自己生前的愿望。任何形式的遗嘱均可以附义务。附义务的遗嘱中所附义务主要有两大类：一类是为社会公共利益附加的义务，如将遗产捐赠给基金会时指定将其用于救灾抢险或者建立学校、医疗机构等；另一类是为公民个人附加的义务，如将遗产遗赠给某人但要求某人必须赡养遗嘱人或者将某未成年人抚养成人等。遗嘱中所附义务可以是多种多样的，但是不得违反法律、社会公德或者社会公共利益。遗嘱中所附义务具有不可免除性，继承人或者受遗赠人接受遗产后，必须履行相关义务，没有正当理由拒不履行的，其无权取得遗产。

31. 不履行遗嘱规定的赡养义务，还享有遗嘱继承权吗？

📢 案 例

张大爷的妻子去世前立遗嘱把财产全部给了张大爷，张大爷有两个女儿和一个儿子，但是张大爷打算让儿子给自己养老送终，并把家里唯一的房子留给儿子。于是，张大爷来到公证处，说明用意，订立了一份公证遗嘱，遗嘱内容为："我所有的位于某某大街15号院的两间房产由儿子张三继承，但前提是张三于我生活不能自理期间必须与我共同居住生活，照顾我的起居，并且为我购买墓地，为我送终。"之后，张大爷将遗嘱公证书交给了儿子和两个女儿。张大爷去世之后，儿子张三要求两个姐姐配合办理房屋的过户登记手续，但是两个姐姐提出异议，认为弟弟并没有履行父亲的要求，并提供了相应证据，要求取消弟弟的遗嘱继承权。最后法院支持了两个姐姐的主张，认为弟弟未履行遗嘱要求的义务，无权按遗嘱取得遗产。

法律依据

《中华人民共和国民法典》

第一千一百四十四条 遗嘱继承或者遗赠附有义务的，继承人或者受遗赠人应当履行义务。没有正当理由不履行义务的，经利害关系人或者有关组织请求，人民法院可以取消其接受附义务部分遗产的权利。

《最高人民法院关于适用〈中华人民共和国民法典〉继承编的解释（一）》

第二十九条 附义务的遗嘱继承或者遗赠，如义务能够履行，而继承人、受遗赠人无正当理由不履行，经受益人或者其他继承人请求，人民法院可以取消其接受附义务部分遗产的权利，由提出请求的继承人或者受益人负责按遗嘱人的意愿履行义务，接受遗产。

延伸解读

附加义务的条件，应当符合以下要求：（1）附义务的遗嘱所设定的义务，只能由遗嘱继承人或者受遗赠人承担，不得对不取得遗产利益的人设定义务。（2）设定的义务不得违背法律和社会公共利益。（3）设定的义务必须是可能实现的。（4）附义务的遗嘱中所规定的继承人或受遗赠人应当履行的义务，不得超过继承人或受遗赠人所取得的利益。

无论是否是法定继承人，若其不按遗嘱履行所附义务，则无权按照遗嘱内容取得遗产。当然，这并不排除该继承人按照法定继承分得遗产的权利。

11月
November

01. 什么是遗产管理人?

2017年，况某身患重病住院医治。由于况某一直没有结婚，也没有孩子，其住所地的某村村委员会便安排了人员照顾况某。为筹集医疗费，况某在2017年1月5日与桂某签订《房屋买卖协议》，约定将其所有的房屋卖给桂某。

然而不幸的是，况某两天后因治疗无效去世，留下了还没过户的房子和一些其他财产。同年，因征地建制调整，某村村委会变更为某居民委员会。由于况某去世，又无继承人，桂某虽然已经住进了房子，但多年来一直无法办理过户手续。四处奔波无果，桂某便找到了曾经照顾况某的某居委会，但因之前没有遇见过类似情况，该居委会相关工作人员表示不知如何帮助他。无奈之下，桂某将该居委会起诉至法院，请求判定其帮助办理过户手续。

法院经审理认为，由于况某没有继承人，其生前住所地的民政部门或村民委员会可担任其遗产管理人。有了"遗产管理人"这个身份，桂某和某居委会工作人员成功向不动产权登记中心提交

了相关材料，不久便完成了房屋过户。

法律依据

《中华人民共和国民法典》

第一千一百四十五条 继承开始后，遗嘱执行人为遗产管理人；没有遗嘱执行人的，继承人应当及时推选遗产管理人；继承人未推选的，由继承人共同担任遗产管理人；没有继承人或者继承人均放弃继承的，由被继承人生前住所地的民政部门或者村民委员会担任遗产管理人。

第一千一百四十六条 对遗产管理人的确定有争议的，利害关系人可以向人民法院申请指定遗产管理人。

延伸解读

《民法典》第1146条是关于法院指定遗产管理人的规定，是新增条文。出现以下情形，利害关系人可以向法院起诉，申请指定遗产管理人：（1）遗嘱未指定遗嘱执行人，继承人对遗产管理人的选任有争议的。（2）没有继承人或者继承人下落不明，遗嘱中又未指定遗嘱执行人的。（3）对指定遗产管理人的遗嘱的效力存在争议的。（4）遗产债权人

有证据证明继承人的行为已经或将要损害其利益的。

《民法典》继承编对遗产管理人的确定、职责、法律责任以及报酬规定的完善，是基于我国社会现实和当前国情制定的。无人继承又无受遗赠遗产的被继承人多为"五保户"或没有子女的家庭，其很多生产、生活事宜通过居住地的基层组织进行联系、处理、照料，由其担任遗产管理人不仅能避免出现遗产无人管理、无人知晓的真空状态，也能更好地维护继承人、债权人等其他人员的合法权益。

02. 继承人于遗产分割前死亡，其继承遗产的权利如何转移？

📢 案 例

田某1因病去世，其子田某2、田某3为其法定继承人。田某3因在料理其父丧事期间悲伤过度，加之患有旧疾，也不幸去世。田某1有一套房产作为遗产尚未分割，田某2认为田某3已死亡，该房产应该由自己完全继承，但是田某3的妻子杨某认为丈夫去世后，自己有权继承田某1的部分房产。双方协商无果，诉至法院。法院认为，田某1死亡时未立遗嘱，其子田某2、田某3作为法定继承人享有继承权。由于田某3在遗产分割前死亡，根据法律规定，只要其没有表示放弃继承，其继承遗产的权利应转移给他的合法继承人。杨某作为田某3的妻子，系田某3的合法继承人，

因此其可以承继田某3对田某1遗产的继承权，法院最终支持了杨某的诉讼请求。

📖 法律依据

《中华人民共和国民法典》

第一千一百五十二条 继承开始后，继承人于遗产分割前死亡，并没有放弃继承的，该继承人应当继承的遗产转给其继承人，但是遗嘱另有安排的除外。

📢 延伸解读

转继承有以下五个特征：第一，只有在被继承人死亡之后，遗产分割之前，继承人也相继死亡，才发生转继承；第二，只有继承人在前述的时间内死亡而未实际取得遗产，而不是放弃继承权；第三，只能由继承人的法定继承人直接分割被继承人的遗产；第四，转继承人一般只能继承其被转继承人应得的遗产份额；第五，转继承人可以是被继承人的直系血亲，也可以是被继承人的其他合法继承人。

03. 遗产分割时，为何会先分一半给配偶？

📢 案 例

张先生与李女士系夫妻关系，张先生月收入5万元左右，李女士月收入5000元左右。双方婚后攒钱购买了一套房屋，房屋产权证上登记的产权人为张先生。2020年8月，张先生在出差途中

遭遇车祸死亡。在处理完毕张先生的丧葬事宜后，张先生的父母与李女士因为遗产分配问题产生争议。张先生的父母提出，自己的儿子收入高，房屋实际上是张先生出资购买的，产权人也是张先生，现在张先生已去世，房屋应当由三人平均继承。李女士则认为，张先生虽然收入高，但自己长期照顾家庭，房屋应该有自己的一半。双方协商不成，诉至法院。法院经审理认为，本案属于法定继承纠纷，张先生死后，其父母和李女士作为第一顺序继承人，都有权继承遗产。上述房屋虽然登记在张先生名下，但是在其与李女士夫妻关系存续期间用共同财产购买的，因此属于夫妻共同财产。故在分配遗产时，应当首先将其中一半分给李女士，剩余一半作为张先生的遗产由其父亲、母亲及李女士各继承1/3。

📋 法律依据

《中华人民共和国民法典》

第一千一百五十三条 夫妻共同所有的财产，除有约定的外，遗产分割时，应当先将共同所有的财产的一半分出为配偶所有，其余的为被继承人的遗产。

遗产在家庭共有财产之中的，遗产分割时，应当先分出他人的财产。

📢 延伸解读

基于我国传统观念以及夫妻感情的考虑，夫妻二人的财产一般交由女方或者男方一方保管，哪怕是相互分开持有的，只要没有夫妻约定财产制的情况，

那么每个人名下的财产都可能属于夫妻共同财产。而遗产只能是被继承人的个人财产，因此，处理有配偶的公民的继承案件时，应当析产。

析产主要有以下两种情形：（1）夫妻共同财产的析产。在分割遗产之前，应当先确定遗产的范围。具体方法是，先析出夫妻个人财产，然后确定夫妻共同财产的范围，最后将确定为夫妻共同财产的财产一分为二，一半作为生存一方当事人的个人财产，另一半确定为遗产范围。如果夫妻双方约定为分别财产制的，则不存在这种析产问题。（2）家庭共同财产的析产。具体方法是，先析出家庭成员的个人财产，再析出家庭共同财产中属于子女的财产，然后析出被继承人个人的遗产债务，最终确定在家庭共同财产中的遗产。

04. 遗嘱人擅自将夫妻共同财产赠与保姆，配偶有权要求返还吗？

🔊 案 例

张先生因为腿疾瘫痪在床，其爱人李女士照顾了他半年多便不想再照顾，于是借口外出打工赚钱，离开了张先生。张先生的几个子女也是一年半载不来看望一次。张先生用自己攒下的积蓄请朋友帮忙找了一个保姆，该保姆对张先生照顾得很好。虽然如此，但是张先生觉得活在这个世上感受不到一点亲情，于是立下一份遗嘱，把自己名下的房产赠给保姆，之后自杀身亡。张先生去世后，

李女士回来要求保姆搬走，保姆认为房子是张先生留给自己的，不同意李女士的要求。李女士于是起诉到法院。法院经过审查，认为张先生名下的房屋属于其与李女士的夫妻共同财产，因此张先生将该房屋全部遗赠给保姆的遗嘱属于部分无效的遗嘱，其仅有权处分属于自己的一半份额，因此保姆仅能获得该房屋的一半，而另一半房屋属于张先生的配偶李女士所有。

📖 法律依据

《中华人民共和国民法典》
第一千一百五十三条第一款　夫妻共同所有的财产，除有约定的外，遗产分割时，应当先将共同所有的财产的一半分出为配偶所有，其余的为被继承人的遗产。

📢 延伸解读

遗产必须是被继承人个人所有的财产，如果是共有财产，则其通过遗嘱能有效处分的仅仅是属于自己的那部分份额。

05. 遗嘱无效，遗产怎么处理?

📢 案　例

张大爷于 2021 年 7 月因病去世，此后，张大爷的三名子女向公证处申请公证继承张大爷遗产，并共同确认张大爷生前没有订立遗嘱或与他人签订遗赠抚养协议，因其他继承人放弃了继承，由

张大爷的女儿继承张大爷的房产一套。可没想到的是，张大爷生前的保姆李某拿着张大爷写的自书遗嘱将其子女告上法庭，自称从 2013 年开始照顾张大爷，张大爷为感谢她这么多年尽心尽力的照顾，将房屋遗赠给她，遗嘱落款日期是 2021 年 5 月 12 日。该日期系张大爷住院期间，距离张大爷去世还有两个月。张大爷的女儿认为，该自书遗嘱是无效的，理由是张大爷从 2019 年 4 月 7 日起多次被诊断为患有阿尔茨海默病（老年性痴呆），即使该遗嘱是张大爷所写，也是在其不能辨认或不能完全辨认自己行为的时候书写，并不是张大爷的真实意思表示。同时，张大爷的女儿提供证据证明，医院 MMSE 测试量表（简易智力状态检查量表）显示，张大爷无法自主书写完整句子，因此其不具备书写遗嘱的行为能力。而且在遗嘱落款的时间，张大爷正住在重症监护病房，不可能写遗嘱。法院经审理认为，根据现有证据足以证明，李某提出的自书遗嘱并非张大爷书写，属于无效遗嘱，其中涉及的遗产应当按法定继承处理。

📖 法律依据

《中华人民共和国民法典》
第一千一百五十四条　有下列情形之一的，遗产中的有关部分按照法定继承办理：

（一）遗嘱继承人放弃继承或者受遗赠人放弃受遗赠；

（二）遗嘱继承人丧失继承权或者受遗赠人丧失受遗赠权；

（三）遗嘱继承人、受遗赠人先于遗嘱人死亡或者终止；

（四）遗嘱无效部分所涉及的遗产；

（五）遗嘱未处分的遗产。

延伸解读

遗嘱无效的，视为没有遗嘱，遗产应当按照法定继承处理；遗嘱部分无效的，无效部分按法定继承处理。

06. 被继承人立遗嘱将财产赠与第三者，该遗嘱有效吗？

案 例

张先生与李女士于 2004 年登记结婚，未生育子女。双方自 2014 年开始分居，但是未办理离婚手续。2017 年，张先生与比他小近 30 岁的甄女士相识，并以夫妻名义在外租房公开同居生活。2019 年，张先生因患癌症住院治疗，同年 5 月 5 日立下公证遗嘱，承诺将其名下住房遗赠给甄女士。2021 年 1 月 22 日，张先生因病去世。甄女士因为房屋继承问题，将李女士告上法庭。法院经审理认为，根据法律规定，民事活动应当尊重社会公德，不得损害社会公共利益，且一夫一妻制是婚姻法基本原则，张先生的遗嘱虽然是其真实意思表示，但内容和目的违反了法律规定和公序良俗，损害了社会公德，破坏了公共秩序，也破坏了我国实行的一夫一妻制度，应属无效民事行为，故判决驳回了甄女士的诉讼请求。

法律依据

《中华人民共和国民法典》

第八条 民事主体从事民事活动，不得违反法律，不得违背公序良俗。

第一百五十三条 违反法律、行政法规的强制性规定的民事法律行为无效。但是，该强制性规定不导致该民事法律行为无效的除外。

违背公序良俗的民事法律行为无效。

第一千零四十一条第一款 婚姻家庭受国家保护。

第二款 实行婚姻自由、一夫一妻、男女平等的婚姻制度。

延伸解读

订立遗嘱作为民事行为，不能违反法律行政法规的强制性规定，不能损害社会公共利益或者违背公序良俗，否则可能无效。

07. 放弃继承权就可以不赡养老人吗？

案 例

张大爷年过六旬，配偶早逝，有三个儿子。三个儿子经过协商，一致同意由老大负责父亲的晚年生活，其他二人放弃继承父亲的遗产，也不承担赡养义务，三人为此签署了协议。张大爷对此也默认了，几年来一直住在老大家里，没有对其他两个儿子提出过任何要求。不久前，张大爷突然提出不在老大家里住了，要自己住，并要求三个儿子每月支付赡养费 500 元。三个儿子都不同意。为此，张大爷将三个儿子告上法庭。老二、老三提出，当时签了协议，老大承担赡养义务，老二、老三放弃继承权，因此该费用应当由老大自己出。老大也不同意，认为虽然当初说由自己赡养，但是没说由自己承担 1500 元赡养费。法院经审理认为，三个儿子的协议违反了法律禁止性规定，属于无效协议，判令每人每月支付赡养费 500 元给张大爷。

法律依据

《中华人民共和国民法典》

第二十六条第二款 成年子女对父母负有赡养、扶助和保护的义务。

第一千零六十七条第二款 成年子女不履行赡养义务的，缺乏劳动能力或者生活困难的父母，有要求成年子女给付赡养费的权利。

《最高人民法院关于适用〈中华人民共和国民法典〉继承编的解释（一）》

第三十二条 继承人因放弃继承权，致其不能履行法定义务的，放弃继承权的行为无效。

延伸解读

赡养父母是子女应尽的法定义务，以任何形式均不能免除，包括不能以单方承诺放弃继承权为代价免除赡养义务，以及由父母与子女通过协议方式允许子女放弃。

08. 债务人死亡后债权如何实现？

案 例

张三生前是一家个体工商户的经营者，主要经营建材生意，其去世后留下了不少遗产，但是也欠下了不少债务。李四是张三的供货商之一，得知张三去世的消息之后，找到张三的家人，要求其支付货款 206 万元。张三的家人称其对张三的债务一概不清楚，再说人已经死了，债务也就没了，不同意支付货款。李四无奈之下将张三的家人起诉到法院，并提供了其与张三进行生意往来时付款的银行账户。法院经过查阅张三死亡时的个人银行账户，发现其中尚余 400 多万元，于是根据李四的申请采取了保全措施，并经审理支持了李四要求支付货款 206 万元的主张。

法律依据

《中华人民共和国民法典》

第一千一百六十一条第一款 继承人以所得遗产实际价值为限清偿被继承人依法应当缴纳的税款和债务。超过遗产实际价值部分，继承人自愿偿还的不在此限。

延伸解读

被继承人死亡时不仅可能留下遗产，也可能留下债务，债权人有权要求用遗产清偿债务。债权人如果发现债务人死亡，一定要尽早通过诉讼方式主张权利，尽可能地进行保全，以保障债权顺利实现。

09. 为逃避债务放弃继承，债权人可以主张放弃无效吗？

📢 **案 例**

　　熊某、强某二人是邻居，熊某为人耿直，经营有道，赚了不少钱，强某虽然头脑灵活，但做生意却每次都赔钱。一天，强某找到熊某，说自己想加盟一个餐饮项目，前景非常好，但是加盟费还差 10 万元，请熊某帮忙。熊某一口答应，借给强某 10 万元，并让强某出具了借据。但是借款期满后，强某无力偿还借款。半年后强某的父亲去世，留了 20 万元存款给强某和弟弟。强某担心自己分到遗产之后被熊某要去，心想还不如做个人情，放弃继承权，把全部 20 万元遗产都给弟弟，以后还好向弟弟借钱，于是写了书面放弃继承权的证明。熊某得知此事后，向法院提起诉讼，请求判决强某放弃继承的行为无效。法院最后支持了熊某的诉讼请求。

📄 **法律依据**

　　《最高人民法院关于适用〈中华人民共和国民法典〉继承编的解释（一）》

　　第三十二条　继承人因放弃继承权，致其不能履行法定义务的，放弃继承权的行为无效。

📢 **延伸解读**

　　《民法典》第 538 条规定："债务人以放弃其债权、放弃债权担保、无偿转让财产等方式无偿处分财产权益，或者恶意延长其到期债权的履行期限，影响债权人的债权实现的，债权人可以请求人民法院撤销债务人的行为。"这是法律赋予债权人的撤销权，其目的在于防止债务人财产的不当减少而造成债权不能实现。《最高人民法院关于适用〈中华人民共和国民法典〉继承编的解释（一）》也有类似规定，其中第 32 条规定："继承人因放弃继承权，致其不能履行法定义务的，放弃继承权的行为无效。"

　　本案中，强某为了逃避债务而放弃继承遗产的行为，有悖于诚信原则。因其行为直接损害了债权人的利益，因此其放弃继承权的行为也是无效的。

10. 胎儿能继承遗产吗？

📢 **案 例**

　　张大爷有两个儿子，大儿子育有一女，小儿子的媳妇刚怀孕。张大爷一直盼望着有个孙子，于是在病重期间立了份遗嘱，内容为：我的全部遗产在我去世之后，全部由小儿媳妇肚里的孩子继承。未等到婴儿出生，张大爷就去世了。大儿子与小儿子两家人因遗产继承问题发生了争议，大儿子诉至法院。大儿子认为，父亲所立遗嘱中的继承人不存在，属于无效遗嘱。而小儿子则认为，遗嘱有效。最后法院认为，孩子尚未出生，现阶段无法判断该遗嘱能否执行，因此驳回大儿子的起诉，待孩子出生之后可再行起诉予以处理。

《中华人民共和国民法典》

第十六条 涉及遗产继承、接受赠与等胎儿利益保护的，胎儿视为具有民事权利能力。但是，胎儿娩出时为死体的，其民事权利能力自始不存在。

第一千一百五十五条 遗产分割时，应当保留胎儿的继承份额。胎儿娩出时是死体的，保留的份额按照法定继承办理。

📣 延伸解读

《民法总则》于 2017 年 10 月 1 日起施行，在此之前，法律并未规定胎儿享有权利能力，因此继承法上的处理原则是遗产分割时保留胎儿的继承份额，如果胎儿出生时是死体的，该保留的份额按照法定继承办理。《民法总则》规定了涉及遗产继承、接受赠与等胎儿利益保护的，将胎儿视为具有民事权利能力，因此在继承问题上，将胎儿视为享有继承权，只不过胎儿娩出时为死体的，其民事权利能力自始不存在。2021 年 1 月 1 日起实施的《民法典》依然保留了这一条。

自然人的民事权利能力始于出生，胎儿尚未与母体分离，不是独立的自然人，不能依据民事权利能力的一般规定进行保护。

《民法典》第 16 条从法律上明确胎儿在特定情形下视为具有民事权利能力。

胎儿自母亲怀孕之时起就应当被视为具有民事权利能力，无须待到其出生之时，即可行使继承权等权利。但如果胎儿娩出时为死体，则溯及怀胎期间消灭其民事权利能力。胎儿享有的部分民事权利能力，除本条明确规定的遗产继承、接受赠与，还可能包括人身损害赔偿请求权、抚养损害赔偿请求权以及其他基于身份的请求权。

11. 无人继承的遗产如何处理？

📣 案 例

孤寡老人韩某不久前患病去世，其无儿无女，后事是社区指派工作人员料理的。现在的问题是，社区工作人员在韩某房屋内发现一个存折，上面显示尚有部分存款未取，此外老人还留下一套生前居住的两居室，价值大约在 500 万元。经过社区工作人员百般查询和寻找，确定这位老人没有法定继承人，去世前也没有留下任何遗嘱。社区工作人员于是到法律援助处咨询该如何处理，法律援助处工作人员给出的建议是向法院申请认定相关财产属于无主财产，由法院依法公告认领，并作出相应判决。

📖 法律依据

《中华人民共和国民法典》

第一千一百六十条 无人继承又无人受遗赠的遗产，归国家所有，用于公益事业；死者生前是集体所有制组织成员的，归所在集体所有制组织所有。

无人继承又无人受遗赠的遗产依法归国家或者死者生前所在集体所有制组织所有,《民事诉讼法》规定了认定财产无主案件的法定程序,最后由法院判令无主财产收归国家或者集体所有。

这一规定既实现了物尽其用的初衷,又体现了"国不与民争利"的思想,有利于维护司法权威,引导和规范民众的继承观念与继承行为,培育民众良好的国家认同感,进而促进社会安定团结和社会主义经济的发展。

12. 继承人需要对被继承人的债务承担连带清偿责任吗?

📢 案 例

张某生前是一家个体工商户的经营者,去世后留下了不少遗产,但是也欠下了不少债务。张某仅有一子大山,大山在处理完父亲的丧事之后,根据张某生前留下的账本,通知所有债务人来处理债务。处理过程中,大山拿出了父亲的几张银行卡以及库房清单,称父亲的所有遗产都在这里了,这其中包括父亲与母亲的夫妻共同财产,如果各位债务人同意,就以此财产为限按比例清偿债务。李某获得清偿部分债务之后却不甘心,觉得自古以来父债子偿,而且大山是不是隐瞒了遗产也未可知。于是李某向法院提出诉讼,要求大山对张某未清偿的债务承担连带清偿责任。法院经审

理认为,李某要求大山连带清偿债务没有法律依据,也未提供证据证明大山存在隐瞒遗产的行为,因此驳回了李某的诉讼请求。

📖 法律依据

《中华人民共和国民法典》

第一千一百六十一条第一款 继承人以所得遗产实际价值为限清偿被继承人依法应当缴纳的税款和债务。超过遗产实际价值部分,继承人自愿偿还的不在此限。

📢 延伸解读

连带责任的承担应当有当事人之间的约定或者法律的明确规定。欠债还钱,天经地义,但是"父债子偿"并无法律根据。如果被继承人的遗产不足以清偿债务的,则因债务人已经死亡,债权人不得强制要求继承人清偿,更不能要求继承人承担连带清偿责任。

13. 部分放弃继承权有效吗?

📢 案 例

孙某向顾某借款10万元,但借款到期后未能偿还。遂顾某将孙某诉至法院。诉讼期间,孙某突然因病死亡,后经顾某申请,法院依法追加孙某的父母及子女为被告参加诉讼。庭审中,孙某的子女表示放弃继承权,孙某的父母则要求保留孙某遗产中对父母的赡养费用,其余遗产放弃继承。法院经审理后认为,

孙某的子女放弃了全部继承权，对上述债务不应承担偿还责任，而因继承权具有不可分性，其父母要求部分放弃继承权，应视为未放弃继承权，依法应在继承的遗产实际价值范围内对上述债务承担清偿责任。

📋 法律依据

《中华人民共和国民法典》

第一千一百六十一条 继承人以所得遗产实际价值为限清偿被继承人依法应当缴纳的税款和债务。超过遗产实际价值部分，继承人自愿偿还的不在此限。

继承人放弃继承的，对被继承人依法应当缴纳的税款和债务可以不负清偿责任。

📢 延伸解读

部分放弃继承权不符合法律规定。对于本案中的情况，如果被继承人孙某的父母属于缺乏劳动能力又没有生活来源的人，即使遗产不足以清偿债务，也应为其保留适当份额，但是如果不是这种情况，则其父母不能要求保留部分遗产而不清偿债务。

14. 隐匿遗产有什么不利后果？

📢 案 例

大伟的父母在旅游途中发生车祸死亡，大伟最先得知这个噩耗，但他没有马上通知弟弟小伟，而是立刻赶到父母家中，撬开门锁，将父母收藏的几幅字画中的一幅取走，藏在自己家里。处理完后事之后，大伟和小伟在父母家中整理遗产时，小伟发现少了一幅字画，又回想到进门时是大伟开的门，于是怀疑是大伟拿走了。大伟不承认，称那幅字画可能是被父母送人或者卖了，而自己有房门钥匙是因为之前的门锁不好用，父母让其更换了新锁，自己就留了把钥匙。小伟见此情形，称财物被盗要报警。大伟见难以继续隐瞒，只得承认字画是自己拿走的。小伟因不能确定大伟还拿走了什么，于是起诉到法院，要求判令减少大伟应继承的遗产。最后，法院支持了小伟的主张，对大伟应继承的份额予以减少。

📋 法律依据

《最高人民法院关于适用〈中华人民共和国民法典〉继承编的解释（一）》

第四十三条 人民法院对故意隐匿、侵吞或者争抢遗产的继承人，可以酌情减少其应继承的遗产。

📢 延伸解读

继承人之间应本着互谅互让、和睦团结的精神，协商处理继承问题。隐匿遗产的行为违背了这一精神，也违背了民事活动中的诚实信用原则，还可能干扰正常的庭审秩序，因此在分割遗产时人民法院将会酌情减少故意隐匿遗产的继承人应继承的份额。

15. 被侵权人就损害发生有过错的，侵权人的责任能否减轻?

案 例

某日，孙某与郝某发生争吵，继而双方发生肢体冲突。其间，孙某推搡郝某，后被郝某妻子拉开。双方被拉开四五米后，郝某又折回头用手提的塑料桶打了孙某，孙某遂报警，并至医院就医。后孙某将郝某诉至法院，要求赔偿损失。

法律依据

《中华人民共和国民法典》

第一千一百七十三条　被侵权人对同一损害的发生或者扩大有过错的，可以减轻侵权人的责任。

延伸解读

本案系侵权纠纷，孙某对损害的发生存在过错。孙某作为被侵权人，明知自己身体状况不佳，原发性疾病较多，在发生口角后还推搡郝某，因此双方发生肢体冲突，导致孙某受伤。孙某对本案损害的发生具有过错，应当自行承担部分责任，可以减轻侵权人郝某的责任。

与人发生纠纷时应当和平、妥善解决，不应采取推搡、打人等过激行为，尤其在明知自己身体状况不佳的情况下，更应当避免与他人发生冲突，防止不必要的损害发生。

16. 合法权益正在被侵害的，受害人可以采取自助行为吗?

案 例

佘某、李某系夫妻关系，二人经营一家餐馆。马某等人在该餐馆就餐后，李某发现马某等人未结账即离开，于是沿路追赶并呼喊其埋单再走，马某等人遂分散走开，其中马某距离李某最近，李某便紧跟着马某，并拨打110报警。随后，佘某赶到，与李某一起追赶马某，马某在逃跑过程中摔伤，后至医院就医。马某将佘某、李某二人诉至法院，要求赔偿损失。

法律依据

《中华人民共和国民法典》

第一千一百七十七条　合法权益受到侵害，情况紧迫且不能及时获得国家机关保护，不立即采取措施将使其合法权益受到难以弥补的损害的，受害人可以在保护自己合法权益的必要范围内采取扣留侵权人的财物等合理措施；但是，应当立即请求有关国家机关处理。

受害人采取的措施不当造成他人损害的，应当承担侵权责任。

延伸解读

就餐后付款结账是社会常理。马某等人就餐后未埋单即离开饭店，属于吃"霸王餐"的不诚信行为，经营者李某要求马某等人付款的行为并无不当。佘某、李某在发现马某等人逃跑后阻拦其离开，并让马某埋单或者告知付款人的联系方式，属于正当的行为，不存在过错。马某在逃跑过程中因自身原因摔伤，与李某、佘某恰当合理的行为之间并无直接因果关系，李某、佘某不应对马某摔伤造成的损失承担赔偿责任。

在日常生活中，权利人为保护自己的合法权益，可以在情况紧迫而又不能及时请求国家机关保护的情况下采取自助行为，但应以法律和社会公德认可的行为方式，并不得超过必要限度。行为人实施了自助行为，在合法权益得到保障后，应当立即解除相应措施；如果仍需继续采取上述措施，应当立即请求有关国家机关依法处理。

17. 造成他人人身损害的，需要赔偿哪些费用？

📢 案 例

张某因为家中有急事，在闹市区急速向地铁站奔跑，不慎与对向而行的路人郑某相撞。郑某当场倒地受伤，后至医院就医，经鉴定构成10级伤残，认定营养期60日。郑某将张某诉至法院，要求张某赔偿损失。

📖 法律依据

《中华人民共和国民法典》

第一千一百七十九条 侵害他人造成人身损害的，应当赔偿医疗费、护理费、交通费、营养费、住院伙食补助费等为治疗和康复支出的合理费用，以及因误工减少的收入。造成残疾的，还应当赔偿辅助器具费和残疾赔偿金；造成死亡的，还应当赔偿丧葬费和死亡赔偿金。

📢 延伸解读

作为成年人，张某应认识到在闹市区急速奔跑极易与路人发生碰撞，其对郑某损害后果的发生存在过错，应当赔偿受害人郑某的损失，并应支付医疗费、护理费、交通费、营养费、住院伙食补助费及残疾赔偿金。

在常见的人身损害的案件中，绝大多数受害人会提出营养费、住院伙食补助费的主张，为使该种主张得到支持，受害人要保留相关票据，证明自己的确存在这两方面的支出，且要求的金额应当在合理范围内。

18. 当事人不能证明侵权实际经济损失数额时，法院该如何确定？

📢 案 例

黄某系某美容公司的股东兼任美容师，该美容公司位于某小区一栋居民楼的一层。某日，该小区业主赵某到该美容店做美容时，与黄某因美容服务问题发生口角。赵某多次在业主微信群中对该美容公司及黄某进行造谣、诽谤、污蔑、谩骂，并将黄某从业主群中移出，该美容公司因赵某的行为，生意严重受损。该美容公司及黄某将赵某诉至法院，要求赔偿相关损失，但该美容公司及黄某不能证明实际经济损失的数额。

📋 **法律依据**

《中华人民共和国民法典》

第一千一百八十二条 侵害他人人身权益造成财产损失的，按照被侵权人因此受到的损失或者侵权人因此获得的利益赔偿；被侵权人因此受到的损失以及侵权人因此获得的利益难以确定，被侵权人和侵权人就赔偿数额协商不一致，向人民法院提起诉讼的，由人民法院根据实际情况确定赔偿数额。

🎤 **延伸解读**

赵某的行为侵犯了某美容公司及黄某的名誉权，该美容公司及黄某虽不能证明因名誉权被侵犯产生的实际经济损失数额，但赵某在小区业主微信群中发表不当言论，势必会给该美容公司的经营造成不良影响，故对该美容公司的诉讼请求，法院会综合考虑赵某的过错程度、侵权行为内容与造成的影响、侵权持续时间、美容公司实际营业情况等因素酌情确定赔偿数额。

不特定关系人组成的微信群具有公共空间属性，公民在微信群不应发布侮辱、诽谤、污蔑或者贬损他人的言论，否则可能构成侵犯名誉权。对于损害赔偿数额应当考虑信息网络传播的特点并结合侵权主体、传播范围、损害程度等具体因素进行综合判断。

19. 人格受到侮辱并遭受严重精神损害的，被侵权人可以要求侵权人承担赔偿责任吗？

🎤 **案 例**

汪某在某超市购物，促销员推荐麦片"买五赠一"的活动，遂决定购买20袋。结账时，汪某与收银员为没有粘贴赠品标签的4袋麦片是否应付款而发生争执。保安将汪某带至办公室，对汪某及选购的商品拍照，并要其在一张表格上签名。汪某患有眼疾，并未看清具体内容即签名。促销员将"非卖品"标签贴在4袋麦片上，带汪某结了账。后汪某看见超市《每日抓窃记录》的"窃嫌姓名"中有自己的名字，汪某签字及所购物品的照片作为"窃嫌截图"附后。汪某才得知其在《保安部报告暨收据》上签了名，其选购的全部物品均被列为"遗失商品"，处理流程一栏注明"教育释放"，且除签名是其书写外，其他内容及指印均是他人填写、加盖。汪某将超市诉至法院，要求赔礼道歉，赔偿精神损害抚慰金。

受诉法院经审理认为，公民的人格权受法律保护。超市最终认可4袋麦片为赠品，却在汪某并不知情的情况下，在其签名的表格中认定其为秘密实施的偷窃行为，将其列入"窃嫌姓名"名单，注明"教育释放"，并将表格置于进入办公地点后任何人都可以随手翻看的地方。超市的上述行为侵犯了汪某的人格尊严，客观上造成一定范围内对汪某社会评价的降低，损害了汪某的名誉。超市应承担赔礼道歉、赔偿精神损害抚慰金的责任。

📖 **法律依据**

《中华人民共和国民法典》

第一千一百八十三条第一款 侵害自然人人身权益造成严重精神损害的，被侵权人有权请求精神损害赔偿。

📢 **延伸解读**

公民的人格权受法律保护。消费者购物没有偷窃行为却被写入"窃嫌姓名"名单中，侵犯了其名誉权，客观上造成一定范围内对受害人社会评价的降低。因名誉权受到侮辱并遭受严重精神损害的，被侵权人可以依法要求侵权人承担精神损害赔偿责任。

20. 特定纪念物被人损坏，可以要求精神损害赔偿吗？

📢 **案 例**

王某年幼时父母在地震中双亡，王某成年后多方寻找，找到父、母照片各一张。某日，王某到某摄影公司对照片进行翻版放大，并支付了费用。后该摄影公司告知王某，其父母的两张照片原版遗失。王某将该摄影公司诉至法院，要求赔偿精神损失。

📖 **法律依据**

《中华人民共和国民法典》

第一千一百八十三条第二款 因故意或者重大过失侵害自然人具有人身意义的特定物造成严重精神损害的，被侵权人有权请求精神损害赔偿。

📢 **延伸解读**

因故意或者重大过失侵害他人具有人身意义的特定物品，如损害了他人的传家宝、结婚纪念照、遗照等，造成物主严重精神损害的，侵权人不仅应当按照物品本身的市场价格进行赔偿，还应当对物主进行精神损害赔偿。本案中，某摄影公司遗失了王某父母的照片，故应承担退还相关费用及赔偿精神损害补偿费的责任。

侵权人将具有人身意义的特殊纪念物丢失，给自然人造成部分无法挽回的经济损失和精神上的痛苦，理应赔偿特定物损失并承担部分精神损害的补偿。但该规定必须是在因侵权人有故意或者重大过失造成物主严重精神损害的情况下才适用。在侵权人只存在一般过失的情况下不适用该条规定。

21. 知识产权受到他人严重侵害的，只能要求赔偿实际损失吗？

📢 **案 例**

A运动公司在多个商品和服务类别上注册了涉案商标，该商标已在中国消费者中具有相当的知名度。早在多年前，B企业就曾侵犯A运动公司的知识产权，双方最终达成和解。后来，A运动公司发现该企业再次侵犯了本公司的知识产权，擅自在自己的产品上使用A运动公司的商标，并进行线上与线下销售。A运动公司认为，B企业存在重复侵权的情形，故将其诉至法院，要求惩罚性赔偿。

法律依据

《中华人民共和国民法典》

第一千一百八十五条 故意侵害他人知识产权，情节严重的，被侵权人有权请求相应的惩罚性赔偿。

延伸解读

B企业的行为侵犯了A运动公司的注册商标专用权，B企业曾与A运动公司签署和解协议，承诺不再从事侵权活动，却再次实施侵权行为，通过线上、线下多种渠道销售，且产品存在质量问题，其行为符合惩罚性赔偿关于"故意"和"情节严重"的适用要件，因此适用惩罚性赔偿规定，应承担惩罚性赔偿责任。

知识产权惩罚性赔偿的规定，要求存在侵权人主观"故意"和侵权情节客观"严重"的适用条件。因此，应当保留对方恶意使用商标或经催告停止使用后再次侵权使用相关知识产权的证据。

22. 暂时失去意识能力后实施侵权行为，需要负责吗？

案 例

王某系成年人，因为重感冒服用过量感冒药，造成精神不振，在路上骑自行车时撞伤了周某。王某说自己服药过度，精神受损，是精神病人，不需要赔偿。后周某将王某诉至法院，要求赔偿损失。

法律依据

《中华人民共和国民法典》

第一千一百九十条 完全民事行为能力人对自己的行为暂时没有意识或者失去控制造成他人损害有过错的，应当承担侵权责任；没有过错的，根据行为人的经济状况对受害人适当补偿。

完全民事行为能力人因醉酒、滥用麻醉药品或者精神药品对自己的行为暂时没有意识或者失去控制造成他人损害的，应当承担侵权责任。

延伸解读

本案中，王某已成年，是完全民事行为能力人。其在明知自己患有重感冒且服用药物能够造成精神不振、嗜睡的情况下，仍服用过量药物导致自己暂时丧失意识，因此撞伤行人，存在过错。故王某对损害承担侵权责任。

成年人由于没有意识或失去控制致他人损害的，如果有过错，就按照过错责任原则处理；如果没有过错，应根据行为人的经济状况适当补偿。

23. 单位员工因执行工作任务造成他人损害，用人单位赔偿后，能否向该员工追偿？

📢 案 例

宁某系垃圾清运公司的工作人员。某日，宁某驾驶公司的三轮车停至某路段，后该车因手刹未拉紧而溜车，并与刘某相撞，致刘某受伤。经交警大队认定，宁某在此次事故中负全部责任。垃圾清运公司派人将刘某送医并垫付医疗费，后刘某向人民法院起诉，经法院调解，垃圾清运公司承担了赔偿金。现垃圾清运公司将宁某诉至法院，要求宁某承担该赔偿费用。

📄 法律依据

《中华人民共和国民法典》

第一千一百九十一条第一款 用人单位的工作人员因执行工作任务造成他人损害的，由用人单位承担侵权责任。用人单位承担侵权责任后，可以向有故意或者重大过失的工作人员追偿。

📢 延伸解读

宁某系垃圾清运公司的员工，在履行工作职务的过程中造成刘某受伤，垃圾清运公司作为宁某的用人单位向刘某承担了赔偿责任。宁某停放三轮车时手刹未拉紧，对事故的发生存在重大过失，

用人单位在承担赔偿责任后可以向宁某追偿。

用人单位的追偿权不是任意的、无限的，而是有前提的。这一前提就是工作人员在执行职务过程中存在故意或者重大过失，从而造成他人损害，用人单位因此而承担赔偿责任的，可以向工作人员进行追偿。

24. 在网络上造谣、诽谤等侵权行为是否需要承担责任？

📢 案 例

张某将其与郑某之间的感情纠纷写成文章，并通过个人公众号发布。文中将郑某称为"渣男"，并附有多张经模糊处理的郑某私人照片、郑某书写给张某的承诺书等。同时，张某制作了相关视频，内容为："利用同情心骗财骗色、暗度陈仓企图霸占房产、东窗事发恶语威胁"等，并采用模糊处理过的郑某照片作为名片头像，给郑某造成严重影响。郑某将张某诉至法院，要求赔偿。

📄 法律依据

《中华人民共和国民法典》

第一千一百九十四条 网络用户、网络服务提供者利用网络侵害他人民事权益的，应当承担侵权责任。法律另有规定的，依照其规定。

📢 延伸解读

张某因个人纠纷把郑某的私人照片

及承诺书在自己注册的微信公众号平台发布，并制作短视频，采用的字眼具有明显诽谤性，对郑某具有人身侮辱性质，主观上存在故意。其通过微信公众号平台向不特定公众公开发布，引发众多网友的关注和热议，在一定程度上对郑某的社会评价造成负面影响，使郑某的名誉受到损害，故应承担侵权责任。

这类案件提醒我们要时刻注意自己在网络上的一言一行，严格遵守法律，不造谣、不传谣。同时，在使用网络平台时，要提高安全意识，注意保护自己的相关个人信息，避免被心怀不轨之人所利用，防止遭受网络暴力等侵害。

25. 投诉网络用户侵权，网络服务提供者未及时采取必要措施的，需要承担责任吗？

🔊 案 例

王某是一名插画师，发现某网络平台用户A公司侵犯了自己的权益，遂向该网络平台发出律师函，要求其通知该用户停止侵权等。该网络平台未及时对侵权账号采取措施，也未通知A公司，直至13天后该网络平台才删除文章链接。王某认为A公司侵害其名誉权，该网络平台对损害扩大部分具有责任，遂将二者诉至法院。

🔍 法律依据

《中华人民共和国民法典》

第一千一百九十五条　网络用户利用网络服务实施侵权行为的，权利人有权通知网络服务提供者采取删除、屏蔽、断开链接等必要措施。通知应当包括构成侵权的初步证据及权利人的真实身份信息。

网络服务提供者接到通知后，应当及时将该通知转送相关网络用户，并根据构成侵权的初步证据和服务类型采取必要措施；未及时采取必要措施的，对损害的扩大部分与该网络用户承担连带责任。

权利人因错误通知造成网络用户或者网络服务提供者损害的，应当承担侵权责任。法律另有规定的，依照其规定。

🔊 延伸解读

王某发现网络用户通过网络服务平台侵害其名誉权，其有权通知网络服务提供者采取必要措施。本案中，某网络平台作为网络服务提供者，在接到王某要求其采取删除、屏蔽、断开链接等必要措施通知后未及时采取必要措施，对损害的扩大部分存在过错，故该网络平台应对王某损害的扩大部分与侵权网络用户承担连带赔偿责任。

当事人在网络平台上被他人侵权时，若无法直接联系侵权人，可以通知网络服务提供者采取删除、屏蔽、断开链接等必要措施，网络服务提供平台未及时采取措施，导致损害扩大的，被侵权人可要求网络服务平台承担责任。

26. 网络用户接到侵权通知后，向网络提供者提供不存在侵权的声明，但网络服务提供者未及时终止措施的，是否应当承担责任？

📢 **案 例**

许某向某网购平台投诉，认为某网店销售的产品是假货，并提供了自行制造的鉴定报告。该网购平台通知该网店提供凭证进行申诉，但未明确给予申诉的时间，在该网店提交申诉材料前，该网购平台即实施处罚措施，导致该网店暂停营业。该网购平台在收到该网店合理反驳的申诉材料后，仍以不作为的方式继续维持已采取的措施。后该网店将该网购平台诉至法院，要求其承担赔偿责任。

📄 **法律依据**

《中华人民共和国民法典》

第一千一百九十六条 网络用户接到转送的通知后，可以向网络服务提供者提交不存在侵权行为的声明。声明应当包括不存在侵权行为的初步证据及网络用户的真实身份信息。

网络服务提供者接到声明后，应将该声明转送发出通知的权利人，并告知其可以向有关部门投诉或者向人民法院提起诉讼。网络服务提供者在转送声明到达权利人后的合理期限内，未收到权利人已经投诉或者提起诉讼通知的，应当及时终止所采取的措施。

📢 **延伸解读**

网购平台作为中立方，应公平、公正地解决当事人之间的争议，平等地对待投诉人和被投诉人。本案中，对于王某的投诉，某网购平台在要求相关网店提交申诉材料时，未明确申诉时间即采取了惩罚措施，且在收到申诉材料后，在双方都有证据的情况下，其理应预见到侵权或不侵权都存有可能，但却以不作为的方式继续维持已采取的措施，导致相关网店无法营业，遭受了经济损失，故该网购平台存在过失，应承担赔偿责任。

网络平台对于投诉方与被投诉方提供的材料，应尽到谨慎的审查义务，避免做出不合理的限制、惩罚措施；网络用户应当积极回应和处理来自网络平台的投诉通知，避免自己的合法权益受到损害。

27. 逛商场时因地面湿滑摔伤，可以向商场索赔吗？

📢 **案 例**

孙某与家人到某商场购物时，因地面湿滑，摔倒受伤，后至医院就医。孙某将该商场诉至法院，要求该商场承担赔偿责任。

📄 **法律依据**

《中华人民共和国民法典》

第一千一百九十八条第一款 宾馆、

商场、银行、车站、机场、体育场馆、娱乐场所等经营场所、公共场所的经营者、管理者或者群众性活动的组织者，未尽到安全保障义务，造成他人损害的，应当承担侵权责任。

📢 延伸解读

宾馆、商场、银行、车站、机场、体育场馆、娱乐场所等经营场所、公共场所的经营者、管理者或者群众性活动的组织者，应当在日常管理或活动过程中履行安全保障义务，在合理限度内确保场所内人员的人身安全。本案中，某商场地面较为光滑，人流量较大，其应当设置醒目的警示标志提示顾客在购物过程中注意脚下安全，避免意外事故发生。但该商场并未尽到合理限度内的安全保障义务，故孙某摔倒受伤与该商场未尽到安全保障义务之间存在一定的因果关系，该商场应当承担侵权责任。

作为安全保障义务人，应当在日常管理过程中履行安全保障义务，在合理限度内确保场所内人员的人身安全，如设置醒目的警示标志提示顾客在购物过程中注意脚下安全，避免意外事故发生；而作为顾客，在公共场所活动时，应当对自身安全尽到谨慎注意义务，防止受伤。

28. 在逛商场时被他人的购物车撞伤，可以向商场索赔吗？

📢 **案 例**

宋某去超市购物，购物完毕乘坐下行电动扶梯下楼时，顾客张某推着超市购物车在宋某后方乘梯。张某所推购物车突然下滑撞伤宋某，宋某至医院就医。后宋某将该超市、张某共同诉至法院，要求赔偿损失。

📖 **法律依据**

《中华人民共和国民法典》
第一千一百九十八条第二款 因第三人的行为造成他人损害的，由第三人承担侵权责任；经营者、管理者或者组织者未尽到安全保障义务的，承担相应的补充责任。经营者、管理者或者组织者承担补充责任后，可以向第三人追偿。

📢 **延伸解读**

本案中，宋某在该超市购物时，张某推着超市购物车在其后方乘梯，因购物车内放有数量较多的商品，车体偏重，购物车失控撞伤宋某，张某作为除安全保障义务人外的第三人对宋某受伤的发生具有过错，应当承担赔偿责任。该超市作为安全保障义务人，没有采取有效措施避免损害结果发生，故其对宋某的损害后果也应承担一定的赔偿责任。

消费者在超市购物，超市作为提供经营服务的主体，应为消费者提供优质、高效、安全的服务，消费者也应尽到合理的注意义务，保障他人及自身的人身安全。

29. 孩子在学校里被同学绊倒受伤，可以要求学校承担责任吗？

🔊 案　例

小情、小利为阳光小学四年级的学生，二人在操场上玩耍时，小利用腿将小情的腿绊住并将其压倒在地，致小情受伤。小情被送往医院治疗。小情将小利、小利的监护人及阳光小学诉至法院，要求赔偿损失。

🔍 法律依据

《中华人民共和国民法典》

第一千二百零一条　无民事行为能力人或者限制民事行为能力人在幼儿园、学校或者其他教育机构学习、生活期间，受到幼儿园、学校或者其他教育机构以外的第三人人身损害的，由第三人承担侵权责任；幼儿园、学校或者其他教育机构未尽到管理职责的，承担相应的补充责任。幼儿园、学校或者其他教育机构承担补充责任后，可以向第三人追偿。

🔊 延伸解读

本案中，小情是在阳光小学生活期间受到伤害，自身无过错；小利虽然实施了加害行为，但其是未成年人，且是在校期间伤害他人。阳光小学对小利、小情有教育、管理和保护的义务，但未充分履行此项义务。阳光小学的主观过错较小，应承担补充责任。小利虽未成年，但对自身行为有一定的认知，因此

对于小利的行为，其监护人应承担责任。

若孩子在学校上学时发生受伤的情况，可以要求直接导致孩子受伤的人或其监护人承担责任，如果学校没有尽到管理职责，也可以要求学校承担补充责任。

30. 消费者因使用缺陷产品遭受人身损害的，只能向销售商请求赔偿吗？

🔊 案　例

王某从某商城购买了某电器厂生产的热水器，后由该商城工作人员上门安装。一周后，王某在卫生间洗澡时触电，被送至医院抢救后捡回一条性命。经查，该热水器系存在设计缺陷导致漏电。王某将该商城及该电器厂起诉至法院，要求承担赔偿责任。

🔍 法律依据

《中华人民共和国民法典》

第一千二百零三条　因产品存在缺陷造成他人损害的，被侵权人可以向产品的生产者请求赔偿，也可以向产品的销售者请求赔偿。

产品缺陷由生产者造成的，销售者赔偿后，有权向生产者追偿。因销售者的过错使产品存在缺陷的，生产者赔偿后，有权向销售者追偿。

🔊 延伸解读

消费者因使用销售者销售的缺陷产

品遭受损害的，缺陷产品与消费者损害结果之间存在因果关系，消费者既可以选择向产品销售者请求赔偿，也可以向产品的生产者请求赔偿，还可以要求生产者和销售者共同承担赔偿责任。

购买产品应通过正规渠道，使用电器应注意人身安全，为了维护消费者的合法权益，因产品问题造成人身或财产损失的，消费者可以将产品生产者或销售者共同作为被告起诉。

01. 生产者对流通的缺陷产品未及时补救，对损害扩大部分应承担侵权责任吗？

📢 案 例

朱某租赁的房屋内发生液化气闪爆事故，事故原因系液化气通过设备（灶具、减压阀、橡胶管）或灶具与橡胶管连接处泄漏，液化气逐步积聚到爆炸极限后，遇明火发生的一起闪爆。朱某因闪爆受伤后到医院救治。朱某将生产商诉至法院，要求赔偿损失。

🔍 法律依据

《中华人民共和国民法典》

第一千二百零六条第一款 产品投入流通后发现存在缺陷的，生产者、销售者应当及时采取停止销售、警示、召回等补救措施；未及时采取补救措施或者补救措施不力造成损害扩大的，对扩大的损害也应当承担侵权责任。

📢 延伸解读

若生产者、销售者在产品投入市场流通后发现存在质量缺陷，危及人身、财产安全的，应当及时采取警示、召回等补救措施。若购买使用的产品存在产品缺陷，可以同时起诉商品生产者和销售者。

本案中，生产商生产的灶具存在质量问题，产品存在缺陷，危及人身、财产安全的，生产商作为生产者应当及时采取警示、召回等补救措施却并未采取，故其对事故的发生存在过错，应当承担相应的侵权责任。

02. 买到缺陷产品，召回费用由谁承担？

📢 案 例

某市市场监督管理局发布食品安全监督抽检信息公告，某食品公司生产的鸭脖、凤爪等产品因菌落总数超标被要求下架、召回。朱某从超市买了一箱问题鸭脖，看到新闻中的公告信息，不禁产生疑问：召回费用应当由谁承担呢？

🔍 法律依据

《中华人民共和国民法典》

第一千二百零六条 产品投入流通后发现存在缺陷的，生产者、销售者应当及时采取停止销售、警示、召回等补救措施；未及时采取补救措施或者补救措施不力造成损害扩大的，对扩大的损害也应当承担侵权责任。

依据前款规定采取召回措施的，生产者、销售者应当负担被侵权人因此支出的必要费用。

延伸解读

在现实生活中，我们经常碰到消费者对食品、汽车、电器召回期间发生的运输费、交通费等维权成本提出主张的案例。对此，《民法典》第1206条第2款明确规定，召回缺陷产品的必要费用由生产者、销售者承担。这一方面加强了生产者与销售者的法律责任，促使企业从严要求，致力于产品质量的提高；另一方面降低了被侵权人的维权成本，从而更好地保障消费者合法权益，有利于鼓励消费者发挥市场监督作用。

消费者购买到缺陷产品，收到生产商、销售商的召回信息后，应保留好相关拆卸费、运输费等票据，在生产商、销售商不主动承担费用时作为证据要求其支付费用。

03. 明知产品存在缺陷仍然生产、销售导致消费者人身损害的，消费者只能要求其赔偿实际损失吗？

案　例

杨某从赵某经营的车行购买了某电动车公司生产的一辆电动三轮车，电动三轮车的《产品说明书》明确说明"电动三轮车，按非机动车管理"。某日，唐某驾驶汽车与杨某驾驶的电动三轮车相撞，致杨某摔倒，后到医院救治。经交警部门鉴定，该电动三轮车为机动车，杨某没有取得机动车驾驶证，承担事故的次要责任。杨某认为电动三轮车的《产品说明书》对其进行了误导，生产者在产品说明方面存在缺陷，故将电动车公司诉至法院，要求其赔偿损失并承担二倍惩罚性赔偿。

法律依据

《中华人民共和国民法典》

第一千二百零七条　明知产品存在缺陷仍然生产、销售，或者没有依据前条规定采取有效补救措施，造成他人死亡或者健康严重损害的，被侵权人有权请求相应的惩罚性赔偿。

延伸解读

惩罚性赔偿是加害人给付受害人超过其实际损害数额的一种金钱赔偿，是一种集补偿、惩罚、遏制等功能于一身的赔偿制度。本案中，电动车公司在《产品说明书》中作出的上述标注，与国家法律规定及国家标准相冲突，对消费者具有错误的引导作用，其在产品提示说明方面存在的缺陷已显然使消费者在使用、管理和维护车辆时产生了认知及行为偏差，故应承担赔偿损失及惩罚性赔偿的责任。

惩罚性赔偿与直接损失赔偿可以同时适用，购买到缺陷产品并因为产品缺陷受损的被侵权人，不仅可以要求生产者、销售者承担法定赔偿责任，还可以要求其承担惩罚性赔偿。

04. 羽毛球比赛中被击中受伤，球友是否要承担赔偿责任？

🔈 案 例

宋某与周某为羽毛球业余爱好者，自 2015 年起自发参加羽毛球比赛。2021 年 4 月，宋某、周某与朋友在某公园进行羽毛球比赛。比赛过程中，周某击打的羽毛球击中宋某右眼，周某随即陪同宋某至医院就诊。经查体显示宋某右眼伤情严重，需入院接受治疗。事后，宋某将周某诉至法院，要求周某赔偿医疗费、护理费、住院伙食补助费等各项费用。

📖 法律依据

《中华人民共和国民法典》

第一千一百七十六条第一款 自愿参加具有一定风险的文体活动，因其他参加者的行为受到损害的，受害人不得请求其他参加者承担侵权责任；但是，其他参加者对损害的发生有故意或者重大过失的除外。

🔈 延伸解读

羽毛球运动为典型的对抗性体育运动项目，此类项目具有对抗性、人身危险性的特点，参与者均处于潜在危险中。宋某自 2015 年起就开始参加该类比赛，对于比赛的危险性有意识，但仍自愿参加，宋某将自身置于潜在危险之中，应

认定为"自甘风险"的行为；且周某对于宋某受伤不存在故意或重大过失行为，故宋某要求周某赔偿各项损失的诉讼请求缺乏法律依据，不予支持。

"自甘风险"是指自愿参加具有一定危险的文体活动，因其他参加者的行为受到损害的，受害人不得请求其他参加者承担侵权责任。"自甘风险"不适用于加害人故意或有重大过失的情形。本身已患有心脏病、高血压等疾病的参加者，应当尽量避免参加对抗性、人身危险性较高的活动；身体素质较好的参加者亦应做好相应防护措施。

05. 委托老年公寓照料的老人致他人损害，应当由谁承担民事责任？

🔈 案 例

陈某为具备半自理能力的老年人，其子陈小某工作繁忙，遂与某老年公寓签订了《入住服务协议》，委托该老年公寓照顾陈某。入住期间，老年公寓发现陈某言行异常，通知陈小某带陈某前往精神病医院治疗，陈某治疗结束返回老年公寓后仍被安排与赵某（聋哑人）共同居住。某日夜间，陈某起身持拐杖多次打击赵某，护理员第一次巡视时未注意该现象，第二次巡视时发现，立即报警并拨打 120 急救电话。急救车赶来后确定赵某已经死亡。经司法鉴定，陈某被诊断为器质性精神障碍，赵某死亡系因陈某殴打所致。赵某之子赵小某遂

将陈某、陈小某与该老年公寓诉至法院，要求承担连带责任，赔偿医疗费、丧葬费等各项费用。

📖 法律依据

《中华人民共和国民法典》

第二十一条第一款 不能辨认自己行为的成年人为无民事行为能力人，由其法定代理人代理实施民事法律行为。

第一千一百八十九条 无民事行为能力人、限制民事行为能力人造成他人损害，监护人将监护职责委托给他人的，监护人应当承担侵权责任；受托人有过错的，承担相应的责任。

🔑 延伸解读

本案中，陈某为无民事行为能力人，陈小某为其监护人，监护人将监护职责委托给他人的，监护人应当承担侵权责任。陈小某将陈某送至某老年公寓，将主要监护职责委托给该老年公寓，而该老年公寓针对陈某的情况未采取合理应对措施，且巡视中未能及时发现赵某受害，具有过错，故监护人陈小某及该老年公寓应当对陈某对他人所造成的损害按比例承担赔偿责任。

因陈某为无民事行为能力人，监护人在选择托管机构时，应注意对托管机构的管理经验、人员配备等给予合理审查，即使委托托管机构监护，也应尽可能地加强对于无民事行为能力人、限制民事行为能力人的沟通和照顾。

06. 雇员在提供劳务期间，因第三人的行为遭受损害，是否可以要求雇主承担责任？

📢 案 例

张某为某瓷砖店店主，该瓷砖店经营范围为瓷砖批发零售，该店仓库位于王某自建房内。李某系经常从事体力劳动的临时工。2021年1月10日，张某店铺需要搬卸两车瓷砖至仓库，遂临时约李某前来，并约定了报酬金额及支付方式。李某将瓷砖搬运到仓库中堆放时，因王某自建房地基缺陷，仓库地面突然塌陷，导致瓷砖倒塌，李某被砸伤。事发后，李某将张某诉至法院，要求其承担赔偿责任。

📖 法律依据

《中华人民共和国民法典》

第一千一百九十二条第二款 提供劳务期间，因第三人的行为造成提供劳务一方损害的，提供劳务一方有权请求第三人承担侵权责任，也有权请求接受劳务一方给予补偿。接受劳务一方补偿后，可以向第三人追偿。

🔑 延伸解读

李某接受张某的安排，为其提供个人劳务，且在提供劳务过程中无任何过错。李某被砸伤系因第三人王某自建房地基缺陷，仓库地面突然塌陷，导致瓷砖倒塌所致，故李某既有权请求第三王某承担侵权责任，也可请求雇主张某给予补偿。张某补偿后，可以向第三人王某追偿。

在提供劳务期间，提供劳务一方应当秉持小心谨慎的态度提供劳务；接受劳务一方在选任劳务人员、安排劳务工作及提供安全工作场所方面均负有注意义务，若提供劳务一方因劳务造成他人损害，接受劳务一方也需承担侵权责任。

07. 擅自驾驶他人机动车发生交通事故造成第三人损害，机动车所有人是否需要承担赔偿责任？

🔊 **案 例**

2021年6月4日，王某驾驶机动车与张某的车辆相撞，致张某的车辆受损。交警部门出具的道路交通事故认定书认定，王某承担事故全部责任。因涉案肇事车辆为李某所有，张某便向人民法院起诉，请求王某、李某赔偿损失。

经查，李某与王某为叔侄关系。事发前，王某向李某借车，想要开车带朋友出去玩。李某认为王某为新手司机，不熟悉路况，考虑到道路安全问题，拒绝了王某的借车请求。王某知道李某经常将车钥匙放置于客厅置物盒中，遂自行拿走钥匙，趁李某上班之际偷偷将车辆开走，造成事故发生。

📖 **法律依据**

《中华人民共和国民法典》

第一千二百一十二条　未经允许驾

驶他人机动车，发生交通事故造成损害，属于该机动车一方责任的，由机动车使用人承担赔偿责任；机动车所有人、管理人对损害的发生有过错的，承担相应的赔偿责任，但是本章另有规定的除外。

📢 **延伸解读**

本案中，机动车使用人王某未经机动车所有人李某允许，擅自驾驶机动车发生道路交通事故，李某作为机动车所有人已对车辆尽到审慎保管义务，对损害发生无过错。故王某应当承担全部赔偿责任。

虽然盗窃机动车驾驶亦属于未经允许驾驶他人机动车的行为，但《民法典》已在第1215条规定了盗窃机动车发生交通事故造成损害的赔偿责任，又因《民法典》第1212条规定"本章另有规定的除外"，故盗窃机动车驾驶发生交通事故应当适用第1215条规定。

机动车所有人应当妥善保管车辆及钥匙，如因保管不当使得他人擅自驾驶车辆造成交通事故，机动车所有人对损害发生有过错的，仍有可能承担相应的赔偿责任。

08. 驾驶机动车发生交通事故遭受损害，可否请求保险公司先行承担责任？

🔊 **案 例**

张某驾驶机动车与王某驾驶的机动

车相撞，造成两车损坏，张某、王某不同程度受伤。经认定，张某负事故全部责任。张某在 X 保险公司和 Y 保险公司分别投保了机动车交通事故责任强制保险和商业第三者责任险。事发后，王某将张某及 X 保险公司、Y 保险公司诉至法院，要求其赔偿医疗费、误工费等各项费用。

法律依据

《中华人民共和国民法典》

第一千二百一十三条　机动车发生交通事故造成损害，属于该机动车一方责任的，先由承保机动车强制保险的保险人在强制保险责任限额范围内予以赔偿；不足部分，由承保机动车商业保险的保险人按照保险合同的约定予以赔偿；仍然不足或者没有投保机动车商业保险的，由侵权人赔偿。

延伸解读

因张某投保了机动车交通事故责任强制保险和商业第三者责任险，故先由 X 保险公司在机动车交通事故责任强制保险责任限额范围内予以赔偿，不足部分，由 Y 保险公司按照商业保险合同约定予以赔偿，仍然不足部分，由侵权人张某赔偿。

机动车所有人应当按照规定投保机动车第三者责任强制保险，同时，作为机动车驾驶人应当遵守各项道路交通安全管理规定，避免事故发生。

09. 车辆被盗后发生道路交通事故，机动车所有权人是否要承担侵权责任？

案　例

赵某驾驶车辆与吴某的车辆发生交通事故，导致车辆受损，无人员损伤。交警部门出具的道路交通事故认定书认定，赵某负本次事故全部责任。经查，赵某驾驶的车辆系盗窃所得，该车辆登记所有权人为黄某，黄某对于车辆被盗不存在任何过错。事发后，吴某向人民法院提起诉讼，要求赵某、黄某赔偿车辆维修费用。法院审理后认为，吴某的损失应由赵某承担赔偿责任，故判决赵某赔偿原告车辆修理费，黄某无须承担赔偿责任。

法律依据

《中华人民共和国民法典》

第一千二百一十五条第一款　盗窃、抢劫或者抢夺的机动车发生交通事故造成损害的，由盗窃人、抢劫人或者抢夺人承担赔偿责任。盗窃人、抢劫人或者抢夺人与机动车使用人不是同一人，发生交通事故造成损害，属于该机动车一方责任的，由盗窃人、抢劫人或者抢夺人与机动车使用人承担连带责任。

延伸解读

车辆被盗窃后，机动车所有人无法完成对车辆的实际支配，因此《民法典》第 1215 条第 1 款规定，因盗窃的机动车发生交通事故造成损害的，由盗窃人承担赔偿责任，盗窃人与机动车使用人不是同一人，属于该机动车一方责任的，由盗窃人与机动车使用人承担连带责任。该规定同样适用于抢劫或抢夺的机动车发生交通事故后的责任承担。

《民法典》虽然规定了盗窃的机动车发生交通事故造成损害时，由盗窃人承担赔偿责任，但是作为机动车所有人仍要防范注意，谨防车辆被盗，如遇车辆被盗，应及时报警，避免更大的财产损失。

10. 免费搭乘顺风车受伤，可以要求驾驶人赔偿吗？

🔊 案　例

王某免费搭乘朋友李某驾驶的非营运机动车前往商场。在行驶途中，与闫某驾驶的车辆相撞，造成两车及道路设施损坏，王某受伤。交警部门出具的道路交通事故认定书认定，闫某负事故主要责任，李某负事故次要责任，王某无责任。事发后，王某将朋友李某诉至法院，要求赔偿医疗费、误工费等各项费用。

📖 法律依据

《中华人民共和国民法典》

第一千二百一十七条　非营运机动车发生交通事故造成无偿搭乘人损害，

属于该机动车一方责任的，应当减轻其赔偿责任，但是机动车使用人有故意或者重大过失的除外。

🔊 延伸解读

适用好意同乘规则须为无偿搭乘他人机动车，且机动车为非营运车辆。除机动车使用人有故意或重大过失外，应当减轻机动车使用人一方的赔偿责任。因王某无偿搭乘李某的机动车，且李某车辆不属于营运机动车，李某在本次交通事故中亦不存在故意或重大过失，故应适当减轻其对王某的赔偿责任。

机动车使用人应对搭乘人尽到合理的安全注意义务，若因机动车使用人存在故意或者重大过失造成无偿搭乘人损害的，机动车使用人需要承担属于该方的全部赔偿责任。

11. 将机动车出售给他人且已交付完毕，但尚未办理过户手续，发生交通事故时出卖人是否承担赔偿责任？

🔊 案　例

赵某驾驶机动车与孙某的车辆发生碰撞，造成赵某受伤，两车损坏。赵某负事故主要责任，孙某负事故次要责任。经查，孙某驾驶的车辆是从王某处购买的，虽尚未办理变更登记手续，但已经实际交付孙某使用。赵某将孙某、王某起诉至人民法院，请求赔偿其损失。

《中华人民共和国民法典》

第一千二百一十条 当事人之间已经以买卖或者其他方式转让并交付机动车但是未办理登记，发生交通事故造成损害，属于该机动车一方责任的，由受让人承担赔偿责任。

延伸解读

除出卖人与买受人间成立买卖合同关系外，以其他方式转让并交付机动车，尚未办理登记，发生交通事故造成损害，对于属于该机动车一方责任的，由受让人承担赔偿责任。因孙某与王某就涉案车辆已经成立合法有效的买卖合同关系，且王某已将车辆实际交付孙某，虽然尚未办理变更登记手续，但涉案车辆已由受让人孙某实际支配，故本案应当由孙某承担赔偿责任，王某不承担赔偿责任。

以买卖方式转让机动车的，出卖人应当按照约定及时向买受人交付车辆并办理车辆过户变更登记手续，以防发生纠纷时受到牵连。

12. 以买卖方式向他人转让达到报废标准的车辆，发生机动车交通事故造成损害的，转让人是否需要承担赔偿责任？

案 例

刘某驾驶小型客车与朱某驾驶的车辆相撞，造成两车受损，刘某受伤严重。经交警部门认定，朱某负事故全部责任。经查，朱某驾驶的车辆车主系周某，转让给朱某时，涉案车辆因逾期未检验已达到车辆报废标准。刘某遂向人民法院起诉，请求周某、刘某承担连带责任，赔偿其损失。

法律依据

《中华人民共和国民法典》

第一千二百一十四条 以买卖或者其他方式转让拼装或者已经达到报废标准的机动车，发生交通事故造成损害的，由转让人和受让人承担连带责任。

延伸解读

国家实行机动车强制报废制度，达到报废标准的机动车不得上道路行驶，任何单位或者个人不得拼装机动车或者擅自改变机动车已登记的结构、构造或者特征，以买卖或其他方式转让拼装或已达到报废标准的机动车，发生交通事故造成损害的，转让人和受让人承担连带责任。

本案中，周某将已达到报废标准的车辆转让给朱某，朱某驾驶车辆发生交通事故，致刘某受伤，车辆损坏，周某与朱某依法应当承担连带赔偿责任。

机动车所有人应当按照规定时间进行车辆检验，对于应当报废的机动车必须及时办理注销登记。

13. 以挂靠形式从事道路运输经营活动的机动车，发生交通事故造成损害，被挂靠人是否需要承担赔偿责任？

📢 案 例

王某驾驶挂靠在甲公司的旅游客运车与张某所驾驶的电动三轮车发生碰撞，致使张某受伤，两车受损。甲公司在某人保公司投保了机动车交通事故责任强制保险和商业第三者责任保险。事故发生后，张某向法院起诉，请求判令王某、甲公司、某人保公司赔偿其损失。

📖 法律依据

《中华人民共和国民法典》

第一千二百一十一条　以挂靠形式从事道路运输经营活动的机动车，发生交通事故造成损害，属于该机动车一方责任的，由挂靠人和被挂靠人承担连带责任。

📢 延伸解读

挂靠的个人往往由于财力较弱，交通事故发生后受害人可能难以得到及时、充分的赔偿，而《民法典》第1211条连带责任的规定既加强了被挂靠人对挂靠车辆的管理力度，也为受害人维权提供有力保障。本案中，王某将其从事旅游服务的客运车辆挂靠在甲公司，发生机动车交通事故且事故属于王某责任，受害人可以请求王某与甲公司对损害的

发生承担连带责任。

应当注意的是，我国实行道路客运企业质量信誉考核制度，鼓励道路客运经营者实行规模化、集约化、公司化经营，禁止挂靠经营。

14. 医院未具体说明手术风险，是否侵犯患者知情权？造成损害该如何救济？

📢 案 例

患者李某因体检发现患有胆囊结石2年，右上腹间断疼痛2个月，遂入某医院进行手术。术前，某医院仅就一般手术风险做了告知，即要求李某家属签署了《手术治疗知情同意书》。手术即将结束时，李某突然出现心氧降低、心率下降现象，某医院立即停止手术，给予急救措施，但李某最终经抢救无效死亡。李某家属遂将某医院诉至法院，要求赔偿医疗费、死亡赔偿金等各项费用。

李某死因为急性心肌梗死，经鉴定，某医院虽不存在医疗技术过错，但患者在手术中突发心肌梗死，虽然难以避免，却是可以预见的，对可以预见的急性心肌梗死，某医院并未进行完整的特殊告知，存在告知缺陷。故某医院应当承担赔偿责任。因某医院术前已经尽到了一定的注意及告知义务，李某家属作为完全民事行为能力人亦应理解其所签署的《手术治疗知情同意书》中提示的风险，故认为医院告知缺陷的过错责任程度为

轻微，酌定其对患者死亡后果承担部分赔偿责任。

📑 法律依据

《中华人民共和国民法典》

第一千二百一十九条 医务人员在诊疗活动中应当向患者说明病情和医疗措施。需要实施手术、特殊检查、特殊治疗的，医务人员应当及时向患者具体说明医疗风险、替代医疗方案等情况，并取得其明确同意；不能或者不宜向患者说明的，应当向患者的近亲属说明，并取得其明确同意。

医务人员未尽到前款义务，造成患者损害的，医疗机构应当承担赔偿责任。

📢 延伸解读

医疗机构及其医务人员对患者负有告知义务，患者对此享有知情权和决定权。对于手术、特殊治疗等特殊告知，还应当取得患者的明确同意，不能或不宜向患者告知的，应当向近亲属说明，并取得其明确同意。如因医疗机构及其医务人员未尽告知义务，造成患者损害的，患者可以请求医疗机构承担赔偿责任。

15. 就医过程中的隐私被泄露，医院是否应当承担赔偿责任？

📢 案 例

王某因恶心、呕吐到 A 医院输液治疗，未见疗效，后又再次前往 A 医院就诊，并如实陈述与病情相关的过往病史。入院后，王某病情突然加重，经抢救无效死亡。记者采访过程中，A 医院表示王某生前曾遭遇性侵害，其死亡与 A 医院诊疗无关，系因其生前遭受侵害所致。王某家属认为 A 医院违反了对患者的保密义务，遂向人民法院提起诉讼，请求赔偿损失。

📑 法律依据

《中华人民共和国民法典》

第一千二百二十六条 医疗机构及其医务人员应当对患者的隐私和个人信息保密。泄露患者的隐私和个人信息，或者未经患者同意公开其病历资料的，应当承担侵权责任。

📢 延伸解读

医疗机构的侵权责任往往与《民法典》规定的人格权请求权发生竞合。所谓人格权，即民事主体所享有的生命权、健康权、名誉权、隐私权等权利。本案中，A 医院擅自向媒体公开透露其在诊疗活动中所获知的王某曾被性侵的事实，违反了医疗机构的保密义务，应当承担侵权责任。同时，因其对王某声誉造成损害，还应当承担侵害名誉的侵权责任。

医疗机构及其医务人员在诊疗活动中能够获得患者的基本信息，也会掌握患者的病史等重要的隐私和个人信息。作为医疗机构及医务人员一方，应当恪守职业道德，妥善保管诊疗活动中获知的信息、资料，尽到高度保密义务。作为患者一方，在就医过程中应当如实陈述病史，如遭遇隐私泄露，可向人民法院起诉要求医院承担侵权责任，通过法律手段维护自身合法权益。

16. 治疗过程中输入不合格血液造成损害，作为受害患者一方，可以向谁请求赔偿？

📢 案 例

2021 年 3 月，杜某入住某县人民医院，进行了 3 次输血，最后一次所输血液无交叉配血报告单。同年 8 月，杜某在单位组织的员工体检中被诊断出肝炎。杜某认为，自己患上肝炎系因其在某县人民医院输入不合格血液所致，遂将该医院诉至人民法院，请求赔偿损失。

📖 法律依据

《中华人民共和国民法典》

第一千二百二十三条　因药品、消毒产品、医疗器械的缺陷，或者输入不合格的血液造成患者损害的，患者可以向药品上市许可持有人、生产者、血液提供机构请求赔偿，也可以向医疗机构请求赔偿。患者向医疗机构请求赔偿的，医疗机构赔偿后，有权向负有责任的药品上市许可持有人、生产者、血液提供机构追偿。

📢 延伸解读

因输入不合格血液造成患者损害的，患者可以向药品上市许可持有人、生产者、血液提供机构请求赔偿，也可以向

医疗机构请求赔偿。本案中，因杜某最后一次所输血液无交叉配血报告单，某县人民医院亦无法提供血液来源证据，该血液应推定为不合格血液。杜某在输入不合格血液后，被诊断出肝炎，存在人身损害事实，且经过鉴定，无法排除输血行为与损害后果在时间上的关联性，应当认定其存在因果关系，故该医院应当承担赔偿责任。

作为医疗机构，应当严格遵循相关诊疗规定，规范行医；作为患者，应当选择正规医疗机构就医，同时应当妥善保管病历本、就诊相关记录、票据等，如遇纠纷，可作为就医相关证据使用。

17. 电梯运行噪声大，严重干扰房屋居住人正常生活，可否请求侵权人赔偿？

📢 案 例

何某于 2021 年购得某小区一栋二手房，该房屋由 X 公司建设，该公司从 Z 电梯公司处购置电梯。何某所购房屋为跃层结构，跃层二楼主卧室北墙与电梯机房相邻，共用一面砖墙。何某在装修过程中发现，二楼主卧室里昼夜电梯噪声均非常大，经检测，该房间内夜间噪声峰值已严重超出国家规定标准。何某与该小区的 Y 物业公司及 X 公司多次沟通未果，遂将 Y 物业公司及 X 公司诉至人民法院，要求其采取隔音处理措施，并支付检测费用。

《中华人民共和国民法典》

第一千二百三十三条 因第三人的过错污染环境、破坏生态的，被侵权人可以向侵权人请求赔偿，也可以向第三人请求赔偿。侵权人赔偿后，有权向第三人追偿。

延伸解读

本案为噪声污染责任纠纷，涉案电梯在使用年限内，X公司是涉案房屋所在小区的建设方，涉案电梯是其购买安装的，其有责任保证涉案电梯的噪声在使用年限内不超过国家规定的标准。Y物业公司作为物业服务方，对涉案电梯具有维修保养职责。故X公司、Y物业公司对保证涉案电梯噪声不超过国家规定的标准具有共同责任。因涉案电梯噪声对王某房屋室内影响值超过国家规定的标准，故X公司、Y公司应当对涉案电梯采取隔声降噪措施，并支付检测费用。

另外，如因电梯设计、安装存在缺陷，导致王某遭受噪声污染，侵权人承担赔偿责任后，有权向电梯设计、安装单位追偿。

环境噪声污染，是指所产生的环境噪声超过国家规定的环境噪声排放标准，并干扰他人正常生活、工作和学习的现象。违反国家保护环境、防止污染的规定，污染环境造成他人损害的应当依法承担民事责任，因第三人的过错污染环境、破坏生态的，被侵权人既可以向侵权人请求赔偿，也可以向第三人请求赔偿。

18. 游客擅自喂食动物被咬伤，可否要求动物园承担赔偿责任？

案　例

4岁的王小某与父亲王某前往动物园游玩。王小某擅自穿过笼舍外设置的防护栏，进入最里层笼舍旁，给动物喂食，王某作为其监护人未加阻拦。王小某进入防护栏时，现场无工作人员，也未设置警示标志。王小某在喂食动物过程中被咬伤。事发后，王某起诉动物园，要求其赔偿损失。

法律依据

《中华人民共和国民法典》

第一千二百四十八条 动物园的动物造成他人损害的，动物园应当承担侵权责任；但是，能够证明尽到管理职责的，不承担侵权责任。

延伸解读

动物园是饲养、管理动物进行科学研究并供公众观赏的场所，因此动物园比一般的饲养人负有更高的注意义务。本案中，原告王某未看护好王小某，导致王小某擅自穿越防护栏喂食动物被咬伤，王某应当承担主要责任。被告为经过国家主管部门批准成立的动物园，其虽然在动物笼舍外设置了防护栏，但是防护栏无法有效阻止儿童或身材较小人群进入护栏内，且现场无工作人员巡视，未设置警示标志，该动物园存在管理上的失责，应当承担次要责任。

动物园参观人群多为未成年人，由家长带领前往，家长要充分尽到警示教育和看护义务，避免危险发生。

19. 故意污染环境，造成他人身体健康严重受损，是否应当承担惩罚性赔偿责任？

📢 案 例

2021年3月初，A公司设备损坏，导致大量污染性废液无法正常处理。后A公司将污染性废液倾倒到某农庄蓄粪池内，该蓄粪池位于付某承租的用于个人耕种的责任田内。不久后，付某因身体不适就医，被诊断为钩端螺旋体病。事发后，付某向人民法院提起诉讼。

📖 法律依据

《中华人民共和国民法典》

第一千二百三十二条 侵权人违反法律规定故意污染环境、破坏生态造成严重后果的，被侵权人有权请求相应的惩罚性赔偿。

📢 延伸解读

本案中，A公司倾倒废液的行为不仅造成了环境污染、环境功能受损的严重后果，还导致付某感染急性感染性疾病，身体健康受到严重损害。A公司排放废液行为与付某患病之间存在关联，

A公司不能证明存在法律规定的不承担责任或减轻责任的情形以及其行为与付某损害间不存在因果关系，根据《民法典》第1232条的规定，被侵权人有权请求相应的惩罚性赔偿。

保护环境是国家的基本国策，一切单位和个人都具有保护环境的义务。企业、事业单位和其他生产经营者应当防止、减少环境污染和生态破坏，对所造成的损害依法承担责任。公民应当增强环境保护意识，自觉履行环境保护义务。

20. 邻居堆放杂物影响通行，是否可以要求邻居承担侵权责任？

📢 案 例

陈某与蔡某是同村居民，二人因琐事产生纠纷，蔡某遂在该村村道至陈某家的院落路上堆放建筑垃圾及秸秆，阻碍了陈某正常出入。陈某将蔡某诉至法院，要求蔡某清除堆放物。

📖 法律依据

《中华人民共和国民法典》

第一千一百六十七条 侵权行为危及他人人身、财产安全的，被侵权人有权请求侵权人承担停止侵害、排除妨碍、消除危险等侵权责任。

📢 延伸解读

通行权是通过他人所有或占有的土地的权利。本案中，蔡某在通往陈某家的院落路上堆放建筑垃圾和秸秆，影响

陈某通行，侵害了陈某的通行权。故陈某诉请蔡某要求清除堆放物，符合法律规定，予以支持。

现代生活缩小了个人空间领域，邻里间的生活公共区域增大，在使用公共区域的时候，应做到合理使用，避免对他人的正常使用、出行等造成不便。

21. 在小区内被狗咬伤，是否可以要求狗主人承担赔偿责任？

案 例

某日晚上，黄某牵着一只柯基犬在小区内散步，到了小区北门附近，黄某解开牵引绳让狗自由活动。后李某散步至小区北门时，柯基犬对李某进行了追逐与撕咬，造成李某摔倒并被咬伤，随后被送至医院救治。李某将黄某诉至法院，要求黄某赔偿其损失。

法律依据

《中华人民共和国民法典》

第一千二百四十五条 饲养的动物造成他人损害的，动物饲养人或者管理人应当承担侵权责任；但是，能够证明损害是因被侵权人故意或者重大过失造成的，可以不承担或者减轻责任。

延伸解读

本案中，黄某解开牵引绳，对饲养的动物没有做好管理工作，故黄某应对李某的损伤承担赔偿责任。若李某是因为故意逗狗等行为，导致自己被动物伤

害的，根据实际情况，黄某可以不承担或减轻赔偿责任。

在动物饲养过程中，要注意对动物的安全管理，谨记出行牵绳，保证动物在自己可以管控的范围内。在路上遇到他人饲养的动物时，也不要故意挑逗，避免激起动物的兽性，遭受损害。

22. 因第三人行为所导致的宠物伤害，应向谁请求赔偿？

案 例

张某前往黄某、李某经营的店铺购物时，在店内选购物品的赵某未经黄某、李某同意，擅自将店内饲养的鸟放出鸟笼，致使张某眼部被鸟啄伤。后张某被送往医院治疗，入院诊断为左眼角膜穿透伤，左眼外伤性白内障，左眼眼内炎。张某将黄某、李某、赵某诉至法院，要求其赔偿损失。

法律依据

《中华人民共和国民法典》

第一千二百五十条 因第三人的过错致使动物造成他人损害的，被侵权人可以向动物饲养人或者管理人请求赔偿，也可以向第三人请求赔偿。动物饲养人或者管理人赔偿后，有权向第三人追偿。

延伸解读

本案中，赵某打开鸟笼的行为是造成张某受伤的诱因，与张某受伤存在直接关系，赵某的行为存在过错，应承担

主要赔偿责任。黄某、李某作为致害鸟的管理者，未及时制止，应承担管理不当的过错，承担次要赔偿责任。

在动物饲养过程中，不仅要注意对动物采取安全管理措施，还要注意及时制止第三人破坏安全管理措施，以免造成动物致人损害的情形。如因非宠物饲养人的行为导致人身或财产遭受损失，既可以向动物饲养人、管理人请求赔偿，也可以向非宠物饲养人请求赔偿。

23. 在铁路轨道处触电受伤，是否可以向铁路运输管理人请求赔偿？

📢 案 例

某日，黄某外出钓鱼，途中经过一个铁路道口，黄某为省事，手持未收拢的约 5 米长碳纤维鱼竿跨越铁路。因鱼竿与接触网短暂接触，黄某被电压等级为 27.5KV 的强电流烧伤，并导致供电臂跳闸，后黄某被送入医院治疗。事后，黄某将铁路的所有人和铁路运输经营者 A 公司诉至法院，要求赔偿损失。

🔍 法律依据

《中华人民共和国民法典》

第一千二百三十四条 违反国家规定造成生态环境损害，生态环境能够修复的，国家规定的机关或者法律规定的组织有权请求侵权人在合理期限内承担修复责任。侵权人在期限内未修复的，国家规定的机关或者法律规定的组织可

以自行或者委托他人进行修复，所需费用由侵权人负担。

📢 延伸解读

本案中，黄某未注意安全，未预见到高压危险，仍然手持未收拢的鱼竿跨越铁路，导致鱼竿与铁路线的接触网短暂接触，将其烧伤。黄某自身不注意安全防范的行为是导致本次事故的主要原因，其对损害后果的发生存在重大过失。因此，黄某自身应对损害后果承担主要责任。A 公司因经营铁路运输的电能需要，在铁轨上方安设高压电，应当尽到安全提示和保障义务，但 A 公司仅在路口和路旁设置警示牌和提示牌，不足以防止类似损害后果的发生，故 A 公司应对本次事故的损害后果承担次要责任。

在日常活动中，我们要提高安全防范意识，注意活动的环境，更要注意自身活动所能够涉及的范围，避免因疏忽、大意，给自己造成不必要的伤害。

24. 因道路上挖掘地下设施造成他人损害，谁来承担侵权责任？

📢 案 例

某日，孙某驾驶两轮摩托车行驶至某地，其车前部撞在路右侧施工围挡上。事故发生后，孙某入院治疗。交通事故认定书认定，孙某驾驶与其驾驶证登记车型不符的车辆在道路上行驶，因观察不周发生事故，其行为是造成事故的全部原因，孙某承担事故全部责任。事发

时，孙某所撞的围挡属于地铁施工围挡，某公路公司为该工程的施工单位，某地铁公司为建设单位。事发时，该工地所撞围挡上方设有警示灯，但未发光，所撞围挡处未放置防撞墩。孙某遂将该公路公司及该地铁公司诉至法院，要求赔偿损失。

法律依据

《中华人民共和国民法典》

第一千二百五十八条 在公共场所或者道路上挖掘、修缮安装地下设施等造成他人损害，施工人不能证明已经设置明显标志和采取安全措施的，应当承担侵权责任。

窨井等地下设施造成他人损害，管理人不能证明尽到管理职责的，应当承担侵权责任。

延伸解读

公路公司作为施工人，如果不能证明自己设置了明显标志，采取了安全措施，应当承担责任。本案中，某公路公司不能证明其采取的安全措施符合要求，故其在此次事件中存在过错，应对孙某的损失承担相应赔偿责任。孙某作为本次事件肇事摩托车的驾驶员，对本次交通事故承担全部责任，故根据《民法典》中关于"被侵权人对于损害的发生也有过错的，可以减轻侵权人的责任"的规定，孙某应对遭受的损害结果自行承担一定的责任。某地铁公司非本案施工人，不承担责任。

外出遇到公共场所或道路上挖掘、

修缮、安装地下设施等，一定要注意出行安全，如不慎因地下工作物受到人身或财产损害，施工人、管理人是赔偿责任人，但施工人、管理人承担责任的前提是施工人不能证明已经设置了明显标志和采取安全措施，管理人不能证明尽到了管理职责。

25. 租户擅自在公寓内使用液化气造成损失，谁来承担责任？

案 例

黄某将其所有的公寓租给李某，该公寓面积较小，租住人口密集，公寓所在楼体未铺设管道燃气。黄某交付房屋时，连同屋内家具，包括抽油烟机、灶具（台柜）等一并交付给了李某。某日，李某擅自在屋内使用液化气时发生液化气泄漏，并遇明火爆燃，导致房屋被烧毁，给黄某造成巨大经济损失。黄某将李某诉至法院，要求赔偿损失。

法律依据

《中华人民共和国民法典》

第一千二百三十九条 占有或者使用易燃、易爆、剧毒、高放射性、强腐蚀性、高致病性等高度危险物造成他人损害的，占有人或者使用人应当承担侵权责任；但是，能够证明损害是因受害人故意或者不可抗力造成的，不承担责任。被侵权人对损害的发生有重大过失的，可以减轻占有人或者使用人的责任。

本案中，火灾起因是液化气泄漏遇明火爆燃，事故发生在未铺设管道燃气的公寓内。该公寓面积较小，通风条件差，居住人口密集，公寓内未铺设管道燃气，《公寓管理规定》也不允许使用罐装液化气。李某违规在公寓使用液化气，主观上具有明显过错，应承担事故主要责任。黄某作为业主，在出租时提供了燃气灶具，对承租人使用罐装液化气持放任态度，对由此造成安全隐患具有过错，应承担相应过错责任。

在承租房屋时，要严格遵守房屋的安全使用规范，不使用禁止使用的电器、燃气等，避免危险发生；在出租房屋时，要明确告知承租人使用房屋的禁止事项，做到安全警示，尽到防范责任。

26. 被商铺的拴系物绊倒受伤应向谁索赔？

案 例

某日中午，黄某骑着电动车行驶至 A 酒店门前路段时，被 A 酒店门前彩虹门拴系在路边的绳索绊倒，黄某受伤、车辆损坏，后黄某被送至医院治疗。黄某将 A 酒店诉至法院，要求赔偿损失。

法律依据

《中华人民共和国民法典》

第一千二百五十六条 在公共道路上堆放、倾倒、遗撒妨碍通行的物品造成他人损害的，由行为人承担侵权责任。公共道路管理人不能证明已经尽到清理、防护、警示等义务的，应当承担相应的责任。

延伸解读

本案中，A 酒店门前彩虹门拴系在路边的绳索是由 A 酒店私自拉设，A 酒店作为彩虹门的实际管理人，应当承担对该彩虹门安全防护管理责任。由于其疏于管理，致彩虹门绳索拉设的位置不当，造成黄某身体损害，应依法承担黄某身体损害的主要赔偿责任。黄某受伤时为白天，光线良好，其本人却未注意瞭望，属于未尽到安全注意义务，理应自行承担部分法律责任。

在道路行驶过程中，要注意路况，观察道路上是否有障碍物、阻拦物，避免因为疏忽大意而受到不必要的伤害；对于管理职责范围内的安全事项，应尽职尽责，尽最大可能保证他人在自身管理范围内免遭伤害。

27. 被楼上坠落的物品砸伤，谁来承担责任？

案 例

黄某给家中换灯后，随手将换下的圆形灯罩底部向上放在厨房窗户外自制的置物架上。后该灯罩从置物架上坠落，将楼下路过的张某砸中，造成张某受伤，被送去医院救治。经查，该阳台所在房屋为黄某、李某、赵某共同居住，张某遂将三人诉至法院，要求赔偿损失。

《中华人民共和国民法典》

第一千二百五十四条 禁止从建筑物中抛掷物品。从建筑物中抛掷物品或者从建筑物上坠落的物品造成他人损害的，由侵权人依法承担侵权责任；经调查难以确定具体侵权人的，除能够证明自己不是侵权人的外，由可能加害的建筑物使用人给予补偿。可能加害的建筑物使用人补偿后，有权向侵权人追偿。

物业服务企业等建筑物管理人应当采取必要的安全保障措施防止前款规定情形的发生；未采取必要的安全保障措施的，应当依法承担未履行安全保障义务的侵权责任。

发生本条第一款规定的情形的，公安等机关应当依法及时调查，查清责任人。

延伸解读

从建筑物中抛掷物品或建筑物坠落物品造成他人损害的，侵权人应依法承担侵权责任，该侵权人是指抛掷物品的行为人，或坠落物品建筑物所有人、管理人或使用人。本案中，黄某、李某、赵某为房屋的管理人和使用人，同时黄某也是房屋所有人，其将灯罩随意放置在窗外的置物架上，造成灯罩坠落，张某受到人身损害，应该承担侵权责任。在放置物品时，切忌将物品摆放在容易坠落的地方，同时要对安全管理范围内的事情，尽到安全防范义务，及时处理可能存在的安全隐患，谨防坠落发生。

28. 汽车被高空坠物砸坏，可以向小区物业服务企业请求赔偿吗？

案 例

黄某驾驶汽车行驶至小区2号楼门前时，被楼顶落下的一块石头砸中。后经核实，该楼楼顶房门未关闭，楼顶围墙处无防护措施，该建筑物管理人为某物业服务公司。事故发生后，黄某将车辆送去维修店进行维修，并将该物业服务公司诉至法院，要求赔偿损失。

法律依据

《中华人民共和国民法典》

第一千二百五十四条 禁止从建筑物中抛掷物品。从建筑物中抛掷物品或者从建筑物上坠落的物品造成他人损害的，由侵权人依法承担侵权责任；经调查难以确定具体侵权人的，除能够证明自己不是侵权人的外，由可能加害的建筑物使用人给予补偿。可能加害的建筑物使用人补偿后，有权向侵权人追偿。

物业服务企业等建筑物管理人应当采取必要的安全保障措施防止前款规定情形的发生；未采取必要的安全保障措施的，应当依法承担未履行安全保障义务的侵权责任。

发生本条第一款规定的情形的，公安等机关应当依法及时调查，查清责任人。

延伸解读

本案中，事故发生时，2号楼楼顶

平台的门处于开放状态，非本栋楼住户也可任意进出。某物业服务公司作为物业服务企业，对此负有管理义务。石块系从楼顶平台处坠落，某物业服务公司未尽到必要的管理义务，也未采取安全保障措施，存在过失，故黄某请求其承担责任并无不当。需要注意的是，物业承担的是未尽到安全保障义务的侵权责任，若有具体侵权人，具体侵权人仍应承担侵权责任。

若因高空坠落物受到伤害，在向责任人追偿的同时，若建筑管理人未采取必要的安全保障措施，也可以向建筑管理人请求承担赔偿责任。

29. 搭乘飞机遭受损害，可以要求航空公司赔偿吗？

📢 案 例

张某乘坐某航空公司的航班飞往某地旅游，在飞机飞行过程中，张某出现眩晕、耳鸣等症状。同日，张某前往医院就诊，被确诊为右耳听力下降。事后，张某将该航空公司诉至法院，要求赔偿损失。法院在审理过程中，委托司法鉴定机构对张某受伤的原因、张某受伤与乘坐航班是否具有因果关系进行鉴定。该鉴定机构作出"张某受伤系气压导致"的鉴定意见，并书面函复法院，认为张某的气压伤致右耳听力下降与乘坐航班具有因果关系。

📖 **法律依据**

《中华人民共和国民法典》

第一千二百三十八条 民用航空器造成他人损害的，民用航空器的经营者应当承担侵权责任；但是，能够证明损害是因受害人故意造成的，不承担责任。

📣 **延伸解读**

在搭乘航班时，如因飞机相关原因造成自身遭受损害的，可以请求航空公司赔偿损失。

本案中，张某在乘坐航班过程中受到气压伤，属于因民用航空器导致的损伤，且张某不存在故意造成自身损害情形，故航空公司作为经营者应承担赔偿责任。

30. 被他人未妥善处置的鞭炮炸伤，谁来承担责任？

📢 案 例

黄某将鞭炮引线散放在自家稻田路边。赵某（13周岁）、李某（12周岁）来到黄某的稻田边玩耍，发现有鞭炮引线，便开始用打火机点燃鞭炮引线玩耍。赵某在田边的一个水泥管里放置鞭炮引线，点燃后向边上走。李某随后捧来鞭炮引线往水泥管中扔，鞭炮引线突然被引燃，燃烧的引线冲出水泥管外致使李某被烧伤。当日，李某被送往医院住院治疗。李某将黄某、赵某诉至法院，要求赔偿损失。

《中华人民共和国民法典》

第一千二百四十一条 遗失、抛弃高度危险物造成他人损害的，由所有人承担侵权责任。所有人将高度危险物交由他人管理的，由管理人承担侵权责任；所有人有过错的，与管理人承担连带责任。

📢 **延伸解读**

鞭炮的引线系高度危险物中的易燃物。本案中，黄某将鞭炮引线散放于稻田路边，致赵某、李某在玩耍时点燃引线引发事故，造成李某受伤。黄某作为引线的所有人，应当知道鞭炮的引线属于易燃物，具有较大的危险性，且应当预见到如果不及时销毁引线或放置野外有可能引发事故，故黄某对本案事故的发生存在过错，应承担相应的赔偿责任。赵某与李某事发时年龄均在10周岁以上，对鞭炮引线的危险性应当有一定的认知，赵某与李某对损害的发生具有较大过错，可依法减轻黄某的赔偿责任。故本案中，李某自行承担一部分责任，赵某和黄某也分别承担一部分责任。

对于易燃易爆等危险物要注意安全处置，避免因未尽责的处置，被他人不当使用，造成人员受伤。

31. 被脱落的悬挂物砸伤，谁来承担责任？

📢 **案 例**

某日，黄某骑自行车行驶至A公司的写字楼门口处，正好写字楼二层设立的广告牌脱落，将黄某及自行车砸倒，造成黄某受伤。事故发生后，黄某被送往医院救治。经查，该广告牌属于A公司所有并管理。黄某将A公司诉至法院，要求赔偿损失。

🖥 **法律依据**

《中华人民共和国民法典》

第一千二百五十三条 建筑物、构筑物或者其他设施及其搁置物、悬挂物发生脱落、坠落造成他人损害，所有人、管理人或者使用人不能证明自己没有过错的，应当承担侵权责任。所有人、管理人或者使用人赔偿后，有其他责任人的，有权向其他责任人追偿。

📢 **延伸解读**

本案中，黄某被A公司所有的广告牌砸倒受伤。A公司作为广告牌的所有权人及管理人，根据法律规定，在不能提供充分证据证实自己没有过错的情况下，应对黄某的损害承担侵权责任。

对于自身所有或属于自身管理的广告牌等悬挂物，应注意确保其牢固性，防止脱落致人损伤。在日常活动中，要注意自身安全，避免将自身置于危险场景中，受到伤害。一旦遭受损害，应依法维护自身权益。

图书在版编目（CIP）数据

民法典热点问题天天读／北京市朝阳区朝外街道市
民活动中心主编 . —北京：中国法制出版社，2022. 3（2022.8重印）
ISBN 978－7－5216－1568－5

Ⅰ. ①民… Ⅱ. ①北… Ⅲ. ①民法–法典–中国–通
俗读物 Ⅳ. ①D923. 04

中国版本图书馆 CIP 数据核字（2021）第 252455 号

策划编辑：舒丹
责任编辑：王悦   封面设计：杨泽江

民法典热点问题天天读
MINFADIAN REDIAN WENTI TIANTIAN DU

主编/北京市朝阳区朝外街道市民活动中心
经销/新华书店
印刷/北京虎彩文化传播有限公司
开本/710 毫米×1000 毫米 16 开   印张/ 21 字数/ 343 千
版次/2022 年 3 月第 1 版   2022 年 8 月第 2 次印刷

中国法制出版社出版
书号 ISBN 978-7-5216-1568-5   定价：68. 00 元

北京市西城区西便门西里甲 16 号西便门办公区
邮政编码：100053   传真：010-63141600
网址：http：//www. zgfzs. com   编辑部电话：010-63141831
市场营销部电话：010-63141612   印务部电话：010-63141606

（如有印装质量问题，请与本社印务部联系。）